바울의 티칭 스타일

Roy B. Zuck

Copyright ⓒ 1998 by Roy B. Zuck
Originally published in English under the title
Teaching as Paul Taught
By Baker Books,
a division of Baker Book House Company,
Grand Rapids, Michigan, 49516, U. S. A.
All rights reserved.

Korean translation copyright ⓒ 1998 by Timothy Publishing House
Kwan-Ak P.O.Box 16, Seoul, Korea

이 책의 한국어판 저작권은 Multnomah Publishers, Inc. 와의 독점판권 계약에 의해
도서출판 디모데에 있습니다. 저작권법에 의하여 한국 내에서 보호를 받는 저작물이므로
무단 전재와 무단 복제를 금합니다.

바울에게서 배우는 탁월한 가르침의 원리

바울의 티칭 스타일

●

로이 B. 주크 지음

김 태 한 옮김

■서론

내가 전에는 훼방자요 핍박자요 포행자이었으나

'아돌프 히틀러' '요세프 스탈린' '마오 쩌뚱'

이 세 사람의 공통점은 수백만 명의 사람들을 잔혹하게 살해했다는 것이다.

아돌프 히틀러를 보자. 그는 자신이 속한 아리안(Aryan)계 사람들이 뛰어난 민족이라고 생각해서 육백만 명의 유태인들과 집시족들, 폴란드인 그리고 슬라브(Slaves) 민족들을 포함한 다른 인종에 속한 오백만 명에 달하는 사람들을 학살했다. 그것도 모자라 수많은 사람들을 집단 수용소에 감금했고 가스실에서 살해했다.

구 소련의 독재자 요세프 스탈린은 그의 정치 이념에 반대하는 수백만 명의 사람들을 추방하거나 처형했다.

중국 공산당 당수였던 마오 쩌뚱은 그의 개혁안을 실현시키고자 엄청난 학살을 자행했다. 그 역시도 수백만 명에 달하는 무고한 시민들에게 테러와 학살을 저질렀다.

이 사람들이 복음을 듣고 예수를 그들의 구주로 영접했다고 가정해보자. 그래서 그들이 가진 열정을 하나님나라를 확장하는 일에 쏟았다고 가정해보자.

그러나 그들이 진정한 마음의 변화를 경험했다고 말한다면 믿을 사람들이 있을까? 대부분의 사람들은 그들의 회심에 대해 상당한 의구심을 품을 것이다. 그도 그럴 것이 그런 혁명적인 전환은 생각하기 어렵기 때문이다. 많은 사람들은 그런 독재자들이 완전히 변화되리라고 상상조차 하지 못한다. 인간의 생명을 그토록 경시했던 그들이 다른 사람들의 영적 평안에 진정으로 깊은 관심을 갖게 되리라고는 생각할 수 없을 것이다.

그러나 바로 이런 일이 주후 1세기에 일어났다. 기독교의 극악한 박해자였던 사울(바울이라고 알려진, 행 13:9)이 그리스도인이 되었고, 이전에 그렇게 멸시하던 기독교를 열렬히 전파하게 된 것이다. 기독교의 대적이었던 그가 전파자가 되었고, 그리스도인들의 원수인 그가 일원이 된 것이다.

바울은 회심 후 몇 년 뒤에, '내가 전에는 훼방자요 핍박자요 포행자이었으나' (딤전 1:13) 라고 기록했다. 그는 빌립보의 신자들에게 그 자신이 구원받기 전에는 열심으로 '교회를 핍박' 했노라고 했으며, 갈라디아 교인들에게는 자신이 '하나님의 교회를 심히[1] 핍박하여 잔해' (갈 1:13) 했다고 인정했다. 또한 고린도 교인들에게도 '하나님의 교회를 핍박' 했었음을 시인했다. 예수님이 제자들에게, '너희를 죽이는 자가 생각하기를 이것이 하나님을 섬기는 예라 하리라' (요 16:2)고 예언하신 것처럼, 바울은 그렇게 하는 것이 하나님을 섬기는 방식이라고 생각했다. 바울은 예수가 메시아일 수 없다고 생각했는데, 그 이유는 예수처럼 십자가에서 죽은 자는 저주를 받은 것이라 확신했기 때문이다(신 21:23). 십자가에 달린 메시아라는 말은 얼마나 모순된 표현인가! 그러나 바울은 후에 디모데에게 그 자신이 '믿지 아니할 때에 알지 못하고' (딤전 1:13) 행하였다고 고백했다.

이 박해자는 실제 그리스도를 박해하고 있었던 것이다. 예수를 믿던 그리스도인들의 기도는 그리스도를 움직여 다메섹 도상에서 사울에게 "왜 나를 핍박하느냐?" (행 9:4, 22:7, 26:14)라고 묻게 했다. 그리고 "나는 네가 핍박하는 예수니라" (9:5, 참고 - 22:8, 26:15)고 설명하게 했다.

열성적인 바리새인 사울이 기독교에 대한 적대감을 처음으로 드러낸 것은 첫 번째 그리스도인 순교자였던 스데반에게 돌을 던지던 자들의 옷들(아마도 겉옷들이나 외투들)을 지켰던 때이다(행 7:58). 이렇게 옷을 지키는 행위는, 후에

---

[1] '심히' 라는 단어는 헬라어로 카트 휘퍼볼렌(kath hyperbolen)이며, '극도로' 또는 '극단적으로' 라는 의미이다. RSV는 그 어구를 '폭력적으로' (violently), NEB는 '잔혹하게' (savagely)라고 번역해 놓았다.

그가 예루살렘의 폭도들에게 말했듯이 그도 찬성하는 입장에 선다는 의미였다(22:20).

이 새로운 '이교도'들은 이단적이기 때문에 전파되도록 놔둔다면 유대교를 분열시키고 약하게 만들 것임을 확신했던 사울은 요즘 시대의 형사들처럼 '각 집에 들어가' 그리스도 안에서 믿음을 고백하는 남녀들을 끌어다가 옥에 가두었다(8:3). 새로운 그리스도인들은 그들을 죽이겠다고 위협하는 사울을 두려워했다(그는 '주의 제자들에 대하여 여전히 위협과 살기가 등등'했다, 9:1). 이들을 없애버리겠다는 불타는 열정에 사로잡힌 그는 '믿는 사람들을 가두고 또 각 회당에서 때리고'(22:19), 그들을 억압해 강제로 그리스도를 모독하는 말을 하게 하고 유대주의로 돌아서도록 강요했다(26:11). 그는 '이 도를 핍박하여 사람을 죽이기까지'(22:4) 했기 때문에 많은 그리스도인들의 죽음에 대한 책임이 있었다. 그는 아그립바 왕에게 그리스도인들이 죽임을 당할 때 그들의 처형에 대해 찬성의 표를 던졌다고 말했다(26:10).

예루살렘 교회에 대한 악랄한 핍박으로도 성이 차지 않았던 바울은 '저희를 대하여 심히 격분하여' 심지어는 '외국 성까지도 가서 핍박'하였다(26:11).[2] 그러한 도성들 중 하나가 바로 예루살렘에서 약 240km 떨어진 다메섹[3]이었다. 그는 그곳에 있는 신자들을 잡아 예루살렘에 가두고 형벌에 처하기 위해(22:5) 이레에서 열흘이나 걸리는 이 힘든 여행을 자처했다(9:1-2, 14).

왜 하필 다메섹이었을까? 아마도 사울은 대상업 중심지인 그곳에서 그리스도인들이 오가는 여행자들과 대상인들에게 예수를 전파하게 되면 다른 대륙으로 멀리, 또 넓게 퍼져나갈 것을 우려했던 것 같다.

---

[2] '저희를 대하여 심히 격분하여'라는 말은 헬라어로 '페리쏘스 엠마이노메노스 아우토이스'(perissōs emmainomenōs autois)인데 이 말은 NIV 성경에서 다소 약화되어 '그들에 대해 강박 관념에 사로잡혀'(in my obsession against them)라고 번역되었다.

[3] 다메섹은 아브라함까지도 알고 있었던(창14:15) 고대 도성으로, 바울 시대에 상당수의 유대인들이 거

그리스도인들을 잡아들이고, 위협하며, 체포하고, 감금하며, 때리고 강제로 모독하는 말을 하게 했던 것은 모두 사울이 교회를 '잔멸' 시키려는 목적에서 행한 일들이었다. 사도행전 8장 3절의 '잔멸' (리마이노, lymainō)이라는 단어는 '상해를 입히다 또는 손상을 주다' 라는 뜻으로 신약 성경에는 유일하게 이 구절에만 기록되어 있다. 70인역에서는 동일한 단어를 시편 79편 13절(개역 성경은 80편 13절)에서 수풀의 돼지들이 포도원을 망치는(NIV는 '황폐하게 하는' 으로 번역) 모습을 묘사할 때 사용했다. 사울이 교회를 향해 가졌던 증오심은 마치 야생 동물의 미친 듯한 발광과도 같은 것이었다.

사도행전 9장 21절과 갈라디아서 1장 13절, 23절에서 바울은 그가 가졌던 목적을 나타낼 때 신약 성경에서 오직 세 번 사용된 포르테오(portheō) 라는 강한 어조의 단어를 사용했다(NIV는 이 단어를 사도행전 9장 21절에서는 '난동을 일으키다,' 갈라디아서 1장 13, 23절에서는 '파멸시키려 하다' 라고 번역). 이 단어는 '약탈하다, 난동을 일으키다, 파멸시키다, 전멸시키다'[4]라는 의미이다. 존경받던 다메섹의 유대 그리스도인 아나니아가(행 22:12) 사울이 예루살렘의 신자들에게 저질렀던(9:13) 모든 '해악' (카코스, kakos, '상해를 입히다, 불상사를 일으키다')들에 대해 여러 번 들었다고 말한 것은 당연한 일이었을 것이다.

바울을 위대한 사도로 알고 있는 우리가 바울이 자신에 대해 표현했던 포행자(딤전 1:13)로 그를 여기기란 쉽지 않다. 바울은 동일한 단어 휘비스테스

주하고 있었다[S. Safrai & M Stern eds., The Jewish People in the First Century(Assen: Van Gorcum, 1974), 1:142]. 1세기의 유대인 역사학자였던 요세프스(Josephus)는 다메섹 내의 한 장소에서 10,000명의 유대인들이 로마인들에 의해 살해당했음을 언급했고(The Jewish Wars 2.20.2) 다른 장소에서는 18,000명이 살해되었다고 기록해놓았다(Ibid., 7.8.7). 다메섹의 간략한 역사와 현재의 모습이 담긴 사진들을 보려면 F.F. Bruce의 In the Steps of the Apostle Paul(Grand Rapids: Kregel, n. d.), 10-14를 보라.

4) Walter Bauer, William F Arndt,. and F. Wilbur Gingrich, A Greek-English Lexicon of the New Testament and other Early Christian Literature, 2nd ed., rev. F. Wilbur Gingrich and Frederick W. Danker(Chicago: University of Chicago Press, 1979), 693.

(hybistēs)를 로마서 1장 30절에서 타락한 불신자들을 묘사할 때 사용했다(NIV는 '무례한'으로 번역). 바울의 '이전'과 '이후'는 포악한 처형자들이었던 히틀러, 스탈린 그리고 마오 쩌뚱이 상상 속에서 변한 것과 동일한 것이었다.

다메섹 도상에서 예수님은 바울을 회개시키고 사명을 주셨으며 기독교를 대적하는 그의 불굴의 열심을 돌이켜 기독교를 위한 끈질긴 열심으로 변화시키셨다. 이 새로운 신앙을 파멸시키기를 바라던 그가 이제는 돌이켜서 그것을 전파할 방법을 강구하게 된 것이다.

그는 주님의 귀한 사도가 되었고 기독교의 위대한 교사들 중 한 사람이 되었다. 이제 우리들은 그에게서 교육에 대해 많은 것을 배우게 될 것이다.

Contents

서론 ・・・ 5

1장 탁월한 교사 바울 ・・・ 13

2장 바울의 교육 방식대로 가르치기 ・・・ 21

3장 바울의 사역에서 차지하는 가르침의 위치 ・・・ 33

4장 바울을 위대한 교사로 만든 교육적 배경 ・・・ 57

5장 바울을 위대한 교사로 만든 자질 ・・・ 81

6장 바울을 탁월한 교사로 만든 또 다른 특성들 ・・・ 117

7장 바울의 가르침의 목표와 동기 ・・・ 147

8장 학습자들에게 끼친 바울의 영향력 ・・・ 169

바울의 티칭 스타일

9장 학습 욕구를 촉진시키는 바울의 방법 ··· *187*

10장 바울이 대적하는 자들을 다룬 방법 ··· *203*

11장 질문을 통해 가르친 바울 ··· *221*

12장 생생한 표현을 사용한 바울 ··· *247*

13장 바울의 가르침 속에 사용된 다른 수사학적 방법들 ··· *279*

14장 바울이 가르침에서 사용한 논리적 추론 ··· *309*

15장 바울이 가르침에서 사용한 수사학적 설득 ··· *337*

부록 바울 서신에 나타난 390가지 명령 ··· *353*

1장 탁월한 교사 바울

'믿음과 진리 안에서 내가 이방인의 스승이 되었노라'
디모데전서 2:7

기독교의 극악한 반대자였던 바울은 하나님의 은혜로 변화되어 기독교의 위대한 대변자요 전도자가 되었다. 그는 이후로도 견줄 사람이 없을 정도로 다양한 재능을 가진 리더십으로 사역을 감당했다. 그는 개척 선교사요, 사명을 받은 사도요, 열심 있는 전도자요, 정열적인 교회 개척자요, 다작을 남긴 저자요, 통찰력 있는 신학자요, 든든한 변증인이요, 역동적인 설교자요, 온화한 마음을 지닌 목회자요, 마음을 움직이는 교사로 하나님을 섬겼다.

많은 저자들이 바울의 뛰어남을 인정한다. 그는 '그리스도 다음가는 위대한 사람'[1] '모든 사도 가운데 가장 인상 깊고 뛰어난 사람 (그리고) 사도들 중 가장 총명한 사람'[2] '적어도 당대 최고의 사상가'[3] '기독교 최선봉의 대변인이며 현재까지 기독교 최고의 흥미롭고 강력한 신학자'[4] '당대의 가장 뛰어난 학자들 중 하나이며 (또한) 모든 선교사 중 가장 위대한 자'[5] '기독교인들 중 가장 위대

---

1) Clarence Edward Macartney, Paul the Man(Westwood, N. J.: Revell, 1961), 9.
2) W. M. Ramsay, Pauline and Other Studies(New York: Armstrong & Son, 1906, reprint, Grand Rapids: Baker, 1970), 28.
3) James Stalker, The Life of St. Paul(New York: Revell, 1950), 91.
4) E. P. Sanders, Paul(New York: Oxford University Press, 1991), 18.
5) Frank E. Gaebelein, The Pattern of God's Truth(New York: Oxford University Press, 1954, reprint,

한 사람'[6] '천재'[7] '예수님 이후 … 초대 기독교에 가장 중요한 사람'[8] '성경에서뿐만 아니라 전체 역사에서 위대한 인물 가운데 한 사람'[9] '교회 역사상 최고의 영향력을 끼친 사람'[10] '교회 최초의 위대한 신학자'[11] '그리스도의 이름을 부각시킨 성인(聖人)이요, 영웅적인 사람'[12] '위대한 그리스도의 십자가의 주창자'[13] '문명화의 역사에서 가장 뛰어난 인물 가운데 한 사람'[14] '복음의 초능력 선교사'[15] 그리고 '누구보다 가장 큰 영향을 끼친 그리스도인'[16]으로 주목을 받는다.

책 제목들도 바울의 독특성과 다양한 역할들에 대해 지적한다. 일부는 그의 주된 역할이 사도임을 지적한다.

「바울 사도」, 「사도 바울」, 「영혼을 자유케 한 사도」, 「바울: 자유의 사도」, 「이방인의 사도」, 「사도: 바울의 생애」, 「비범한 사도?」[17]

다른 책 제목들은 다른 부분인 바울의 리더십을 기술하기도 했다.

Chicago: Moody, 1968), 105.

6) Reginald E. O. White, Apostle Extraordinary(Grand Rapids: Eerdmans, 1962), v.
7) Samuel Sandmel, The Genius of Paul: A Study in History(Philadelphia: Fortress, 1979), 35.
8) Ibid., 213.
9) Herbert Lockyer, All the Men of the Bible(Grand Rapids: Zondervan, 1958), 269.
10) "Paul, St.," in the Oxford Dictionary of the Christian Church, ed. F. L. Cross, 2d ed.(New York: Oxford University Press, 1974), 1047.
11) W. S. Reilly, "Characteristics of St. Paul," Catholic Biblical Quarterly 3(1941): 218.
12) Clarence Edward Macartney, The Greatest Men of the Bible(New York: Abingdon-Cokesbury, 1941), 15.
13) Ibid., 21.
14) F. F. Bruce, Paul and His Converts(Downers Grove, Ill.: InterVarsity, 1985), 16.
15) Simon Légasse, "Paul's Pre-Christian Career according to Acts," in The Book of Acts in Its Palestinian Setting, ed. Richard Bauckham(Grand Rapids: Eerdmans, 1995), 383.
16) William E. phipps, Encountering through Questioning Paul(Washington D.C.: University Press of America, 1982), 84.
17) Hugh Monetfiore, Paul the Apostle(New York: Collins, 1981), Giuseppe Ricciotti, Paul the Apostle, trans. Alba I. Zizzamia(Milwaukee: Bruce, 1952), A. Sabatier, The Apostle Paul, trans. A. M. Hellier(London: Hodder and Stoughton, 1891), F. F. Bruce, Apostle of the Heart Set Free(Grand Rapids: Eerdmans, 1977), Richard N. Longenecker, Paul: Apostle of Liberty(New York: Harper and Row, 1964, reprint, Grand Rapids: Baker, 1976), Jürgen Becker, Apostle to the Gentiles, trans. O. C. Dean,

「리더 바울」, 「인간 바울」, 「선교사 바울」, 「웅변가 바울」, 「설교자 바울」, 「바울: 혁명의 인물」, 「여행자요 로마 시민, 성 바울」, 「여행자 바울」, 「바울, 인간, 선교사 그리고 교사」, 「성 바울: 인간 그리고 그의 마음」, 「바울: 예수의 추종자인가 아니면 기독교의 창설자인가?」, 「천재 바울: 역사적 연구」, 「뛰어난 건축가 성 바울?」[18]

이것들은 바울에 관한 방대한 저술들 중 일부에 불과하다. 수천 수만의 책들에 바울의 생애와 사역이 기록되어 있다. 기독교 최고의 지성인인 그의 성품과 사역에 대한 연구 내용들이 수천의 정기 간행물에 수록되어 있다. 메쯔거(Metzger)의 정기 간행물 목록에는 바울에 관한 문헌이 3,013항목이나 포함되어 있고,[19] 밀스(Mills)는 이 목록에 추가로 2,700항목을 더해 개정했다.[20] 그러나 교사로서의 바울의 사역은 겨우 소수의 책과 논문들에만 언급되어 있을 뿐이다. 심지어는 가장 인상 깊은 「바울과 그의 서신들 사전(Dictionary of Paul and His Letters)」[21]에도 108명의 저자들에 의해 저술된 1,038페이지에 214개의 주제들로 구성되었지만 바울의 교육에 관한 항목은 겨우 1개만을 수록하고 있

Jr.(Louisville: Westminster/Knox, 1993), John Pollock, The Apostle: A Life of Paul(Wheaton, Ill.: Victor, 1985), Reginald E. O. White, Apostle Extraordinary(Grand Rapids: Eerdmans, 1962), and William Neil, Apostle Extraordinary(Wallington, Surrey: Religious Education, 1965).

18) J. Oswald Sanders, Paul the Leader(Colorado Springs: NavPress, 1984), Macartney, Paul the Man, William M. Taylor, Paul the Missionary(New York: Doran, 1881), Maurice Jones, St. Paul the Orator(London: Hodder and Stoughton, 1910), John Eadie, Paul the Preacher(London: Griffin, 1895, reprint, Minneapolis: James Family, 1979), Raymond Bailey, Paul the Preacher(Nashville: Broadman, 1991), David Coggan, Paul: Portrait of a Revolutionary(London: Hodder and Stoughton, 1984), W. M. Ramsay, St. Paul the Traveller and Roman Citizen, 3d ed.(1985, reprint, Grand Rapids: Baker, 1949), Ernle Bradford, Paul the Traveller(New York: Macmillan, 1974), Orello Cone, Paul: The Man, the Missionary, and the Teacher(New York: Macmillan, 1898), Ernest White, Saint Paul: The Man and His Mind(Fort Washington, Penn.:Christian Literature Crusade, 1958), David Wenham, Paul: Follower of Jesus or Founder of Christianity?(Grnad Rapids: Eerdmans, 1995), Sandmel, The Genius of Paul: A Study in History, Walter Lock, St. Paul the Master Builder(London: Methuen, 1899).

19) Bruce M. Metzger, Index to Periodical Literature on the Apostle Paul, 2d ed.(Leiden: Brill, 1970). 초판(1966)은 2,987 항목이 재판(1970)에는 26항목이 더 첨가되었다.

20) Watson E. Mills, An Index to Periodical Literature on the Apostle Paul(Leiden: Brill, 1993).

21) Gerald F. Hawthorne, Ralph P. Martin, and Daniel G. Reid, eds., Dictionary of Paul and His Letters(Downers Grove, Ill.: InterVarsity, 1993).

을 뿐이다(비록 일부 항목들이 바울의 교육 방법들에 대해 간단히 언급하고 있기는 하지만). 피터슨(Petersen)의 방대한 참고 문헌도 대략 13,000개의 항목을 포함하지만 바울의 교육에 관한 범주는 하나도 없다.[22]

데이비스(W. D. Davies)의 책은 "옛 사람과 새 사람: 개인의 교사로서의 바울"(The Old and New Man: Paul as Teacher of the Individual)이라는 한 단락(chapter)만을 할애했다.[23] 니일(Neil)이 바울에 대해 저술한 책은 일곱 개의 단락 가운데 선교사로서의 바울이 한 단락 그리고 서신서 저자로서의 바울에 대해 한 단락이 할애되어 있지만 그의 가르침에 대한 내용은 전혀 언급하고 있지 않다.[24] 이것이 사도 바울에 대한 책들의 가장 전형적인 형태이다. 내가 알기로 교육자로서 바울을 묘사한 책은 겨우 두 권에 불과한데 그것도 한 권은 70년 전에 집필된 것이다.[25]

물론 신약 성경은 바울의 가르침(3장에 있는 표를 보라)보다 그의 설교들을 많이 언급한다.[26] 이로 인해 설교자들은 그의 설교 방법을 연구함으로 유익을 얻는 반면, 가르치는 자들은 바울의 교육 방식에서 아무런 유익도 얻지 못하고 있다.

다음에 나열된 바울의 교육 목표들과 전략들을 분석해보면 우리는 하나님의 말씀을 더 잘 가르치게 될 것이다. 그의 교육 방식을 연구하다보면 교육의 중요

---

22) Paul D. Petersen, ed., Paul the Apostle and Pauline Literature: A Bibliography Selected from the ATLA Religion Database, 4th rev. ed.(Chicago: American Theological Library Association, 1984).

23) W. D. Davies, Paul and Rabbinic Judaism(New York: Harper and Row, 1948). 이 장(chap.)에서 데이비스는 "선구자 바울은 교사(디다스칼로스, didaskalos)가 되어야 했다"(ibid., 112)라고 기록했다. 그들을 개종시킨 것은 그의 메시지(케리그마, kērygma)였지만, 그들은 그의 교육(디다케, didachē), 즉 '신학적 해석'과 '윤리적 가르침'을 통해 양육되었다(ibid.).

24) Neil, Apostle Extraordinary.

25) Howard Tillman Kuist, The Pedagogy of St. Paul(New York: Doran, 1925), 그리고 Kent L. Johnson, Paul the Teacher(Minneapolis: Augsburg, 1986). 물론 일부 책들도 바울의 가르침에 대해 선별된 관점, 예컨대 그의 대적들, 문체 그리고 예증들과 수사의 사용과 같은 부분을 서술하고 있다.

26) "바울은 첫번째이자 선구적인 설교자였다"(Bailey, Paul the preacher, 16). "명백히 바울은 첫째이며, 최고의 설교자였다"(William Cleaver Wilkinson, Paul and the Revolt against him[Philadelphia:Griffith and Rowland, 1914], 2). 신약 성경에 기록된 바울의 설교와 가르침에 대한 비교는 3장에 연구해놓았다.

한 원리들과 순서들을 접하게 될 것이다. 사도행전과 바울 서신들은 교육의 중요한 관점들을 32개 이상 보여준다.

- 어떻게 바울은 그의 설교를 듣고 개종한 사람들에게 관심을 표현했는가?
- 어떻게 바울은 다른 사람들에게 교리와 그리스도인의 삶을 가르쳤는가?
- 어떻게 바울은 당대의 문화에 대한 지식을 활용했는가?
- 어떻게 바울은 다양한 청중들에게 그의 메시지와 스타일을 적용했는가?
- 어떻게 바울은 다른 사람들을 돕기 위해 고난을 기꺼이 감당했는가?
- 어떻게 바울은 진리가 삶에 끼치는 영향을 보여주었는가?
- 어떻게 바울은 그의 제자들에게 주님을 위해 살라고 촉구했는가?
- 어떻게 바울은 사역의 목표들을 분명히 정립했는가?
- 어떻게 바울은 그 자신의 내적 동기들을 드러내 보여주었는가?
- 어떻게 바울은 주님을 섬기도록 다른 이들을 훈련시켰는가?
- 어떻게 바울은 그의 동료들과 사역을 나누었는가?
- 어떻게 바울은 주님의 인도하심과 능력을 의지했는가?
- 어떻게 바울은 그리스도와 같은 모범이 되었는가?
- 어떻게 바울은 효과적인 가르침에 필요한 자질들을 나타내었는가?
- 어떻게 바울은 의사 소통과 교육의 방식으로 편지 쓰기를 사용했는가?
- 어떻게 바울은 배우는 자들에게 교정이 필요할 때 바로잡아주었는가?
- 어떻게 바울은 그의 가르침에 반대하는 자들을 대했는가?
- 어떻게 바울은 그의 청중들과 독자들의 생각을 자극하기 위한 질문을 사용했는가?
- 어떻게 바울은 선명하게 그림을 그려주는 방식으로 개념들을 표현했는가?
- 어떻게 바울은 그의 요점들을 전달하기 위해 당대의 예화들을 사용했는가?
- 어떻게 바울은 그의 제자들에게 자기를 본받으라고 담대하게 명령했는가?
- 어떻게 바울은 종의 태도를 지닌 자의 모델이 되었는가?

- 어떻게 바울은 다양한 지역과 상황에 그의 가르침을 적용했는가?
- 어떻게 바울은 그의 제자들을 격려하고 확신을 심어주었는가?
- 어떻게 바울은 다이나믹한 강의를 했는가?
- 어떻게 바울은 구약 성경을 인용하여 가르쳤는가?
- 어떻게 바울은 그의 청중들의 주의를 끝까지 사로잡았는가?
- 어떻게 바울은 가르침 - 배움의 과정에 배우는 자들을 참여시켰는가?
- 어떻게 바울은 제자들을 훈련시키고 양육시켰는가?
- 어떻게 바울은 그의 교육 방식에 변화를 주었는가?
- 어떻게 바울은 그의 목회자적인 마음을 나누었는가?
- 어떻게 바울은 성령을 의지함으로 영적 능력을 얻었는가?

당신 자신의 가르침을 바울의 사역에 나타난 32가지 관점에 따라 분석해보고, 어떻게 그의 본보기를 따를 수 있는지 자문해보라. 자신의 사역에 이 원리들과 실제들을 적용시킬 수 있다면 누구라도 탁월한 교사가 될 수 있다.

생 각 해 보 기

■ 바울을 위대한 교사로 생각하는가? 그 이유는 무엇인가? 어떤 점들이 그를 위대한 사역자로 만들었다고 생각하는가?

■ 보다 효과적인 교사가 되려면 바울의 가르침 중 어떤 요소들을 본받아야 한다고 생각하는가?

2. 바울의 교육 방식대로 가르치기

'주의 종은 … 가르치기를 잘하며'
디모데후서 2:24

바울이 그처럼 훌륭한 신학자요, 사상가요, 학자요, 달변가였다면 오늘날 누가 바울처럼 가르칠 수 있단 말인가? 바울은 여러 면에서 독특한 인물이었다.

첫째로, 그는 다메섹 도상에서 부활하신 그리스도를 만났다. 이 특별한 경험(고전 9:1)으로 그의 삶은 극적으로 변화되었고 사도가 되었다. 하나님의 은혜로 수많은 사람들이 인생에 큰 변화를 경험하지만 오늘날 누구도 바울이 겪은 것과는 다르다. 신자들도 바울이 경험한 그 동일한 구주를 알고 사랑하지만 그가 경험한 회심과는 전혀 다르다. 그는 갑자기 예수님을 만났고 그분은 바울에게 다메섹 성으로 들어가서 행할 것을 이를 때까지 기다리라고 말씀하셨다(행 9:5, 22:8-10, 26:15-16).

두번째로, 바울은 학식을 갖춘 유대인이요, 헬라의 대학도시에서 로마 시민권을 가진 바리새인으로 출생했으며, 다소의 회당에서 배웠고, 예루살렘에서 이스라엘의 대랍비인 가말리엘 문하에서 교육을 받았다. 그는 유대 가정교육을 통해 오늘날에도 그만한 지식을 갖춘 사람이 거의 없을 정도로 구약의 전반적인 내용에 대해 방대한 지식을 갖고 있었다. 앞으로 4장에서 다루겠지만, 바울의 이런 여러 가지 배경들 때문에 그는 30여 년에 걸친 엄청난 사역을 감당할 수 있었다. 하나님의 말씀을 가르치기 위해 바울처럼 철저하게 준비된 사람은 오늘날에도 찾아보기 힘들 것이다.

세번째로, 바울의 사역은 그가 사도라는 측면에서 누구도 모방할 수 없다. 사도직이라는 영적 은사는 '기초' 은사로 초대 교회에만 주어진 특별한 것이었다. 바울은 '하나님의 가족'인 교회에 "너희는 사도들과 선지자들의 터 위에 세우심을 입은 자라 그리스도 예수께서 친히 모퉁이 돌이 되셨느니라"(엡 2:20)고 편지를 했다. 바울이 에베소서 4장 11절과 고린도전서 12장 28절에서 언급한 영적 은사들 가운데 사도들과 선지자들을 먼저 지적한 사실은 이 두 은사들이 기초가 됨을 암시해준다. 오늘날 사도의 은사는 더 이상 존재하지 않기 때문에 바울의 사도적 역할은 모방될 수 없다. 사도직의 일시적인 본질에 대한 또 하나의 표시는 부활 후에 예수님이 사람들에게 나타나신 순서에 있다.

바울은 "맨 나중에 만삭되지 못하여 난 자 같은 내게도 보이셨느니라"(고전 15:8)고 말했다. 그는 "그 후에 내게도 보이셨느니라"고 하지 않고, "맨 나중에 … 내게도 보이셨느니라"고 말했다. 이 말은 주님께서 바울에게 마지막으로 나타나셨음을 의미한다. 이 구절은 "그 같은 나타나심의 종결을 (바울에게서) 표시하며 동시에 사도직 임명의 종결을 뒷받침하는 것이기도 하다."[1]

그의 사역의 네번째 측면은 진리의 계시를 하나님께로부터 직접 받았다는 점이다. 그는 이 점을 여러 번 언급했다. 제일 먼저 기록된 서신으로 간주되는 갈라디아서에서 그는 "형제들아 내가 너희에게 알게 하노니 내가 전한 복음이 사람의 뜻을 따라 된 것이 아니라 이는 내가 사람에게서 받은 것도 아니요 배운 것도 아니요 오직 예수 그리스도의 계시로 말미암은 것이라 내가 이전에 유대교에 있을 때에 행한 일을 너희가 들었거니와 하나님의 교회를 심히 핍박하여 잔해하고"(갈 1:11-13)라고 말했다.

---

[1] Paul W. Burnett, "Apostle," in Dictionary of Paul and His Letters, ed. Gerald F. Hawthorne, Ralph P. Martin, and Daniel G. Reid(Downers Grove, Ill.: InterVarsity, 1993), 48.

바울은 하나님이 은혜로 자기를 부르시고 그분의 아들을 자기 속에 계시하셨을 때 "혈육과 의논하지 아니하고 또 나보다 먼저 사도된 자들을 만나려고 예루살렘으로 가지 아니하고 오직 아라비아로 갔다가 다시 다메섹으로 돌아갔노라"(1:16-17)고 했고 "그 후 삼 년 만에 내가 게바를 심방하려고 예루살렘에 올라가서 저와 함께 십오 일을 유할쌔 주의 형제 야고보 외에 다른 사도들을 보지 못하였노라"(1:18-19)고 덧붙였다.

회심 직후 바울은 다메섹으로 가서(주님이 그에게 나타나신 장소는 다메섹에서 불과 몇 마일 떨어진 곳이었을 것임) 유다와 함께 직가[2]라는 곳에 머무르고 있을 때 경건하며 존경받는 유대 그리스도인 아나니아의 방문을 받는다. 아나니아는 삼 일 밤낮을 보지 못하고 지낸 바울을 위해 기도함으로 다시 보게 해주고, 세례를 베풀었다. 그 후에 음식을 먹고 건강해진 바울은(행 9:11-19) 곧바로 회당에서 그리스도를 전파하기 시작했다. 여러 날이 지나, 유대인들이 바울을 죽일 공모를 꾸미자 그의 제자들이 밤에 그를 광주리에 담아 성에서 달아내려 피하도록 도와주었다(9:20-25, 참고 - 고후 11:32-33).[3] 그가 아라비아[이 지역은 북아라비아로 다메섹[4]의 동쪽 지역 나바티안(Nabatean)이었을 것임]에서 보낸 기간은 다메섹에서 여러 날들을 보낸 후였던 것 같다. 이와 달리, 사도행전 9장 23절에 누가가 기록한 '여러 날' 이란 바울이 아라비아에서 보낸 기간까지를 포함한다.

---

[2] 구 다메섹의 동과 서를 잇는 거리로 오늘날까지 같은 이름으로 불린다.

[3] "다메섹에 있는 그리스도인들을 박해하기 위한 사울의 계획은 이상하게 변했다. 그는 그 성에 장님이 되어 들어왔고, 광주리에 담겨 피신했다. 엉뚱하게도 그는 박해의 대상이 되어버렸다"(Stanley D. Toussaint, "Acts," in The Bible Knowledge Commentary, New Testament, ed. John F. Walvoord and Roy B. Zuck [Wheaton, Ill.: Victor, 1983], 377-378). Pollock은 "약 8-9 피트 정도 높이의 성벽 외부로 돌출된 창문을 통해 그 새로운 사도를 달아내린 광주리는 '고기 광주리' 로 크고 형체가 없는 마대이다. 이것으로 바울의 몸을 감쌌기 때문에 어둠 속에서 무관심하게 쳐다보는 사람들은 그것이 사람을 숨기기 위한 것이라고 눈치채지 못했을 것이다"고 제시한다(John Pollock, The Apostle: A life of Paul (Wheaton, Ill.: Victor, 1985), 44].

[4] 1세기의 로마 저자였던 플리니(Pliny)는 "아라비아는 데가볼리(Decapolis)에 속한 세 개의 동쪽 도시들, 즉 다메섹, 라바나(Raphona), 빌라델비아(Philadelphia)의 사막에 위치한 곳이었을 것이다"라고 지적했다(Natural History 5.16.74, cf. Strabo Geography 16.2.20).

아라비아에 있는 동안 바울은 구약에서 예수님이 나타나신 방식들을 되새겨 보며 그의 회심이 무엇을 의미하는지 묵상했을 것이다.[5] 이때 주님은 바울에게 많은 진리들을 계시해주셨던 것 같다. 후에 바울이 설교와 서신들을 통해 밝힌 진리들은 전에는 누구에게도 계시된 적이 없는 것들이었다. 그는 이 교리들 가운데 하나를 에베소 교회에 보내는 서신에서 언급했다. "이것을 읽으면 그리스도의 비밀을 내가 깨달은 것을 너희가 알 수 있으리라 이제 그의 거룩한 사도들과 선지자들에게 성령으로 나타내신 것같이 다른 세대에서는 사람의 아들들에게 알게 하지 아니하셨으니"(엡 3:4-5). 일부 성경학자들은 '~같이'(영어 성경은 as로 번역)를 '동일한 범위'로 이해해서 그 비밀(mystery)이 구약에서는 부분적으로 계시되었으나 신약에 와서 완전히 계시된 것이라고 해석하기도 한다. 하지만 오히려 '~처럼'을 서술적으로, 즉 그 비밀은 구약 시대에는 전혀 계시되지 않았지만 신약에서 처음 계시된 것으로 이해하는 편이 더 타당하다. 바울은 에베소서 3장 9절에 '이 비밀은 과거에는 감취었던 것'으로, 골로새서 1장 26절에서 "이 비밀은 만세와 만대로부터 옴으로 감취어져 있다가 이제는 그의 성도들에게 나타났고"라고 재차 강조한다. 과거에는 감취어져 있다가 이제 나타난 이 비밀은 교회가 설립된 이후로 그리스도를 믿는 이방인들과 유대인들이 하나님의 은혜의 공동 상속자들이요, 한 교회의 몸으로 '함께 지체가' 된다는 사실이다(엡 3:6, 참고 - 2:11-22). 사도 바울은 이와 동일한 진리를 로마서 16장 25-26절에도 기록했다. "나의 복음과 예수 그리스도를 전파함은 영세 전부터 감취었다가 이제는 나타내신바 되었으며."

다섯번째로, 바울의 사역을 모방할 수 없는 이유는 그가 '낙원으로 이끌려' (고후 12:4) 갔었기 때문이다. 그는 '이끌려' [이 단어는 할파조(harpazō)로 데살

---

[5] Baslez와 Longenecker는 바울이 다메섹으로 간 목적은 묵상과 학습을 위해서였다고 제시한다(M.F. Baslez, Saint Paul(Paris: Fayard, 1991), 101, and Richard N. Longenecker, Galatians, Word Biblical Commentary(Dalls: Word, 1990), 34]. 또한 Jerome Murphy-O'Connor는 바울 사도가 아라비아에 머문 기간은 짧았을 것이고 아라비아의 아주 깊은 곳까지 들어가지는 않았을 것이라고 주장한다["Paul in Arabia," Catholic Biblical Quarterly 55(1993) : 732-737].

로니가전서 4장 17절에 성도들이 '끌어올려' 갈 것이라는 부분에도 쓰임] 하나님이 거하시고 죽은 신자들의 영혼이 거하는 '셋째 하늘'까지(고후 12:2) 올라갔다. 선교 여행을 시작하기 전의('14년 전에,' 12:2) 이 엄청난 경험은 그의 사도직 신임장에 대한 확증이었으며 후에 그의 사도적 권위에 의문을 제기하는 고린도 교인들에게 전할 내용의 주제이기도 했다(11:16-12:10). 사도란 '환상과 계시'를(12:1) 지닌 사람이라고 고린도 교인들이 주장했다면 그는 분명 그 자격을 갖춘 사도임에 틀림없다.[6] 바울은 실제 사도의 신임장은 '표적과 기사와 능력'(12:12)을 포함한다고 덧붙였다. 바울은 이 부분에도 자격을 갖추었다(롬 15:19). 하나님의 도구인 그는 사도적 권위를 확증하는 기적을 여러 번 행했다(참고 - 히 2:3 하-4). 그 기적들 중에는 구브로 섬의 유대인 박수(술사)인 엘루마를 소경으로 만든 일과(행 13:6-12) 점치는 귀신들린 종에게서 귀신을 쫓아낸 일(16:16-18)이 포함된다. 교회 개척에 필수적이었던 사도의 은사는 한시적인 것으로, 계시를 받고 기적을 행하는 능력 역시도 사도들에게만 제한적으로 주어졌다. 이런 이유들 때문에 우리는 바울의 사역을 모방할 수 없다.

여섯번째, 바울이 그리스도인 지도자로 독특한 위치를 차지하는 이유는 그가 하나님께 사용되어 신약 성경 27권 가운데 13권을[7] 기록했다는 점이다. 장수

---

[6] 하나님은 네 번씩이나 바울에게 환상 가운데 모습을 보이셨다. 처음으로 환상 중에 그리스도를 본 것은 다메섹 도상이었다. 사도행전 9장 4절, 22장 7절 그리고 26장 14절에서 바울은 음성을 들었다고 말했다. 그러나 9장 27절에 누가는 바나바가 데리고 사도들에게 가서 그가 길에서 어떻게 '주를 본 것과'라고 기록했다. 또한 사도행전 26장 19절에서 바울 사도는 이 경험을 '하늘에서 보이신 것' 이라고 언급함으로 그가 주님의 음성을 들었을 뿐만 아니라 그분을 보았다는 사실을 인정했다(참고-고전 9:1 '예수 우리 주를 보지 못하였느냐?'). 아나니아 역시 바울에게 "하나님이 너를 택하여 너로 하여금 자기 뜻을 알게 하시며 저 의인(the Righteous One: 그리스도를 가리킴, 역자 주)을 보게 하시고" 라고 말했다(행 22:14, 참고 - 26:16). 바울의 두번째 환상 또는 '계시' 는 하나님이 그에게 바나바, 디도와 함께 예루살렘을 방문하라고 지시하신 때였다(갈 2:2, '계시를 인하여 올라가 내가 이방 가운데서 전파하는 복음을 저희에게 제출하되'). 사도행전 11장 27-30절에 기록된 이 방문은 흉년 때문이었을 것이다. 바울이 예루살렘을 다섯 번 방문했던 것과 관련된 토론을 보려면 Donald K. Campbell의 "Galatians," in The Bible Knowledge Commentary, New Testament, 593을 보라. 또한 갈라디아서 2장 1-10절과 사도행전 11장 30절이 같은 사건을 의미하는지에 대한 찬반 논쟁에 대한 보다 깊은 토론은 David Wenham의 "Act and the Pauline Corpus: II, Pauline Parallels," in The Book of Acts in Its Ancient Literary Setting, ed. Bruce W. Winter and Andrew W. Clarke(Grand Rapids: Eerdmans, 1993), 226-243을 보라.

[7] 바울이 히브리서까지 기록했다면 신약 성경의 절반 이상을 기록한 것이다. 많은 요소들이 바울의 저자

로 따지면 바울 서신들은 전체 신약 성경 가운데 정확히 3분의 1의 분량에 해당된다(260장 중 87장이다). 네슬 알란드(Nestle-Aland)판 헬라어 성경의 장수로 따져보면 4분의 1(24.6%) 분량이 바울 서신이다.

게다가 사도행전의 4분의 3(60%) 분량이 바울의 사역에 관한 기록으로, 이것 또한 전체 28장 가운데 17장에 해당된다(사도행전 9장 그리고 13-28장). 그러므로 그의 생애에 대한 기록들과 그가 기록한 서신서들을 모두 합하면(사도행전 9장, 13-28장 그리고 로마서부터 빌레몬서까지) 신약 성경 전체 장수의 40%를 차지하는 셈이다.

이 모든 기록들은 성령의 영감으로 쓰여졌다(딤후 3:16, 벧후 1:21). 그러므로 무오하며 권위를 갖는 성경들이다. 또한 이 말씀들의 영향력은 그 깊이를 잴 수 없다. 학자들은 바울의 서신서를 '이 세상에서 가장 강력한 지적 능력들 가운데'[8] 있고, '세상의 종교와 지적인 역사들 중 모든 세기에 끼친 그 영향력을 가늠할 수 없는 … 가장 영향력 있는 설득'[9]이라고 지적했다.

위대한 사도 바울과 연관된 위의 여섯 가지 사실들은 오늘날의 교사들이나 다른 이들에게 그가 가르친 방식으로는 가르칠 수 없다고 위축시킨다. 부활하신 그리스도를 보았고, 유대-로마-헬라의 배경을 가졌으며, 사도이고, 하나님께로부터 계시를 받았으며, 셋째 하늘까지 이끌려 갔었고, 더구나 하나님께 쓰임 받아 신약 성경의 절반 정도를 기록한 점들이 바울의 위상을 누구와도 견줄 수 없는 위치에 올려놓았다.

권을 가리키지만 다른 요소들은 그가 히브리서를 기록했다는 사실을 강력히 반대한다. 이 논점에 관한 토론에 대해서는 다음의 책들을 참고하라. Harold W. Attridge, The Epistle to the Hebrews, Hermeneia(Philadelphia: Fortress, 1989), 1-6, Donald Guthrie, New Testament Introduction(Downers Grove, Ill.: InterVarsity, 1990), 668-682, D. Edmond Hiebert, An Introduction to the New Testament, vol. 3: The Non-Pauline Epistles and Revelation, rev. ed.(Chicago: Moody, 1977), 71-81, Zane C. Hodges, "Hebrews," in The Bible Knowledge Commentary, New Testament, 777-778, Philip Edgcumbe Hughes, A Commentary on the Epistle to the Hebrews(Grand Rapids: Eerdmans, 1977), 19-30, William L. Lane, Hebrews 1-8, Word Biblical Commentary(Dallas: Word, 1991), xlvii-li, and Brooke Foss Westcott, The Epistle to the Hebrews(London: Macmillan, 1889), lxii-lxxix.

8) James Stalker, The Life of St. Paul(New york : Revell, 1950), 91.
9) J. Oswald Sanders, Paul the Leader(Colorado Springs: NavPress, 1984), 57-58.

하지만 그의 삶에서 발견되는 다른 여섯 가지 요소들은 우리도 그의 방식대로 가르칠 수 있다는 확신을 갖게 만든다.

첫째로, 바울은 구원받기 전에 핍박자요 교회를 잔해하던 자로(갈 1:13) '죄인 중에 괴수'였다(딤전 1:15). 그 후 오랫동안 그리스도를 섬기다가 감옥에 갇혔을 때 그는 자신이 영적으로 온전함에 도달하지 못했음을 인정했다(빌 3:12-13). 우리 그리스도인들도 지속적인 영적 성장이 필요함을 깨달아야 한다.

두번째, 우리도 바울과 동일한 메시지, 즉 그리스도 안에서 믿음을 통해 구원 얻는다는 복음을 갖고 있다(행 16:30-31, 롬 3:24-25, 6:23, 10:9-10, 고전 1:23, 15:1, 3-4, 고후 8:9, 갈 2:16, 3:26, 엡 1:7, 2:8, 딤전 1:14, 딛 2:14, 3:5). 우리 역시 신자들이 그리스도의 장성한 분량에 이르도록 도와줄 동일한 진리를 갖고 있다. 그 메시지는 변함이 없다. 바울이 가르쳤던 내용이 바로 우리가 가르칠 내용이다.

세번째, 바울의 사역에 능력을 주신 분은 지금도 모든 믿는 자들에게 능력을 주시는 성령이시다. 바울은 그의 메시지가 성령의 능력으로 전달되며(고전 2:4, 살전 1:5) 성령께서 그를 도와주신다고 기록했다(빌 1:19). 이 사도 속에 내주(內住)하신 성령께서 모든 믿는 자들 속에도 동일하게 내주하신다(행 15:8, 롬 5:5, 8:9, 11, 고전 2:12, 3:16, 고후 1:22, 갈 3:14, 엡 2:22, 살전 4:8, 딤후 1:14, 딛 3:5-6).

바울이 성령으로 충만했던 것처럼(행 9:17, 13:9) 우리 믿는 자들도 성령으로 충만해야 한다(엡 5:18). 이 말은 성령의 인도하심을 받는다는 의미이다. 신자들은 '성령을 좇아' 행하고(갈 5:16), 성령과 동행해야 하는데(롬 15:16, 살후 2:13) 그 이유는 성령께서 신자들의 성화 과정에 함께하시기 때문이다. 성령은 또한 여러 사건들 속에서 바울을 인도하셨다. 바울과 바나바는 성령의 인도하심으로 제1차 선교 여행을 시작했다(행 13:2, 4). 바울과 다른 사도들과 장로들은 예루살렘에서 결정을 내릴 때 성령의 인도하심을 받았다(15:28). 바울과 그의 동료들은 성령에 의해 아시아 지역에서 복음을 전하지 못했다(16:6-7). 또한 바울은 제3차 선교 여행을 마친 후, 에베소의 장로들에게 '심령에 매임을 받아' 예루살렘에 간다고 말했다(20:22). 오늘날에도 동일한 성령께서 믿는 자들을 인도하신다("무릇 하나님의 영으로 인도함을 받는 그들은 곧 하나님의 아들이라," 롬 8:14, 참고 - 갈 5:18).

네번째로, 사도 바울의 의사 소통 방식이 우리에게도 가능하다. 그는 가르칠 때 언어를 사용했고, 편지라는 방식을 사용해서 의사를 전달했으며, 그 자신의 개인적인 모범을 통해서도 가르쳤다. 언어를 통한 가르침에서 그가 사용한 방식들인 강의, 토론, 질문 그리고 다양한 연설 형식들, 비유, 구약 성경의 인용 등은 요즘 교사들도 사용하는 방식들이다.

다섯번째로, 바울과 우리의 가르침 사이의 유사점은 압력과 힘든 사역이라는 점이다. 고린도 교인들에게 바울은 그 자신이 '큰 환난과 애통하는 마음'(고후 2:4)을 갖고 있으며 '모든 교회를 위하여 염려' 함으로 매일 '눌리는 일'을 당한다고 기록했다(11:28). 아울러 그가 가르친 복음에 반대하고 그가 이루어놓은 것들을 무너뜨리려고 애쓰는 유대주의자들과 거짓 교사들의 문제에 대해서도 자주 언급했다. 그는 새 신자들이 그리스도 안에서 자라가도록 도와주어야 한다는 부담감을 안고 있었다. 이 모든 것은 '또 수고하며 애쓰고 여러 번 자지 못하고'(11:27), '나도 내 속에서 능력으로 역사하시는 이(예수님)의 역사를 따라 힘을 다하여 수고하노라'(골 1:29)고 바울이 말한 것처럼 힘든 사역이고 많은 노력이 뒤따라야 했다. 바울은 또한 '우리가 수고하고 진력' 한다고 표현했다(딤전 4:10).[10] 그는 자신의 사역이 '궁핍'(빌 4:12)하게 되는 것이며 정

---

10) 바울은 다른 사람들을 위한 그의 힘든 사역을 표현할 때 여러 개의 의미심장한 단어들을 사용했다. 코피아노(kopianō, 골로새서 1장 29절과 디모데전서 4장 10절에 사용)는 '피곤하거나 지칠 때까지 노동이나 일을 하는 것'을 의미한다. 고린도후서 11장 27절에서는 노동을 나타내는 다른 단어 모크소스(mochthos)를 사용했는데 이는 '분투하다 혹은 노력하다' 라는 의미를 내포한다. 골로새서 1장 29절에서는 '애쓰다, 노력을 다하다' 라는 의미의 아고니조마이(agōnizomai)를 사용했다. "아고니조마이 라는 단어에 담긴 운동 선수의 이미지는 바울의 선교 사역에 담긴 모든 노력과 지칠 줄 모르는 수고 그리고 온갖 방해와 대적을 대항하는 투쟁을 부각시킨다"[Fritz Rienecker, A Linguistic key to the Greek New Testament, ed. Cleon L. Rogers, Jr. (Grand Rapids: Zondervan, 1980), 571].

서적, 신체적으로 고통당하는 것임을 알고 있었다(고후 4:8-12, 6:4-10, 11:23-29). 헌신된 교사들은 가르치는 이들을 위한 부담을 바울의 노력과 동일한 것으로 볼 수 있어야 한다.

여섯번째로, 사도 바울은 재정적인 독립을 위해 장막 깁는 일을 해야 함을 알았다(행 18:3).[11] 에베소의 장로들에게 그는 '이 손으로 … 이같이 수고하여' 라고 말했다(20:34-35). 데살로니가 신자들에게는 '너희 아무에게도 누를 끼치지 아니하려고 밤과 낮으로 일하면서' 라며 그가 열심히 일했음을 언급했다(살전 2:9, 살후 3:8).[12] 또한 고린도 교인들에게는 '수고하여 친히 손으로 일을 하며' 라고 기록했다(고전 4:12).[13] 이 구절들은 '세속의 직업'에 기울인 그의 육체적인 수고를 언급하는 것이다. 바울은 사도로서 그의 말씀을 듣는 사람들로부터 재정적인 지원을 받을 권리가 있었지만(9:12-18) 자영업을 통해 복음을 '값없

---

11) 다수의 학자들은 바울이 만든 장막은 실리시움(cilicium)이라는 검은 염소의 털로 제작된 천을 사용해 만들어졌으며 실리시움이란 말은 바울의 출생지인 다소가 위치해 있는 길리기아 지역에서 유래했다고 추측한다(이 견해를 지지하는 학자들은 E. Plumptre, "St. Paul as a Man of Business," Expositor(1985) : 259-266, 그리고 Gustav A. Deismann, Paul: A Study in Social and Religious History (New York: Hodder and Stoughton, 1926), 48-50이 있다. 그러나 '장막을 만드는 일'(skēnopoios, tentmaking)은 가죽을 만드는 일로 이해하는 편이 더 타당할 것이다[Livy History of Rome 5.2.7, 37. 39.2, J. Curle, A Roman Frontier Post and Its People(Glasgow: Maclehose & Sons, 1911) 66]. 왜냐하면 가죽 제품들이 길리기아와 연관성이 있기 때문이다[T. R. S. Broughton, "Roman Asia," in An Economic Survey of Ancient Rome, ed. T. Frank(Baltimore: John Hopkins University Press, 1938), 5:823-824]. 아마 바울은 가죽과 염소의 털로 만든 두 가지 재료 모두를 사용했을 것이다(Pollock, The Apostle: A Life of Paul, 16).

바울은 주로 가죽을 사용해 장막을 만들었지만 가죽이나 천으로 만든 제품들, 즉 가판대, 차양용 천개 그리고 군인들이나 선원이나 대상(大商)들을 위한 천막들을 수리하기도 했을 것이다[Paul W. Barnett, "Tentmaking," in Dictionary of Paul and His Letters, 926, Ronalds F. Hock, The Social Context of Paul's Ministry: Tentmaking and Apostleship(Philadelphia: Fortress, 1980), 20-25, W. Michaelis "οκυροττοιος," in Theological Dictionary of the New Testament, 7 (1971), 393-394]. 그렇다면 장막을 만드는 자(tentmaker)란 말은 아주 폭넓게 쓰였을 것이다. 마치 마구(馬具) 만드는 사람이 마구만 만드는 것이 아닌 것처럼 말이다(Martin Hengel, The Pre-Christian Paul, trans. John Bowden(Philadelphia: Trinity, 1991], 17). 바울은 여행을 다닐 때 자르는 도구들, 송곳, 날을 세우는 돌 그리고 여러 기구들을 지니고 다녔을 것이다 [Brian Rapske, "Acts, Travel and Shipwreck," in The Book of Acts in Its Graeco-Roman Setting, ed. David W. J. Gill and Conrad Gempf(Grand Rapids: Eerdmans, 1994), 7].

12) 노동(일)으로 번역된 코포스(Kopos)는 코피아오(Kopiaō)에서 온 것으로 '지칠 때까지 일하다' 라는 의미이며, 고난은 모크소스(mochthos)에서 번역되어 '진력을 다하는 일' 이라는 의미이다.

13) 문자적으로 "우리는 우리 손으로 육체적인 노동을 포함한(ergazomai) 일을(코피아오, kopiaō, 주석 10번을 참조)했다"는 의미이다.

이' 전할 수 있었다(9:18, 고후 11:7). 장막 만드는 일을 통해 그는 자신의 물질적인 필요뿐만 아니라 다른 사람들의 필요까지도 채울 수 있었다. 그는 에베소의 장로들에게 이렇게 말했다. '너희 아는 바에 이 손으로 나와 내 동행들의 쓰는 것을 당하여 범사에 너희에게 모본을' 보였다(행 20:34-35).

오늘날도 다른 사람을 가르치거나 제자 삼는 사역을 하는 일꾼들이 그들의 경제적인 필요를 채우려면 직업을 가져야 한다는 사실을 깨닫는다. 이런 사역자들도 위대한 바울 사도와 다를 바 없다.

여러 가지 측면에서 바울의 가르치는 사역을 그대로 따르기란 불가능하지만, 반면에 여러 공통된 측면들도 있기 때문에 바울처럼 가르치는 일은 가능하다. 교회 역사상 가장 위대한 사도였던 바울이 지녔던 영적으로 성장하려는 열망, 복음과 필수적인 교리들을 가르치는 데 바쳤던 열정, 성령의 능력을 힘입고 그의 인도하심을 받은 것, 효과적으로 복음을 전했던 방식들, 다른 사람들에 대한 관심과 열정 및 책임감 그리고 재정적인 필요를 스스로 충당할 수 있는 수단이 있었던 모습 등은 우리도 공유할 수 있다. 이런 공통적인 요소들을 통해 우리도 바울이 가르쳤던 것과 동일하게 가르칠 수 있다.

 생 각 해 보 기

■ 당신이 교사로서 바울과 공통점이 있다고 생각해본 적이 있는가? 그런 적이 없다면, 바울을 닮아야 하는 이유를 나열해보라.

■ 하나님이 당신에게 특별하게 주신 가르치는 능력에 대해 생각해보라.

■ 우리가 바울과 공통되는 여섯 가지 요소들을 생각해보고 가르칠 때 이런 요소들을 보다 효율적으로 사용할 수 있게 해달라고 주님께 간구하라.

3 바울의 사역에서 차지하는 가르침의 위치

'내가 이 복음을 위하여 반포자와 사도와 교사로 세우심을 입었노라'

디모데후서 1:11

인척 관계나 책임에 따라 당신은 다양한 호칭으로 불리워질 것이다. 예컨대, 인척 관계에 따라 아들 혹은 딸, 손자 혹은 손녀, 형제 혹은 자매, 조카 혹은 질녀, 남편 혹은 아내, 아빠 혹은 엄마, 장인 혹은 장모, 삼촌 혹은 고모(이모), 할아버지 혹은 할머니가 될 수 있다. 그 외에도 친구, 약혼자, 이웃, 고객 혹은 의뢰인 등도 될 수 있다. 책임에 따라서는 학생, 교사, 부모, 가족, 노동자, 고용인, 고용주, 감독자, 매니저, 이사, 대리인, 위원, 이사, 의장, 행정가, 사무원 또는 사장이 될 수 있다.

다른 사람들처럼 바울에게도 많은 호칭이 있었다. 그는 인척 관계에 의해 '바리새인의 아들' (행 23:6) 또는 삼촌과 형제(사도행전 23장 16절은 '바울의 누이의 아들' 에 대해 언급한다)였다. 그는 자신이 '어린아이' 였다고 말하기도 했다(26:4, 고전13:11). 종교적으로는 바리새인의 지도자였다(행 23:6, 26:5, 빌 3:5). 그리스도를 믿는 자로 영적으로는 주님의 자녀요(롬 8:14, 19, 23, 갈 3:26, 4:6, 엡 1:5), 상속자(롬 8:17, 갈 3:29, 4:7, 엡 3:6, 딛 3:7)였다. 또한 모든 믿는 자들과 함께 그리스도의 몸인 우주적인 교회의 일원이었다(롬 12:4-5, 고전 10:17, 12:12-13, 27, 엡 1:23, 3:6, 4:25, 5:30, 골1:18, 24, 3:15).

로마 정부에 의해 옥에 갇혔지만 그는 자신을 주의 일 때문에 갇힌 자로 여겼다. 주님을 섬기는 일로 인해 갇혔기 때문이다. '그리스도 예수의 일로 … 갇힌 자' (엡 3:1), '주 안에서 갇힌' (4:1), '주를 위하여 갇힌 자' (딤후 1:8), '예수를 위하여 갇힌 자' (몬 1:1)라고 표현했다.

이 사도는 이 외에도 그의 사역과 관련된 여덟 개의 호칭으로 불리워졌다. 그릇(도구), 교사, 증인, 종, 노예, 전하는 자, 일꾼, 사도로 불리워졌다.

그릇(도구)

하나님은 다메섹의 아나니아에게 가서 사울의 시력을 회복시키라고 하실 때 그 이유를 말씀하셨다. '이 사람은 … 택한 나의 그릇이라' (행 9:15). 이 말씀은 바울이 하나님의 손에 들린 도구나 연장처럼 쓰임받을 것이라는 의미이다. 바울이 후에 회고했듯이 아나니아는 '우리 조상들의 하나님이 너를 택하여' (22:14)라고 사울에게 전했다.

교사

바울은 두번이나 디모데에게 그 자신이 교사임을 확인시켜주었다. '내가 … 교사로 세우심을 입었노라' (딤전 2:7, 딤후 1:11).

증인

열한 명의 제자들에게 말씀하셨던 것처럼("너희가 … 내 증인이 되리라," 행1:8), 예수님은 바울도 그의 '증인' [말티스, martys, 22:15, 26:16, 참고 - 26장 22절의 증언하다(말티로마이, martyromai, '증거함')]이 되리라고 하셨다.

종

두번씩이나 바울은 그리스도의 종(휘페레테스, hyperetēs, '돕는 자, 다른 사람들을 돕거나 섬기는 자,' 행 26:16, 고전 4:1)이라고 불리웠다.[1] 바울도 자신을

---

1) 이 단어는 바나바, 바울의 수종자(행 13:5)가 되기 위해 그들을 따라갔던 마가 요한에게 사용된 말이다. 원래 이 단어는 전함(戰艦)에서 노 젓는 자들을 군인들과 구별하기 위해 사용되었지만, 그 후 지위가

그리스도의 일꾼(디아코노스, diakonos, 고전 3:5, 고후 11:23), 하나님의 일꾼(6:4), 새 언약의 일꾼(3:6), 복음의 일꾼(엡 3:7, 골 1:23) 그리고 교회의 일꾼(골 1:25)으로 불렀다.

노예

다섯번이나 바울은 자신을 주님의 종(둘로스, doulos, 다른 사람에게 소유된 자)이라고 불렀다. 그는 예수 그리스도의 종(둘로스, 롬 1:1, 빌 1:1), 그리스도의 종(둘로스, 갈 1:10), 하나님의 종(둘로스, 딛 1:1)이었고, 바울과 디모데는 그리스도를 위한 종들(둘로이, douloi, 고후 4:5)이었다. 구약 시대의 종들 중 일부가 주인에게 감사해서 그들 자신을 주인에게 바치듯(출 21:2-6), 바울도 기꺼이 그의 일생을 주님을 섬기는 일에 드렸다. 그는 이런 부류의 종이 된 것을 부끄러워하지 않고 오히려 자랑스럽게 여겼다.

유일하게 바울을 종이라고 불렀던 사람은 귀신들린 소녀로, 점을 쳐주는 일로 주인에게 많은 돈을 벌게 해준 여종이었다(행 16:16-17).

전하는 자

두번씩이나 바울은, '내가 전파하는 자(케릭스, kēryx)와 사도로 세움을' 입었다(딤전 2:7, 딤후 1:11) 라고 기록했다. 케릭스란 공적인 사건들을 공포하거나 좋은 소식을 선포하는 사람을 말한다. 전하는 자에게 우선되는 자질은 그를 보낸 자의 신실한 대리인이 되거나 그의 말을 전하는 일이다. 전하는 자는 '장본인'이 아니다. 그가 전하는 메시지는 그의 것이 아니고 반드시 보낸 사람의 것이어야 했다.[2]

낮은 사람들, 예컨대, 외과의사 보조자 혹은 군대의 부관과 같은 사람들을 가리키는 말로 의미가 전환 되었다(Jerome Murphy-O'Connor, Paul on Preaching(New York: Sheed and Ward, 1963), 60-64], Karl H. Ringstorf, "ὑπερέτης, ὑπερετέω," in Theological Dictionary of the New Testament, 8(1972), 530-544 도 참고하라.

2) Victor Paul Furnish, "Prophets, Apostles, and Preachers: A Study of the Biblical Concept of Preaching" Interpretation 17(January 1963): 55. 주전 고전 헬라어에서와 주후 헬라어 파피루스에서의 케릭스

일꾼

바울이 자신을 가리켜 단 한 번 사용한 호칭은 그리스도 예수의 레이툴고스(leitourgos, '일꾼')였다(롬 15:16). 이 말은 레이툴기아(leitourgia)와 연관되어 제사장들 혹은 다른 사람들의 종교적 의무에 흔히 사용되던 단어다. 바울은 복음의 선포를 통해 제사장의 의무를 수행하고 있었다. 제사장처럼 그는 신앙을 가진 이방인들을 주님께 제물로 드렸다.

사도

바울에게 가장 자주 쓰이던 호칭은 '사도'(아포스톨로스, apostolos)로, 이는 권한을 위임받아 파송되어 자신을 보낸 자를 대표한다는 의미이다.[3] 그러므로 바울과 다른 사도들은 하나님께 위임을 받은, 신적인 권위를 가진 자들로 하나님의 대리인이며 대변인이었다. 바울은 이 호칭을 그의 서신서들 중 인사말에 아홉 번이나 사용했다.

- '예수 그리스도의 종 바울은 사도로 부르심을 받아'(롬 1:1).
- '하나님의 뜻을 따라 그리스도 예수의 사도로 부르심을 입은 바울'(고전 1:1).
- '하나님의 뜻으로 말미암아 그리스도 예수의 사도 된 바울'(고후 1:1).
- '사람들에게서 난 것도 아니요 사람으로 말미암은 것도 아니요 오직 예수 그리스도와 및 죽은 자 가운데서 그리스도를 살리신 하나님 아버지로 말미

(kēryx)의 사용에 대한 요약을 보려면 Murphy-O' Conor의 Paul on Preaching, 48-51을 보라.

3) 예수님도 하나님이 보내셨기 때문에 '사도'로 불리웠다(히 3:1). 요한복음은 42번이나 예수님이 아버지께 보냄을 받았다고 말씀한다. 그 다음에 예수님은 열두 사도들을 택해 전도하라고 보내셨다(막 3:14). 바울은 하나님이 자신을 보내셨다는 사실을 알고 있었다(고전 1:17, 고후 2:17, 갈 1:1). 왜냐하면 하나님이 '내가 너를 구원하여 저희(이방인)에게 보내어' 그 눈을 뜨게 하여(행 26:17)라고 말씀하셨기 때문이다. 보냄을 받은 사도가 권위를 갖고 대표하는 것은 후대 랍비 문헌에 나타난다. 그 기록에서 살리아(šālîah)는 보냄을 받은 대리인이지만 보낸 자를 대신할 뿐더러 그의 권위까지도 갖고 행동한다. "보냄을 받은 자(살리아)는 보낸 자와 같다"(Mishnah, Berakot 5.5). 참고 - Paul W. Barnett, "Apostle," in Dictionary of Paul and His Letters, ed. Gerald F. Hawthorne, Ralph P. Martin, and Daniel G. Reid(Downers Grove, Ill.: InterVasity, 1993), 45-46, J.B. Lightfoot, "The Name and Office of Apostle," in The Epistle of St. Paul to the Galatians, 10th ed.(reprint, London: Macmillan, 1986), 92-101, and R. K. Rengstorf, "ἀπόστολος," in Theological Dictionary of the New Testament, 1(1964), 407-447.

암아 사도 된 바울' (갈 1:1).
- '하나님의 뜻으로 말미암아 그리스도 예수의 사도 된 바울' (엡 1:1).
- '하나님의 뜻으로 말미암아 그리스도 예수의 사도 된 바울' (골 1:1).
- '우리 구주 하나님과 우리 소망이신 그리스도 예수의 명령을 따라 그리스도 예수의 사도 된 바울' (딤전 1:1).
- '하나님의 뜻으로 말미암아 그리스도 예수 안에 있는 생명의 약속대로 그리스도 예수의 사도 된 바울' (딤후 1:1).
- '하나님의 종이요 예수 그리스도의 사도인 바울' (딛 1:1).

누가는 이고니온(행 14:4)과 루스드라(14:14)에서 바울과 바나바를 사도들이라고 두 번 기록했다. 그 외에도 열한 번이나 바울은 그의 역할을 아래와 같이 예수의 사도라고 기록했다.

- '그로 말미암아 우리가 은혜와 사도의 직분을 받아' (롬 1:5).
- '내가 이방인인 너희에게 말하노라 내가 이방인의 사도인 만큼' (롬 11:13).
- '하나님이 사도인 우리를 … 사람에게 구경거리가 되었노라' (고전 4:9).
- "다른 사람들에게는 내가 사도가 아닐찌라도 너희에게는 사도니" (고전 9:2 상).
- "나의 사도 됨을 주 안에서 인친 것이 너희라" (고전 9:2 하).
- "나는 사도 중에 지극히 작은 자라 내가 하나님의 교회를 핍박하였으므로 사도라 칭함을 받기에 감당치 못할 자로라" (고전 15:9).
- '내게 역사하사 나를 이방인에게 사도로 삼으셨느니라' (갈 2:8).
- '우리가 그리스도의 사도로 능히 존중할 터이나 … 우리가 너희 가운데서 유순한 자 되어 유모가 자기 자녀를 기름과 같이 하였으니' (살전 2:6-7).
- '내가 전파하는 자와 사도로 세움을 입은 것은 … 내가 이방인의 스승이 되었노라' (딤전 2:7).
- "내가 이 복음을 위하여 반포자와 사도와 교사로 세우심을 입었노라" (딤

후 1:11).

바울의 사도권은 그가 구원받을 때 책임이 주어졌다는 면에서 독특하다(행 9:15). 실제로, 하나님은 바울이 출생할 때부터 이 사역을 위해 그를 구별해놓으셨다(갈 1:15). 바울이 가진 사도권의 또 다른 독특성은 하나님이 그를 이방인의 사도가 되도록 만드셨다는 점인데, 이는 신약 성경에 거듭 반복되어 나타난다(행 9:15, 13:46-47, 14:27, 15:12, 18:6, 21:19, 22:21, 26:17, 20, 28:28, 롬 1:5, 13, 11:13, 15:16, 갈 1:16, 2:2, 7-9, 엡 3:8, 골 1:27, 딤전 2:7, 참고 - 엡 3:6, 살전 2:16, 딤후 4:17).

바울의 가르침에 대한 강조를 나타낸 다른 표시들

위의 여덟 개의 호칭들 - 그릇(도구), 교사, 증인, 종, 노예, 전하는 자, 일꾼, 사도 - 가운데 교사라는 호칭이 두 번 밖에(그것도 두 번 모두 디모데에게 보낸 서신에 기록됨) 기록되지 않은 것은 이상하다. 그러나 교사로서의 바울의 역할이 중요하다는 점을 부각시키기 위해 가르침과 관련된 많은 동사와 명사들이 사용되었다. 표 1은 바울 사도의 사역 중 교육이 얼마나 중요한 것이었는지 보여준다.

표 1	바울의 교육과 관련된 참고 구절들

1. 동사 디다스코(didaskō)[4]를 사용한 구절들
- '만나매 안디옥에 데리고 와서 둘이(바나바와 바울) 교회에 일 년간 모여 있어 큰 무리를 가르쳤고' (행 11:26).
- "바울과 바나바는 안디옥에서 유하며 다수한 다른 사람들과 함께 주의 말씀을 가르치며 전파하니라" (행 15:35).
- '일 년 육 개월을 유하며 그들 가운데서(바울이) 하나님의 말씀을 가르치니라" (행 18:11).

---

4) '가르치다, 혹은 지도하다' 라는 일상적인 말임[K. H. Rengstorf, "διδάσκω, ktl.," in Theological Dictionary of New Testament Theology, 2 (1964), 135]. 디다스코(didaskō)란 단어는 신약 성경에 95번이나 쓰였는데 그중 47번은 예수님의 가르침에 사용되었다[로이 주크, 「예수님의 티칭 스타일(도서출판 디모데)」].

- '공중 앞에서나 각 집에서나 꺼림이 없이 너희에게 전하여 가르치고' (행 20:20).
- '네가 이방에 있는 모든 유대인을 가르치되 모세를 배반하고…' (행 21:21).
- '이 사람은 각처에서 … 모든 사람을 가르치는 그 자인데' (행 21:28).
- "담대히 하나님 나라를 전파하며 주 예수 그리스도께 관한 것을 가르치되 금하는 사람이 없었더라" (행 28:31).
- '신실한 아들 디모데를 … 저가 너희로 하여금 그리스도 예수 안에서 나의 행사 곧 내가 각처 각 교회에서 가르치는 것을 생각나게 하리라' (고전 4:17).
- '너희가 과연 그에게서 듣고 또한 그 안에서 가르침을 받았을진대' (엡 4:21).
- '우리가 그를 전파하여 각 사람을 권하고 모든 지혜로 각 사람을 가르침은' (골 1:28).
- "이러므로 형제들아 굳게 서서 말로나 우리 편지로 가르침을 받은 유전을 지키라" (살후 2:15).

2. 명사 디다케(didache)를 사용한 구절들
- "이에 총독이 그렇게 된 것을 보고 믿으며 주의 가르치심을 기이히 여기니라" - 바울과 바나바가 가르친 (행 13:12).
- "붙들어 가지고 아레오바고로 가며 말하기를 우리가 너의 말하는 이 새 교가 무엇인지 알 수 있겠느냐" (행 17:19).
- "하나님께 감사하리로다 너희가 본래 죄의 종이더니 너희에게 전하여 준바 교훈의 본을 마음으로 순종하여" (롬 6:17).
- "형제들아 내가 너희를 권하노니 너희 교훈을 거슬려 분쟁을 일으키고 거치게 하는 자들을 살피고 저희에게서 떠나라" (롬 16:17).
- '미쁜 말씀의 가르침을 그대로 지켜야 하리니' (딛 1:9).

3. 명사 디다스칼리아(didaskalia)를 사용한 구절들
- '바른 교훈을 … 이 교훈은 내게 맡기신바 복되신 하나님의 영광의 복음을 좇음이니라' (딤전 1:10-11).
- '네가 이것으로 형제를 깨우치면 그리스도 예수의 선한 일군이 되어 믿음의 말씀과 네가 좇은 선한 교훈으로 양육을 받으리라' (딤전 4:6).
- "무릇 멍에 아래 있는 종들은 자기 상전들을 범사에 마땅히 공경할 자로 알찌니 이는 하나님의 이름과 교훈으로 훼방을 받지 않게 하려 함이라" (딤전 6:1).
- '나의 교훈과 행실과 의향과 믿음과 오래 참음과 사랑과 인내와' (딤후 3:10).
- '이는 범사에 우리 구주 하나님의 교훈을 빛나게 하려 함이라' (딛 2:10).

헬라어 디다스코(didaskō)는 고전 및 신약 성경에서 가르치는 사람 혹은 가르침을 받는 대상을 대격으로(직접 목적어) 받아 자주 쓰였다. 디다스코의 열한 번의 용법은 표 1에서 보듯, 바울이 가르친 대상을 말한다. '큰 무리' (행 11:26), '그들' (고린도에 있는 신자들, 행 18:11), '너희' (에베소에 있는 신자들, 행 20:20, 엡 4:21), '유대인들' (행 21:21), '모든 사람' (21:28) 그리고 '각 사람' (골 1:28)을 가르쳤다. 바울이 가르친 내용은 주의 말씀(행 15:35, 18:11), 주 예수 그리스도(28:31) 그리고 전통[5]('유전,' 살후 2:15, 참고 - 3:6)이다. 바울의 교육 장소는 교회를 비롯한 여러 곳이었다(고전 4:17).

디다케(didachē)는 교육의 내용, 즉 '가르친 내용'을 그리고 디다스칼리아(didaskalia)는 교육하는 행위나 가르친 내용을 암시한다. "일부 사람들은 두 단어를, 만일 디다케가 '교리' (교육 내용)로 번역된다면, 디다스칼리아는 '가르침' 또는 '가르치다' (교육의 행위)로 번역되어야 한다고 구별하기도 한다.[6] 흥미롭게도 디다스칼리아는 자주 거짓 교훈과 관련된다" (엡 4:14, 골 2:22, 딤전 4:1, 6:3, 딤후 4:3, 딛 1:11).

바울이 디모데전서 1장 10절과 디모데후서 4장 3절 그리고 디도서 1장 9절과 2장 1절에서 언급했듯이 가르침(didaskalia)은 '바른' (휘기아이노, hygiainō, '건강해지다' 로부터 나옴) 것이어야 한다. 그는 디모데전서 6장 3절에서 '교훈' (바른 교훈, 'sound instruction' 의 의미)으로, 디모데후서 1장 13절에서 '바른 말' (이 둘은 문자적으로 '바른 말씀' 이라는 의미)로 기록했다. 또한 디도서에서 바울은 노인들은 믿음과 사랑과 인내함에 온전케(바르게) 되어야 한다고 피력했다.

이외에도 바울은 가르침과 관련된 몇 가지 단어들을 사용하기도 했다. 데살

---

5) 바울이 언급한 전통(파라도시스, paradosis)은 문자적으로 '전해받은 그 무엇' 이다. 그가 고린도 교인들에게 전해준(문자적으로 '전달해준') 전통을(NIV는 '가르침' 으로 번역) 잡으라고 명령했다(고전 11:2, 참고 - 살후 2:15, 3:6). 다른 본문에서는 파라도시스가 바리새인들의 구전(口傳)을 의미한다(마 15:2-3, 6, 막 2:5-9, 갈 1:14).

6) Roy B. Zuck, "Greek Words for 'Teach,' " Bibliotheca Sacra 122(April-June 1965): 161.

로니가의 회당에서(행 17:3) '뜻을 풀어' (디아노이고, dianoigō, '열다' : 신약의 다른 곳에서는 유일하게 구약 성경을 엠마오의 제자들에게 풀어주신 그리스도를 표현할 때 쓰였다, 눅 24:31-32, 45)주고, 그리스도가 해를 받고 죽은 자 가운데서 다시 살아야 할 것을 구약으로부터 '증명했다' (paratithēmi).[7] 파라티테미 (paratithēmi)는 '옆에 두다' 라는 의미이다. 그러므로 바울은 그리스도의 삶 속에 일어난 사실들을 구약 말씀과 비교하여 어떻게 그리스도가 성경의 예언들을 성취하셨는지 보여준다.

paratithēmi는 '맡기다, 의탁하다, 혹은 무언가를 남에게 맡기다' 라는 의미를 갖는다.[8] 몇몇 성읍에서 바울은 장로들을 주께 의탁하고(행 14:23, 20:32) 디모데에게 바울이 가르쳐준 것을 다른 사람에게 부탁하라(딤후 2:2)고 말했다. 그리고 바울은 디모데에게, "내가 네게 이 경계(파란겔리아, parangelia, 상부로터의 명령)로써 명하노니" (paratithēmi, 영어 성경은 give를 사용)라고 편지를 썼다(딤전 1:18). 데살로니가 교인들에게는, "우리가 주 예수로 말미암아 너희에게 무슨 명령(파안겔리아스, parangelias)으로 준 것을 너희가 아느니라" 고 말했다(살전 4:2).

가르침과 관련된 또 다른 단어는 에크티테미(ektithēmi)로 '그 의미를 말하다 혹은 설명하다' 라는 의미이다. 로마에서 바울은 하나님의 나라에 대해 설명했다(행 28:23).[9] 가르침에 해당되는 또 다른 단어인 카테케오(katēcheō)는 바울이 율법의 '교훈을 받은' 유대인(롬 2:18)을 언급할 때, 또 스스로는 '남을 가르치기(katēcheō) 위하여 깨달은 마음으로 다섯 마디 말을 하는 것이 일만 마디 방

---

[7] 서론에서 이미 언급했듯이 바울은 그가 개종하기 전에 메시아가 십자가에 못박혀 죽어야 한다는 개념에 도전했다. 그러나 이제 사도가 된 그는 그 진리를 대변하기 위해 논쟁한다.

[8] A. T. Robertson은 이 단어가 예치 - 돈을 다른 사람에게 예치시킴 - 의 의미로 쓰였다고 제안한다(Word Pictures in the New Testament, (New York : Harper and Row, 1930-1933), 4:614].

[9] 이 단어는 신약 성경에 세 번 나오는데 모두 사도행전에 기록되었다. 베드로가 예루살렘 장로들에게 그의 욥바에서의 경험을 설명했고(11:4), 아굴라와 브리스길라가 (아볼로의 말을) '듣고 데려다가 하나님의 도를 더 자세히 풀어 이르더라(설명하다)' (18:26).

언으로 말하는 것보다' 더 낫다는 사실을 말할 때(고전 14:19) 그리고 "가르침을 받는 자는 말씀을 가르치는 자와 모든 좋은 것을 함께하라"(갈 6:6)[10]는 구절에서 사용했다. katēcheō란 단어는 정보를 전달하거나 말로 전하는 것을 의미할 때 쓰였던 것 같다.[11]

가르침은 때로는 주님께 순종하는 상태에서 이탈하는 위험성에 대해, 혹은 잘못된 길에 놓인 위험 요소들에 대해 경고함으로(누테테오, noutheteō) 돌이킬 것을 권고하거나 재촉하는 것을 말한다. 바울도 가르침을 받는 자들에게 수차례 이렇게 했음을 언급했다. 그는 에베소의 장로들에게 거짓 교사들의 잠재적인 위험성에 대해 경고했고(행 20:31), 거짓 교사들을 '흉악한 이리'라고 불렀다(20:29). 로마의 신자들에게는 서로 경고할(NIV는 '가르침'으로 번역) 수 있는 능력이 있다고 확신했다(롬 15:14). 아울러 고린도 교인들에게 편지하는 것은 그들의 자기 만족이나 교만에 대해 경고하기 위해서라고 했다(고전 4:14). 그리스도를 선포할 때 그는 모든 사람을 향한 경고(NIV는 '충고'로 번역)에 가르침(didaskō)을 포함시켰고(골 1:28), 이와 유사하게 골로새에 있는 교인들에게도 모든 지혜로 피차에 가르치고(didaskō) 권면(noutheteō)하라고 재촉했다(3:16). 신자들을 훈계하는 영적 지도자들을 존경하라고 데살로니가 교인들에게 말했고(살전 5:12), 그 후에 신자들에게 규모없는(게으른) 자들을 권면하라고 당부했다(5:14). 누구라도 불순종하는 신자들은 '형제로서'(살후 3:15) 경고해야 했는데 그것은 그들이 주님께 순종하는 걸음을 회복하도록 도와주기 위함이었다.

때때로 바울은 신자들에게 자기 중심적인 길을 가는 위험성을 경고하고 그들을 하나님의 길로 돌이키도록 훈계하는 것이 반드시 필요함을 깨닫기도 했다.

---

10) 누가도 데오빌로를 위해 누가복음을 기록한 목적을 밝힐 때 '카테케오'라는 단어를 사용했다. "이는 각하로 그 배운 바(가르침을 받은 바)의 확실함을 알게 하려 함이로라"(눅 1:4).
11) David W. Bennett, Metaphors of Ministry(Grand Rapids: Baker, 1993), 153, and Zuck, "Greek Words for 'Teach,'" 162.

가르침은 때론 이러한 부정적인 면까지 포함한다.

가르침과 관련된 몇 개의 단어들은 사도 바울의 사역에서 교육이 얼마나 중요한 위치를 차지했는지 말해준다. 교육은 초대 교회의 중요한 사역 가운데 하나였다. 교회에서 지도자의 역할을 맡은 자들은 그들의 선배들처럼 그리고 주님께서 모범을 보이신 것처럼 교육에 중점을 두어야 한다고 바울은 가르쳤다.[12] 더구나 주님은 그의 제자들이 다른 이들을 가르칠 수 있도록 지도하셨다(막 6:30).

오순절에 구원받은 삼천 명은 '사도의 가르침(didachē)'을 듣는 데 전심을 다했다(행 2:42). 베드로와 요한은 예루살렘에서 구원의 길을 가르쳤다(didaskō, 4:2). 또한 그와 다른 사도들도 예루살렘을 그들의 가르침(didachē, 5:28)으로 가득 채웠고, 그 일로 인해 매를 맞는 일이 있어도(5:40) 변함없이 가르쳤다(5:21, 28). 심지어 '예수의 이름으로 말하는 것을' 금하는 명령이 내려도(5:40) 사도들은 '날마다 성전에 있든지 집에 있든지 예수는 그리스도라 가르치기(didaskō)와 전도하기를 쉬지 않았다'(5:42). 주님께 헌신한 그들은 공적인 장소든지(많은 유대인들이 모이는 성전 뜰에서) 사적인 장소든지(예수님에 대해 듣지 못한 사람이 하나도 없도록 '집집마다' 다니며) 상관하지 않고 그리스도에 대해 담대하게 가르쳤다.

아볼로 역시 열정적인 전도자요 교사였다. 이집트의 알렉산드리아 지역의 유

---

[12] 예수님의 방대한 가르침의 사역에 대해서는 필자의 다른 저서, 「예수님의 티칭 스타일(도서출판 디모데)」을 보라. 예수님의 가르침과 바울의 가르침 사이에는 비슷한 점과 다른 점이 분명히 드러난다. 예를 들어, 다른 사람들이 예수님과 바울에게 '선생'이라고 불렀고, 사역의 목적이 비슷했으며, 대적들을 만났고, 긴박성과 긍휼을 갖고 가르쳤으며, 다양한 회화적인 표현들과 예화들을 사용해 가르쳤고, 가르침에 많은 질문을 사용했으며, 제자들을 양육했고, 둘 다 대제사장 앞에 섰으며, 매를 맞고 모욕을 당했고, 원수의 손에 고난을 당하고 죽임을 당했다. 예수님과 바울은 모두 유대인으로, 유대인 가정에서 양육되고 교육받았으며, 직업 교육을 받았고, 구약을 알고 인용했으며, 종교 지도자들과 논쟁을 벌였다. 다른 점들이 있다면, 예수님은 주로 야외에서 가르치신 반면, 바울은 주로 회당에서 가르쳤다. 예수님은 팔레스타인 외부로는 여행하지 않으신 반면 바울은 광대한 지역을 여행했다. 예수님은 편지를 전혀 쓰지 않으신 반면 바울은 다수의 서신서들을 기록했다. 예수님은 제한된 제도 교육을 받으셨지만 바울은 가말리엘 문하에서 교육을 받았다. 바울은 예수님에 비해 거의 두 배의 인생을 살았다.

대인 태생인 그는 구약에 정통하여 '일찍 주의 도를 배웠고'(카테케메노스, Katēchēmenos, '가르치다 혹은 전하다'에서 파생), 정확히 예수에 대한 일들만 가르쳤다(디다스코, 18:25).

바울은 다수의 무리를 가르치기도 했지만 개인들을 가르치기도 했다. 두 청년 디모데와 디도가 그 대상이었다. 바울에게 교육받은 그들은 다른 사람들을 가르치는 자들이 되었다. 실제, 그의 목회서신에서 바울은 두 사람에게 다른 사람들을 가르치라고 계속 격려했다.

표 2 디모데와 디도에게 가르치라는 바울의 권면

- "네가 이것들을 명하고 가르치라(didaskō)" (딤전 4:11).
- "내가 이를 때까지 읽는 것과 권하는 것(로고스, 말씀)과 가르치는 것(didaskalia)에 착념하라" (딤전 4:13).
- '네 자신과 가르침(didaskalia)을 삼가 이 일을 계속하라' (딤전 4:16).
- '너는 이것들을 가르치고(didaskō) 권하라' (딤전 6:2).
- '또 네가 많은 증인 앞에서 내게 들은 바를 충성된 사람들에게 부탁하라(paratithēmi) 저희가 또 다른 사람들을 가르칠(didaskō) 수 있으리라' (딤후 2:2).
- '범사에 오래 참음과 가르침(didachē)으로 책망하며 경계하며 권하라' (딤후 4:2).
- "오직 너는 바른 교훈(didaskalia)에 합한 것을 말하여(영어 성경은 '가르치다'로 번역)" (딛 2:1).
- '늙은 남자로는 절제(하도록 가르치라)' (딛 2:2).
- '늙은 여자로는 이와 같이 행실이 거룩(하도록 가르치라)' (딛 2:3).[13]
- '선한 일의 본을 보여 교훈(didaskalia)의 부패치 아니함과' (딛 2:7).
- '너는 이것을 말하고(영어 성경은 '가르치다'로 번역)' (딛 2:15).

위의 표에 나타난 성경 구절들은 바울이 그의 사역에 중점을 두었던 것과 다른 사람들이 그에게서 본받기를 원했던 것이 무엇인지 보여준다. 가르치는 자

---

13) 디도서 2장 2,3절에 '가르치다'라는 말은 헬라어 성경에는 나타나지 않지만 1절의 명령에서 영어 성경의 번역처럼 '가르치다'(말하다)라는 단어의 의미가 계속 연계된다.

들이 그들의 가르침대로 일관성 있게 사는 것이 중요하다는 것도 강조했다(딤전4:16, 딛 2:7). 그리스도와 같은 삶의 모습이 뒤따르지 않는 가르침은 위선에 불과하다.

바울은 장로의 자격 중 가르치는(디다크티코스, didaktikos, 딤전 3:2) 능력을 포함시켰다. 이것은 가르침의 중요성을 보여주는 또 다른 지적이다. 장로들의 우선되는 책임이 설교(로고스, logos, '말씀')와 가르침(디다스칼리아, 딤전 5:17)에 있음을 강조했으며, 이 두 가지는 교회 사역에 우선되는 항목들이다. 바울은 디도에게, 장로들은 '미쁜 말씀의 가르침을 그대로 지켜야 하리니' (딛 1:9)라고 했다. '말씀의 가르침을 그대로' 라는 뜻은 '가르침(didachē)에 따라' 라는 말이다. 장로는 진리의 수호에 관심을 쏟아야 하고, 다른 이들도 그렇게 하도록 격려하며, 진리에 반대하는 자들을 대항해 변호해야 한다. 바울은 하나님의 말씀을 가르치는 것이 무엇보다 중요하며 주의 종들은 누구라도 - 장로들 뿐만 아니라 - 반드시 '가르치기를 잘할' (didaktikos, 딤후 2:24) 능력이 있어야 한다고 재차 강조했다.

그는 가르치는 영적 은사를 아주 중요한 위치로 끌어올렸다. 바울이 로마서 12장 6-8절과 고린도전서 12장 28-30절에 열거한 영적 은사들 중 교사의 위치가 거의 앞부분(세번째)에 놓여 있다는 사실에 주목할 필요가 있다. 에베소서 4장 11절에서는 교사를 목사와 연관시켜 동일한 은사에 따른 직책으로 표현했다.[14] 교사들은 그들이 가르치는 사람들을 마치 목자(포이멘, poimēn, 목사로 표현되지만 실제 의미는 양을 치는 목자)가 양들을 돌보듯이 인도하고 돌보아야 한다. 지역 교회의 목사들은 목회할 때 하나님의 말씀을 가르침으로 성도들을 먹여야 한다. 그러므로 '목자' 와 '교사' 는 '가르치는 목자'[15]라는 하나의

---

14) 목사와 교사는 동일한 은사로 간주되는데(우리는 두 단어가 하이픈으로 연결된 것으로 생각할 수도 있다. '목사 - 교사'). 이는 하나의 정관사(the)가 목사 앞에 붙어 있으나 교사 앞에는 쓰여 있지 않다는 점과, 두 단어 사이에 쓰인 접속사(kai)가 다른 단어들을 연결하는 그것들과(de) 다르기 때문이다.

15) Markus Barth, Ephesians 4-6, Anchor Bible(Garden City, N.Y.:Doubleday, 1974), 482.

의미로 이루어진 단어다. 가르침은 먼저 배우는 자를 향한 염려와 위로 그리고 인도하려는 마음이 필요하며 그 다음으로 영적인 성장에 필요한 '음식', 즉 성경의 진리를 주의 깊게 가르치는 것이 요구된다.

바울은 신자들 중 일부는 분명한 영적 은사들을 갖고 있지만 다른 신자들은 그 외의 것들을 갖고 있다고 설명한다. '받은 은사가 각각 다르니' (롬 12:6). '은사는 여러 가지나 … 직임은 여러 가지나 … 또 역사는 여러 가지나' (고전 12:4-6). '한 성령이 … 각 사람에게 나눠 주시느니라' (12:11). 성경에 기록되었듯이 하나님은 구원의 순간에 한 가지나 그보다 많은 신적 능력들을 공급해주신다. "각 사람에게 성령의 나타남을 주심은 유익하게 하려 하심이라"(고전 12:7). 바울이 성령을 자주 언급하는 이유는 - 여덟 개의 구절 중 아홉 번 언급(12:3-10) - 이런 능력들이 개인의 소원에 의해 주어지는 것이 아니라 하나님이 하시는 일임을 강조하기 위해서다.

각 신자들에게는 개인의 영적 은사나 다른 은사들을 개발하고('네 속에 있는 하나님의 은사를 다시 불일 듯하게 하기 위하여,' 딤후 1:6) 이용해야 할 책임이 있다.

한 신자가 가르침의 은사를 받았을 때 바울은 '가르치는 자면 가르치는 일로' (롬 12:7) 섬기라고 말했다. 일부 그리스도인들에게 성령을 통해 가르치는 은사가 특별히 주어지기도 하지만 - 성경을 가르치고 적용하는,[16] - 이 가르치라는 책임은 모든 신자들에게 주어진 것이다. '마땅히 주의 종은 … 가르치기를 잘하며' (딤후 2:24)라는 말씀에 따라 모든 신자들은 '피차 가르치며 권면' (골 3:16) 해야 한다. 이러한 사실은 다른 영적 은사에도 동일하게 적용된다. 예컨대, 일부 그리스도인들에게 특별히 섬기고, 격려하며, 구제하고, 다스리며, 긍휼을 베푸는 능력이 주어지기도 하지만(롬 12:7-8) 모든 그리스도의 제자들은 기회를 얻는 대로 이런 일들을 해야 한다.

---

16) 가르치는 영적 능력의 위임에 대한 의미를 더 알기 원하면 Roy B. Zuck, Teaching with Spiritual

위의 각기 다른 서신서들 가운데 바울이 대부분의 영적 은사들은 한 번씩만 언급한 반면, 가르침은 세 번 모두 언급했던 것을 보면 하나님이 가르침의 은사를 얼마나 귀하게 보셨는지 알 수 있다.[17]

바울의 가르침은 그의 설교와 어떻게 달랐는가?

앞부분에서 밝혔듯이, 바울은 평범한 교사가 아니었다. 그는 동시에 설교자(kēryx, '전하는 자')이기도 했다. 설교자라는 헬라어 단어는 케리소(kēryssō)에서 파생된 단어로 '전하는 자로 알리거나 선포하다,[18] 좋은 소식을 공적으로 알리거나 말로 공포하다' 라는 의미이다. 바울이 이 두 가지 일을 함께 했다는 사실은 그리 놀라운 일이 아니다. 예수님이 제자들에게 이 두 가지를 함께하라는 임무를 주셨기 때문이다. 하나님나라(마 10:7, 막 3:14, 눅 9:2)에 대해 설교하고(kēryssō) 가르치라(didaskō, 마 28:20)고 말씀하셨다. 예수님 자신도 두 가지를 병행하셨다.[19]

사도행전과 바울 서신서들에 기록된 바울의 설교 사역과 관련된 구절들이 표 3과 표 4에 나타나 있다.

Power(1963, reprint, Grand Rapids: Kregel, 1993), 80-97을 참고하라.

17) 하나님은 사도, 선지자(엡 2:20, 3:5, 4:11), 방언(외국어를 공부하지 않고도 말할 수 있는 능력), 방언을 통역함 그리고 병 고치는 은사를 포함한 일정한 영적 은사들을 교회의 기초에 놓으셨다. 이러한 기초 위에 교회는 이제 다른 은사들을 통해 세위지고 있다. 일시적 일부 은사들의 기초의 본질과 영원성, 다른 은사들의 지속적인 본질 등에 대해서는 William J. McRae, The Dynamics of Spiritual Gifts(Grand Rapids: Zondervan, 1976), 90-99, Zuck, Teaching with Spiritual Power, 83, 그리고 John F. Walvoord, The Holy Spirit(Grand Rapids: Zondervan, 1958), 173-188을 참고하라.

18) Walter Bauer, William F. Arndt, and F. Wilbur Gingrich, A Greek-English Lexicon of the New Testament and Other Early Christian Literature, 2d ed., rev. F. Wilbur Gingrich and Frederick W. Danker(Chicago: University of Chicago Press, 1979), 431.

19) 복음서는 47번이나 예수님의 가르침(didaskō)에 대해, 18번은 그의 설교(케리소)에 대해 언급한다. 로이 주크의 「예수님의 티칭 스타일(도서출판 디모데)」을 참고하라.

표3   사도행전에 나타난 바울의 설교

1. 동사 케리소(Kēryssō, '설교하다')를 사용한 구절들
- "즉시로 각 회당에서 예수의 하나님의 아들이심을 전파(설교)하니" (행 9:20).
- "바울과 바나바는 안디옥에서 유하며 다수한 다른 사람들과 함께 주의 말씀을 가르치며 전파(설교)하니라" (15:35).
- '내가 바울의 전파(설교)하는 예수를 빙자하여 너희를 명하노라 하더라' (19:13).
- "보라 내가 너희 중에 왕래하며 하나님 나라를 전파(설교)하였으나 지금은 너희가 다 내 얼굴을 다시 보지 못할 줄 아노라"(20:25).
- "담대히 하나님 나라를 전파(설교)하며 주 예수 그리스도께 관한 것을 가르치되 금하는 사람이 없었더라" (28:31).

2. 동사 유앙겔리조마이(Euangelizomai, '복음을 선포하다')를 사용한 구절들
- '루스드라와 더베와 …거기서 복음을 전하니라' (14:6-7).
- '복음을 그 성(더베)에서 전하여 많은 사람을 제자로 삼고' (14:21).
- '바울이 이 환상을 본 후에 우리가 곧 마게도냐로 떠나기를 힘쓰니 이는 하나님이 저 사람들에게 복음을 전하라고 우리를 부르신 줄로 인정함이러라" (16:10).
- '이는 바울이 예수와 또 몸의 부활 전함을 인함이러라' (17:18).

다른 동사들을 사용한 구절들

3. 랄레오(Laleō, '말하다')
- '하나님의 말씀을 마땅히 먼저 너희에게 전할 것이로되' (13:46).
- "도를 버가에서 전하고 앗달리아로 내려가서" (14:25).
- "성령이 아시아에서 말씀을 전하지 못하게 하시거늘" (16:6).
- "주의 말씀을 그 사람과 그 집에 있는 모든 사람에게 전하더라" (16:32).

4. 아낭겔로(Anangellō, '선포하다')
- "유익한 것은 무엇이든지 공중 앞에서나 각 집에서나 꺼림이 없이 너희에게 전하여 가르치고" (20:20).
- "이는 내가 꺼리지 않고 하나님의 뜻을 다 너희에게 전하였음이라" (20:27).
- '회개하고 하나님께로 돌아가서 회개에 합당한 일을 행하라 선전하므로' (26:20).

5. 카탄겔로(Katangellō, '엄숙하게 선포하다')

- '하나님의 말씀을 유대인의 여러 회당에서 전할쌔' (13:5).
- '이 사람(예수)을 힘입어 죄 사함을 너희에게 전하는 이것이며' (13:38).
- '우리가 주의 말씀을 전한 각 성으로 다시 가서 형제들이 어떠한가 방문하자 하니' (15:36).
- '이 사람들은 지극히 높은 하나님의 종으로 구원의 길을 너희에게 전하는 자라 하며' (16:17).
- '내가 너희에게 전하는 이 예수가 곧 그리스도라 하니' (17:3).
- '하나님 말씀을 베뢰아에서도 전하는 줄을 알고 거기도 가서 무리를 움직여 소동케 하거늘' (17:13).

6. 팔레시아조마이(Parrēsiazomai, '공개적으로 혹은 담대하게 말하다')

- '바나바가 … 주께서 그(바울)에게 말씀하신 일과 다메섹에서 그가 어떻게 예수의 이름으로 담대히 말하던 것을 말하니라' (9:27).
- '사울이 제자들과 함께 있어 예루살렘에 출입하며 또 주 예수의 이름으로 담대히 말하고' (9:28-29).
- '바울과 바나바가 담대히 말하여 가로되 하나님의 말씀을 마땅히 먼저 너희에게 전할 것이로되' (13:46).
- '두 사도가 오래 있어 주를 힘입어 담대히 말하니' (14:3).
- '바울이 회당에 들어가 석 달 동안을 담대히 하나님 나라에 대하여 강론하며' (19:8).

7. 디아말티로마이(diamartyromai, '완전히 혹은 엄숙하게 선포하다')

- '바울이 하나님의 말씀에 붙잡혀 유대인들에게 예수는 그리스도라 밝히 증거하니' (18:5).
- "유대인과 헬라인들에게 하나님께 대한 회개와 우리 주 예수 그리스도께 대한 믿음을 증거한 것이라" (20:21).
- '나의 달려갈 길과 주 예수께 받은 사명 곧 하나님의 은혜의 복음 증거하는 일을 마치려 함에는' (20:24).
- '바울이 아침부터 저녁까지 강론하여 하나님 나라를 증거하고' (28:23).

위의 7개의 다른 동사들로 표현된 31개의 구절들은 그리스도를 다른 사람들에게 전파하는 일을 향한 바울의 깊은 헌신과 지칠 줄 모르는 실천력을 보여준다. 이 복음의 내용은 예수님(행 19:13), 하나님의 아들이신 예수님(9:20), 메시아(17:3, 18:5), 하나님의 말씀(13:5, 46, 14:25, 15:35-36, 16:6, 32, 17:13),[20] 죄의 용서(13:38), 구원받는 길(16:17), 회개(26:20), 회개와 믿음(20:21), 하나님의 은혜(20:24), 하나님나라(20:25, 28:23, 31),[21] 유익한 것(20:20) 그리고 하나님의 모든 뜻(20:27)을 포함한다. 사도 바울의 복음 전파는 주님을 위해(14:3) 그분의 이름으로(9:28), 즉 주님의 대리자로 행한 일이었다.

표 4 바울 서신 가운데 그의 설교에 대해 언급한 구절들[22]

1. 동사 'kēryssō'를 사용한 구절들

- '우리는 십자가에 못 박힌 그리스도를 전하니'(고전 1:23).
- "내가 내 몸을 쳐 복종하게 함은 내가 남에게 전파한 후에 자기가 도리어 버림이 될까 두려워함이로라"(고전 9:27).
- "그러므로 내나 저희나 이같이 전파하매 너희도 이같이 믿었느니라"(고전 15:11).
- "그리스도께서 죽은 자 가운데서 다시 살아나셨다 전파되었거늘 너희 중에서 어떤 이들은 어찌하여 죽은 자 가운데서 부활이 없다 하느냐"(고전 15:12).
- '너희 가운데 전파된 하나님의 아들 예수 그리스도는'(고후 1:19).
- "우리가 우리를 전파하는 것이 아니라 오직 그리스도 예수의 주 되신 것과 또 예수를 위하여 우리가 너희의 종 된 것을 전파함이라"(고후 4:5).
- "만일 누가 가서 우리의 전파하지 아니한 다른 예수를 전파하거나 혹 너희의 받지 아니한 다른 영을 받게 하거나 … 너희가 잘 용납하는구나"(고후 11:4).
- '계시를 인하여 올라가 내가 이방 가운데서 전파하는 복음을 저희에게 제출하되'(갈 2:2).
- "형제들아 내가 지금까지 할례를 전하면 어찌하여 지금까지 핍박을 받으리요 그리하였으면 십자가의 거치는 것이 그쳤으리니"(갈 5:11).
- '너희 들은바 복음의 소망에서 흔들리지 아니하면 그리하리라 이 복음은 천하 만민에게 전파된 바요 나 바울은 이 복음의 일군이 되었노라'(골 1:23).

---

20) 바울 사도가 하나님의 말씀을 강조하며 설교한 내용이 사도행전 13장 7절, 44절, 48-49절, 15장 27절, 18장 11절, 19장 10절, 20절 등에도 나타나 있다.

21) Toussaint는 누가가 사도행전에 언급한 하나님나라(1:3-6, 8:12, 14:22, 19:8, 20:25, 28:23, 31)는 앞으로 다가올 종말론적 천년 왕국이라고 바르게 보았다[Stanley D. Toussaint, "Acts," in The Bible Knowledge Commentary, New Testament, ed. John F. Walvoord and Roy B. Zuck(Wheaton, Ill.: Victor, 1983), 430].

22) 이 표에서는 바울이 다른 사람의 설교에 대해 언급한 구절들은 제외시켰다.

'너희 아무에게도 누를 끼치지 아니하려고 밤과 낮으로 일하면서 너희에게 하나님의 복음을 전파하였노라' (살전 2:9).

2. 동사 'Euangelizomai'를 사용한 구절들

- "그러므로 나는 할 수 있는 대로 로마에 있는 너희에게도 복음 전하기를 원하노라" (롬 1:15).
- '또 내가 그리스도의 이름을 부르는 곳에는 복음을 전하지 않기로 힘썼노니' (롬 15:20).
- '그리스도께서 나를 보내심은 세례를 주게 하려 하심이 아니요 오직 복음을 전케 하려 하심이니' (고전 1:17).
- "내가 복음을 전할찌라도 자랑할 것이 없음은 내가 부득불 할 일임이라" (고전 9:16 상).
- "만일 복음을 전하지 아니하면 내게 화가 있을 것임이로라" (고전 9:16 하).
- "그런즉 내 상이 무엇이냐 내가 복음을 전할 때에 값없이 전하고 복음으로 인하여 내게 있는 권을 다 쓰지 아니하는 이것이로라" (고전 9:18).
- '형제들아 내가 너희에게 전한 복음을 너희로 알게 하노니' (고전 15:1).
- '너희가 만일 나의 전한 그 말을 굳게 지키고 헛되이 믿지 아니하였으면 이로 말미암아 구원을 얻으리라' (고전 15:2).
- '너희 지경을 넘어 복음을 전하려 함이라' (고후 10:16).
- '내가 너희를 높이려고 나를 낮추어 하나님의 복음을 값없이 너희에게 전함으로 죄를 지었느냐' (고후 11:7).
- "그러나 우리나 혹 하늘로부터 온 천사라도 우리가 너희에게 전한 복음 외에 다른 복음을 전하면 저주를 받을찌어다" (갈 1:8).
- "우리가 전에 말하였거니와 내가 지금 다시 말하노니 만일 누구든지 너희의 받은 것 외에 다른 복음을 전하면 저주를 받을찌어다" (갈 1:9).
- '그 아들을 이방에 전하기 위하여 그를 내 속에 나타내시기를 기뻐하실 때에' (갈 1:16).
- '다만 우리를 핍박하던 자가 전에 잔해하던 그 믿음을 지금 전한다 함을 듣고' (갈 1:23).
- "내가 처음에 육체의 약함을 인하여 너희에게 복음을 전한 것을 너희가 아는 바라" (갈 4:13).
- "모든 성도 중에 지극히 작은 자보다 더 작은 나에게 이 은혜를 주신 것은 측량할 수 없는 그리스도의 풍성을 이방인에게 전하게 하시고" (엡 3:8).

다른 동사들을 사용한 구절들

3. Katangellō ('엄숙하게 선포하다')

- "이와 같이 주께서도 복음 전하는 자들이 복음으로 말미암아 살리라 명하셨느니라" (고전 9:14).
- '우리가 그를 전파하여 각 사람을 권하고 모든 지혜로 각 사람을 가르침은' (골 1:28).

4. Parrēsiazomai ('공개적으로 담대하게 말하다')
- '나로 이 일에 당연히 할 말을 담대히 하게 하려 하심이니라' (엡 6:20).
- '우리가 먼저 빌립보에서 고난과 능욕을 당하였으나 우리 하나님을 힘입어 많은 싸움 중에 하나님의 복음을 너희에게 말하였노라' (살전 2:2).

5. diamartyromai ('완전히 혹은 엄숙하게 선포하다')
- '우리가 너희에게 미리 말하고 증거한 것과 같이 이 모든 일에 주께서 신원하여 주심이니라' (살전 4:6).

사도행전처럼 바울 서신의 31구절들에 나타난 위의 다섯 동사들은 복음 전파에 대한 사도 바울의 관심이 지대했다는 것을 드러낸다.[23] 그는 신실한 '좋은 소식'을 전하는 신실한 전령이었다. 그는 많은 사람들이 구원의 놀라운 소식을 듣고 예수 그리스도를 영접하기를 소망하며 설교를 했다. 바울이 선포했던 내용은 그리스도, 그의 부활, 복음, 믿음(믿음으로 구원을 얻는다는 교리, 갈 1:23) 그리고 그리스도의 말로 다할 수 없는 부요함 등이다.[24] 이제 바울이 설교와 가르치는 일, 두 가지를 병행했다는 점이 분명한 사실로 입증되었다. 디모데(표 2를 참고)와 교회 장로들(딤전 5:17)[25] 뿐만 아니라 다른 이들도 바울처럼 두 가

---

23) 이상의 동사들 외에도 바울은 '복음' (유앙겔리온, euangelion, '좋은 소식')이라는 명사를 51번이나 사용했다. 그는 이 복음을 '하나님의 복음' '그리스도의 복음' '그의 아들의 복음' '그리스도의 영광의 복음' '나의 복음' '우리의 복음' '평안의 복음' 그리고 '너희들의 구원의 복음' 이라고 불렀다. 로마서 15장 19절에서는 '내가 … 그리스도의 복음을 편만하게 전하였노라' 고 말한다(NIV는 '온전히 선포하였노라' 고 번역). 좀더 문자적으로 번역하면, '내가 그리스도의 복음을 가득 채웠대플레루(plēroō)로부터]' 가 된다. 이 말의 의미는 그가 예루살렘부터 일루리곤[달마티아(Dalmatia)라고도 알려져 있으며 아드리아해의 동편 해안이며 오늘날의 대략 알마니아와 이전의 유고슬라비아에 해당된다]까지 복음이 없었던 '공간' 을 복음으로 채웠다는 말이다[John Knox, "Romans 15:14-33 and Paul's Conception of His Apostolic Mission," Journal of Biblical Literature 83 (March 1964):11]. 아니면 이 말은 바울이 복음을 전파하고, 교회들을 세우며 그의 기초 위에 세워갈 과제들을 다른 사람들에게 맡김으로 그 자신의 사명을 다했다는 말일 수도 있다[John Murray, The Epistle to the Romans (Grand Rapids: Eerdmans, 1965), 2:214].
24) 케리그마, 그의 메시지, 혹은 그가 선포한 것은 고린도전서 12장 21절, 2장 4절, 15장 12절, 디모데후서 4장 17절 그리고 디도서 1장 3절에 나타나 있다.
25) 디모데전서 5장 17절에서 '설교' 는 로고스(logos), 즉 말씀으로 번역되어 있다. 장로들은 말씀(그것을 선포하는 것)과 가르침(디다스칼리아)에 주의를 기울였다.

지 일을 병행했다.

설교와 가르침은 어떤 차이점이 있는가? 예수님, 바울 그리고 다른 사람들의 설교를 기록한 신약 성경을 읽을 때, 그들이 강대상 뒤에 서서 설교했으리라고 상상해서는 안 된다. 표 3과 4에서 보듯, 설교라는 단어에 해당되는 말은 그리스도 안에 있는 구원의 복음을 군중이든 개인이든 구원받지 않은 자들에게 말함, 선포함, 공포함, 나눔 또는 전달함을 의미한다. 신약에서 '설교' 라는 말은 오히려 '전달하다' 라는 의미에 가깝다. 물론 그 목적은 성령의 역사하심에 의지해 사람들이 죄에서 돌이켜 그리스도를 그들 개인의 구주로 영접하게 만드는 일에 있다. 이 사역은 소수의 은사를 받은 복음 전도자들 뿐만 아니라 모든 믿는 자들에게 책임이 있다. 바울은 디모데에게 교사가 되는 일 외에, '전도인의 일을' 하라고 말하는데 이는 구원받지 못한 자들에게 복음을 전함으로 그리스도께로 인도하는 일을 가리킨다.

설교는 복음을 통해 죄인들을 주님께 인도하는 사역이다. 그러나 가르침은 그리스도 안에 있는 신자들을 가르치고 영적으로 양육시키는 성장을 위한 사역이다. 전자가 회개로의 부르심이라면, 후자는 제자로의 부르심이다. 전자가 영적인 탄생을 이끌어내는 것이라면, 후자는 영적인 성장을 돕는 것이다. 복음화가 잃은 양을 우리로 데려오는 것이라면 가르침은 그 양들을 먹이고 인도하는 것이다.

가르침이 복음화에 포함되는 것이 아닐까? 구브로에서의 사역이 바로 여기에 해당된다. 바보 지방의 총독 서기오 바울은 '주의 가르치심(didachē)을 기이히' (행 13:12) 여겼다. 또한 바울이 아덴에서 복음을 전파한 경우에도 가르침이 포함되어 있다. 그의 '예수와 또 몸의 부활 전함을' (17:18) 듣고 일부 아덴 사람들은 "우리가 너의 말하는 이 새 교(새로운 가르침, didachē, 17:19)가 무엇인지 알 수 있겠느냐?"라고 물었다. 베드로의 복음화의 노력 또한 가르침을 포함하고 있다(행 4:2, 5:21, 28, 42).

위의 예들은 가르침과 설교가 다르지만 어느 정도는 서로 중복되는 부분이 있음을 말해준다. 복음화는 확실한 진리를 선포하는 동시에 사람들에게 구원 얻지 못한 상태와 주님이 구원을 베푸시는 방식을 가르치는 것 모두가 포함된다(바울의 경우에는 어떻게 예수님이 구약의 예언들을 성취하셨는지 설명했다, 행17:3). 그러나 대다수의 경우, 가르침은 이미 예수님의 제자가 된 사람들을 향한 사역이었다.

정열적인 선교사였던 바울은 시리아, 소아시아, 그리스, 이탈리아 등 많은 곳에 복음을 들고 갔다. 중요한 사실은 대부분의 장소에서 바울은 그의 전도(설교)에 이어 가르침의 사역을 전개했다. 시리아의 안디옥(행 11:26, 15:35), 데살로니가(17:1-4, 살후 2:15, 3:6), 고린도(행 18:11), 에베소(20:20, 엡 4:21) 그리고 로마(행 28:23, 31)에서도 그렇게 했다.

바울은 13개의 서신서 가운데서 빌레몬서를 제외한 12개의 서신에서 가르침을 언급했다. 이렇게 사도 바울이 가르침에 대해 자주 언급한 것을 볼 때 H. H. 혼(Honre)의 바울이 "대교사이신 분(그리스도) 다음가는 위대한 교사였다"[26]는 의견에 우리는 주저하지 않고 동의할 수 있다.

---

26) Herman Harrell Honre, "Foreword," in Howard Tillman Kuist, The Pedagogy of St. Paul(New York:Doran, 1925), viii.

 생 각 해 보 기 ・・・・・・・・・・・

■ 당신은 바울처럼 자신을 하나님의 도구요, 교사, 증인, 종, 전하는 자, 사역자로 보는가? 각 영역에서 당신의 역할을 보다 효율적으로 수행하려면 어떻게 해야 하는가?

■ 가르침이 얼마나 중요한가를 깨달았는가? 당신은 학생들에게 교사가 되라고 격려하는가? 다른 교사들의 가르치는 기술을 발전시키기 위해 당신이 도울 수 있는 일은 무엇인가?

■ 당신에게 가르침의 은사가 있다고 확신하는가? 그렇다면 이 은사를 개발하기 위해 무엇을 할 수 있는가?

바울을 위대한 교사로 만든 교육적 배경

'가말리엘의 문하에서 우리 조상들의 율법의 엄한 교훈을 받았고'

사도행전 22:3

1996년 9월, '미국의 교육과 미래를 위한 국립위원회'는 미국 내 교사에 대한 보고서를 발간했다. "가장 시급한 일들: 미국의 미래를 위한 교육"이라는 제목의 이 보고서는 공립학교 교실에 처음 부임하는 교사들 중 25% 이상이 가르칠 과목에 적합한 기술이나 훈련을 받지 못한다고 기술했다. 그중 12%의 신임 교사들은 가르치는 기술이나 과목에 대해 전혀 훈련받지 못한 채 급히 배치되거나 자격 미달인 상태로 교육을 실시한다. 더구나 1,200개의 미국 내 교육 기관들 중 겨우 500개만이 전문적 인가 기준에 적합한 수준이라고 보고되었다.

주일 학교 내의 많은 자원 교사들을 대상으로 해도 이와 비슷한 수준의 고발 보고서가 작성되지 않을까? 얼마나 많은 주일 학교 교사들이 교육을 위해 훈련을 받았을까? 얼마나 많은 교사들이 성경의 내용, 교수 방식들 그리고 학생들의 특성 이해에 관해 충분한 교육을 받았을까? 얼마나 많은 평신도 교사들이 일정한 교육도 받지 못한 상태로 주일 학교의 어린이 부서 혹은 청소년 그룹을 인도하며 심지어는 성인 성경반까지도 가르치고 있을까? 얼마나 많은 수가 "당신은 할 수 있어요. 시간도 많이 필요 없고 많은 준비도 필요 없어요!"라는 말에 이끌려 졸지에 때우기 식으로 모집되었을까?

많은 교회들이 취하는 이런 태도는 안타깝게도 하나님께 최고 수준의 능력을 드리고자 하는 헌신이 부족하다는 사실을 반영하는 것이 아닐 수 없다. 공립학교와 교회 교육에서 드러나는 훈련 부족의 문제가 사도 바울에게서는 보이지 않는다. 그는 복음 전파자, 선교사, 교회 개척자, 신학자, 교사 그리고 사도로서 그의 '직임'을 맡았을 때 최고의 자격을 갖추고 있었다. 그는 탁월하게 준비되어 있었다.

하나님은 사도 바울의 배경에 포함된 요소들이 조화를 이루게 하셔서 그를 교회 역사 중 가장 중요한 지도자들과 교사들 가운데 하나가 되게 하셨다. 그의 가문, 태생, 시민권, 교육, 바리새인으로 양육받음 등이 그 요소들이었다. 이 모든 것들은 바울이 유대-로마의 배경을 지닌 복음의 전파자요, 교사가 되게 해주었고, 그가 가진 세계적인 시각은 이방인의 사도로 독특한 사역을 할 수 있도록 도와주었다.

가문 배경

바울은 길리기아의 다소(현재 터키의 남부 지방)에서 유대인 부모에게서 태어났다(행 9:11, 21:39, 22:3, 참고 - 23:34). 그는 사도행전 21장 39절과 22장 3절에서 '나는 유대인이라'고 고백했다. 그는 또한 자신의 유대 혈통에 대해 아브라함의 자손(롬 11:1, 고후 11:22), 이스라엘인(롬 11:1, 고후 11:22, 빌 3:5)이라고 기록했다. 모든 유대 남자들처럼 그도 난 지 팔 일 만에 할례를 받았다(빌 3:5). 그는 자신을 '히브리인 중의 히브리인'(빌 3:5)이라고 묘사했다. 이 표현은 어떤 이방인의 피도 섞이지 않은 순수한 유태인임을 나타내는 말이지만[1] 그 전에 자신이 이스라엘의 베냐민 지파에 속했다는 사실을 이미 언급했기 때문에 불필요한 말처럼 들리기도 한다. '히브리인 중의 히브리인'이라는 말은 그가 팔레스타인에서 태어났음을 가리키는 말이라는 또 다른 견해

---

1) Living Bible은 "만일 진정한 유대인이 있다면 내가 바로 그 사람이로다"라고 의역했다.

가 있다. 그러나 이 해석은 바울이 자신을 다소 태생이라고 주장한 것과 상반된다. 그러므로 그가 어린 시절에 헬라파 유대인이 아닌, 아람어를 사용하는(행 21:40, 22:2) 히브리인의 종교적 배경에서 양육[2]되었음을 나타내는 말이라는 해석이 지배적이다. 달리 말해, 바울은 '헬라파를 경계하는 히브리파'[3]였던 것이다. 주후 1세기에 많은 유대인들은 팔레스타인 외부에 거주하며 헬라어를 사용하는 헬라파들이었다. 그러나 디아스포라(diaspora)된 모든 유대인들이 헬라주의적인 시각을 갖고 있었다는 의미는 아니다.[4] 바울의 강조점은 자신이 디아스포라된 헬라파 유대인과 달리 진정한 히브리인이라는 것이었을 것이다.[5] 그가 아람어를 사용했다는 사실은 본토에 살면서 헬라 사상과 방식에 동화되었던 유대인들보다 오히려 '그 땅(팔레스타인)에 대한 깊은 애착'[6]을 가졌다는 사실을 암시한다.

그렇다고 바울이 헬라적인 삶과 철학 그리고 헬라어에 대한 지식에 배타적이었다는 말은 아니다. 그의 서신들에서 바울은 몇몇 헬라 작가들을 인용하거나 암시했고(행 17:28, 고전 15:33, 딛 1:12), 그의 서신들은 헬라어로 기록되었을 뿐만 아니라 헬라 문화와 수사학에 대한 그의 이해를 드러낸다. 또한 구약을 헬라어로 번역한 70인역의 잦은 인용은 그의 헬라어 지식을 보여준다. 어린 시절부터 그는 로마 제국의 공통어였던 헬라어를 사용했을 것이며 의심할

---

2) F. F. Bruce, "Is The Paul of Acts the Real Paul?" Bulletin of the John Rylands University Library 59(1976): 285.

3) Richard N. Longenecker, Paul: Apostle of Liberty(New York: Harper and Row, 1964, reprint, Grand Rapids: Baker, 1976), 22.

4) Ibid., 25-32. Longenecer는 바울이 그의 출생지로 인해 자유 헬라주의자가 되었을 것이라고 생각하는 몇몇 저자들을 비평했다[e.g., T.R Glover, Paul of Tarsus (London:SCM, 1925), 5-23, and Martin Dibelius, Paul, ed. Werner George Kümmel, trans. Frank Clark (philadelphia:Westminster, 1953), see longenecker, Pau l:Apostle of Liberty, 25, n.9].

5) 이 의미는, 람세이가 주장하듯, 바울의 본성이 로마쪽보다는 유대쪽에 보다 깊은 비중을 두고 있다는 말이다[W. M. Ramsay, St. Paul the Traveller and the Roman Citizen, 3d ed. (1895, reprint, Grand Rapids: Baker, 1949), 32].

6) Jerome Murphy-O'Connor, Paul: A Critical Life(Oxford: Clarendon, 1996), 36.

바 없이 라틴어도 알았을 것이다. 그러나 가정에서 그의 가족들은 모국어[7]이자 시리아에서 동방 소아시아에 걸쳐 거주하던 유대인들이 사용하는 언어였던 아람어(히브리어와 비슷한)를 사용했을 것이다. 바울이 헬라어에 능통했다는 것은 그가 '헬라어를 제2외국어로 배울 필요가 전혀 없었다는 것을 의미한다.'[8] 그가 어려서부터 헬라어를 사용했음과 일상에서 헬라어를 쉽게 구사했다는 사실을 보여준다. 그는 히브리어 성경뿐만 아니라 70인역을 '편안히' 대할 수 있었다.[9] 두 언어를 사용하는 능력을 갖추고 그는 헬라어(행 21:37)와 아람어(행 21:40)를 번갈아 가며 사용할 수 있었다.[10] "사도 바울이 헬라 철학, 학

---

7) John Pollock, The Apostle: A Life of Paul ('Wheaton, Ill.: Victor, 1985), 16. Martin Hengel은 바울이 로마까지 여행을 했고, 아마 스페인까지도(롬 15:24) 그리고 로마 식민지의 주요 수도들을 여행했던 것으로 보아 라틴어를 말할 수 있었을 것이라고 주장했다[The Pre-Christian Paul, trans. John Bowden (Philadelphia: Trinity, 1991), 10-11, cf. Gerd. Lüdemann, Earliest Christianity according to the Traditions in Acts: A Commentary (Minneapolis: Fortress, 1989), 241, n.6]. E. G. Sihler는 이 의견을 더 진보시켜 다음과 같이 말했다. 바울은 "스칸디나비아나 게르만 계통의 미국 어린이가 폴트 웨인, 세인트 루이스 또는 세인트 폴에서 아주 일찌감치 영어를 배우듯이 헬라어를 배웠다"["Review of Licht von Osten, by Adolf Deissmann," Biblical Review 3 (October 1923):625].

8) Hengel, The Pre-Christian Paul, 35, cf. 3.

9) Simon Légasse, "Paul's Pre-Christian Career according to Acts," in The Book of Acts in Its Palestinian Setting, ed. Richard Bauckham(Grand Rapids: Eerdmans, 1995), 374.

10) 오래 전에 알버트 슈바이처(Albert Schweitzer)는 팔레스타인 유대주의와 헬라파 혹은 디아스포라된 유대주의를 분명히 구별했었다. 그는 바울이 팔레스타인 유대인이었기에 다소 출신이 아니라고 말했다[Paul and His Interpreters: A Critical History, trans. W. Montgomery (London: Adam and Black, 1912)]. 이와는 반대로, Claude Goldsmid Montefiere 는 두 갈래의 구분된 유대주의를 주장하지만 바울은 오히려 디아스포라된 유대주의에만 익숙했다고 주장한다[Judaism and St. Paul (London: Goschen, 1914)]. Montefiere의 주장에 동의하는 학자들로는 James William Parkes [A History of the Jewish People (London: Weidenfeld and Nicholson, 1962)], Joseph klausner[From Jesus to Paul, trans. William F. Stinespring (New York: Macmillan, 1943)], and Samuel Sandmel[A Jewish Understanding of the New Testament (Cincinnati: Hebrew Union College Press, 1956), 37-51] 등이 있다. Emil Schürer는 위에 논의된 거짓된 구분에 반대하는 입장을 취했다[The Jewish People in the Age of Jesus Christ(175 B.C. -A.D. 135), ed. Geza Vermes, Fergus Millar, and Martin Goodman (Edinburgh: Clark, 1986), 1 (div. 2) : 29-50]. I. Howard Marshall 역시 같은 입장을 취한다["Palestinian and Hellenistic Christianity: Some Critical Comments," New Testament Studies 19 (1972-1973): 271-287]. W.D. Davies는 바울은 헬라주의적이기도 하고 유대주의적이기도 했다는 올바른 주장을 피력했다. "바울이 성장한 곳의 유대주의는 상당히 헬라주의적이었고, 이는 예루살렘의 경우도 마찬가지이며, 그가 여행을 하며 만났던 헬라주의는 상당히 유대주의화 되어 있었다." [Paul and Rabbinic Judaism (New York : Harper and Row, 1984), x-xii]. cf. Martin Hengel, The "Hellenization" of Judaea in the First Century after Christ, trans. John Bowden (Philadelphia: Trinity, 1989).

문 그리고 세력의 중심부에서 활발하게 사역할 수 있었던 것은 어린 시절부터 헬라어를 사용했던 영향이 컸다."[11]

제롬(Jerome)은 바울의 부모가 갈릴리의 기샬라(Gishala) 출신이었고 마르크 안토니(Mark Antony)에 의해 전쟁 포로로 다소에 끌려갔다고 기록했다.[12] 그러나 이 이론은 문제가 있어 보인다.[13] 람세이(Ramsay)도 그럴듯한 의견을 제시해 놓았는데, '그 도시에 그들의 지배권을 더 견고히 하고 소아시아의 그들의 영토 위에 유대 식민지를 원했던 셀레우시드(Seleucid)의 왕들 중 한 사람에 의해' 바울의 가족들이 주전 170년 경에 다소에 정착했을 것이라는 것이다.[14] 그러나 만일 바울의 부모가 그가 태어나기 직전에 다소에 정착했다면 그들은 단순히 다소의 '거주민' 이지 다소의 시민은 아니었을 것이다.[15]

팔레스타인은 헬라주의적인 사고의 영향을 받았다. 왜냐하면 그 지역은 주전 333년부터 그리스인들에게 그리고 주전 63년부터는 로마인들의 지배를 받았기 때문이다. 팔레스타인을 주전 198년부터 168년까지 지배했던 셀레우시즈(The Seleucids)는 강력한 헬라 영향을 받아들였다. 헬라어와 더불어, '헬라식 이름들, 관습들, 오락들에 불가피하게 동화되었고' (ibid.,5) 그래서 랍비 문헌들은 단어들에 종종 헬라의 영향을 반영한다(ibid., viii). 그러나 바울이 비록 헬라의 도시 태생이고 헬라어를 사용했다 하더라도, "그는 일세기 유대주의의 주류에 속해 있었다" (ibid., 1).

11) Albert Barnes, Scenes and Incidents in the Life of the Apostle Paul(reprint, Grand Rapids: Baker, 1950), 20).
12) Jerome, Lives of Illustrious Men 5.
13) Brian Rapske, The Book of Acts and Paul in Roman Custody(Grand Rapids: Eerdmans, 1994), 87, A.N. Sherwin-White, Roman Society and Roman Law in the New Testament(Oxford: Clarendon, 1963), 152, Murphy-O'Connor, Paul : A Critical Life, 37-39, and William Barclay, The Mind of St. Paul(New York: Harper and Brothers, 1958), 29. Cf. Kirsopp Lane and Henry J. Cadbury, The Acts of the Apostles: English Translation and Commentary(reprint, Grand Rapids: Baker, 1979), 284-285.
14) Ramsay, St. Paul the Traveller and the Roman Citizen, 32. 시저 아우구스토스(63 B.C.-A.D.14) 시대에 로마 세국에 살았던 유대인들의 숫자는 25만에서 50만 명 정도이고, 팔레스타인에는 50만에서 75만 명 정도가 살았을 것으로 짐작된다. "예수님과 초대 그리스도인 시대에는 이스라엘에 사는 숫자보다 더 많은 유대인들이 디아스포라 되어 살았다"[Eduard Lohse, The New Testament Environment, trans. John E. Steely(Nashville: Abingdon, 1976), 120]. Robert A Kraft는 바울이 살던 때에는 유대인의 2/3정도가 팔레스타인 외부에 살고 있었다고 주장한다["Judaism on the World Scene," in The Catacombs and the Colosseum, ed. Stephen Benko and John J. O'Rourke(Valley Forge, Penn.: Judson, 1971), 83-84, cf. V. Tcherikover, Hellenistic Civilization and the Jews(Philadelphia: Jewish Publication Society, 1959), 284-295].
15) Lohse, The New Testament Environment, 31-32.

출생지

다소 태생인[16] 바울은 그의 말대로 '소읍이 아닌' (행 21:39) 헬라·로마 도시의 시민권을 소유하고 있었다. 무슨 이유로 그는 다소를 특별한 도시라고 했을까? 몇 가지 점들이 그 도시의 예외적인 특성을 말해준다.

첫째로, 다소는 큰 도시였다. 지금은 인구 약 5만 명이 거주하는 이 도시 지하에 묻힌 고대 다소의 폐허들은 바울 시대에 약 50만 명이 살았다는 사실을 보여준다.

두번째로, 다소는 고대 도시였다. 다소는 B. C. 2천 년 전의 히타이트(Hittite) 기록에도 언급되어 있다. 앗시리아 왕 샬마네세르 3세는 다소를 B. C. 883년에 정복했고, 이 일을 그의 업적으로 블랙 오벨리스크(Black Obelisk)에 언급했다. 그 후 앗시리아 왕 센나세립(Sennacherib)이 B. C. 698년에 다소를 다시 정복했다. 페르시아, 그리스, 로마가 이 도시를 다스렸다. 안티오쿠스(Antiochus)는 B. C. 약 170년 경에 다소에 유대 식민지 정착시켰다. 바울과 동시대 인물인 필로(Philo)는 유대인들이 살았던 나라들 가운데 길리기아를 포함시켰다.[17]

세번째로, 다소는 이상적인 곳에 위치해 있었다. 다소 주변의 비옥한 땅 덕분에 포도와 밀, 아마(亞麻) 등이 풍성히 재배되고 있었다. 다소는 내륙에서 불과 몇 마일 떨어져 있지 않았음에도 자체 항구가 있었다. 시드너스(Cydnus) 강이 도시의 중심부를 지나 그 항구로 흐르고 있었다. 위치상 대규모 무역의 길목에 있었던 다소는 그로 인해 상업과 부의 많은 혜택을 누릴 수 있었고, 제노폰(Xenophon)은 이 도시를 '위대하고 부유한 도시' 라고 불렀다.[18] 소년 시절, 바

---

16) 많은 고대 문헌과 인용 문헌들에 대한 목록을 보려면 Hengel의 The Pre-Christian Paul, 90-92, n. 11을 보라.
17) Philo Legation against Gaius 281. "로마 지배의 초창기 동안 우리는 소아시아의 여러 도시들에서 상당수의 유대인들을 보았다"[S. Safrai and M. Stern. eds., The Jewish People in the First Century(Assen: Van Gorcum, 1974), 143].
18) Xenophon, Anabasis, 1.2.23.

울은 항구에서 상선들의 돛을 보았을 것이고, 여행자들이 동서에서 그 도시로 들어오는 것을 보았을 것이며, 분주하고 시끄럽게 물건을 파는 소리들도 들었을 것이다. 그 도시의 국제적인 성격은 복음을 들고 다른 큰 도시를 두루 여행하기를 원했던 바울의 열망에 기름진 밑거름이 되었을 것이다. 동서가 연결되고 그리스와 동양이 서로 연결되며 국제화된 도시 환경에서 자란 바울은 세계 선교사가 되기에 이상적이었다.

네번째, 다소는 로마와 절친한 정치적 동맹 관계에 있었다. 다소의 시민들은 B.C. 47년에 방문한 줄리어스 시저를 열렬히 지지했다.[19] 그로부터 5년 후 마르크 안토니는 다소에게 자유 도시(libera civitas)의 자격을 부여한다. 이는 자치권의 부여와 로마에 내는 세금을 면제한다는 의미로 더 이상 로마의 식민지가 아니라는 이례적인 특권을 이 도시에 부여한 것이었다. 다소에는 아테노도루스(Athenodorus)라는 유명한 시민이 있었는데 그는 스토아(Stoic) 학파였고 황제 아구스투스에게 철학을 가르쳤으며 그의 자문위원이기도 했다. 로마 시민권이 다소 거주민의 상당수에게 부여되었으며, 그 외의 다소 사람들은 500드라크마에 로마 시민권을 살 수 있었다.[20]

다섯번째, 다소는 거대한 교육 중심지였다. 바울 당대의 헬라 지리학자였던 스트라보(Strabo)는 "다소 시민들은 철학뿐만 아니라 일반적인 교육 전반에 자신들을 헌신했고, 그로 인해 그들은 아덴이나 알렉산드리아를 훨씬 능가했을 뿐더러 … 다소에는 온갖 종류의 수사학 학교들이 있다"[21]라고 기록했다.

많은 철학자들이 다소에 살며 가르쳤는데 그중에는 안티파터(Antipater), 아르케데무스(Archedemus), 아테노도루스와 네스토(Nestor)도 포함된다. 또한 근처 도시 솔로이(Soloi)에서는 스토아 학파 가운데 가장 위대했던 두 사람 크

---

19) Dio Chrysostom, Discourses, 34. 21-23.
20) Colin J. Hemer, "Tarsus," in International Standard Bible Encyclopedia, 4(1988), 735.
21) Strabo, Geography, 14.5.13.

리시푸스(Chrysippus)와 아라투스(Aratus)가 태어나기도 했다.[22] 아테노도루스는 바울이 소년이었을 무렵인 A. D. 7년에 죽었다. 의심할 바 없이 어린 사울은 그와 다른 스토아 철학자들에 대해 배웠을 것이다. 실제, 아덴에서 바울은 아라투스를 인용하기도 했다(행 17:28).

혼잡한 도시인 다소는 '지식에 대한 열망과 학자에 대한 존경, 지적 사고의 형태를 가졌던 지역으로, 한 젊은이가 그 도시에 팽배한 모든 사람들이 가진 사고의 전염에서 완전히 벗어나리라고는 생각지 못했다.'[23] 바울이 큰 로마 대학의 도시이며 헬라·동양의 부와 문화의 도시였던 다소에서 태어나야 했던 중요성이 여기에 있다. 열두 제자들과 달리 그는 '도시 출생이며, 도시에서 자라났다.'[24] 이런 도시 태생인 그가 선교 사역을 맡아 제국의 수많은 전략적인 도시들을 다녔다는 것은 그리 놀라운 일이 아니다.

시민권

바울이 다소의 시민이었다는 것보다 더 중요한 것은 그가 사도행전에서 몇 번 언급했던 그의 로마 시민권이었다. 빌립보에 있던 로마의 간수들은 그들이 로마 시민인 바울과 실라를 때리고 가두었다는 것을 알고 당황해서 그들을 옥에서 데리고 나왔다(행 16:36-39). 예루살렘에서 채찍질을 당했을 때, 천부장은 그가 로마 시민을 결박한 것을 알고는 놀랐다(22:23-28). 그 천부장이 자기는 "돈을 많이 들여 이 시민권을 얻었노라"고 말하자, 바울은 "나는 나면서부터로라"고 대답했다(22:28). 이 천부장, 글라우디오 루시아는 바울이 로마 시민임을 확인했다는 편지와 함께 그를 가이사랴 총독 벨릭스에게 보냈다(23:26-27). 2년 후(24:27), 벨릭스의 후임자 베스도는 예루살렘에서 심문받으라고 바울에게 제안했지만 바울은 거절하고 가이사 앞에서 심문받기를 호소(항소)하는데(25:8 -

---

22) Barclay, The Mind of St. Paul, 25.
23) Ibid.
24) Roland Q. Leavell, The Apostle Paul: Christ's Supreme Trophy(Grand Rapids: Baker, 1963), 13.

12, 참고 - 20 - 21절) 이는 로마 시민이 갖고 있는 권리였다. 바울이 아그립바 왕 앞에 증언했을 때 아그립바 왕은 바울이 가이사에게 항소한 것을 언급했다 (26:32).

노예들을 포함해서 5천만 명이나 되는 로마 제국의 거주자들이 모두 로마 시민권을 가졌던 것은 아니다. 불과 10분의 1정도만이 그 영예를 누렸다.[25] 로마 시민권이 부여된 자는 채찍질[26]이나 십자가의 형[27]의 면제 그리고 사형 언도에 대항해 로마에 항소할 수 있는 권리 등이 주어졌다.[28]

그렇다면 바울과 실라는 벌거벗겨져서 채찍질 당하고, 빌립보 감옥에 갇혔을 때 그들의 로마 시민권에 대해 어떤 언급도 하지 않았을까?(16:22-24)[29] 아마도 그들은 그리스도와 그의 고난을 따르고자 하는 소망에서 일부러 침묵했을 것이다(고후 4:10-11, 빌 3:10-11, 골 1:24).

바울이 나면서부터 로마 시민이라는 말은 그의 부모가 로마 시민이었다는 의미다. 그렇다면 그들은 어떻게 시민권을 얻었을까? 누구도 확실히 알 수는 없지만, 몇 명의 학자들은 바울의 조상이 로마의 노예였을 것이고 자유를 얻어 로마 시민권을 얻었을 것이라고 말한다.[30] 이와 달리, 다른 학자들은 바울의 조상이 로마에 어떤 대가를 지불해서 그 보답으로 시민권을 얻었을 것이라고 주장한

---

25) Augustus, Res Gestae, 8.
26) "또한 비스 퍼블리시아(vis publicia)에 관한 줄리아 법률(lex Julia)은 누구라도, 권력 혹은 지위를 갖고 있더라도 로마 시민이 갖고 있는 항소권을 어기고 그를 처형시키거나 채찍질했을 경우, 혹은 위에 언급된 일들 중 어떤 것을 명령했을 경우, 그의 목에 멍에를 매는 고문을 받게 했다"(Justinian Digest 48.6.7).
27) Peter Garnsey and Richard Saller, The Roman Empire: Economy, Society and Culture(Berkeley, Calif.: University of California Press, 1987), 117.
28) Schürer, The History of the Jewish People in the Age of Jesus Christ(175 B.C.- A.D. 135), 3:135, n.34.
29) 이 일은 로마 권력에 의해 채찍질 당한 세 번 가운데 한 번이었고(고후 11:25), 유대인들에 의해 다섯 차례나 서른아홉 대의 채찍질을 당할 때도 거절하지 않았다(11:24). 그는 이 외에도 수차례 맞았던 것을 언급했다(6:5, 9, 11:23, 참고 - 갈 6:17).
30) Hengel, The Pre-Christian Paul, 14, John Clayton Lentz, Luke's Portrait of Paul(Cambridge: Cambridge University Press, 1993), 47-48, Murphy-O'Connor, Paul: A Critical Life, 41. See P.R.C. Weaver, "Social Mobility in the Early Roman Empire: The Evidence of the Imperial Freedom and Slaves," Past and Present 37(1967): 3-20.

다.[31] 일부 사람들은 군대에 입대함으로 시민권을 얻기도 했는데 바리새파였던 바울의 가문이 시민권을 얻은 것은 예외적인 경우였다. 가장 가능성이 있는 추측은 다소의 거주민들이 한꺼번에 제국의 시민권을 얻었을 것이라는 학설이다. 요세푸스는 셀루시드 왕인 니케토(Nicator)가 일정한 도시들에 거주하던 유대인들에게 시민권을 주었다고 기록했다.[32]

몇몇 특정한 때에 다소의 많은 유대인들이 로마 시민이 되었다. 안티오쿠스 에피파네스(Epiphanes)가 B. C. 175년 그 도시를 재구성했을 때, 로마의 장군 폼페이(Pompey)가 B. C. 65-64년에 길리기아를 로마의 영토로 정복했을 때,[33] 줄리어스 시저가 B. C. 47년 다소에서 환영을 받았을 때, 마르크 안토니 장군이 B. C. 42년 다소에 본부를 주둔시켰을 때 그리고 아구스투스가 B. C. 31년 다소에 특권을 부여했을 때가 그 경우들이다. 위의 많은 경우들 중 어떤 경우였든 바울의 부모는 먼저 시민권을 얻었던 것같다.[34]

이렇게 주어지는 로마 시민권은 드문 경우였지만,[35] 헬라 도시(Greek-city)의 시민권[36]처럼 '특별 대우의 표시'[37]였다. 이중 시민권을 갖고 있었던 것은 바울이 다소의 엘리트에 속해 있었다는 것을 의미했다.[38]

---

31) Strabo, Geography 5.1.6. F.F. Bruce는 고고학자인 윌리엄 칼더(William Calder)가 1953년 텐트 만드는 자들의 길드(중세의 조합)가 로마 군대에 아주 쓸모 있는 단체였다고 주장했다고 말했다[Paul: Apostle of the Heart Set Free(Grand Rapids: Eerdmens, 1977), 37, idem, In the Steps of the Apostle Paul (Grand Rapids: Kregel, n.d.), 8, and idem, "Paul the Apostle," in International Standard Bible Encyclopedia, 3 (1986), 709].

32) Josephus, The Antiquities of the Jews 12.3.1.119.

33) Henry J. Cadbury, The Book of Acts in history(New York: Harper and Brothers, 1955), 73-74.

34) E. M. Blaicklock은 폼페이의 정착 당시를 그 시기로 본다["Tarsus" in The Illustrated Bible Dictionary (Downers Grove, Ill.: InterVarsity, 1980), 3:1519. Cf. Suetonius Julius 28, and E. Brewer, "Roman Citizenship and Its Bearing on the Book of Acts," Restoration Quarterly 4 (1960):207-208].

35) A.N. Sherwin-White, The Roman Citizenship, 2d ed.(Oxford: Clarendon, 1973), 273. John J. O'Rourke 는 로마 시민권은 어떤 유대인 공동체에도 총체적으로 주어지는 경우에는 부분으로 주어진 적이 없었다고 말했다["Roman Law and the Early Church," in The Catacombs and the Colosseum, 184, n. 164, cf. M. Adinolfi, "Stato Civile dei Christiani 'Forestieri e Pellegrini," Antonianum 42 (1967): 420-434.]

36) Lentz, Luke's portrait of Paul, 43.

37) Ibid., 25.

38) F.F. Bruce, The Acts of the Apostles, The Greek Text with Introduction and Commentary, 2d ed.(Grand

유대인이 로마 시민이 되는 것은 불가능했을까? 랍스케(Rapske)는 이것이 유대인에게 아주 어려운 문제는 아니었다는 증거를 인용한다.[39] 바울은 시민권으로 인해 적어도 두 번 이상 태형을 면할 수 있었고, 결과적으로 로마에 갈 수도 있었다. 그는 자신이 로마와 연관된 관계성들을 사용해 신자들에게 더 나은 하늘의 시민권에 대해 기록하기도 했다(빌 3:20, 참고 - 엡 2:19). 로마 제국의 유대 시민으로 그는 독특하게 '두 세계의 사람'[40]이었다. 다른 사람들을 향한 그의 비전은 지역적이지 않고 우주적인 것이었으며 그의 시야는 편협하지 않고 넓었다. 세계적인 시민으로, 그는 모든 장소와 사람들을 대할 때 - 회당에서 그의 민족들과, 피르지아(Phyrgia)에서 이방인들과, 아덴에서 뛰어난 철학자들과 혹은 총독들 그리고 왕들에게도 - 편안할 수 있었다.[41]

바울의 다소 시민권은 그가 중류층의 부유한 집안 출신임을 의미한다. 스토아 철학자이며 한때 다소의 지도자이기도 했던 아테노도루스는 다소의 시민들에게 완전한 시민권을 위해 500드라크마를 지불할 것을 요구했는데 바울의 아버지도 지불했을 것이다.[42] 바울의 부요함을 보여주는 한 사건은 네 명의 나실인 정결 의식을 그가 지불한 것으로(행 21:23-24) 이는 상당한 비용이 드는 것이었다. 벨릭스가 바울에게 뇌물을 기대했던 것(24:26), 가이사랴에 있던 2년 동안 자신을 보호할 수 있었던 능력, 로마로 갈 여비를 지불했던 것 그리고 로마에서 2년 동안 집을 빌릴 수 있었던 것(28:30)도 같은 예들이 될 수 있다.[43] 헬라와 로마 제국의 시민권 모두를 갖고 있었다는 것은 높은 사회적 지위와 어느 정도의 부를 소유하고 있었음을 보여준다.[44]

Rapids: Eerdmans, 1952), 399.
39) Rapske, The Book of Acts and Paul in Roman Custody, 89.
40) Barclay, The Mind of St. Paul, 31.
41) Maurice Jones, St. Paul the Orator(London : Hodder and Stoughton, 1910), 279.
42) A. H. M. Jones, The Greek City from Alexander to Justinian(Oxford: Clarendon, 1940), 174.
43) Colin J. Hemer, The Book of Acts in the Setting of Hellenistic History(Tübingen: Mohr, 1989), 192.
44) Longenecker, Paul: Apostle of Liberty, 31.

교육

바울이 받은 학교 교육도 그가 뛰어난 신학자요 교사가 될 수 있는 기반을 마련해 주었다. 그의 교육 훈련은 가정에서의 훈육, 회당 학교 출석 그리고 랍비가 되기 위해 예루살렘에서 가말리엘의 문하에서 고등 교육을 받은 것 등이 포함된다. 바울이 유대인 가정에서 성장했다는 것은 그가 '여호와의 율법을 연구하고 준수하는 것을 삶의 최고 목표로 삼고 자라났다는 것을 의미한다.'[45] 또한 아버지가 바리새인이었다는 것은('나는 바리새인이요 또 바리새인의 아들이라,' 행 23:6) 그의 가정교육이 각별했을 것을 뜻한다.

다른 모든 유대 소년들과 마찬가지로 바울은 어릴 때 공식적, 비공식적인 율법 교육을 받았을 것이다. "어린아이가 말을 하기 시작하면(세 살 이후) 아이는 그의 아버지에게 율법을 배우게 된다."[46] 신명기에 기록된 모세의 가르침에 따라, 바울은 공식적("네 자녀에게 - 이 명령을 - 부지런히 가르치며," 신 6:7 상), 비공식적("집에 앉았을 때에든지 길에 행할 때에든지 누웠을 때에든지 일어날 때에든지 이 말씀을 강론할 것이며,"[47] 6:7 하, 참고 - 4:9, 11:19)으로 가정교육을 받았을 것이다. 부모들이 지키는 유대 관습들은 자녀들에게 깊은 영향을 주었다. 가족들이 안식일을 지킬 때,[48] 정해진 유대인의 연중 절기들[49]을 지킬 때,

---

45) Howard Tillman Kuist, The Pedagogy of Paul(New York: Doran, 1925),22.
46) William Barclay, Educational Ideals in the Ancient World(1959, reprint, Grand Rapids: Baker, 1974), 17(based on Mishnah Sukkah 42a). 요세푸스에 의하면 모든 유대 소년들은 '처음 의식이 있을 때' 부터 성경과 구전(口傳)의 교육을 받는다.
47) '누웠을 때에든지 일어날 때에든지' 라는 구절은 메리즘(merism)이라는 방식 - 한 연설 형태로 두 개의 상반되는 개념을 표현하여 그 가운데 있는 모든 것을 언급하는 방식 - 을 의도적으로 사용한 것 같다. 그러므로 신명기 6장 7절은 어느 때에든지 '가르칠 기회가' 주어질 때마다, 저녁이든, 아침이든 혹은 낮 동안이든 하나님의 방식을 비공식적으로 가르쳐야 할 것을 강조하는 말씀이다.
48) 자녀들이 안식일에 대한 율법들을 지키도록 격려해야 한다(Shabbath, 166).
49) 이 절기들은 유월절, 무교절, 초실절, 봄의 주간들(오순절), 나팔절, 속죄일 그리고 가을의 초막절(레 23장)이 포함된다. 디아스포라 되어 있던 유대인들이 얼마나 많은 절기들을 지켰는지는 알려져 있지 않다. 디아스포라 되어 있던 유대인들이 무교절과 오순절 그리고 초막절에 참석하기 위해 예루살렘으로 여행을 했던 것(신 16:16)은 사도행전 2장에 - 로마 제국의 먼 지역으로부터 유대인들이 예루살렘의 오순절에 참석했던 기록(행 2:9-11) - 명백히 나타나 있다. 유대 지도자였던 샴마이(Shammai)는 자녀들도 아버지의 어깨에 올라탈 수 있는 나이가 되면 이 절기에 참석해야 한다고 했으며, 다른 유대 지

부모들이 자녀들을 매주 회당에 데리고 가서 구약을 읽고 설명하는 것을 듣도록 할 때, 어린 소년이었던 바울을 포함한 학령 전의 유대 어린이들은 생생한 가르침을 받았을 것이다. 유대인의 가정에서 해마다 유월절을 지킬 때 본성적으로 호기심이 강한 자녀들은 그 의미가 무엇인가를 물었을 것이고 부모들은 그 예식에 대해 설명해주었을 것이다(출 12:26-27). 매주 안식일이 되면 회당에서 소년, 소녀들은 구약을 배웠는데 이는 그들이 가정에서 배운 내용들을 보충하는 학습이었다. 회당 예배는 성경의 부분들을 읽는 것으로 시작된다. 먼저 모세 오경부터 시작해서 선지서로, 그 다음은 성경 내용에 대한 설명과 적용이 따르며, 그 다음에 시편과 기도를 회중이 낭송하는 것으로 이어진다.[50]

구약을 반복해서 듣고 암기하며 낭송함으로 어린 사울은 그 또래의 다른 어린이들처럼 자기 민족의 족장들, 지도자들, 왕들, 선지자들 그리고 제사장들에 대해 훤히 알게 되었을 것이다. 유대인들은 회당을 종교 교육의 장소로 생각했다. "회당의 주요 목적은 사람들을 가르치는 장소였다."[51]

후에 바울은 그의 서신에서 아브라함을 21번 그리고 이삭을 3번이나 언급했다. 사도행전에 기록된 그의 설교와 서신서들에서, 바울은 이스라엘의 위대한 율법 제정자인 모세의 이름을 13번, 이스라엘의 성군 다윗을 8번 그리고 이사야를 6번 언급했다. 아담은 7번 언급했다. 바울은 구약을 약 100번 정도 인용했고, 그 외에도 100번 이상의 구약 내용들을 암시하여 그 내용을 잘 알고 있음을 보여주었다.[52] 개인적인 경건, 권위적인 설교, 예증을 드는 교육 그리고 구약 저자들의 역동적인 기록들은 의심할 바 없이 바울에게 심오한 방식으로 영향을

도자였던 힐렐(Hillel)은 자녀들이 아버지의 손을 보고 걸을 수 있으면 반드시 참석해야 한다고 말했다(Hagigah 1.1).
50) 1세기 유대 민족의 회당 예배 절차에 대해서는 S. Safari와 M. Stern, eds., The Jewish People in the First Century(Assen: Van Gorcum, 1976), 1:918-933을 보라.
51) Alfred Edersheim, Sketches of Jewish Social Life in the Days of Christ(1876, reprint, Grand Rapids: Eerdmans, 1967), 267. 그래서 필로(Philo)는 회당을 '교육하는 집들'이라고 적절하게 불렀다(Life of Moses 3.27).
52) 이 내용은 14장에 다루어놓았다.

주고 그의 신앙을 형성시켜주었을 것이다.[53]

어릴 때부터 가정에서 그리고 매주 회당에서 교육을 받는 일 외에 어린이들은 초등학교에서 교육을 받았다. 어린 사울이 여섯 혹은 일곱 살 때[54] 다소의 다른 유대 소년들과 어울려 학교에 다니기 시작하는 모습을 그려보라. 이방인의 학교에 출석하는 다른 소년들과는 달리 유대 소년들은 학교 건물이 부속으로 딸려 있는 회당에 다녔다.[55] 그 학교는 베스 하-세페르(Beth Ha-Sepher), 즉 '책의 집'이라고 불리워졌는데 그 건물의 일차적인 목적은 어린 소년들에게 토라(구약의 첫 다섯 권의 책 - 창세기부터 신명기까지)를 가르치는 장소였다. 이 학교에 다니는 소년들은 히브리어를 말하고 쓰는 법과 헬라어로 기록된 70인역과 더불어 1세기 또는 그 전후 세기에 기록된 유대인의 성경을 읽는 법을 배웠을 것이며,[56] 구약 성경에 기록된 중요한 구절들을 암송했을 것이다. 이 소년들은 계속되는 반복 학습을 통해 배웠다. 교사들은 학생들이 '아주 유창하게 암기할 수 있을 때까지' 반복적으로 따라 읽게 했다.[57]

"토라를 배우되 반복하지 않는 자는 씨를 뿌리되 거두지 않는 사람과 같다"[58] 라고 생각했다.

구약의 일부 본문들을 머릿글자만 따서 나열한 방식이나 표어들 그리고 리듬을 사용해서 암기하면 배우는 자들이 마음 깊이 새길 수 있게 된다.

바울이 기록한 열세 편의 서신들 중 구약을 인용하거나 그 내용을 암시한 구절이 다수 포함되어 있는 것이 이상스럽게 여겨지는가? 전형적인 유대 학생이

---

53) 구약의 지도자들이 바울의 훈련에 미친 영향을 보다 깊이 연구하려면 Kuist, The Pedagogy of St. Paul, 24-31을 보라.
54) Jerusalem Talmud, Ketuboth 32c.4. "여섯 살이 되기 전까지는 소년을 학교에 보내지 말라"(Ibid., 50a).
55) Barclay, Educational Ideals in the Ancient World, 37.
56) 70인역은 주전 약 200년 경 알렉산드리아, 이집트에 있던 학자들이 히브리어로 기록된 구약 성경을 헬라어로 번역한 것으로 그리스 · 로마 세계에서 자라나 헬라어만을 사용하던 헬라파 유대인들이 구약을 읽을 수 있도록 도와주기 위해 만들어진 것이다.
57) Rabbi Akiba, Erubin 54a(cited in ibid., 41).
58) Essays on Jewish Life and Thought, The Letters of Benammi, Second Series, 54, cited in Barclay, The Mind of St. Paul, 41, n. 135.

었던 그는 구약의 내용에 흠뻑 빠져 있었을 것이다. 그는 구약 전체를 알고 있었기 때문에 기꺼이 인용할 수 있었을 뿐만 아니라 정확히 사용할 수 있었다. 구약을 약 사 년 동안 학습하고 난 후, 사울과 그의 학교 친구들은 열 살 즈음에[59] 베스 하 미드라쉬(Beth Ha-Midrash, '전통의 집' 이라는 의미)로 불리는 중등학교에서 율법의 구전 해석서인 미쉬나(Mishnah)를 공부하기 시작했다.[60]

바울은 사도행전 22장 3절에서 자신이 언급했고 누가가 '교법사로 모든 백성에게 존경을 받는 자' (5:34)라고 언급했던 예루살렘의 랍비 가말리엘의 문하생으로 고등 교육을 받았다. 바리새인이었던 바울의 아버지는 열다섯 살 가량된[61] 청소년기의 아들을 '주후 1세기에 가장 뛰어나고 영향을 끼치던 바리새파 교육가' 밑에서 5-6년 정도 교육을 받도록 유학을 보냈던 것이다.[62] 어떤 사람들은

---

59) Mishnah, 'Aboth 5.21.

60) John T. Townsend, "Ancient Education in the Time of the Early Roman Empire," in The Catacombs and the Colosseum, 156. E. G. Sihler는 바울이 유대의 중등 교육을 마친 뒤 다소에 있는 그라마티코스(grammatikos)라고 알려진 헬라의 중등학교에 다녔을 것이라는 잘못된 주장을 제시했다["Review of Licht vom Osten, by Adolf Deissmann," Biblical Review 3(October 1923) : 625]. 그라마티코스에서 그리스·로마 소년들은 헬라 문학[주로 호머(Homer)의 작품들], 문법, 작문, 수학, 과학, 지리학, 체육, 그리고 음악을 공부했다[Mark Golden, Children and Childhood in Classical Athens(Baltimore: Johns Hopkins University Press, 1990), 62]. 그러나 이는, 바울이 헬라 문학을 잘 모른다는 말이 아니다. 다소에서 자라난 그는 주변의 헬라 사회 속에서 비유대인들과 비공식적인 방법을 통해 일부 헬라 문학들을 접할 수 있었을 것이다.

61) 바울이 교육을 받기 위해 예루살렘으로 갔던 나이에 대한 의견은 학자들마다 다르다. Edwin M. Yamauchi는 '약 열두 살 정도' ["Hellenism," in Dictionary of Paul and His Letters, ed. Gerald F. Hawthorne, Ralph P. Martin, and Daniel G. Reid(Downers Grove, Ill.: InterVarsity, 1993), 386], 몇몇 다른 학자들은 '약 열세 살 정도'라고 주장한다[James Stalker, The Life of St. Paul(New York: Revell, 1950), 26, Robert E. Speer, Studies of the Man Paul(New York: Revell, 1900), 20, and F. W. Farrar, The Life and Work of St. Paul(New York: Dutton, 1902, reprint, Minneapolis Klock & Klock, 1981), 1:25], Francis Lyall은 바울의 나이가 '대략 여덟 살에서 열다섯 살 사이' 였을 거라고 주장한다[Slaves, Citizens, Sons: Legal Metaphors in the Epistles(Grand Rapids: Zondervan, 1984), 240]. 그러나 W. M. 람세이는 바울이 사도행전 26장 4절에서 자신의 '젊었을 때' (네오테스, neotēs, 이 단어는 바울이 디모데전서 4장 12절에서 디모데를 언급할 때 사용했던 말이다. 참고 - 마 19:20)라고 말한 것은 미래의 사도가 될 그가 몇 년 더 성장했을 무렵이었을 것이라고 주장한다. 열세 살 정도의 어린 소년 시절은 '나의 젊었을 때' 라고 말하기 보다 '나의 어렸을 때' 라고 표현했을 것이라고 람세이는 확신한다[The Teaching of Paul in Terms of the Present Day(London: Hodder and Stoughton, 1913), 41].

62) Rapske, The Book of Acts and Paul in Roman Custody, 94. Joachim Jeremias는 가말리엘이 바울처럼 베냐민 지파라는 점을 지적했다[Jerusalem in the Time of Jesus, trans. F. H. Cave and C. H. Cave (London: SCM, 1969), 278, 287].

가말리엘이 두 개의 유대 학파 중 도량이 더 넓은 학파의 창시자요, 주전 10세기의 학자였던 랍비 힐렐(Hillel)의 아들이었다고 말한다[샴마이(Shammai)는 보다 문자적이고 엄격한 유대 학파를 창시했다]. 그러나 탈무드는 가말리엘을 힐렐의 손자로 언급하는데 이 견해가 보다 전통적인 것 같다.[63] 가말리엘의 관용은 그가 성전 공회인 산헤드린에서 예수를 전파하다 잡힌 베드로와 다른 사도들을 처형하지 말자고 설득하는 장면에서 볼 수 있다(행 5:33-40). 그들이 가말리엘의 충고를 따랐다는 사실은 유대 관원들 사이에서 그가 가졌던 영향력을 보여준다. 그 사람들은 가말리엘을 아주 존경해서 랍비('나의 선생님')라는 칭호보다 더 영예스러운 호칭인 라반('우리의 선생님')으로 불렀는데, 이 호칭은 후에 힐렐(Hillel) 학교의 또 다른 일곱 명의 교사들에게만 특별히 붙여졌다. 미쉬나(Mishnah)에는 "라반 가말리엘 장로가 죽자 토라의 영광은 그쳤고 순결과 절제가 사라졌다"는 기록이 있다.[64]

일부 학자들은 바울이 예루살렘의 무리들에게 그 자신이 '이 성에서 자라'(행 22:3)라고 말한 것을 근거로 그가 젊은 시절이 아닌 어린 시절에 팔레스타인의 수도(예루살렘)로 이주해왔다고 주장한다. 반 언닉(Van Unnik)은 바울이 예루살렘의 부모 슬하에서 '자라났고' 그 후에 예루살렘의 가말리엘 밑에서 공부하게 된 것이라고 주장한다.[65] NASB 영어 성경은 이 견해를 지지한다("나는 유대인으로, 다소에서 태어났고 이 성에서 자라 가말리엘의 문하에서 우리 조상들의 율법의 엄한 교훈을 받았고 오늘 너희 모든 사람처럼 하나님께 대하여

---

63) W. Bacher, "Gamaliel I," in Jewish Encyclopedia, 5:558-559.
64) Mishnah, Sotie 9. 15. '절제'란 바리새파 교육에 대한 관심도가 어느 정도 사라졌음을 암시하는 '분리됨'으로 해석할 수도 있다. Jacob Neusner, The Rabbinic Traditions about the Pharisees before 70(Leiden: Brill, 1971), 351-352, and idem, The Pharisees: Rabbinic Perspectives(Hoboken, N. J.: KTAV, 1985), 23-56.
65) W. C. van Unnik, Tarsus or Jerusalem: City of Paul's Youth, trans. George Ogg(London: Epworth, 1962). Cf. George Ogg, "Review of Tarsus of [sic] Jerusalem, by W. C. van Unnik," Scottish Journal of Theology 8(1995), 94-97, and Everett F. Harrison, "Acts 22:3- A Test Case for Luke's Reliability," in New Dimensions in new Testament Study, ed. Richard N. Longenecker and Merrill C. Tenney(Grand Rapids:Zondervan, 1974), 251-253.

열심하는 자라"). 또한 NEB 성경 역시 같은 입장에서 기록되었다("나는 진정한 유대인으로, 길리기아의 다소 태생으로 이 성에서 자라났으며 가말리엘의 학생으로 유대인의 율법 전체를 철저히 교육받은 자라").

보다 많은 지지를 받는 견해는 '이 성에서 자라났다'는 말을 다른 말과 연결시켜 다음과 같이 이해하는 것이다. "나는 유대인으로 길리기아 다소에서 났고 이 성에서 가말리엘의 문하에서 자라나(아나트레포, anatrephō[66]), 우리 조상들의 율법의 엄한(아크리베이아, akribeia) 훈련(파이데우오, paideuō)을 받았고 오늘 너희 모든 사람처럼 하나님께 대하여 열심하는 자라"(필자의 번역). 필자의 번역은 네 개의 헬라 분사가 평행을 이룬다. '났고' '자라나' '훈련받았고' 그리고 '열심하는(열심을 가진).'[67]

가말리엘 문하에서 공부했던 바울은 토의, 가상의 대적들이 제기하는 질문들을 놓고 그 질문들에 대답하는 법, 토론과 논쟁 그리고 풍자적인 비판 등의 방식들을 배웠다.[68] 이 사도는 이런 방식들을 그의 사역과 서신서들에서 자주 사용했는데, 이것은 11-14장에서 다루게 될 것이다. 또한 이 위대한 랍비 밑에서 바울은 구약을 해석하는 방법도 터득했다. "바울이 기독교 신앙의 위대한 교리들을 분명하고 논리적으로 해석할 수 있었던 것은 의심할 바 없이, 최소한 어느 정도라도, 가말리엘 문하에서 교육을 받았던 결과였다."[69]

---

66) 아나트레포, '자라나'라는 말은 '교육받았고'라는 의미가 될 수도 있다(Stanley D. Toussaint, "Acts," in The Bible Knowledge Commentary, New Testament, ed. John F. Walvoord and Roy B. Zuck (Wheaton, Ill.: Victor, 1983), 418, and R. C. H. Lenski, The Interpretation of the Acts of the Apostles (Minneapolis: Augsburg, 1961), 901-902].

67) Longenecker, Paul: Apostle of Liberty, 23-26, and Nigel Turner, Grammatical Insight into the New Testament(Edinbur: Clark, 1965), 83-84) 이 견해는 그의 사도행전 22장 3절의 주석에서도 제시되었다 (The NIV Study Bible, 1986). 반 언닉(Van Unnik)은 파이데우오(paideuō, 훈련받음)가 두 개의 구절들, 즉 '가말리엘 문하에서'와 '우리 조상의 엄한 훈련'에 연결되어야 한다고 잘못 보았다.

68) Kuist, The Pedagogy of St. Paul, 39-41, 48.

69) James I. Packer, Merrill C. Tenney, and William White, Jr., eds., The Bible Almanac(Nashville: Nelson, 1980), 557.

바리새인 가문

바울은 세번씩이나 그 자신이 바리새인임을 밝혔다. 산헤드린 공회에서 심문을 받을 때 바울은, '나는 바리새인이요 또 바리새인의 아들이라' (행 23:6)고 말했다. 이 말에서 두번째 말한 '바리새인'은 복수이다. 그러므로 이 단어는 '바리새인들의 아들'이라는 의미이다. 이 말은 그의 아버지와 할아버지가 모두 바리새인의 가문에서 자라났고 이 종교적인 집단에 속해 있다는 의미이다. 아그립바 왕에게 그는 '우리 종교의 가장 엄한 파를 좇아 바리새인의 생활을 하였다' (행 26:5)고 말했다. 또한 빌립보 교인들에게 '율법으로는' 그 자신이 '바리새인'이라고 자신 있게 주장했다(빌 3:5).

일부 학자들은, '바리새인의 아들' 이란 문구를 바울 자신이 바리새인 집단의 일원이든지 혹은 바리새인 교사의 학생임을 언급하는 것이라고 설명한다.[70] '누구의 아들' 이란 말은 '누구에게 속한 사람' 또는 '어떤 특성을 가진 사람'이라는 의미도 있지만, '바리새인의 아들' 이란 특정한 구절은 신약 성경의 다른 부분이나 랍비의 문헌 가운데 전혀 사용되지 않았다.[71] 더구나 요세푸스(Josephus)는 '대제사장의 세 아들' 이란 말을 대제사장인 이스마엘의 학생들이 아닌 '이스마엘의 친아들 세 사람'을 가리킬 때 사용했다.[72] 그러므로 바울은 단순히 자신이 바리새인과 관련이 있다는 사실을 말하는 것이 아니라 그 자신이 진정한 바리새인의 가문에서 자라났다는 것을 주장하는 것이다.[73]

바울이 아그립바 왕에게 '우리 종교의 가장 엄한 파를 좇아' (행 26:5)라고 말한 것은 그가 바리새인의 기준에 충실하려 했다는 사실을 주장하는 것이다. 다른 모든 바리새인들처럼, 그는 거룩함과 정결함을 엄하게 지켰고 종교적인 의

---

70) Jeremias, Jerusalem in the Time of Jesus, 252, n. 26, Rapske, The Book of Acts and Paul in Roman Custody, 96, and A. F. Weiss, "Φαρισαῖος," in Theological Dictionary of the New Testament, 9(1974), 46 and n. 215.
71) Lentz, Luke's Portrait of Paul, 52.
72) Josephus, The Jewish Wars, 6.114.
73) Lenski, The Interpretation of the Acts of the Apostles, 934.

무 사항들에 열심히 주의를 기울였으며 동족의 평안에 관심을 쏟았고 하나님의 말씀을 일상의 삶에 적용하기를 힘썼다.[74]

바울은 여러 번 자기가 바리새파에 깊이 헌신되어 있었음을 표명했다. 예루살렘에 모인 무리에게 그는 '오늘 너희 모든 사람처럼 하나님께 대하여 열심하는 자라' (행 22:3)고 말했다. 구원받기 전에 그는 교회를 핍박함으로 하나님을 위한 그의 열심을 드러내었다(빌 3:6, 참고 - 갈 1:13). 로마에서 그는 유대 지도자들에게 자신이 '우리 조상의 규모' (이토스, ethos)를 배척한 일이 없었다고 말했다(행 28:17). 실제, 그는 갈라디아 교인들에게 말한 것처럼 다른 유대인들보다 지나치게 헌신되어 있었기에 '내가 내 동족 중 여러 연갑자보다 유대교를 지나치게 믿어 내 조상의 유전에 대하여 더욱 열심이' 있었다(갈 1:14)라고 표현했다. '유전' (전통)이라는 헬라어 파라도시스(paradosis)는 전문적인 용어로 본문에서는 구전 율법(oral law)을 가리킨다(참고 - 마 15:2-3, 6, 막 7:5, 8-9, 13).[75] 바리새인들은 이 구전 율법을 성문 율법인 토라(Torah)의 명령들에 순종하는 것처럼 주의 깊게 지켰다.

일부 유대인들이 헬라의 시민권을 갖고 있었다면 바리새인들도 디아스포라(diaspora)되어 거주하며 이방 도시의 시민권을 소유했을 가능성이 있지 않은가? 렌츠(Lentz)는, 유대인들은 팔레스타인 외부 지역에 살았을 수도 있고 그렇

---

74) 유대인 가운데 바리새파는 주전 2세기에 율법을 연구하고 꼼꼼히 지키려 했던 에스라의 노력을 계승한 하시딤(Hasidim, 왕족들)에서 비롯되었을 것으로 추측된다[R. Travers Herford, Pharisaism: Its Aim and Method(London: Williams and Norgate, 1912), 19]. '바리새' 라는 말은 히브리어 페루쉼(P'rushîm), 즉 '구별된 자들' 이란 말에서 파생되었고, 이 말은 그들이(대다수는 일반인이었지만 일부 학자들도 포함되어 있었음) 의식적으로 정결케 되기 위해 스스로를 일반 사람들로부터 구별하기를 원했다는 의미가 될 수도 있다[Eduard Lohse, The New Testament Environment, trans. John E. Steely(Nashville: Abingdon, 1976), 77, R. J. Wyatt, "Pharisees," in International Standard Bible Encyclopedia, 2(1986), 822]. 예수님 당시의 바리새인들에 대해 - 그들의 수, 분파, 신념, 단점들 그리고 예수님에 대한 태도 등 - 좀더 연구하려면 로이 주크의 「예수님의 티칭 스타일(도서출판 디모데)」을 참고하라.

75) William R. Stegner, "Jew, Paul the," in Dictionary of Paul and His Letters, 504. 이것들은 랍비들의 유전으로 바리새인들은 받아들였지만 사두개인들은 거부했다[Walter Bauer, William F. Arndt, and F. Wilbur Gingrich, A Greek-English Lexicon of the New Testament and Other Early Christian Literature, 2d ed., rev. F. Wilbur Gingrich and Frederick W. Danker(Chicago: University of Chicago Press, 1979), 616].

지 않을 수도 있지만[76] 그들이 헬라 시민이 되는 것은 '상당히 힘든 일'[77]이었을 것이라고 말한다. 하지만 이 말은 바울이 바리새인으로 다소의 시민이었다는 말과 정면으로 대치된다. 또한 렌츠는 '성전이 파괴되기 이전에 팔레스타인 외부에 바리새인들이 거주했다는 증거가 있다는 사실을' 인정했다.[78] 비록 헬라에 거주하고 있었지만 의식적인 정결함을 유지하고 있던 바리새인들은 분명 헬라의 지역 신들에게 경배하지 않고 이방인들이나 헬라 사람들의 제사에 참여하지 않았을 것이다.

흥미로운 사실은 바울 사도가 "나는 바리새인이요"(현재형)라고 말했지 "나는 바리새인이었다"(과거형)라고 말하지 않았다는 점이다. 예루살렘에 있던 일부 그리스도인들조차 '바리새파 중에 믿는 어떤 사람들'(행 15:5)이라고 불리웠다. 그러나 바리새인들은 특별히 그들의 헌신을 외식적으로 드러내는 것(마 6:2, 5, 23:5, 28), 다른 사람들의 주목을 받기 원했던 것(6:3, 5, 23:5-7, 28, 눅 16:15), 성경에 위배되는 일부 구전들을 지키는 것(마 15:3, 6-7, 막 7:3-4, 8-9, 13), 그들을 다른 사람들보다 우월하게 여긴 것(눅 18:9), 도덕적인 문제들을 등한시한 것(마 23:23, 눅 11:42), 돈을 욕심스럽게 사랑한 것(마 23:25, 눅 11:39, 16:14), 짐이 되는 규정들을 사람들에게 지운 것(마 23:4, 눅 11:46) 그리고 위선적인 것(마 6:2, 22:18, 23:3, 13, 15, 23, 25, 27, 29, 막 12:15)들 때문에 예수님께 강한 비난을 받았는데 믿는 자들이 어떻게 바리새인들로 남아 있을 수 있었을까?[79] 예수님이 바리새인들은 영적인 소경들이요(마 15:14, 23:16-17, 19, 24, 26), 독사들(12:34, 23:23)이라고 말씀하셨는데도 불구하고 바울 사도는 어떻게 자신을 바리새인이라고 확증할 수 있었을까? 왜 바울은 자기가 현재는 바리새인이 아니라는 말을 하지 않았을까?[80] 어떻게 그는 '자기가 죽는 날까지 바리새

---

76) Lentz, Luke's Portrait of Paul, 54-55.
77) Ibid., 56.
78) Ibid., 54.
79) 주크의 「예수님의 티칭 스타일(도서출판 디모데)」 134-138을 참고하라.
80) Jacob Jervell, The Unknown Paul(Minneapolis: Augsburg, 1984), 71.

인으로 남아' 있을 수 있었을까?[81]

아마도 그 대답은 먼저 바리새주의와 기독교 사이의 공통된 가르침에서 찾을 수 있고, 예수님이 신랄하게 비난하신 바리새인들의 가르침과 행동, 태도들을 바울이 거부했다는 사실에서 찾을 수 있을 것이다. 둘 사이에 공통된 진리들은 하나님의 주권, 자기 계시, 창조의 사역, 인간의 죄와 죽음, 부활의 소망(행 23:6, 24:15, 21),[82] 천사들의 존재(23:8), 메시아의 미래의 다스림, 이스라엘의 '소망' (24:15, 26:6-7, 28:20) 그리고 하나님의 자비 등이 있다.[83]

그러나 바울은 회심을 통해 변화되었고 거듭난 바리새인이 되었다. 샌더스(Sanders)는 이것을 가리켜 '그리스도인이 된 바리새인'[84]이 되었다고 바울을 표현했는데 이 말은 그가 복음과 모순되는 모든 바리새주의는 거부했고 예수 그리스도를 구세주로 받아들였으며 동시에 오직 그분을 믿는 것만이 구원에 이르는 길이라고 선포했다는 의미이다. 바울은 그리스도가 메시아에 관한 구약 예언들의 성취라고 믿었다.

바리새인이요, 탁월한 랍비인 가말리엘의 문하에서 청년기에 탁월한 교육을 받았고, '동족 중 여러 연갑자보다 유대교를 지나치게' 믿었던(갈 1:14) 이 사도는 동료 유대인들에게 상당한 존경을 받았을 것이다. 실제로 그가 산헤드린에서 자기를 변호하는 연설을 했을 때 바리새인들은 '우리가 이 사람을 보매 악한 것이 없도다' 라고 주장했다(행 23:9).

결론

바울의 열세 개의 서신들 중 첫째인 갈라디아서에서 그는 하나님이 자기를 '어머니의 태로부터' 택정하셨다고(갈 1:15) 말했다. 택정하다(아포리조,

---

81) Frederick C. Grant, Roman Hellenism and the New Testament(New York: Scriber's Sons, 1962), 136.
82) 그러나 사두개인들은 미래의 부활을 부인했다(마 22:23, 막 12:18, 눅 20:27, 행 23:8).
83) Grant, Roman Hellenism and the New Testament, 136-137.
84) J. T. Sanders, "The Pharisee in luke-Acts," in The Living Texts: Essays Honor of Ernest W. Saunders, ed. D. E. Groh and R. Jewett(New York: University Press of America, 1985), 166.

aphorizō)라는 동사는 '어떤 목적을 위해 경계선으로 표시를 해두다, 또는 따로 구별해두다' 라는 의미다.[85] 바울이 태어난 바로 그 순간부터, 아니 그 보다 훨씬 더 오래 전부터 여러 상황들이 그를 교회의 위대한 사도요, 전도자요, 교사로 형성해가고 있었다.

영원 전부터 하나님은 바울이 태어날 장소, 태어날 시기 그리고 누구에게서 태어날 것인지를 미리 예정해두셨다. 또한 하나님은 바울이 받아야 할 교육적인 훈련을 미리 정해두셨다. 바리새인의 가문에서, 회당의 학교에서, 당대 유대인들에게 가장 존경받던 랍비가 가르치는 랍비 '대학'에서 교육을 받도록 하셨다. 바울은 혈통으로는 히브리 계열이지만 출생지는 헬라 계열이고, 시민권으로는 로마인이며, 유대인의 양육과 교육을 받았다.

아람어와 헬라어를 알았고, 교육과 무역의 본산지에서 자라났으며, 타락하고 부패한 이교도 문화와 행실에 둘러싸여 있었고, 온전한 로마 시민권을 소유했으며, 종교적인 열심이 있었고, 랍비가 되기 위한 교육을 받았으며, 구약과 유대인의 유전(전통)들에 정통했던 바울은 다문화, 다민족 사역에 탁월한 자격을 갖춘 인물이었다.

---

85) 바울은 같은 단어를 로마서 1장 1절에서 사용했고('하나님의 복음을 위하여 택정함을 입었으니') 누가는 성령께서 안디옥 교회에게 하나님이 불러 시키는 일을 위하여 바나바와 사울을 따로 세우라고 지시하셨다(행 13:2)고 기록했다.

 생 각 해 보 기

■ 당신이 하나님의 말씀을 가르칠 수 있도록 하나님이 준비시켜주신 요소들은 무엇이 있는가?

■ 바울이 그의 배경을 통해 갖추었던 장점들 중 일부 요소들이 당신에게 없다면 그런 약점들을 극복하기 위해 당신이 할 수 있는 일들은 무엇인가?

■ 성경을 좀더 알고, 더 나은 성경 교사가 되기 위해 당신이 취할 수 있는 특별한 단계들은 무엇인가?

■ 하나님이 당신에게 주셨다고 느끼는 사역과 당신의 배경이 어떤 면에서 '일치' 하는가?

5 바울을 위대한 교사로 만든 자질

'나의… 행실과 의향과 네가… 알았거니와'
디모데후서 3:10-11

전화벨이 울려서 수화기를 든다. 상대방이 국립협회에서 자료 조사 중인데 한 가지 질문에 답할 일 분 정도의 시간을 낼 수 있느냐고 묻는다. 이건 많은 시간이 들지 않을 것이라 짐작하고 질문을 말해보라고 한다. 그는 "교사가 지녀야 할 가장 중요한 특성들은 무엇이라고 생각하십니까?"라고 묻는다.

어떤 대답을 해야 할까? 다른 사람들은 어떻게 대답했을까? 쾌활한 성격? 가르치는 과목에 관한 지식? 지성? 창조성? 학생들의 행실을 고쳐주는 엄한 훈계자? 학생들이 존경하는 교사? 학생들에게 관심을 갖는 교사? 열린 마음과 즐거운 성격? 학생들을 통제하는 능력? 어떻게 대답할까?

이런 설문에 대한 응답은 응답자들의 배경과 관점에 따라 다를 수 있다. 실제 몇 해 전에 일리노이스주의 리버 포리스트(River Forest)에 소재한 콘코디아 대학에서 교생 후보생들을 대상으로 이같은 설문 조사가 실시되었고 257명이 이에 응했다.[1] 조사에 응한 학생들이 언급한 영향력 있는 교사들의 존경받는 특성은 바로 그 교사의 인격으로 이는 그가 가진 지식, 학급 운영 능력, 교수 방법보

---

1) Carl J. Moser, "The Most Important Characteristic of an Effective Teacher," Journal of Christian Education 2(1981): 51-55.

다 중요하다는 것이 밝혀졌다.[2] 가르치는 기술, 과목에 관한 지식, 학급의 창조성 등도 중요하지만 이런 항목들은 상위에 올라 있지는 않았다. 설문에 응한, 기독초등학교에서 교육하기 위해 훈련받고 있는 대학생들의 의견은 학생들을 사랑하는 것과 인내하는 것, 이 두 가지가 효과적인 교육에 가장 중요한 요소라고 답했다. "교사가 어떤 사람인가? 하는 것이 가장 중요한 특성이었고 … 그 교사가 무엇을 하는가는 두번째로 중요한 것이었다."[3] 이런 특성들이 교사가 가진 지식보다 더 중시되었다. 어떤 연령층의 학생들에게 그들의 교사에 대해 묻는다 해도 대부분 비슷한 결과를 얻게 될 것이다.

교사로서 바울의 등급은 어느 수준이었을까? 사도행전과 바울 서신들은 이 사도의 여러 자질들을 보여준다. 의심할 여지없이 그는 가르치는 내용에 대해 알고 있었고, 탁월한 교수 방법도 갖추고 있었다. 하지만 이런 특성들이 그의 사역을 기록한 부분에 드러나 있을까? 그가 사역하는 사람들을 향해 깊은 사랑과 진정한 관심을 보인 그의 인격적 특성은 자주 언급된다. 신약 성경은 교회의 뛰어난 사도(바울)에 대한 기록에서 그의 경건한 헌신, 하나님이 주신 권위와 확신, 인격적인 고결함, 정직 그리고 일관성, 진정한 겸손, 예의 바름, 하나님과 다른 사람들을 향한 열정적인 감성, 그 자신과 하나님의 대적들을 대항한 담대함과 단호함, 지칠 줄 모르는 열정, 수많은 대적들과 어려움들을 대면하는 불굴의 끈기, 흔들림 없는 평안함, 가슴을 울리는 설교, 교리와 윤리적 주제에 대한 포괄적인 섭렵 등을 반복해서 보여준다. 사도 바울의 모든 자질들 가운데(이 장과 다음 장에서 다루고 있는) 유독 마지막 한 가지는 누구도 다루고 있지 않다. 지식과 교육 방식에 관계된 이 마지막 자질이 바로 진정한 바울의 모습이었다. 그는 하나님께 깊이 헌신되어 있었고 다른 사람들에게 진정한 관심을 가진 인물이었다.[4]

---

2) Ibid., 52.
3) Ibid., 55.
4) 필자는 다른 저서에서 예수님이 세상에서 가장 탁월한 교사가 되도록 해준 14가지 특성들에 대해 서술

바울의 인격과 경험 중에서 이런 특성들을 연구할 때 당신도 삶과 교육에 동일한 자질들을 갖추고 있는지 질문해보라. 당신은 하나님께 깊이 헌신되어 있는가? 아니면 '헌신되어 있는 척' 하는가? 당신은 그분의 권위를 갖고 교육하고 있는가? 아니면 마치 권위가 자신에게서 생긴 것인 양 교육하고 있는가? 당신은 진정으로 겸손한가? 아니면 그 속에 교만이 숨겨져 있는가? 당신은 학생들에게 예의를 갖추는가? 아니면 무례히 대하는가? 당신은 하나님의 인도하심과 학생들의 감정에 민감한가? 아니면 무관심하고 무감각한가? 당신은 성경과 반대되는 내용을 가르치는 사람에게 단호히 대하는가? 아니면 거짓 교육에 대해 무관심으로 일축해버리는가? 당신은 교수할 내용을 열정적으로 가르치는가? 아니면 단순히 과정만 따라가는가? 스트레스가 쌓일 때 당신은 인내하는가? 아니면 쉽게 낙담하는가? 당신은 성경 연구에 마음을 쏟는가? 아니면 준비에 게으른가? 당신은 가르치는 주제를 알기 위해 시간을 들여 연구하는가? 아니면 가능한 적은 시간을 들여, 적당히 지나가기를 바라는가?

위의 범주 가운데 하나라도 후자로 빠지려는 경향이 있다면 바울의 높은 교육적 수준에 도전을 받아 교육에 대한 책임 의식을 고취시키도록 하라.

경건

효과적인 기독교 교육의 기초는 교사의 하나님과의 관계성에 달려 있다. 당신 자신이 하나님께 헌신되어 있지 않다면 어떻게 다른 사람들에게 그리스도를 전하고 그와 동행하도록 도전을 줄 수 있겠는가? 바울도 경건하지 않았다면 다른 사람들에게 경건한 삶을 살도록 도전을 줄 수 없었을 것이다. 하나님께 깊이 헌신했던 바울의 경건함은 다음의 일곱 가지 요인들을 통해 증명된다.

했다. 성숙함, 내용 이해도, 확실함, 겸손, 일관성, 즉흥성, 명확성, 긴박감, 다양함, 충분한 수업 내용, 공감성, 친밀감, 민감함, 연관성「예수님의 티칭 스타일(도서출판 디모데)」, 89-136].

첫번째, 그리스도께 초점을 맞추는 일은 그의 뛰어난 특성이요 '최고의 자질' 이었다.[5] 바울에게 삶의 시작은 그리스도를 아는 것이었고, 목표는 그리스도를 본받는 것으로 그리스도와 동일시되기를 지향했고, 그리스도와 연합하여 지탱하며, 그리스도를 기대하고 즐거워했다.[6]

바울은 빌립보 교인들에게 '내게 사는 것이 그리스도니' (빌 1:21), "내게 능력 주시는 자 안에서 내가 모든 것을 할 수 있느니라" (4:13)는 편지를 썼다. 바울의 삶에서 그리스도는 매우 중요했기에 그는 갈라디아 교인들에게 '내 안에 그리스도께서 사신다' 고 말했다(갈 2:20). 그리스도의 사랑이 그를 강권하시므로 그는(고후 5:14) '심령으로' (롬 1:9) 그리스도를 섬겼다고 말함으로 그리스도에 대한 자신의 전적 헌신을 표현했다. 이 구절은 그리스도에 대한 바울의 사랑으로 이해될 수도 있지만 그보다는 바울에 대한 그리스도의 사랑을 뜻할 가능성이 높다.

'강권하다' 는 말에 해당하는 헬라어는 시네케이(synechei)인데, 그것은 통제할 뿐만 아니라 가두고 제한하는 어떤 압력을 시사하는 뜻의 '함께 묶거나 누르고 혹은 수축시키는 것' 을 나타낸다.[7] 바울은 그리스도의 강권하는 사랑에 감동되어 '그리스도를 섬기고, 그리스도를 알며, 그리스도를 닮는 것' 을 최고의 목표로 삼았다.[8] 모든 것은 '그리스도 예수를 아는 가장 고상한 지식' 과 견주어볼 때 부차적인 것에 불과했다(빌 3:8). 그리스도의 종된 바울은 다른 사람들이 아닌 바로 그리스도를 즐겁게 하려는 열망을 가졌다(갈 1:10, 살전 2:4).

둘째로, 바울의 경건은 기도 생활로 증명된다. 사도행전은 그가 기도하는 모

---

5) James Stalker, The Life of St. Paul(New York: Revell, 1950), 102.

6) Reginald E. O. White, Apostle Extraordinary(Grand Rapids: Eerdmans, 1962). 99.

7) Fritz Rienecker, A Linguistic Key to the Greek New Testament, ed. Cleon L. Rogers, Jr.(Grand Rapids, Zondervan, 1980), 469, and Alfred Plummer, A Critical and Exegetical Commentary on the Second Epistle of St Paul to the Corinthians, International Critical Commentary(Edinburgh : Clark, 1915), 173.

8) William M. Taylor, Paul the Missionary(New York : Doran, 1881), 547. 바울의 삶과 가르침에서 그리스도가 중심되신 것에 관해 더 자세히 알려면 Robert E.Speer, The Man Paul(New York: Revell, 1900), 115-167을 보라.

습을 여러 번 기록하고 있는데, 아주 다양한 모습들을 통해 우리는 그에게 기도는 자연스럽고 자발적이며 빈번한 것이었음을 발견할 수 있다. 회심 후에는 즉시 다메섹의 유다 집에서(행 9:11), 그와 바나바가 첫번째 선교 여행을 위해 임명되었을 때는 다른 선지자들, 교사들과 더불어(13:1-4), 그와 바나바가 장로들을 임명할 때는 루스드라와 이고니온과 안디옥에서(14:23), 빌립보 감옥에 투옥되었을 때에(16:25), 에베소에서 온 장로들과 함께 밀레도에서(20:36), 바닷가 두로에서 제자들과 함께(21:5), 예루살렘 성전에서(22:17) 그리고 보블리오의 부친의 치유를 위해 멜리데(몰타) 섬에서 기도했다(28:7-8). 위의 여덟 번의 기록들 중 마지막 부분만이 바울이 간청한 내용을 구체적으로 기록했는데 그것은 치유함을 위해서였다. 표 5에 나열된 바울의 기도들에 남겨 있는 간구들은 흥미롭다.

표5 바울의 기도 속에 담긴 간구들

- "어떠하든지 이제 하나님의 뜻 안에서 너희에게로 나아갈 좋은 길 얻기를 구하노라 내가 너희 보기를 심히 원하는 것은 무슨 신령한 은사를 너희에게 나눠주어 너희를 견고케 하려 함이니 이는 곧 내가 너희 가운데서 너희와 나의 믿음을 인하여 피차 안위함을 얻으려 함이라"(롬 1:10-12).
- "내 마음에 원하는 바와 하나님께 구하는 바는 이스라엘을 위함이니 곧 저희로 구원을 얻게함이라"(롬 10:1)
- "우리가 … 구하니 곧 너희의 온전하게 되는 것이라"⁹⁾(고후 13:9)
- "너희 마음 눈을 밝히사 그의 부르심의 소망이 무엇이며 성도 안에서 그 기업의 영광의 풍성이 무엇이며 그의 힘의 강력으로 역사하심을 따라 믿는 우리에게 베푸신 능력의 지극히 크심이 어떤 것을 너희로 알게 하시기를 구하노라"(엡 1:18-19).
- "그 영광의 풍성을 따라 그의 성령으로 말미암아 너희 속사람을 능력으로 강건하게 하옵시며 믿음으로 말미암아 그리스도께서 너희 마음에 계시게 하옵시고"(엡 3:16-17 상).

---

9) 신약에서 이 곳에만 사용된 명사인 카타르티시스(katartisis)는 갈라디아서 6장 1절('회복하다'), 고린도후서 13장 11절('완전하게 되다'), 데살로니가전서 3장 10절('공급하다')에서처럼 '완전하고 질서 있게 되다'를 뜻하는 공통된 동사인 카타르티조(katartizō)에서 비롯되었다. 카타르티시스는 완성이라는 개념을 전하므로 고린도후서 13장 9절에서의 바울의 기도는 고린도 교인들의 영적 성장이나 발전을 위해서였다. 바울은 에베소서 4장 12절에서 '봉사를 위해 구비된다'는 의미로 관련 명사 카타르티스모스(katartismos)를 사용했다.

- "너희가 사랑 가운데서 뿌리가 박히고 터가 굳어져서 능히 모든 성도와 함께 지식에 넘치는 그리스도의 사랑을 알아 그 넓이와 길이와 높이와 깊이가 어떠함을 깨달아 하나님의 모든 충만하신 것으로 너희에게 충만하게 하시기를 구하노라" (엡 3:17 하-19).
- "내가 기도하노라 너희 사랑을 지식과 모든 총명으로 점점 더 풍성하게 하사 너희로 지극히 선한 것을 분별하며 또 진실하여 허물 없이 그리스도의 날까지 이르고 예수 그리스도로 말미암아 의의 열매가 가득하여 하나님의 영광과 찬송이 되게 하시기를 구하노라" (빌 1:9-11).
- '주께 합당히 행하여 범사에 기쁘시게 하고' (골 1:10).
- '너희 얼굴을 보고 너희 믿음의 부족함을 온전케 하려 함이라' (살전 3:10).
- "이러므로 우리도 항상 너희를 위하여 기도함은 우리 하나님이 너희를 그 부르심에 합당한 자로 여기시고 모든 선을 기뻐함과 믿음의 역사를 능력으로 이루게 하시고 우리 하나님과 주 예수 그리스도의 은혜대로 우리 주 예수의 이름이 너희 가운데서 영광을 얻으시고 너희도 그 안에서 영광을 얻게 하려 함이니라" (살후 1:11-12).
- "이로써 네 믿음의 교제가 우리 가운데 있는 선을 알게 하고 그리스도께 미치도록 역사하느니라" (몬 1:6).

놀랍게도 위의 모든 간구들은 육체적 필요들이 아닌 영적 문제들과 관련되어 있다. 그는 로마 교인들의 영적 축복,[10] 이스라엘의 구원, 고린도 교인들의 올바른 행위와 영적 성장, 에베소 교인들의 영적 통찰력과 능력, 빌립보 교인들이 사랑과 영적 분별력과 순결함으로 성장하는 것, 골로새 교인들이 주님께 합당한 행위를 보이는 것, 데살로니가 교인들의 영적 진보와 가치 있는 행위, 빌레몬이 그리스도를 적극적으로 증거하도록 기도했다. 오늘날 다른 사람들을 위해 주님께 이와 같은 탄원을 드릴 그리스도인들이 얼마나 될까?

최소한 여섯 번, 사도 바울은 특정한 기도 제목을 언급하지 않고 그의 서신들을 읽는 독자들(네 개 도시의 신자들과 두 명의 개인을 포함하여)을 위해 기도

---

10) 로마서 1장 11절의 '영적 은사' [카리스마(charisma) … 프뉴마티콘(pneumatikon)]라는 용어는 아마 로마 교인들에 대한 그의 사역을 통해 로마 교인들에게 영적 은총이나 축복을 전하는 것에 대한 언급일 것이다[John A. Witmer, "Romans," in The Bible Knowledge Commentary, New Testament, ed. John F. Walvoord and Roy B. Zuck(Wheaton, Ill. : Victor, 1983), 440]. 로마서 11장 29절에 있는 이스라엘에 대한 하나님의 '은사들' (카리스마, Charisma) 즉 '축복들'을 참조하라. 이것은 바울이 다른 사람들에게 영적 은사들을 부여할 수 있는 능력이 있음을 시사하지 않는다. 왜냐하면 성령만이 절대 주권으로 그런 은사들을 주시기 때문이다(고전 12:7-11).

한다고 기록했다. '내 기도에 쉬지 않고 너희를 말하며' (롬 1:9-10), '내가 기도할 때에 너희를 말하노라' (엡 1:16), '간구할 때마다 너희 무리를 위하여 기쁨으로 항상 간구함' (빌 1:4-5), '우리가 너희를 위해 기도할 때마다' (골 1:3), '나의 밤낮 간구하는 가운데 쉬지 않고 너를 생각하여' (딤후 1:3), '내가 … 기도할 때에 너를 말함' (몬 1:4).

그가 그의 서신을 읽는 자들에게 자주 기도하라고 격려한 것은 그 자신의 흔들림 없는 기도에 대한 헌신을 대변하는 말이기도 하다. '기도에 항상 힘쓰며' (롬 12:12), "모든 기도와 간구로 하되 무시로 성령 안에서 기도하고 이를 위하여 깨어 구하기를 항상 힘쓰며 여러 성도를 위하여 구하고" (엡 6:18), '오직 모든 일에 기도와 간구로 너희 구할 것을 감사함으로 하나님께 아뢰라' (빌 4:6), '기도를 항상 힘쓰고' [11](골 4:2), "쉬지 말고 기도하라" (살전 5:17), "그러므로 내가 첫째로 권하노니 모든 사람을 위하여 간구와 기도와 도고와 감사를 하되" (딤전 2:1), "각처에서 남자들이 분노와 다툼이 없이 거룩한 손을 들어 기도하기를 원하노라" (딤전 2:8).

그 대신 바울은 믿는 자들에게 그 자신을 위해 기도해줄 것을 요청했다. 그 요청의 대부분은 그의 사역에 있어서 영적 효율성을 위한 것이었다(롬 15:30-31, 엡 6:19-20, 골 4:3-4, 살전 5:25, 살후 3:1-2, 딤후 1:16). 바울을 위해 기도하고 있다고 언급한 사람들 중에는 고린도 교인들(고후 1:11), 빌립보 교인들(빌 1:19), 빌레몬(몬 1:22)이 포함되어 있었다.

다른 사람들을 위한 바울의 중보 기도에 담긴 또 하나의 특징은 그의 많은 축도이다(롬 15:5, 13, 16:20, 고전 16:23, 고후 13:14, 갈 6:18, 엡 6:23-24, 빌 4:23, 골 4:18, 살전 5:23, 살후 3:18, 딤전 6:21, 딤후 4:22, 딛 3:15, 몬 1:25).

---

11) 로마서 12장 12절에서 '신실한' 이라고 번역되고 골로새서 4장 2절에서 '헌신된' 이라고 번역된 헬라어는 '~ 안에 지속하고, ~ 안에 바쁘게 종사하고, ~에 많은 시간을 보낸다' 는 뜻의 프로스카르테레오(proskartereō)이다[Walter Bauer, William F. Arndt, and F. Wilbur Gingrich, A Greek-English Lexicon of the New Testament and Other Early Christian Literature, 2d ed., rev. F. Wilbur Gingrich and Frederick W. Danker(Chicago : University of Chicago Press, 1979), 715, and Walter Grundmann "προσκαρτερεω," in Theological Dictionary of the New Testament, 3(1969), 618].

기도는 하나님께 간구하는 것 이상의 의미를 갖는다. 바울이 종종 모범을 보였듯이 주님께 감사를 드리는 것도 기도에 포함된다(행 28:15, 롬 7:25, 고전 10:30, 15:57, 고후 2:14, 8:16, 9:15, 엡 1:16, 딤전 1:12, 딤후 1:3).

그는 편지를 받는 사람들로 인해 주님께 감사를 드렸다(롬 1:8, 고전 1:4, 엡 1:16, 빌 1:3, 골 1:13, 살전 1:2, 2:13, 3:9, 살후 1:3, 2:13, 몬 1:4). 그는 종종 주님께 감사하라고 다른 이들을 권면하기도 했다(엡 5:4, 20, 빌 4:6, 골 1:12, 2:7, 3:15-17, 4:2, 살전 5:18, 딤전 4:4). 의심할 바 없이 기도는, 대교사인 바울이 학생들의 영적 성장을 도모하기 위해 도입한 전략 중 필수적인 부분이었다.

하나님을 향한 바울의 충성 속에 담긴 세번째 암시는 그의 예배였다. 그는 금식했고(행 13:2-3, 14:23), 그가 한 약속을 지켰으며(18:18),[12] 다른 사람들과 예배에 참석했고(13:2, 16:13, 16, 25, 20:7, 24:11, 17-18, 28:8-9), 예루살렘에서 무교절(20:6)과 오순절(20:16)을 포함한 이스라엘의 연중 절기 때 참석했다.

넷째로, 바울의 영적 생활의 능력은 내주하시는 성령을 의지함으로 얻었다. 누가는 성령께서 바울을 충만하게 채우셨고(행 9:17, 13:9), 그를 불러 선교 사역을 하도록 보내셨으며(13:2, 4), 아시아와 비두니아 지역으로 가지 말도록 인도하셨고(16:6-7), 예루살렘으로 가도록 인도하셨으며(20:22), 예루살렘에서 당할 위험들을 알려주셨다[13](20:23)고 기록했다. 아울러 누가는 성령께서 격려해 주시고(9:31), 의사 결정을 인도하신다고(15:28) 기록했다. 사도 바울은 믿는 자들에게 성령을 따라 살 것과(갈 5:16) 성령 충만하도록(인도하심을 받도록, 엡 5:18) 종용함으로 성령에 대해 반복적으로 기록했다. 믿는 자들의 삶에 성령이 차지하는 중심 역할은 그의 많은 사역들 속에서 나타나며 오른쪽의 표 6에서 그 내용들을 볼 수 있다.

---

12) 이 서약의 시기와 성격은 언급하지 않았지만, 이 서약의 기간 동안에 그는 머리를 길렀고, 나실인의 서약이 끝났을 때 고린도의 항구인 겐그레아에서 머리를 잘랐다.

13) 때때로 '경고하다' (행 2:40, 살전 4:6, 딤후 2:14) 혹은 '명령을 주다' (딤전 5:21, 딤후 4:1)로 번역되지만, 이곳 사도행전 20장 23절에서 사용되고 있는 디아말티로마이(diamartyromai)라는 단어는 21절과 24절에서처럼(8:25, 10:42, 18:5, 28:23에서도) 엄위하게 선포하거나 증언한다는 의미였을 것이다. 3장의 표 3을 보라.

표 6	믿는 자들의 삶에 역사하시는 성령에 대한 바울의 증언		
중생시키심	딛 3:5	사랑하심	롬 15:30, 골 1:8
의롭게 하심	고전 6:11	중보하심	롬 8:26-27
세례를 주심	고전 12:13	도우심	롬 8:26, 빌 1:19
인치심	엡 1:13, 4:30	증거하심	롬 8:16, 9:1
내주하심	롬 5:5, 8:9,11 고전 2:12, 3:16, 6:19 고후 1:22, 5:5 갈 3:2, 5, 4:6 엡 2:22, 살전 4:8 딤후 1:14	부활시키심	롬 8:11
		믿는 자들에게 기쁨을 주심	롬 14:17[17]
		영적 은사들을 주심	고전 12:4-11
		영적 '열매' 나 내적 성품을 맺게 하심	갈 5:22-23
양자로 삼으심	롬 8:15[14]	연합시키심	엡 4:3
거룩하게 하심	롬 1:4[15], 15:16, 살후 2:13	교제케 하심	고후 13:14, 빌 2:1
인도하심	롬 8:14, 갈 5:18	믿는 자들을 기도하게 하심	롬 8:15, 갈 4:6
통제하심	롬 8:6, 9		엡 2:18, 6:18
가르치심	고전 2:14	예배를 고양시키심	빌 3:3
계시하심	고전 2:10-11, 엡 3:5	소망을 갖게 하심	갈 5:5
자유케 하심	고후 3:17		
능력을 주심	롬 15:13, 19, 고전 2:4 고후 6:16[16], 엡 3:16 살전 1:5		

---

14) '아들됨(양자)의 영'이라는 바울의 말은, 구원받는 순간 개인을 아들로 입양시키는 하나님의 사역을 가리킨다(갈 4:5, 엡 1:5).

15) '거룩함의 영'이라는 말은, 그가 거룩함을 소유하고 있거나 그의 성화시키는 사역에서 거룩함을 주는 것을 말한다.

16) 고린도후서 6장 6-7절 상반절에서 바울은 그의 사도적 권위를 인증해주는 여덟 가지 요소들을 나열했다(David K. Lowery, "2 Corinthians," in The Bible Knowledge Commentary, New Testament, 569). 그런 확증 가운데 하나는 '성령 안에 있는 것'이라고 기록했는데, 이는 그가 성령의 능력 안에서 사역했음을 가리킨다.

17) '성령 안에서의 기쁨'이란 성령이 주시는 기쁨이나 성령의 영역, 즉 성령과 연합되거나 연관된 영적인 영역 안에서 경험하는 기쁨을 뜻하기도 한다[R. C. H. Lenski, The Interpretation of St. Paul's Epistle to the Romans(Minneapolis: Augsburg, 1961), 841].

바울의 신학에서 성령의 사역을 부각시키는 이유는 '영을 좇아(롬 8:5) '성령'으로(갈 5:16) 사는 것이 영적 발전과 성숙에 필수적인 요소이기 때문이다. 성령이 함께하시지 않으면 경건함이란 불가능하다. 사도 바울은 그의 삶 속에 역사하시는 성령의 혜택들을 누리고 있었기 때문에 돌보는 교사로서 다른 사람들도 동일한 경험을 하기 원했다.

다섯째로, 사도 바울의 경건은 주님을 향한 그의 담대한 신뢰를 통해 나타난다. 사도 바울은 그리스도에 대한 믿음(신뢰)으로 얻는 구원에 대한 많은 증거들 외에도(예컨대, 행 24:24, 롬 3:22, 4:5, 5:1, 갈 2:16, 20, 3:24-25, 엡 2:8, 빌 3:9), 주님을 향한 계속적인 확신을 입증했다. 그는 고린도 교인들에게 '우리가 믿음으로 행하고 보는 것으로 하지' 않기 때문에(고후 5:7) 하나님께서 우리에게 승리를 주신다는(고전 15:57) 확신을 주었다. 또한 빌립보 교인들에게 '너희 속에 착한 일을 시작하신 이가 그리스도 예수의 날까지' 이루실 것이라고 확신시켰다(빌 1:6). 로마로 가는 도중 멜리데(몰타) 섬에서 배가 전복되어 거의 죽을 뻔했던 바울은 선원들에게 죽지 않을 것임을 확신시켰다. 그는 천사가 나타나 그들 중 아무도 목숨을 잃지 않으리라고 말했기 때문에 '하나님을 믿노라' (행 27:25)고 말했다. 로마 감옥에서 그는 디모데에게 '나의 의뢰한 자를 내가 알고 또한 나의 의탁한 것을 그날까지 저가 능히 지키신 줄을 확신' 하기 때문에 복음이나 갇힌 상태를 부끄러워하지 않는다고 말했다(딤후 1:12).

여섯째로, 사도 바울의 거룩한 성품을 보여주는 요소는 그의 소망으로, 그의 미래의 계획 속에 하나님께서 하실 것이라는 그의 확신이다. 여기에는 '죽은 자의 부활' 에 대한 확신(행 23:6, 24:15), 이스라엘에게 준 구약의 약속들의 성취(26:6-7, 28:20), 그리스도의 영광을 확신(23:6, 24:15), 이스라엘에게 준 구약의 약속들의 성취(26:6-7, 28:20), 그리스도의 영광을 나누는 것(롬 5:2, 고후 3:11-12, 골 1:27), 창조 세계가 현재의 속박 상태에서 해방되는 것(롬 8:21), 우리 몸의 구속(아폴리트로시스, apolytrōsis, '석방이나 구원' , 8:23-24), 고통으로부터의 구출(고후 1:10), 그리스도께서 재림하실 때 완전한 의를 부여받는 것(갈 5:5, 참고 - 딤후 4:8), 하나님의 부요하심의 상속(엡 1:18, 참고 - 14절), 영생(딛 1:2, 3:7), 주님의 재림('복스러운 소망,' 2:13)이 포함되어 있다. 미래에 베푸실 하나님의 역사를 확신했기 때문에 바울은 독자들도 동일한 확신을 갖기를 원했다. 그는 로마에 있는 그리스도인들이 '소망 가운데 기뻐하고' (롬 12:12) 소망으로 넘쳐나기를 (혹은 '가득하기를') 권면했다.

사도 바울의 경건한 삶을 보여주는 일곱번째 요소는 그의 깨끗한 양심이다. 재판을 받을 때 그는 산헤드린 공회원들에게 자신의 '선한' 양심에 대해 말했고(행 23:1), 벨릭스에게 자신의 '깨끗한' [18] 양심에 대해 언급했다(24:16). 그의 양심은 그의 징직을 확증시켰으며(롬 9:1, 고후 1:12), 그는 디모데에게 자신이 사도로서 '바른(문자적으로는 깨끗한) 양심' 을 갖고 있다고 천명했다(딤후 1:3). 바울은 디모데에게 '착한 양심' 을 유지하라고 권했고(딤전 1:19), 집사들은 '깨끗한 양심' 을 가져야만 한다고 진술했다(3:9).

바울의 경건을 보여주는 여덟번째 요소는 그의 삶 가운데 주님의 인도하심에 대한 민감성이다. 로마에 있는 신자들을 방문하고자 하는 바람은 하나님의 뜻에 대한 복종으로 절제되었다(롬 1:10, 15:32). 고린도에 다시 가고자 하던 계획도 마찬가지였다('주께서 원하시면,' 고전 4:19/ '만일 주께서 허락하신다면,' 6:7).

바울의 생애에서 위에 제시된 여덟 가지 요소들은 하나님에 대한 그의 충성과 친밀함을 설득력 있게 예증해준다. 구세주에 대한 그의 성령 충만한 헌신은 매우 효과적인 설교와 가르치는 사역의 기초로 작용했다. 이런 중요한 성품이 없었다면 그의 사역은 무능하고 비효과적이었을 것이다.

---

18) 신약에서 바울에 의해서만 세 번 사용된 아프로스코폰(Aproskopon)이라는 말은 '마음을 상하게 하지 않고 다른 사람들이 넘어지지 않게 하는 것'을 뜻한다. 파피루스에서는 '다른 사람들을 다치게 하는 것으로부터 벗어난' '다른 사람들에게 손상을 야기하지 않는' 의미로 사용되고 있다(Rienecker, A Linguistic Key to the Greek New Testament, 422).

권위

하나님의 말씀을 가르치는 교사로서 당신은 권위 있게 가르칠 수 있고, 또한 그렇게 해야만 한다. 하지만 이것은 지배적인 방식으로 학생들 위에 '군림'하는 것을 의미하지 않는다. 또한 당신의 지식을 자랑하거나 당신을 다른 사람들보다 우월하다고 여기는 것을 뜻하지도 않는다. 영적 권위를 갖고 가르치는 것과 권위적으로 가르치는 것을 혼동해서는 안 된다.

하나님의 권위를 갖고 가르치는 것은 두 가지를 말한다. 즉 당신의 메시지가 하나님께로부터 온다는 것을 인식하는 것과, 당신의 능력이 그분에게서 오는 것을 인식하는 것이다. 이 두 요소를 동시에 가질 때 당신은 바울처럼 담대히 말하고 가르칠 수 있다.

바울은 사도였기 때문에 권위를 갖고 말했다(고전 9:1, 15:9). 그는 '주께서 그에게 주신 권위'에 대해 두 번 언급했다(고후 10:8, 13:10). 이것이 그가 사람이 아니라 하나님에 의해 선택되었음을 뜻했다(갈 1:1). 또한 그의 메시지가 그 자신이 만든 어떤 것이 아니라, '예수 그리스도의 계시로' 받은 것임을 뜻했다(1:11-12).

사도 시대는 바울과 함께 끝났기 때문에 우리는 사도로서의 그의 경험을 되풀이할 수 없다(2장을 보라). 그러나 그가 전한 메시지는 우리의 메시지가 된다. 그리고 그의 가르침에 능력을 부여하신 성령께서 우리의 가르침에도 동일한 능력을 더해주신다. 표 7에는 바울이 그의 말이 아닌 하나님의 말씀을 전했다는 구절들이 나열되어 있다.

표7	바울의 언행이 권위가 있었다는 구절들

1. 하나님의 말씀[19]에 대한 구절들

바나바와 바울은 '하나님의 말씀'을 선포했다(행 13:5).

---

19) 뒤이은 23개의 구절에서 '말씀'은 하나님이 계시한 주제인 로고스(logos)를 번역한 것이다.

서기오 바울은 '하나님의 말씀을 듣고자' 했다(13:7).
'(비시디아 안디옥의)온 성이 거의 다 하나님의 말씀을 듣고자 하여 모이니' (13:44).
'하나님의 말씀을 마땅히 먼저 너희에게 전할 것이로되' (13:46).
"주의 말씀이 그 지방에 두루 퍼지니라" (13:49).
바울과 바나바는 '버가에서 말씀을 전했다' (14:25).
"바울과 바나바는 안디옥에서 유하며 다수한 다른 사람들과 함께 주의 말씀을 가르치며 전파하니라" (15:35).
'우리가 주의 말씀을 전한 각 성으로 다시 가서 형제들이 어떠한가 방문하자 하니' (15:36).
성령께서 바울과 실라로 하여금 '아시아에서 말씀을 전하지 못하게 하시거늘' (16:6).
"주의 말씀을 그 사람(빌립보의 간수)과 그 집에 있는 모든 사람에게 전하더라" (16:32).
"바울이 하나님 말씀을 베뢰아에서도" 전했다(17:13).
"일 년 육 개월을 (고린도에서) 유하며 그들 가운데서 하나님의 말씀을 가르치나라" (18:11).
'아시아에 사는 자는 유대인이나 헬라인이나 다 주의 말씀을 듣더라' (19:10).
'주의 말씀이 힘이 있어 흥왕하여 세력을' 얻었다(19:20).
'지금 내가 너희를 주와 및 그 은혜의 말씀에 부탁하노니' (20:32).
'나의 전한 그 말을 굳게 지키고' (고전 15:2).
'너희가 전에 복음 진리의 말씀을 들은 것이라' (골 1:5).
'하나님이 너희를 위하여 내게 주신 경륜을 따라 하나님의 말씀을 이루려 함이니라' (골 1:25).
'너희가 우리에게 들은바 하나님의 말씀을 받을 때에 사람의 말로 아니하고 하나님의 말씀으로 받음이니 진실로 그러하다 이 말씀이 또한 너희 믿는 자 속에서 역사하느니라' (살전 2:13).
"우리가 주의 말씀으로 너희에게 이것을 말하노니…" (살전 4:15).
'하나님의 말씀은 매이지 아니하니라' (딤후 2:9).
'너는 말씀을 전파하라' (딤후 4:2).
'이 전도는 우리 구주 하나님의 명대로 내게 맡기신 것이라' (딛 1:3).

2. 하나님의 메시지[20]에 대한 언급들

'이 구원의 말씀을 우리에게 보내셨거늘' (행 13:26).
'주께서 그(루디아) 마음을 열어 바울의 말을 청종하게 하신지라' (행 16:14).

---

20) 뒤이은 15개의 구절 중 11개에서 '메시지'는 로고스(logos)를 번역한 것이다(행 6:14(토이스 라로우메

베뢰아 사람은 '간절한 마음으로 말씀을 받고' (행 17:11).
'믿음은 들음에서 나며 들음은 그리스도의 말씀으로 말미암았느니라' (롬 10:17).
'십자가의 도가 멸망하는 자들에게는 미련한 것이요' (고전 1:18).
'내 말과 내 전도함이 지혜의 권하는 말로 하지 아니하고' (고전 2:4).
'우리가 너희에게 한 말은 예 하고 아니라 함이 없노라' (고후 1:18).
하나님께서 '화목하게 하는 말씀을 우리에게 부탁하셨느니라' (고후 5:19).
'또한 우리를 위하여 기도하되 하나님이 전도할 문을 우리에게 열어 주사' (골 4:3).
'너희는 기쁨으로 도를 받아' (살전 1:6).
'주의 말씀이 너희에게로부터 … 각처에 퍼진고로' (살전 1:8).
'주의 말씀이 너희 가운데서와 같이 달음질하여 영광스럽게 되고' (살후 3:1).
알렉산더는 '우리 말을 심히 대적하였느니라' (딤후 4:15).
주께서 '나를 강건케 하심은 나로 말미암아 전도의 말씀이 온전히 전파되어' (딤후 4:17).
장로는 '미쁜 말씀의 가르침을 그대로 지켜야 하리니' (딛 1:9).

표 7의 많은 구절들은 바울이 하나님의 메시지를 갖고 있었기에 권위와 확신을 가지고 다른 사람들에게 말할 수 있었다는 점을 강조한다. 이것은 오늘날의 신자들에게도 적용된다. 우리는 삶을 변화시키는 하나님의 진리를 전달하고 있기 때문에 권위 있게 가르칠 수 있다. 하나님의 권능 있는 말씀을 갖고 있다는 것은 우리가 사도 바울처럼 우리가 아니라 오직 예수 그리스도를 전파하고 있음을 뜻한다(고후 4:5).

앞에서 언급했듯이 권위 있게 가르치는 것은 신적인 권위의 메시지를 갖고 있음을 뜻할 뿐 아니라, 또한 성령을 통한 하나님의 능력을 갖고 있음을 뜻한다. 성령의 능력(혹은 하나님의 능력)은 바울 서신에서 그의 사역과 관련해서 여러 번 언급되었다. 그는 하나님께서 '성령의 능력을 통해' 이방인들을 그리

노이스, tois laloumenois, '말한 것들'), 롬 10:17(레마토스, rhēmatos, '말한 것이나 발설한 말'), 딤후 4:15(로고이, logoi, logos의 복수), 딤후 4:17(케리그마, kērygma, '선포된 메시지')은 제외. 이것들은 본질적으로 로고스의 동의어이다.

스도께로 인도하도록 하셨다고 말했다(롬 15:19). 그는 가르치고 전할 때 지혜의 권하는 말로 하지 않고 '성령의 나타남과 능력으로 하여' (고전 2:4),[21] 믿음이 사람의 지혜에 있지 않고 '하나님의 능력' (2:5)에 있음을 드러냈다. 바울은 하나님의 종이었기 때문에(고후 4:1, 5, 갈 1:10, 엡 3:7, 골 1:23, 25)[22] 그가 받은 능력이나 가능성(히카노테스, hikanotēs, 고후 3:5)은 하나님께로 온 것이었다(참고 - 13:4). 바울이 고린도후서 6장 6-7절 상반절에서 열거한 여덟 가지 내적 특성들 중 하나는 '하나님의 능력' 이다. 그래서 바울이 전파하고 가르칠 때 그저 말을 한 것이 아니라 영적 능력을 갖고 메시지를 전달한 것이다. 즉 '우리 복음이 말로만 너희에게 이른 것이 아니라 오직 능력과 성령과 큰 확신으로 된 것이니' (살전 1:5)라고 바울이 말했다.[23] 그의 영적 잠재력은 심지어 회심 후 곧바로 다메섹에서 나타났다. 즉 그는 '권능' 으로(엔디나마이, endynamai, '능력으로 가득 찬'), 유대인들을 '굴복시켰다' (신킨노, synchynnō, '혼란케 하거나 어리둥절하게 하다').[24]

사도 바울은 자신이 결코 권위를 남용하지 않았다고 고린도 교인들에게 조심스럽게 설명했다. 권위는 '주님께서 그에게 주신 것' 이므로(고후 10:8, 13:10) 권위를 엄하게 쓰지 않았다고 그는 말했다(고후 13:10). 하나님의 권위 있는 메시지와 영적 능력을 갖는 것은, 수줍어하지 않고 담대히, 머뭇거리지 않고 확실히, 두려움 없이 확신을 가지고 진리를 나눌 수 있음을 뜻한다.

이것은 바울에게서 분명한 사실로 나타났다. 회심을 한 뒤 곧바로 그는 다메섹의 유대인들에게 담대히 말했는데(행 9:27), 그것도 자신이 그리스도인이 된

---

21) 이 헬라어 어구는 문자적으로 '성령과 능력의 예증' 을 뜻한다. 두 단어로 한 뜻을 나타내 은유적 표현, 즉 두 개의 병행 명사들을 통해 하나의 단어가 다른 하나의 종속어로 이해되는 것('성령의 능력')을 나타낸다.
22) "그의 권위는 종으로서의 그의 위임 속에 근거했다. 그의 권위는 천지의 주로부터 기인했다"[Kent L. Johnson, Paul the Teacher(Minneapolis : Augsburg, 1986), 20].
23) 헬라어는 '능력 안에서 그리고 성령 안에서' 로 표현되어 있는데, 이것은 고린도전서 2장 4절의 표현처럼 중어법을 사용해서 하나의 뜻을 나타낸 것일 수 있다(각주 21을 보라).
24) 성령의 능력을 통한 가르침에 대해 더 알려면 나의 책 Teaching With Spiritual Power(1963, reprint,

유대인들을 체포하기 위해 갔던 장소인 그들의 회당에서 담대히 말했다. 후에 그와 바나바는 비시디아 안디옥에서 그들이 가르치고 있었던 것을 반대했던 유대인들에게(13:46) 그리고 이고니온 회당에 있는 유대인들에게 담대히 말했다(14:3). 그런 뒤 에베소에서 바울은 그곳 회당에서 3개월 동안 담대히 말했다(19:8). 각각의 구절에서 누가는 바울의 권위 있는 사역을 언급하는 단어로 '자유롭게, 공개적으로, 두려움 없이, 담대히 말하다' 라는 똑같은 동사를 사용했다. 또한 유대 사람으로 그리스도인이 된 아볼로도 고린도의 회당에서 유대인들에게 담대히 말했다(18:26). 사도 바울이 아그립바 왕과[25] 베스도 총독 앞에서 자신을 변호했을 때, 베스도는 바울이 미쳤다고 비난하면서 그의 말을 막았다(26:24). 그에 대한 응답으로 바울은 "내가 아그립바 왕에게 자유롭게(파레시아조마이, parrēsiazomai, 개역 성경에는 '담대히' 로 번역) 말할 수 있다"고 했다(26:26). 여러 해 전에 바울이 '강한 반대에도 불구하고 싸움 중에' 데살로니가 교인들에게 '담대히' (살전 2:2), 즉 대단히 용감하게 복음을 전했다고 했을 때와 똑같은 단어를 사용했다. 잠재적 갈등도 그가 복음을 전하는 것을 막지 못했다. 로마 감옥에 있었을 때 그는 에베소 교인들에게 '복음을 두려움 없이 선포할 수 있도록' (파레시아조마이, parrēsiazomai, 엡 6:20, 개역 성경에는 '담대히' 로 번역) 기도해주기를 요청했다.

이 동사는 '말할 모든 기회를 갖고 있다' 는 것을 뜻하는 복합어로 종종 정치적 의미를 띠면서 말할 자유를 갖고 있음을 나타내기 위해 고전적인 희랍어로 사용되었다.[26] 이 동사에서 파생된 명사인 파레시아(parrēsia) 역시 다른 사람들 앞에서나 믿음과 기도로 하나님 앞에서 표현의 자유를 보여주는 담대함이나

Grand Rapids : Kregel, 1993)를 보라.

25) 이 아그립바는 아그립바 2세로 헤롯 아그립바 1세의 아들이자(행 12:1) 헤롯대왕의 손자이다(마 2:1). "이 당시에 그는 30살 정도의 젊은이였고, 왕이라는 칭호로 팔레스타인의 동북 지역을 다스린 통치자였다. 그는 로마 황제 가문의 친구였기 때문에 유대 대제사장을 임명하는 특권을 받았고, 또한 성전 재무를 관리하는 사람이 되었다. 그의 배경으로 인해 그는 바울의 말을 잘 들을 수 있었고, 유대 종교에 친숙했을 것이다" (Stanely D. Toussaint, "Acts," in The Bible Knowledge Commentary, New Testament, 423).

26) A. L. Moore, The First and Second Thessalonians, New Century Bible(London: Nelson and Sons, 1969),

확신을 뜻한다[예를 들어서 사도행전 2장 29절, 4장 13절, 30-31절, 28장 20절(바울은 로마에서의 가택 연금 중에서도 '담대히' 말씀을 전하고 가르쳤다), 고린도후서 7장 4절, 에베소서 6장 19절]. (NIV는 이 명사를 에베소서 3장 12절에서는 '자유'로, 디모데전서 3장 13절에서는 '확신'으로, 빌립보서 1장 20절과 히브리서 3장 6절에서는 '용기'로, 히브리서 4장 16절, 10장 19절, 요한일서 2장 28절, 3장 21절, 4장 17절에서는 '확신'으로 번역). 우리는 사도 바울처럼 그리스도 중심의 메시지와 성령이 주신 능력으로 신적 진리를 자유롭고 공개적으로 전달할 수 있다. 심지어 반대에 직면해서도 믿는 자들은 하나님의 말씀을 겁 없이, 부끄러움 없이 전할 수 있다(롬 1:16, 빌 1:20, 딤후 1:8, 12, 2:15).

바울은 그의 서신들에서 주저하지 않고 하나님의 말씀을 확고히 제시했다. 로마 교인들에게 '더욱 담대히 대강 너희에게 썼노니' (롬 15:15)라고 말했을 때, 그는 톨마오(tolmaō, '감히 용감하고 용기 있게 보이다')라는 단어에서 파생한 부사 톨메로테로스(tolmēroterōs)라는 단어를 사용했는데 신약에서는 오직 이곳에서만 사용된 단어다.

말씀을 전하고 가르치는 일에서 보인 바울의 담대함은 또한 다른 사람들 앞에서의 용기 있는 지도력에서 나타난다. "바울은 가는 곳마다 특별한 권위와 인격적인 힘을 보이는 사람, 즉 철저히 지도자로 두드러지는 모습을 보였다."[27] 여러 번 우리는 그가 다른 사람들을 똑바로 주목하는 것에 대해 읽게 된다. 즉 바보의 박수 엘루마(행 13:9), 루스드라의 앉은뱅이(14:9), 예루살렘의 산헤드린 공회원들을 똑바로 직시했다(23:1).[28] 사도 바울은 할례가 구원의 조건이라고 주장한 유대인 그리스도인들에게 대담히 반박했다(15:2). 그리고 빌립보의 귀신 들린 노예 소녀와 직면했고(16:16-18), 간수들에게 그들을 감옥 밖으로 인도

33, and Heinrich Schlier, "παρρησια, παρρησιάζομαι," in Theological Dictionary of the New Testament, 5(1967), 871-873.

27) J. Oswald Sanders, Paul the Leader(Colorado Springs : NavPress, 1984), 39.

28) 아테니조(atenizō, '주의 깊게 보거나 바라보다')라는 단어는 예루살렘에서 앉은뱅이를 곧바로 쳐다보았던 베드로와 요한에 대해서도 사용되었다(행 3:4).

해야 한다는 것을 알렸다(16:37). 에베소의 성난 군중에게 연설을 했고(19:28-31) 그를 체포한 예루살렘 군중에게 말했으며(21:27-36, 40-22:1), 산헤드린 공회원들에게 연설하면서 그들 가운데 논란을 일으키기까지 했다(23:1-11). 감옥에 있을 때는 백부장에게 청년(그의 조카)을 천부장(칠리아르콘, chiliarchon, 약 600명의 병사의 지도자)에게 데려다줄 것을 명했고(23:17), 가이사랴에서 벨릭스 총독과 유대인 고소자들 앞에서는 자신을 변호했다(24:10-21). 베스도 총독 앞에서(25:7-11),[29] 아그립바 왕과 여동생 베니게와 베스도 앞에서(26:1-29) 담대히 말했다. 로마로 가는 배의 선원들에게 여행 중에 어려움을 겪게 되리라 경고하면서(27:10), 폭풍 속에서 용기를 갖도록 종용하면서(27:21-26), 선원들과 승객들에게 먹도록 권하면서(27:31-35),[30] 베드로의 위선적인 행동에 맞서면서(갈 2:11-13), 갈라디아 교인들에게 솔직히 말하는 가운데('어리석도다 갈라디아 사람들아!,' 3:1/ '보라,' 5:2) 담대한 모습을 보였다. 그는 또한 고린도 교인들에게 대담하게 되는 것(타레오, tharreō, '용감하거나 자신감이 있는 것')에 대해 말했다(고후 10:1-2).

사도 바울의 견고한 담대함을 보여주는 또 다른 증거는 그가 독자들에게 내렸던 많은 명령들 속에서 발견된다(이런 명령들에 대해서는 이 책 뒷부분의 부록을 참고하라). 이 용감한 죄수의 불굴의 용기는 예수님 안에 살아가고(갈 2:20) 그분을 삶의 목표로 삼는(2:19, 참고 - 고후 5:15) 확신에서 나왔다.

온전성

지난 몇 년 간 여러 저명한 기독교 지도자들이 비도덕적 행위나 다른 악한 죄로 유죄 관결을 받아왔다. 다른 사람들에게 하나님의 길을 가르친 사람들이 스스로는 하나님의 길을 따르지 못했다는 사실이 매우 절망스럽기도 하다. 지도자의 가르침과 삶에 일관성이 없을 때 불신자들은 복음을 폄하하고 기독교를 조롱하게 된다.

---

[29] Porcius Festus는 주후 58-62년에 유대를 다스린 로마 분봉왕이었다.
[30] 놀랍게도 '사도이자 죄수였던 그가 선장에게 명령을 내렸다' (Sanders, Paul the Leader, 40).

바울에게도 이런 위선적인 행위가 보이는가? 결코 그렇지 않다. 그는 철저히 일관성을 보였다. 언행이 일치했고, 정직함을 보였으며, 진리를 전했을 뿐 아니라 그것을 퇴색시키거나 가감시키지 않고 진리에 따라 일관성 있게 행동한 사람이었다. 그의 삶은 결코 속마음을 숨기고 겉모습을 꾸밈으로 손상되지 않았다. 바울은 온전함과 정직함과 일관성에 관해 고결한 본보기를 세웠고, 그런 삶이 실제로 가능함을 보여주었다.

오늘날의 교사들은 이 진정한 사도가 자신의 삶에 대해 말한 내용에 주목하고 성령의 도움으로 그런 순전하고 일관성 있는 삶의 모범을 본받아야 한다. 이것은 매우 중요하다. 이렇게 하지 못할 때 학생들은 교사들이 가르치는 진리를 배척하게 된다.

부정적인 측면에서, 바울은 어떤 불순한 동기들을 품지 않았다고 했다. "우리의 권면은 간사에서나 부정에서 난 것도 아니요 궤계에 있는 것도 아니라" (살전 2:3). 또한 그는 기만(고후 4:2)이나 아첨(살전 2:5)을 하지 않고, 사람들을 기쁘게 하거나(갈 1:10, 살전 2:4) 탐욕이나 개인적 이득(고후 2:17)을 위해 사역하지 않았다.[31] 더욱이 그는 거짓말하는 죄를 짓지 않았다. '하나님이 나의 거짓말 아니하는 줄을 아시느니라' (고후 11:31). '참말이요 거짓말이 아니니' (딤전 2:7). 또한 그 자신의 영광을 위해 다른 사람들을 이용하지도 않았다(고후 7:2). 누가는 바울이 다른 사람들의 소유를 결코 탐하지 않았다고 에베소의 장로들에게 말했다는 사실을 기록했다(행 20:33).

긍정적인 측면에서, 바울은 그의 말의 신실성을 분명하게 드러냈다. '순전함(에이리크리네이아, eilikrineia)[32]으로 하나님께 받은 것 같이 하나님 앞에서와 그리스도 안에서 말하노라' (고후 2:17). 그가 말한 내용은 언제나 진실했다. '내가

---

31) "그는 자신이 적법하게 받을 수 있다고 믿은 우호적 대접도 거부했는데, 이는 그가 돈을 위해 설교를 한다는 비난을 받고 싶지 않았기 때문이다. 돈을 위해 어떤 주제에 대해 말하고 어떤 대의명분을 설명하고자 했던 유랑 궤변론자들을 당시 헬라·로마 문화에서는 인정했다"[Raymond Bailey, Paul the Preacher(Nashville : Broadman, 1991), 77].
32) 어원적으로 에이리크리네이아(eilikrineia)는 '태양에 의해 심판을 받는다'는 뜻이다. 바울의 연설은

그리스도 안에서 참말을 하고 거짓말을 아니하노라' (롬 9:1, 참고 - 갈 4:16). 그는 고린도의 믿는 자들에게 '우리가 너희에게 이른 말이 다 참된 것'이라고 선언했다(고후 7:14). '그리스도의 진리가 내 속에 있으니' (11:10). 바울이 그리스도를 위해 고난을 참아낼 수 있었던 요인들 중 하나는 '진실된 말'에 있었다(6:7).

그는 또한 자신의 행동이 신실됨을 증명했다. '하나님의 거룩함과 진실함(에이리크리네이아)으로써 … 이것이 우리의 자랑이라' (고후 1:12). '우리가 아무에게도 불의를 하지 않고 아무에게도 해롭게 하지 않고 아무에게도 속여 빼앗은 일이 없노라' (7:2). '이는 우리가 주 앞에서만 아니라 사람 앞에서도 선한 일에 조심하려 함이라' (8:21). 또한 데살로니가 교인들에게 그가 '거룩하고 옳고 흠 없는' 삶을 살고 있음을 그들도 알고 있다는 것을 상기시켰다(살전 2:10). 바울은 매우 공개적이고 일관적이었기 때문에 에베소 장로들에게 '내가 항상 너희 가운데서 어떻게 행한 것을 너희도 아는 바니'라고 말했고(행 20:18, 참고 - 33-34절), 디모데에게는 "네가 과연 보고 알았거니와"라고 썼다(딤후 3:10-11). 그의 행동은 늘 동역자인 디모데가 잘 알고 있었던 것같이 가르친 내용과 완벽히 조화를 이루었다. '저가 너희로 하여금 그리스도 예수 안에서 나의 행사 곧 내가 각처 각 교회에서 가르치는 것을 생각나게 하리라' (고전 4:17).

사도 바울은 자신의 순전함은 물론 심지어 자신의 올곧은 행동을 증명해주시도록 하나님께 요청할 수도 있다는 언급도 했다. 다섯 번이나 그는 하나님께서 증인이며, 그의 삶을 알고 계시다고 천명했다(롬 1:9, 고후 1:23, 5:11, 살전 2:5, 10, 참고 - 빌 1:8).

흠 없는 정직성을 소유했던 바울은 결코 자신의 모습이 아닌 다른 것을 보이려고 했던 적이 없다. 그는 죄와의 갈등을 포함한 그의 부적절함(롬 7:15-20), 고린도 교인들 앞에서의 그의 나약함과 두려움과 떨림(고전 2:3), 그의 나약함(고후 13:4)으로 인한 그리스도의 능력에 대한 의존성(12:9, 참고 - 11:30), 여전히 영

매우 정직했기 때문에 마치 뚫는 태양 광선에 노출되는 것과 같았다. 이 말은 또한 고린도후서 1장 12절에서 사용되고 있다.

적으로 진보할 필요가 있다는 사실(빌 3:12-13)을 인정했다.

내가 저술한 다른 책에도 기록했듯이,

> "배우는 사람들이 하나님의 말씀대로 살지 못하게끔 하는 가장 빠른 길은 교사의 모순된 생활이다. 학생들에게는 이렇게 살라고 가르치지만 정작 교사 자신은 그렇게 살지 않을 때 더 이상의 배움은 없다. 우리가 '선포한 그대로 실천하지 않는'(마태복음 23장 3절에서 예수님이 바리새인들을 책망하신 것처럼) 모습을 학생들이 볼 때, 학생들은 우리와 성경과 주님을 확신하지 못한다. 선생들이 가르치는 것과 사는 모습이 하나되는 것을 학생들에게 보여줄 때, 그들도 자신들의 삶 속에 그런 모습이 형성되길 원한다. 진리를 따라 사는 모습은 우리가 전하는 말씀에 힘을 더해주어 우리가 가르치는 것을 더욱 굳세게 한다."[33]

예수님처럼 바울은 삶과 가르침에서 완벽하고도 조화롭게 모범을 보였다. 예컨대, 그는 서신서를 읽는 자들에게 겸손하라고 종용했고(롬 12:3, 16, 엡 4:2, 빌 2:3-4), 그 자신이 겸손한 모습을 보였다(엡 3:8, 딤전 1:15). 그는 다른 사람들에게 성령 충만하라고 도전했고(엡 5:18), 그 자신이 성령 충만한 삶을 살았다(행 9:17, 13:9). 그는 디모데에게 복음을 부끄러워하지 말라고 권했는데(딤후 1:8), 실제 그 자신이 복음을 부끄러워하지 않았다(롬 1:16, 딤후 1:12). 그는 빌레몬에게 복음을 전하라고 격려하며(몬 1:6), 동시에 그 자신이 먼저 복음을 전하는 삶을 살았다(살전 1:5, 2:2). 그는 믿는 자들에게 '서로 섬기라고(둘레우오, douleuō, 노예처럼 섬기다)' 가르쳤는데(갈 5:13), 그 자신이 먼저 섬기는 자의 모범을 보였다(고후 4:5).

그는 다른 사람들에게 실천하라고 요구한 것을 먼저 실천했다. "바울은 중요한 요구들을 할 때 그 자신이 실천할 수 있는 것 이상의 헌신을 요구하지 않았다."[34] "만일 그에게 언행이 일치하지 않은 모습이 있었다면 그의 많은 호소들

---

33) 로이 주크의 「예수님의 티칭 스타일(도서출판 디모데)」 99-102을 참고하라.
34) Reginald White, Meet St. Paul(Wilton, Conn : Morehouse, 1989), 34.

은 어떤 영향도 주지 못했을 것이다."[35] 이는 오늘날의 교사들에게도 그대로 적용되는 사항이다.

겸손

자부심이나 자랑할 만한 근거로는 바울을 따라올 사람이 없었다. 그의 교육적 배경은 자신이 섬겼던 대다수의 사람들보다 뛰어났다.[36] 그는 부활하신 주님을 만났고, 특별히 부름받은 사도적 권위를 가진 대리인으로 하나님의 임명을 받았다. 그는 많은 사람들을 그리스도께로 인도하고, 수많은 교회를 세우며, 수백 명의 신자들에게 기독교 교리와 삶을 가르치는 일에 쓰임을 받았다. 그는 혹독한 박해와 개인적인 어려움에도 불구하고 쓰러지거나 흔들림 없이 열정적으로 주님을 따랐다.

그러면서도 그는 하나님의 가장 겸손한 종들 중 하나였다. 그리스도의 본을 따르는 가운데(고전 11:1) 그는 그리스도께서 가지셨던 것과 똑같은 겸손을 보였다(빌 2:5-8). 루스드라 사람들이 바울을 헬라의 말하는 신 허메(Hermes)라 부르면서 그와 바나바를 숭배하기 시작했을 때, 그는 그들에게 '우리도 너희와 같은 성정을 가진 사람이라' 고 소리치면서 그런 행동을 그만둘 것을 종용했다(행 14:15).

이 사건은 그의 1차 선교 여행 때 벌어진 일이었다. 그 뒤 3차 여행 때에는 에베소의 장로들에게 작별 인사를 하면서 자신이 주님을 큰 겸손과 눈물로 섬겼다고 공언했다(20:19). 고린도 교인들에게는 자신이 스스로를 높이는 것이 아님을 명백히 했다('바울이 너희를 위해 십자가에 못박혔으며,' 고전 1:13). 왜냐하면 그는 단지 농부처럼 씨앗을 뿌렸을 뿐 그 씨앗을 자라게 하신 분은 하나님이

---

35) Ibid.
36) "그는 높은 교육을 받았지만, 학교에 다닌 적이 없었던 사람들을 대상으로 사역을 했다. 그가 회심시킨 사람들은 극히 적은 예외를 제외하고는, 교육받지 않은 계층과 농부와 작은 상점 운영자와 노예들이었다. 심지어 고린도 교회도 대부분 천한 직분을 가진 사람들로 구성되었다"[Charles Edward Jefferson, The Character of Paul(New York : Macmillan, 1927), 143-144].

셨기 때문이다(3:6). 그의 말처럼 '심는 이나 물 주는 이는 아무것도' 아니었다 (3:7). 또한 그는 그리스도라는 무엇보다 귀한 구원의 복음을 '담고 있는' 가치 없는 토기 그릇과 같았기 때문에(4:7) 자신을 '전하지 않았다' (고후 4:5).[37]

그러므로 바울의 삶에 자랑은 완전히 배제되어 있었다. 그는 '내가 … 자랑할 것이 없음은…' '나를 위하여는 … 자랑치 아니하리라' (고전 9:16, 고후 12:5, 참고 - 고후 10:13, 15)고 주장했다. 사실 그는 '육체의 가시' 가 기만(휘페라이로마이, hyperairomai, '스스로를 찬양하다,' - 고린도후서 12장 7절에서 두 번, 데살로니가후서 2장 4절에서 한 번, 총 세 번 사용된 단어)으로부터 막아주었다고 설명했다(2:4). 고린도후서를 기록할 때, 그 자신의 내적 느낌들을 자주 언급하며 겸손하게(타페이노스, tapeinos, '겸비하고,' 고후 10:1) 되는 것과 스스로를 낮추고 겸비하게 낮추는 것에 대해 언급했다(11:7).

사도들 중 가장 작은 자(고전 15:9)와 죄인 중의 괴수(딤전 1:15)라는 말로 사도 바울은 겸손하게 자신을 묘사했다. 그가 '모든 성도 중에 지극히 작은 자보다 더 작은 나' (엡 3:8)라는 말은, 최상급에 덧붙여 비교급을 사용한 이상한 표현인[38] 엘라키스토테로스(elachistoteros)로 그가 자신을 극도로 낮추었음을 보여준다.

바울은 또한 그리스도의 종(둘로스, doulos, 롬 1:1, 갈 1:10, 빌 1:1)과 하나님의 종(딛 1:1)과 성도들의 종(고후 4:5), 즉 종처럼 주님을 겸손히 섬긴(둘레오, douleō) 자로(행 20:19) 그 자신을 언급함으로 겸손함을 표시했다. 예수님이 자신을 '섬기는 자로 너희 중에 있노라' (눅 22:27)고 말씀하신 것처럼, 바울도 그 자신이 성도들을 섬긴다고 말했다(롬 15:25). 이 두 구절에 있는 디아코네오 (diakoneō)라는 '섬긴다' 는 말은 '식사를 대접하거나 집안일들을 돌보는 것과 같이 분명 존귀함이 배제된 일들' 을 수행하는 것을 언급한다.[39] 헬라인들은 그

---

37) 고대 세계에서 보물은 토기에 담겨 있었다(Plummer, A Critical and Exegetical Commentary on the Second Epistle of St Paul to the Corinthians, 126).
38) Ronald Coggan, Paul : Portrait of a Revolutionary(London : Hodder and Stoughton, 1984), 235, n. 39. 고린도전서 15장 9절에서 '가장 작은' 이라는 말은 최상급인 엘라키스토스(elachistos)로 사용되었다.
39) J. Gary Inrig, "Called to Serve : Toward a Philosophy of Ministry," Bibliotheca Sacra 140(October-

런 천하고 위엄이 없는 일들은 멸시했다. 그들은 지혜와 자유를 사랑했기 때문에 종들에게 거의 가치를 두지 않았다.[40] 그러나 섬기는 종이 되는 것은 예수님을 따르는 사람들에게는 두드러진 특징이었다. 바울은 그리스도(딤전 1:12)와 그리스도인들(고후 9:1, 11:8)을 위한 자신의 섬김(디아코니아, diakonia)에 대해 말하면서, 그리스도와(고후 11:23) 하나님과(6:4) 새 언약과(3:5) 복음과(엡 3:7, 골 1:23) 교회의(골 1:25) 종으로(디아코노스, diakonos, 고전 3:5) 자신을 묘사했다.

3장에서도 논의했지만, 사도 바울은 두 번이나 자신을 휘페레테스(hypēretēs), 즉 '돕는 자'로 불렀다(행 26:16, 고전 4:1). 그는 또한 자신의 종교적 의무(라트레우오, latreuō, 행 27:23, 롬 1:9, 딤후 1:3)를 수행하는 의미에서 하나님을 섬기는 것에 대해 말했다.

이렇게 겸손하고, 자기를 낮추며, 영적인 노예/종/돕는 자인 사람이 다른 사람들에게 겸손하라고 종용한 것은 놀라운 일이 아니다(엡 4:2, 빌 2:3-4, 골 3:12). '자랑은 좋은 것이 아니므로'(고전 5:6) 자랑과 자만은 믿는 자의 삶에 어떤 위치도 차지하지 못한다(롬 12:3, 16, 고전 3:21, 4:7, 13:4). 모든 자랑은 자신이 아니라 주님 안에서 해야 한다(1:29, 31, 고후 10:17).

가르치는 것은 섬기는 것이며, 겸손히 다른 사람들을 자신이 아닌 주님께로 향하게 만드는 것이다. 학생들은 스스로를 높이고 업적을 자랑하고 지식을 거만하게 드러내는 그런 교사들을 존경하지 않는다. 실제로, 자만은 학습을 방해한다. 또한 학생들 앞에서 섬기는 자의 역할을 수행하지 않으면 학습 과정은 방해를 받는다. 따라서 바울이 권고한 대로, 우리는 <u>스스로 겸손으로 '옷 입어야'</u>(엔디오, endyō) 한다(골 3:12). 즉 자만심을 버리고 다른 사람들에게 우리의 겸손을 우리가 입고 있는 의복처럼 쉽게 볼 수 있게 해주어야 한다.

December 1983) : 336.

[40] K. Hess, "Serve, Deacon, Worship," in New International Dictionary of New Testament Theology, 3:545, and H. W. Beyer, "διακονέω, διακονία, διάκονος," in Theological Dictionary of the New Testament, 2(1964), 82-83.

정중함

바울의 성품 중 또 하나의 두드러진 특징은 다른 사람들을 대하는 은혜롭고 정중한 태도이다. 사도행전의 설교들에서 그는 청중들에게 예의 바르게 말하고 행동했다. 비시디아 안디옥에서는 유대인들을 '형제들로,' 즉 그가 그들과 민족적으로 연관성이 있다는 사실을 언급했다(행 13:26). 아레오바고에서는 다음과 같은 칭찬의 말로 철학적 태도를 지닌 아덴 사람들에게 메시지를 전하기 시작했다. "아덴 사람들아 너희를 보니 범사에 종교성이 많도다"(17:22).[41] 예루살렘에서 유대인 군중에 의해 체포되었을 때, 그는 천부장에게 '청컨대 백성에게 말하기를 허락하라'고 정중하게 요청했다(21:39). 그 후 유대인들 앞에서 자신을 변호할 때는 정중히 그들을 '부형(父兄)들'이라고 불렀다(22:1). 막 채찍질을 당할 때에는 백부장에게 소리지르거나 헐뜯지 않고, 그저 백부장을 당황케 하는 정곡을 찌르는 질문을 했다(22:25-26). 그는 산헤드린 공회원들을 그의 '형제들'이라고 부르고(23:1, 5-6), 두 번이나 아그립바를 '아그립바 왕'이라는 직분으로 정중히 불렀으며(26:2, 27), 베스도를 '베스도 각하'라고 불렀다(26:25). 그리스도인들은 하나님의 자녀이고, 영적으로 연결되어 있으며, 하나님 보시기에 동등하다는 의미에서 '형제들'이다. 누가는 소아시아(행 15:36, 40), 루스드라와 이고니온(16:2), 빌립보(16:40), 데살로니가(17:10), 베뢰아(17:14), 고린도(18:10, 27), 두로의 남쪽에 있는 돌레마이(21:7), 예루살렘(21:17), 다메섹(22:5), 이달리아의 브디올(28:14)에 있는 사람들을 포함한 그리스도인들을 언급할 때 이 말을 종종 사용했다.

게다가 바울은 다음과 같은 일곱 명의 사람들을 각기 자신의 형제라고 언급했다. 구아도(롬 16:23), 소스데네(고전 1:1), 디모데(고후 1:1, 골 1:1, 살전 3:2, 몬 1:1), 디도(고후 2:13, 8:22), 두기고(엡 6:21, 골 4:7), 에바브로디도(빌 2:25), 오네시모(골 4:9, 몬 1:16). 일곱 권의 서신서, 즉 로마서, 고린도전·후서, 갈라

---

41) "아덴에서의 그의 연설은 정중한 연설을 보여주는 한 예이다"(Jefferson, The Character of Paul, 190).

디아서, 빌립보서, 데살로니가전·후서에서 수십 번 그는 그리스도인 독자들을 형제들이라고 불렀다.

사도 바울이 믿는 자들의 영적 진보를 칭찬한 것은 매우 사려 깊은 일이다. 그는 하나님의 은혜로 고린도 교인들이 풍부해지는 것(고전 1:4-5), 여러 영적 덕목에서 뛰어난 모습을 보이는 것(고후 8:7), 다른 신자들을 기꺼이 물질로 도우려는 것(9:2), 에베소 교인들과 골로새 교인들이 주님을 믿고 다른 성도들을 사랑하는 것(엡 1:15-16, 골 1:4-5), 빌립보 교인들이 복음 안에서 바울과 동역하는 것(빌 1:5), 골로새 교인들의 질서와 굳건한 믿음(골 2:5), 데살로니가 교인들의 일과 믿음과 사랑과 인내와 소망과 증거(살전 1:3, 8, 4:10)를 칭찬했다.

또다시, 바울은 효과적인 의사 전달을 위한 가장 본질적인 특성 가운데 하나를 교사들에게 모범으로 보여주었다. 학생들에게 관심을 쏟는 유능한 교사라면 친절하고 은혜롭고 신중해야 하며, 결코 불친절하거나 퉁명스럽거나 서툴러서는 안 된다. 학생들의 필요와 질문과 관심사에 주의를 기울이고, 그들을 도울 수 있는 방식들을 신중히 고려해야 한다. 유능한 교사들은 그리스도인 학생들을 그리스도 안에서 형제, 자매로 동등하게 여긴다.

민감성

바울 서신을 읽다보면 우리는 바울이 끊임없이 사랑을 강조하고, 다른 사람들에 대한 애정 어린 관심을 반복해서 표현하는 것을 본다. 이 위대한 사도의 말에 지속적으로 주제가 되는 내용들은 그의 회심 전 모습과는 극명하게 대조를 이룬다. 한때는 전혀 주저함 없이 사람들을 정죄했던 그가[42] 이제는 믿는 자들과 믿지 않는 자들 모두에게 깊은 사랑과 따뜻한 애정을 표현하는 사람이 되었다. 한때 그리스도인들을 죽였던 그가 이제는 그들을 사랑할 뿐더러 서로 사

---

42) Ibid., 224.

랑하라고 격려하는 사람이 되었다. 그리스도를 믿는다고 공언하는 믿음을 가진 사람들에 대해 강퍅한 마음을 보였던 그가 이제는 부드럽고 다정하며, 사랑의 마음을 가진 사람이 되었다. 그리스도인들을 증오했던 그가 변해서 고린도전서 13장 1-7절, 13절에 기록한 것처럼 사랑에 대해 세상에서 가장 아름다운 글귀 가운데 하나를 쓴 사람이 되었다.

바울에게 민감성과 진정한 긍휼과 부드러운 사랑이 없었다면 그의 가르침은 받아들여지지 않았을 것이다. 학생들을 사랑하는 교사들, 곧 교사의 사랑을 아는 학생을 둔 교사는, 사랑이 부족하거나 그 사랑을 쉽사리 표현하지 못하는 교사보다 훨씬 큰 영향력으로 의사 전달을 할 수 있다.

다른 사람들에 대한 바울의 민감하고 부드러운 마음에서 솟아나는 애정을 보여주는 여러 가지 예들이 있다. 하나는 눈물을 흘리는 그의 모습이다. 그는 에베소의 장로들에게 '모든 겸손과 눈물'로 주님을 섬겼노라고 말했다(행 20:19). 그는 고린도 교인들에게 '큰 환난과 애통한 마음이 있어 많은 눈물로' 편지를 썼다는 것을 상기시켰다(고후 2:4). 그리고 그리스도의 십자가에 '원수'로 행하고 있는 많은 사람들로 인해 눈물을 흘리며 빌립보 교인들에게 편지를 썼다(빌 3:18). 오늘날 많은 사람들이, 남자가 눈물을 흘리는 것은 남자답지 못한 태도라고 느낄지 모르나, 바울에게는 용감하고 강한 지도자가 되는 것과 민감하고 따뜻한 친구가 되는 것 사이에 어떤 모순도 존재하지 않았다.

바울이 긍휼한 모습을 드러냈던 두번째 방식은 사랑에 대한 솔직한 표현들인데, 그것은 다음과 같은 구절들에서 나타나 있다.

- '내가 … 쓰는 것이 … 오직 너희를 내 사랑하는 자녀 같이 권하려 하는 것이라' (고전 4:14).
- '오직 내가 너희를 향하여 넘치는 사랑이 있음을 너희로 알게 하려 함이라' (고후 2:4).
- '너희를 향하여 … 우리의 마음이 넓었으니' (고후 6:11).

- "너희가 우리 안에서 좁아진 것이 아니라 오직 너희 심정에서 좁아진 것이니라"[43](고후 6:12).
- '내가 자녀에게 말하듯 하노니' (고후 6:13).
- '너희로 우리 마음에 있어 함께 죽고 함께 살게 하고자 함이라' (고후 7:3).
- "너희가 내 마음에 있음이며" (빌 1:7).
- "내가 예수 그리스도의 심장으로 너희 무리를 어떻게 사모하는지 하나님이 내 증인이시니라" (빌 1:8).
- '너희가 우리의 사랑하는 자 됨이니라' (살전 2:8).
- '우리가 이같이 너희를 사모하여'[44](살전 2:8).
- "우리가 잠시 너희를 떠난 것은[45] … 너희 얼굴 보기를 열정으로 더욱 힘썼노라" (살전 2:17).
- 오네시모는 '내 심복이라' (몬 1:12).

이 위대한 교사는 또한 데살로니가 교인들을 향한 '거짓이 없는 사랑' (고후 6:6)과 넘치는 사랑에 대해 썼다(살전 3:12). 데살로니가 교인들에 대한 그의 사랑은 아주 뜨거운 것으로 '마치 어미가 어린 자녀를 돌보고 아비가 친자녀를 격려하고 위로하며 권하는 것' 같다고 말했다(2:7, 11-12). '어미' 라는 말은 보통 뜻의 어머니를 뜻하는 것이 아니라, 트로포스(trophos, 돌보는 어머니), 즉 자녀

---

43) 고린도후서 6장 12절과 빌립보서 1장 8절의 '심장' 은 스플랜크노이스(Splanchnois)를 번역한 것으로, 문자적으로는 느낌이나 '깊은 동정' 이 자리잡고 있다고 믿어지는 내적 신체의 부분들을 뜻한다 [Helmut Koster, "σπλάγχνον ktl.," in Theological Dictionary of the New Testament, 7(1971), 548-559]. 그 밖에는 '애정' (고후 7:15), '긍휼' (빌 2:1), '가슴' (몬 1:7), '심장' (몬 1:12, 20)으로 번역되어 있다. 복음서는 예수님을 언급하면서 종종 관련된 동사인 스플랜크니조마이(Splanchnizomai)를 사용하고 있다. 이 동사는 오직 복음서에서만 나타나 있고, 명사는 바울 서신에서 가장 빈번히 나타난다.

44) 여기에서 사랑을 나타내는 매우 드문 희랍 동사는 호메이로메노이(homeiromenoi, '어떤 사람에 대해 친절함을 느끼거나 고대하는 것')인데 오직 신약에서만 사용되었다. 루가니아(중남 소아시아에 있는)의 한 비문에는 부모가 아들로 인해 슬퍼하고 고대하는 마음을 나타내는 형용사 호메이로메노이가 적혀 있다[W. M. Ramsay, "The Utilisation of old Epigraphic Copies," Journal of Hellenistic Studies 38 (1918): 157].

45) '찢겨지다' 는 강한 어조의 동사인 아포르파니조(aporphanizō, 고아가 되다)를 번역한 것이다.

를 따스하게 하고 소중히 여기는(탈포, thalpō) 보모(신약에서는 이곳에서만 사용되었다)를 뜻한다. "영적 부모로서의 바울의 온유함과 비이기적인 모습이 이 예화에서 확연히 드러난다."[46] 그는 또한 다른 사람들을 그리스도께로 인도하는 것은 그들의 아비가 되는 것과 같다고 말했다('복음으로써 내가 너희를 낳았음이라,' 고전 4:15). 그는 빌립보 교인들에게 그들이 바로 그가 사랑하고 고대한 형제들이었다고 말했다(빌 4:1).

셋째로, 바울의 민감성은 회심한 학생들에 대한 기쁨을 표현할 때 명백히 드러난다. 그는 로마 교인들에게 '내가 너희를 인하여 기뻐하노니' 라고 환호했다(롬 16:19). 고린도와 골로새의 교인들로부터 떨어져 있는 가운데에도 '내가 영으로는 너희와 함께 있다' 고 썼다(고전 5:3-4, 골 2:5). 그는 고린도 교인들에게 '나의 기쁨이 너희 무리의 기쁨인 줄 확신' 하며(고후 2:3) '기쁨이 넘치는도다' (7:4)라고 기록했다.

바울의 민감한 영혼을 보여주는 네번째 표시는 죄를 지은 믿는 자들에 대한 탄식에서 나타난다(그는 '죄를 짓지 말라' 고 명했다, 고전 15:34). 바울은 후메내오와 알렉산더가 신성 모독을 하면서 '믿음에 관하여 파산한' 것과(딤전 1:9-20), 부겔로와 허모게네와 데마가 그를 버린 것으로 인해(딤후 1:15, 4:10) 괴로워했다. 그는 고린도 교인들에게 "누가 약하면 내가 약하지 아니하며 누가 실족하게 되면 내가 애타지 않더냐"(고후 11:29)라고 쓰면서 자신의 우려를 표현했다. 속이 탄다는 것은 아마도 분노로 타는 것이 아니라, 수치와 고통과 회환으로 애타는 것을 뜻할 것이다. '나' 라는 인칭 대명사를 첨가함으로써 바울은 그 자신의 슬픔을 강조했다. "누군가가 죄에 빠져 있다면, 나의 가슴이 고통으로 타오르지 않겠는가?"[47]

다섯째로, 바울이 많은 동역자들을 언급할 때 사용한 사랑스러운 용어들 역

---

46) Thomas L. Constable, "1 Thessalonians," in The Bible Knowledge Commentary, New Testament, 694.
47) Plummer, A Critical and Exegetical Commentary on the Second Epistle of St. Paul to the Corinthians, 331.

시 그의 사랑과 우정과 관심을 보여준다. 이 용어들은 표 8에 나타나 있다.

표 8 동역자들을 친근하게 표현한 바울의 용어들

나의 아들 : 디모데, 오네시모
나의 사랑하는(문자적으로는 '참된') 아들 : 디모데, 디도
내(우리)의 형제 : 디모데, 디도, 에바브로디도, 구아도, 오네시모
사랑하는(아가페토스, agapetos)[48] : 디모데, 누가, 빌레몬, 에베네도, 암블리아, 스다구, 버시
사랑하는 형제(아가페토스 아델포스, agapetos adelphos) : 디모데, 빌레몬, 두기고, 오네시모
사랑하는 아들(아가페토스 테크논, agapetos teknon) : 디모데
동료 일꾼 : 디모데, 디도, 아굴라, 브리스길라, 마가, 아리스다고, 데마, 누가, 에바브라디도, 빌레몬
동료 군사 : 에바브라디도, 아리스다고, 아킵보
동료 죄수 : 아리스다고, 에바브라디도, 에바브라
동료 종 : 에바브라, 두기고
신실한 종 : 두기고
나의 동무 : 디도
종 : 디모데, 에바브라

분명히 위의 18명의 개인은 바울에게 많은 것을 의미했을 것이다. 표에서 몇몇 사람들을 다양한 호칭으로 불렀다는 사실은 흥미롭다. 가령 바울은 디모데를 '나의 아들'(딤전 1:18, 딤후 2:1), '나의 사랑하는 아들'(딤후 1:2), '우리의 형제'(고후 1:1, 골 1:1, 살전 3:2, 몬 1:1), '사랑하는 아들'(고전 4:17, 딤후 2:1), '동료 일꾼'(살전 3:2), '종'(빌 1:1)이라고 불렀다. 디도는 '나의 참된 아들'(딛 1:14), '나의 형제'(고후 2:13), '동료 일꾼'(고후 8:23), '나의 동무'(고후 8:23)로 불렀다. 다른 사람들을 여러 호칭으로 부르는 구절들은 로마서(16:5, 8, 9, 12), 에베소서(6:21), 빌립보서(2:25), 골로새서(1:7, 4:7, 9, 10, 14), 빌레몬서(1:1,

---

48) NIV는 아가페토스(agapetos)를 '사랑하는 친구'로, 아가페오스 아델포스(agapeos adelphos)를 '사랑하는 형제'로 종종 번역한다.

2, 10, 16, 23)에도 잘 나와 있다.

다른 때에는 바울은 전 교회의 회중들을 '친구들' '사랑하는 친구들' (아가페토이, agapētoi), '형제들' (아델포이, adelphoi), '사랑하는 형제들' [아델포이 아가페토이, adelphoi agapētoi, 롬 12:19, 고전 10:14, 15:58, 고후 7:1, 8:1, 12:19, 빌 2:12, 4:1, 참고 - 살전 2:8, '너희가 우리의 사랑하는(아가페토이, agapētoi)자 됨이니라'], '사랑하는 자녀들' (테크나 아가페타, tekna agapēta, 고전 4:14, 엡 5:1) 그리고 '나의 자녀들' (테크나 무, tekna mou, 갈 4:19)이라고 불렀다.

바울은 디모데를 '믿음 안에서 참 (나의) 아들' (딤전 1:2)이라고 불렀는데 디모데에 대한 그의 사랑은 그가 디모데를 주님 안에서 인도한 것에서 출발했던 것 같다. 실제, 이 청년의 어머니 유니게와 외할머니 로이스는 그를 주님께로 인도했다(딤후 1:5). 주님의 사역에서 바울은 디모데를 함께 섬기는 부자 관계로 여겼다(빌 2:22).

바울이 가진 민감성과 친절한 마음의 여섯번째 표시는 그의 친구들과 동역자들이 떨어져 있을 때 그들을 보고 싶어하던 갈망에서도 엿보인다. 그는 디모데가 고린도에서 마게도냐에 있는 그에게 오기를 기다렸고(고전 16:11), 디도가 그에게 왔을 때 위안을 얻었다(고후 7:6). 아덴에 홀로 있었을 때는(살전 3:1), 실라와 디모데가 '속히' 베레아에서 와서 합류하기를 원했다(행 17:15). 바울이 헬라의 니고볼리에 있었을 때는 디도에게 합류하도록 요청했고(딛 3:12), 후에 로마에서 투옥되었을 때는 '너 보기를' 원한다(딤후 1:4)는 말로 디모데에게 속히 올 것을 요청했다(4:9). 사역 초기에는 데살로니가 교인들(살전 2:17-18)과 빌립보 교인들(빌 1:8)을 포함하여, 초기에 섬겼던 여러 회중들을 보기를 갈망했다. 로마의 그리스도인들에게 편지하면서 그가 아직 만나지 못했던 사람들을 보고자 했고, 여행하고자 하는 소원을 표명하기도 했다(롬 1:10-11, 15:31-32). 심지어 투옥되었을 때는 석방되어 빌립보의 신자들을 방문하기를 기대했다(빌 2:24).

교회들로부터 영적 진보가 있었다는 좋은 소식을 들을 때마다 바울은 격려를 받았다. 디모데는 데살로니가로부터 격려하는 소식을 가져왔고(살전 3:6-10), 바울은 디모데를 빌립보로 보내기를 기대했다(빌 2:19, 23).

바울은 또한 로마에서 주께로 인도한 종 오네시모를 빌레몬이 다시 받아주도록 요청함으로써 격려받기를 원했다(몬 1:10-15). 오네시모는 바울에게 '사랑하는 형제'(아델폰 아가페톤, adelphon agapēton)가 되었다(몬 1:16). 빌레몬은 거듭난 종을 영적 형제로 받아들임으로 '그리스도 안에서 (바울의) 마음을 평안하게' 하였을 것이다(몬 1:20).

사도 바울의 부드러운 마음을 보인 일곱번째 표시는 병중에 있는 그의 동역자들을 향한 관심이다. 여기에는 병으로 거의 죽을 뻔했던 에바브로디도(빌 2:26-30), 디모데(딤전 5:23), 밀레도에서 병든 상태로 내버려 둘 수밖에 없었던(딤후 4:20) 드로비모(에베소 사람, 행 21:29)가 포함되어 있었다.

사도 바울이 긍휼에 풍성하다는 것을 보인 여덟번째 실마리는 구원받지 못한 사람들을 그리스도께로 인도하고자 하는 소망이다. 여기에는 이방인들뿐만 아니라 그 자신의 백성인 유대인들, 곧 그의 마음에 '큰 슬픔과 끊임없는 고통'을 주었던 영적으로 길 잃은 유대인들이 포함되었다(롬 9:2, 10:1). 그는 내적으로 그리스도 안에서의 구원의 복음을 계속 나눠야 한다는 강박 관념을 갖고 있었다(고전 9:16, 고후 5:11).

아홉째로, 바울은 자신이 개척한 교회들과 세운 회중들에 대해 관심을 표명했다. 바나바와 함께 소아시아를 향한 1차 선교 여행 후에 그는 루스드라와 이고니온과 안디옥으로 거슬러 올라가서 교회들을 격려하고 용기를 북돋았다(행 14:21-22). 의심할 바 없이 이것은 이 두 지도자가 가르치는 사역에 종사했음을 뜻했다. 바울과 바나바 사이에 마가로 인해 심한 다툼이 있었을 때 바울은 실라를 데리고 다소(바울의 출생지)가 위치한 지역인 수리아와 길리기아를 지나가면서 그곳 교회들에게 새 힘을 주었다(15:39-41). 갖가지 박해와 역경을 겪으면서도 '모든 교회들에 대해 관심'을 보이는 짐을 졌다(고후 11:28). 사역에 대한 불굴의 헌신은 바울이 제자들에게 긍휼한 마음을 갖고 있었음을 보여준다. 그들에 대한 마음은 최소한 두 곳의 축도에서도 나타난다. "나의 사랑이 그리스도 예수의 안에서 너희 무리와 함께할지어다"(고전 16:24). "아버지 하나님과 주 예수 그리스도에게로부터 평안과 믿음을 겸한 사랑이 형제들에게 있을지어다"(엡 6:23).

그와 제자된 학습자들과의 따스한 관계를 보여주는 열번째 표시는, 그들에게 그 자신을 위한 기도를 자유롭게 요청한 것에서도 보인다. 이런 요청은 그의 서신에 다섯 번이나 언급되어 있다(롬 15:30-31, 엡 6:19-20, 골 4:3-4, 살전 5:25, 살후 3:1-2).

열한번째로 주목할 사항은, 교회 회중들이 바울에게 그들의 사랑을 표현했다는 점이다. 그들에 대한 바울의 사랑을 온전히 알고 있었기 때문에 그들은 기꺼이 그에게 궁휼을 전하면서 바울의 사랑에 답례했다. 그 예로, 할례에 관한 예루살렘 공회의 결정을 언급하는 편지에서, 교회 지도자들은 '사랑하는 바나바와 바울'이라는 말을 썼다(행 15:26). 밀레도에서는 바울이 에베소 교회의 장로들에게 작별 인사를 고하자, 그들은 함께 기도하고, 애정을 보이면서 '바울의 목을 안고 입을 맞추었다'(20:37). 그들은 사랑하는 친구이자 목사요 교사인 그를 다시 볼 수 없으리라는 것을 알았기 때문이다. 이런 모습은 아주 감동적인 장면이었을 것이다.

갈라디아 신자들은 바울을 천사나 그리스도처럼 환영했고, 가능하다면 질병으로 고생하는 바울에게 눈이라도 빼어주고자 했다(갈 4:14-15). 일부 학자들은 그들이 눈에 대해 언급한 것을 볼 때 바울이 시력을 잃는 질병을 앓고 있었다고 추측한다.

아굴라와 브리스길라는 그들의 동료인 바울을 너무 깊고 진실하게 사랑함으로 그를 위해 목숨까지도 줄 정도라고 바울은 썼다(롬 16:4). 비록 이런 희생적 행위가 나타났던 상황들은 기록되어 있지 않지만, 이 부부는 장막 깁는 동료 바울을 사랑했던 것이 분명하다. 바울은 고린도 교인들이 그에게 '열정적 관심'(고후 7:7)과 넘치는 사랑(8:7)을 보인 것에 대해 기뻐했다.

3차 전도 여행을 마치고 예루살렘으로 가는 중에 바울은 두로에서 믿는 자들과 한 주간 함께 머물렀는데, 그가 떠날 때 모든 사람들이 해변까지 나와 승선하는 그를 배웅하고 함께 기도하며 작별 인사를 나누었다(행 21:3-6). 예루살렘에서도 그곳 그리스도인들의 '진심 어린' 환영을 받았다(21:17).

바울은 가는 곳마다 그를 사랑하고 그에게 관심을 보이는 친구들을 만났다. 총독 벨릭스가 가이사랴에 바울을 가두었을 때, 그는 친구들이 필요한 것들을 가지고 방문하는 것을 허락했다(24:23). 바울이 시돈에 도착했을 때도 같은 일이 일어났다(27:3).

또한 바울이 그레데 섬의 디도에게 편지를 쓰면서 디도에게 '우리를 사랑하는 자들에게 너도 문안하라'(딛 3:15)고 권면했던 것은 그 섬에도 친구들이 있었기 때문일 것이다(딛 1:5).

최고의 가치를 갖는 사랑에 깊이 헌신되어 있던(고전 13:13) 사도 바울은 종종 그리스도인들에게 서로 사랑하도록 종용했고, 그의 모든 서신서들에 사랑하라는 계명을 기록했다.[49]

다른 사람들의 필요에 대해 예민한 민감성을 지녔고, 구원받지 못한 사람들에 대해 부담을 느꼈으며, 학습자들에 대해 따스한 관심을 가졌고, 여러 지역의 믿는 자들을 향한 사랑과 긍휼을 공개적으로 표현했던 바울의 훌륭한 모범을 교사들도 본받아야 한다.

---

49) 로마서 12장 9-10절, 13장 8-10절, 고린도전서 8장 1절, 13장 1-4절, 6절, 8절, 13절, 16장 14절, 고린도후서 6장 13절, 8장 24절, 갈라디아서 5장 13-14절, 22절, 에베소서 4장 2절, 15절, 5장 2절, 빌립보서 1장 9절, 2장 2절, 골로새서 2장 2절, 3장 14절, 데살로니가전서 3장 12절, 4장 10절, 5장 18절, 데살로니가후서 3장 5절, 디모데전서 4장 12절, 6장 11절, 디모데후서 2장 22절, 디도서 2장 2절, 빌레몬서 1장 9절.

토 의 하 기

■ 당신은 그리스도 중심적인 삶을 살고, 기도하며, 마음을 다해 예배하고, 성령님을 의지하며, 주님이 구원자이신 것을 확신하고, 선한 양심을 보이는 본보기가 되며, 영적 생활에 지속적인 주의를 기울이고 있는가?

■ 당신은 자신의 권위가 아니라 성경 말씀에 기초하는 권위와 담대함으로 가르치고 있는가?

■ 당신은 성령의 도움을 받아 일관성 있고 성실하며 온전한 삶을 살려고 노력하는가?

■ 당신은 주님 앞에서 겸손하며 자만감을 피하려는 노력을 주의 깊게 하고 있는가?

■ 당신은 학생들을 정중하고 사려 깊으며 재치 있게 대하는가?

■ 당신은 어떤 방식으로 학생들에게 긍휼함을 보이고 그들의 필요에 민감하게 반응하는가?

6 바울을 탁월한 교사로 만든 또 다른 특성들

'우리가 사방으로 우겨쌈을 당하여도 싸이지 아니하며'

고린도후서 4:8

앞 장에서 우리는 바울의 가르침을 특징짓는 여섯 가지 특성들을 살펴보았다. 이 장에서는 바울이 왜 탁월한 교사였는지를 보여주는 여섯 가지 부가적인 특성들을 살펴보자.

열심

그리스도의 종들 가운데 사도 바울만큼 타오르는 열정과 지칠줄 모르는 에너지를 보인 사람은 거의 없었다. 회심 전에 그리스도인들을 끈질기게 찾아 투옥시키는 일에 남다른 열정을 보였던 것처럼, 회심 후에도 그는 그리스도를 향한 끊임없는 열정을 보였다. 로마의 교인들에게 말한 것처럼, 그는 '심령'(문자적으로는 '나의 영으로,' 롬 1:9)으로 하나님을 섬겼다. 내면의 추진시키는 힘 - 내 주하시는 성령의 인격 - 이 그로 그리스도의 복음을 '할 수 있는 대로(간절히)'[1] 전하게 만들었다(1:15). 그는 그리스도를 전파하고(15:20) 그리스도를 기쁘게 하려고(고후 5:9) 가졌던 불굴의 '야망' 에 대해 쓸 때 그 명분에 대한 헌신을 영

---

1) 관련된 명사인 프로시미아(prothymia, '간절함')는 다섯 번 나오지만(행 17:11, 고후 8:11-12, 19, 9:2) 형용사 프로시모스(prothymos, '갈망하는, 자원하는')는 오직 신약의 로마서 1장 15절에서만 나타난다. 두 단어 모두 감정이 실려 있는 말이다.

광으로 여겼다. 사실 그는 이 책무를 소홀히 하면 절망에 빠지리라는('내게 화가 있을 것임이로라')것을 알았기에 복음을 전하려는 '강박 관념'을 갖고 있었다(고전 9:16). 그는 그 결심을 빚진 자의 심정으로 표현했는데, '헬라인과 야만인'(바르바로스, barbaros, '헬라어를 적절히 사용하지 못하는 비문화인') 모두와 지혜 있는 자와 어리석은 자(아노에토스, anoētos, '무지한')를 포함한 다른 사람들에게 진리를 전해야 할 빚이 있다고 했다(롬 1:14).

사도 바울은 여러 번 기록한 대로, 그의 역동적인 강렬한 마음 때문에 열심히 사역을 했다. '내가 모든 사도보다 더 많이 수고하였으나'(고전 15:10)라는 말은 다른 사도들보다 더 열심히 일했다는 것이다. 이는 교만에서 나온 자랑이 아닌 실제의 사실에 대한 보고였다. 그는 다른 사람들보다 '더 많이 여행했고, 더 많은 고난을 받았으며, 신약의 서신들을 더 많이 기록했고, 더 많은 교회들을 세웠다.[2] 그가 그렇게 할 수 있었던 것은 자신의 명예를 위해서나 그의 능력에 의해서가 아니라 하나님의 은혜였다(15:10). 그는 고린도후서 11장 23절('내가 수고를 넘치도록 하고')에서 같은 사실을 언급했고, 다른 사람들이 그리스도 안에서 성숙하도록 돕는 목표를 이루기 위해서 '힘을 다하여 수고하노라'(코피아오, kopiaō, '열심히 지칠 지경까지 수고한다,' 골 1:29)고 말했다. 그리스도와 회심한 학생들에 대한 헌신 때문에 그는 고린도 교인들에게 부모가 자녀를 위해 모든 비용을 사용하듯(고후 12:14) '자신이 갖고 있는 모든 것을 기꺼이 쓰고' 그들을 위해 전적으로 내줄 것이라고 말했다(12:15).[3] 마찬가지로 그는 데살로니가의 신자들에게 성경적 내용뿐만 아니라 '우리 목숨까지' 주기를 즐거워한다고 말했다(살전 2:8). 갈라디아 교인들이 그리스도처럼 되기를 바라면서 사도적 권위를 가진 지도자인 바울은 산모의 해산과 같은 고통을 겪었다(갈 4:19). 그들의 영적인 진보를 위해 열심이었고, 그들이 거짓 교사들의 영향을 받

---

2) David K. Lowery, "1 Corinthians," in The Bible Knowledge Commentary, New Testament, ed. John F. Walvoord and Roy B. Zuck(Wheaton, Ill.: Victor, 1983), 543.

3) 고린도후서 12장 14-15절에서 바울은 다파나오(dapanaō, '쓰다')와 에크다파나오(ekdapanaō, '완전히 써버리다')라는 연관된 한 쌍의 단어를 사용했다.

을 것에 대한 염려 때문에, 바울은 심한 내적 고통까지도 경험해야 했다. 그는 다른 사람들에게 단호하면서도 인상적인 헌신을 보여주었다.

바울의 사역은 오전 9시에서 시작해서 오후 5시에 끝나는 식의 일상적인 일이 아니었다. 그는 '밤낮으로' 일했다고 네 번이나 언급했다(행 20:31, 26:7, 살전 2:9, 살후 3:8). 예루살렘 공회원들이 알고(행 15:26) 자신이 에베소 교인들에게 말했듯이('나의 생명을 조금도 귀한 것으로 여기지 아니하노라,' 20:24), 그는 쉼 없는 헌신 때문에 심지어 그리스도를 위해 자신의 삶을 기꺼이 위태한 지경에 빠뜨리기까지 했다. 그의 친구들이 예루살렘에 가지 말도록 요청했을 때는 그들의 조언을 무시하고, '주 예수의 이름을 위하여 결박받을 뿐 아니라 예루살렘에서 죽을 것도 각오하였노라'고 말했다(21:13). 그는 살든지 죽든지 그를 통해 그리스도가 존귀히 되기를 원했다(빌 1:23).

그는 그리스도를 위한 자신의 대담한 봉사를 하나의 경주(행 2:24, 고전 9:24-26, 딤후 4:7)와 싸움(딤후 4:7, 비교 - 딤전 1:18, 6:12)으로 묘사했다. 달음질하는 경주자는 지쳐 있든 그렇지 않든 계속 달려야 하며, 권투 선수는 포기하고 싶은 마음이 들 때에도 용기 있게 '링 위에 남아 있어야'만 한다.

이 개척의 생동감은 그의 여행의 범위에서도 나타난다. 육로나 바다로 여행하면서 그는 세 번의 선교 여행과 로마까지의 여정 그리고 다른 여행까지 합해 거의 1만 킬로미터를 여행했고, 이를 통해 '신약에서 가장 여행을 많이 한 사람'이 되었다.[4]

그는 선교 여행에 따르는 혜택에는 관심이 없었다. 의료 보험이나 생명 보험도 없었다. 휴가도 없었고, 고임금을 위해 '농성을 벌이지도' 않았다. 안락의자에서 퇴직 후의 생활을 보내지도 않았다. 바울은 그리스도를 향한 열정과 자기 부인을 통해 추진력을 제공받았지만 그것은 대가를 바라지 않는 것이었다. 그

---

4) Larry J. Kreitzer, "Travel in the Roman World," in Dictionary of Paul and His Letters, ed. Gerald F. Hawthorne, Ralph P. Martin, and Daniel G. Reid(Downers Grove, Ill.: InterVarsity, 1993), 945. Ronald F. Hock은 바울이 1만 6천 킬로미터 정도 여행했을 것이라고 제안한다[The Social Context of Paul's Ministry: Tentmaking and Apostleship(Philadelphia : Fortress, 1980), 27].

는 '하나님의 진리로 타오르는 마음과 하나님의 영광을 위한 열정으로 불타오르는 의지'[5]를 소유했다. "얼마나 빨리 행동했는지 그의 업적들을 보노라면 숨을 쉬지 못할 지경이다."[6]

그의 육체적 상황을 감안해볼 때 이런 엄청난 에너지와 특별한 열정은 놀라운 것이다. 그는 그의 반대자들이 '약하고 말이 시원치 않다'고 말하는 것을 인정했다(고후 10:10). 일부 저술가들은 이 헬라어 구절들이(문자적으로 '그의 몸의 외양') 그의 성품이나 태도를 가리킨다고도 말하지만,[7] 다른 사람들은 이것이 그의 육체적인 외모를 언급한다고 말하는데[8] 후자가 더 가능성이 있는 것 같다. 2세기의 외경인 바울과 테클라(Thecla)의 행전은 사도 바울에 대해 다음과 같이 묘사하고 있다. "그는 대머리와 휜 다리, 탄탄한 체구, 눈썹은 서로 붙어 있고 코는 약간 휘었지만, 온통 친근함을 지닌 작은 체구의 사람이다."[9] 이 전설에 따르면, 이고니온에 거주하는 오네시프러스는 성 밖에서 그의 아내와 두 자녀와 함께 바울을 기다리다가 걸어오는 사도 바울의 모습을 이렇게 묘사했다고 한다. 일부는 이 묘사가 신빙성이 없다고 하지만,[10] 다른 사람들은 이 묘사가 그 이전 시대의 진정한 회상에 근거하고 있다고 주장한다.[11] 고대 시대에는 대머리, 휜 다리, 약간 휜 코, 서로 붙어 있는 눈썹과 같은 특징들이 혐오스럽게 간

---

5) J. Oswald Sanders, Paul the Leader(Colorado Springs: NavPress, 1984), 66.
6) James Stalker, The Life of St. Paul(New York: Revell, 1950), 5.
7) Giuseppe Ricciotti, Paul the Apostle, trans. Alba I. Zizzamia(Milwaukee : Bruce, 1952), 151-152, and Alfred Plummer, A Critical and Exegetical Commentary on the Second Epistle of St. Paul to the Corinthians, International Critical Commentary(Edinburgh: Clark, 1915), 282.
8) 예를 들어, Fritz Rienecker, A Linguistic Key to the Greek New Testament, ed. Cleon L. Rogers, Jr.(Grand Rapids : Zondervan, 1980), 487, Richard N. Longenecker, The Ministry and Message of Paul(Grand Rapids : Zondervan, 1971), 23, T. R. Glover, Paul of Tarsus(London: Student Christian Movement, 1925), 172-173, and Abraham J. Malherbe, "A Physical Description of Paul," Harvard Theological Review 79(1986): 171.
9) Wilhelm Schneemelcher, ed. New Testament Apocrypha, trans. R. McL. Wilson(Louisville: Westminster/Knox, 1992), 2:239. 이 묘사는 2세기의 터툴리안(Tertullian, On Baptism 17)과 4세기의 제롬(Jerome, Lives of Illustrious Men 7)에게 알려져 있었다.
10) Robert M. Grant, "The Description of Paul in the Acts of Paul and Thecla," Vigilae Christianae 36(1982): 1-4, and John Bradner, "Paul's Physical Appearance according to Early Christian Literature and Iconography," Hartford Quarterly 7(1967): 73.
11) Longenecker, The Ministry and Message of Paul, 23, Ricciotti, Paul the Apostle, 152-153, F. W. Farrar, The

주되지는 않았다.[12] 그러나 만일 바울의 키가 작았다면 고린도 교인들에게 볼품없어 보였을지 모른다.

바울에게는 자신이 '내 육체의 가시' 라고 부른 육체적 질병이 있었다(고후 12:7). 저술가들은 이 질병이 무엇이었는가에 대해 서로 다른 견해를 보인다.[13] 간질,[14] 안질,[15] 말더듬이나 다른 언어 장해,[16] 혹은 말라리아 열병[17]이라고도 한다. 어떤 사람들은 히스테리, 편두통, 좌골 신경통, 류마티즘, 난청, 나병이라고 말한다.[18] 다른 의견들보다 더 그럴듯한 의견은 안질인데, 이것은 일종의 눈병이었다. 그가 '질병' 에 대해 언급했을 때(갈 4:13-14), 갈라디아 교인들이 바울에게 그들의 눈을 뽑아주고자 할 정도였다고 하는데(4:15), 이로 보건대 안질이었을 가능성이 있다. 그리고 같은 편지에서 그가 서신을 큰 글씨로 썼다고 했는데(6:11), 아마도 이것은 그의 나쁜 시력 때문일 수도 있다.[19] 하지만 이것은 확실하지 않으며, 일부 학자들은 큰 글씨는 다만 강조를 위해 사용되었다고도 한다.

Life and Work of St. Paul(New York: Dutton, 1902, reprint, Klock & Klock, 1981), 2:628-629, and Richard J. Bauckham, "Apocryphal Pauline Literature," in Dictionary of Paul and His Letters, 36. Ricciotti는 바울의 작은 키와 대머리와 맞닿은 눈썹에 대해 6, 10, 14세기의 언급들을 인용한다(Paul the Apostle, 153).

12) Bauckham, "Apocryphal Pauline Literature," 36.

13) 바울의 육체적 가시는 육체적 문제였다는 견해는 터툴리안(Tertullian)으로부터 기인한다. 그러나 다른 사람들은 이 '가시' 를 개인적인 적이라고 생각한다[예: Terrence Y. Mullins, "Paul's Thorn in the Flesh," Journal of Biblical Literature 76(1976): 299-303]. 이 "적대자들의 박해 견해는 초대 교회에는 일반적으로 받아들여졌고, 크리소스톰(Chrysostom)과 유세비우스(Eusebius)와 힐러리(Hilary of Ambros)와 어거스틴(Augustine)과 데오도어(Theodore of Mopsustia)와 데오도렛(Theodoret)과 데오피랏(Theophylact)이 제안한 것이었다"[J. B. Lightfoot, The Epistle of St. Paul to the Galatians (1865, reprint, Grand Rapids: Zondervan, n.d.), 187].

14) Holsten, Zum Evangelium des Paulus(1980), Lightfoot, The Epistle of St. Paul to the Galatians, 186-191, and Dorothy E. Donley, "The Epilepsy of St. Paul," Catholic Biblical Quarterly 6(1944): 358-359.

15) Farrar, The Life and Work of St. Paul, 1:652-661.

16) Edward A. Mangan, "Was Saint Paul an Invalid?" Catholic Biblical Quarterly 5(1943): 68-72.

17) W. M. Ramsay, St. Paul the Traveller and Roman Citizen(London: Hodder and Stoughton, 1908), 94-97, and idem, The Church in the Roman Empire before A. D. 70(New York: Putnam's Sons, 1983), 63-64.

18) Graham H. Twelftree, "Healing, Illness," in Dictionary of Paul and His Letters, 379.

19) Donald K. Campbell, "Galatians," in The Bible Knowledge Commentary, New Testament, 610.

육체의 가시가 무엇이었든지, 그런 장애에도 불구하고 바울은 놀라운 추진력과 열정으로 그리스도에게 헌신했다.

끈기

열정적이고 정열적이라는 것과 어려운 난관 속에서 그 열심을 지속하는 것은 별개다. 어떤 계획을 실행할 때 처음에는 열심을 냈다가 도중에 문제들에 부딪혀 낙심해서 그만둔 경우가 있지 않은가?

많은 그리스도인들이 그런 경험을 했을 것이다. 그러나 바울은 그렇지 않았다. 그는 결코 시련 때문에 포기한 적이 없었다. 단순히 문제들 때문에 포기하지 않았다. 그는 계속해서 장애물과 어려움에 직면했지만 계속해서 말씀을 전하고 가르쳤다.

지치고, 목마르며, 숨 가쁘고, 근육이 아려오는 경험을 하는 장거리 육상 선수처럼 그는 일관성 있게 그의 일을 계속했다. 끈기는 그의 삶의 특징이었고, 인내는 그의 좌우명이었다. 바울은 고난, 박해, 물리적 위험, 비난, 질병, 모욕, 그의 가르침에 대한 공개적 반대, 정신적 고통, 심지어 투옥될 수도 있다는 것을 알았지만 결코 포기하거나 중단하지 않았다.

30년 간 사역하면서 빈번하게 심한 고난을 받았기에 그는 약간 과장해서 자신의 삶이 '때마다' 위험에 빠졌다고 썼던 것 같다(고전 15:30). 그의 서신들에서 그는 '고난'(파세마, pathēma/파스코, paschō[20]), '고통'(틀립시스, thlipsis/틀립보, thlibō), '나약함'(아스테네이아, astheneia/아스테네오, astheneō)[21]과 같은 단어들을 사용해 고통이나 고난에 관해 60번 이상 기록했다. 그는 이방인과 거짓 교사들(고후 11:26), 특히 믿지 않는 유대인들에 의해(롬 15:31, 고후

---

20) 파테마(Pathēma, '고난')는 로마서 8장 18절, 고린도후서 1장 5-7절, 갈라디아서 5장 24절, 빌립보서 3장 10절, 골로새서 1장 24절, 디모데후서 3장 11절에서 나타나며, 파스코(paschō, '고난당하다')는 고린도전서 12장 26절, 고린도후서 1장 6절, 갈라디아서 3장 4절, 빌립보서 1장 29절, 데살로니가전서 2장 14절, 데살로니가후서 1장 5절, 디모데후서 1장 12절에서 나타난다.

21) S. J. Hafemann, "Suffering," in Dictionary of Paul and His Letters, 919.

11:24, 26, 갈 5:11, 살전 2:14-16) 고통을 받았다.

다메섹의 아나니아는 바울이 사역하면서 많은 고난을 받을 것이라는 놀라운 예견을 주님께 들었다. "그가 내 이름을 위하여 해를 얼마나 받아야 할 것을 내가 그에게 보이리라"(행 9:16). 그 역경은 곧바로 시작되었다. 바울이 회당에서 말씀 전하기를 시작하자마자 유대인 청중들은 그를 정탐군이 아닌가 하고 의심했다(9:20-21). '여러 날이 지나'[22] 다메섹의 유대인들이 그를 죽이려는 계획(9:23)을 알고는 바구니에 담겨 도시의 성벽 아래로 도망쳐야 했다(9:25). 이것은 새로운 사도를 제거하고자 했던 많은 사건들 가운데 첫번째 시도였다.

바울이 예루살렘에서 함께 논의하곤 했던 헬라파 유대인들이 그를 죽이려고 했을 때 그의 친구들은 그를 다소로 보냈다(9:30). 사도 바울이 1차 선교 여행을 할 때 구브로 섬의 박수 엘루마는 바울의 사역을 반대했다(13:8). 비시디아 안디옥에서는 유대인들이(13:45) 바울을 성 밖으로 쫓아냈다(13:50). 이고니온의 유대인들은 이방인들이 바울을 반대하도록 선동했고(14:2), 그를 돌로 죽이려고 하자 그는 루스드라와 더베로 도망갔다(14:5-6). 그 뒤 더베에서 유대인들은 '무리를 초인하여 돌로 바울을 쳐서 죽은 줄로 알고 성 밖에 끌어' 내쳤다(14:19).

2차 선교 여행을 할 무렵, 유럽에 처음 들어갔던 바울은 빌립보에서 거짓 기소를 받아 매질을 당하고 투옥되었다(16:19-24). 기적적으로 석방된 뒤에는 데살로니가에 갔는데, 그곳에서도 유대인들은 바울을 사로잡으려고 거짓 기소 제목을 토대로 폭동을 일으켰다(17:5-9). 바울은 베뢰아로 도망갔는데, 또다시 데살로니가의 유대인들이 무리를 선동했다(17:13). 아덴에서는 일부 청중들이 그를 조롱했다(17:32). 다시 바울은 아덴에서 고린도로 갔는데, 그곳에서 다시 유대인들은 사도 바울을 학대했고(18:16) 거짓 기소로 공격해 법정에 세웠다(18:12-13).

---

22) 여기에는 아마도 그가 갈라디아서 1장 17절에서 잠시 언급했던 아라비아에서의 시간이 포함될 것이다.

바울은 고린도에서 에베소로 갔는데, 심지어 그곳에서도 유대인들은 '무리 앞에서 이 도(the Way)[23]를 비방' 했다(19:9). 또한 동료 직공인 은장색 데메드리오는 바울을 반대하며 도시 전체의 소요를 일으켰다(19:23-41). 바울이 수리아로 되돌아가려고 하자 유대인들은 또다시 그를 반대하는 모략을 세웠다(20:3).

바울이 예루살렘에 도착했을 때, 아시아(지금의 터키 서부) 지방 출신의 유대인들도 다른 유대인들처럼 도시를 소동케 함으로 그를 죽이려고 했다(21:27-31). 바울이 폭도들에게 용감한 방어 연설을 한 뒤에도 그들은 여전히 그를 죽이려고 했다(22:22-23). 바울이 산헤드린 공회원들 사이에 있는 믿음의 차이를 지혜롭게 이용해 분쟁을 일으키자 '천부장이 바울이 저희에게 찢겨질까' 우려했다(23:10).

여전히 유대인들은 포기하지 않았다. 바울을 죽이려고 단호한 결심을 한 40여 명의 사람들이 동맹했다(23:12-15). 체포되어 가이사랴로 이송되었을 때는 그곳의 변호사가 벨릭스 총독 앞에서 바울은 분란을 일으키는 자이고 두목이라고 기소하자(24:1-8), '유대인들도 이에 참가했다' (24:9). 그 뒤 예루살렘에서 사도 바울은 베스도 앞에서 유대 종교 지도자들의 기소를 받았다(25:2, 7, 참고 - 15절). 아그립바 왕 앞에서 증언할 때 바울은 유대인들이 자기를 잡아죽이려고 하는 이유를 설명했다(26:21).

그가 방문한 거의 모든 곳의 사람들, 곧 다메섹, 예루살렘, 비시디아 안디옥, 이고니온, 루스드라, 빌립보, 데살로니가, 베뢰아, 고린도, 에베소, 가이사랴 사람들은 그의 메시지를 좋아하지 않았기 때문에 그를 제거하려고 했다. 그리고 대부분의 도시에서 유대인들은 그를 반대했다. 죽음이 임박했을 때 사도 바울은 자신이 당한 박해의 일부를 회고하면서 '주께서 이 모든 것 가운데서 나를 건지셨느니라'고 기록했다(딤후 3:11, 참고 - 4:18).

그가 기록한 13권의 서신들 중 디모데전서와 디도서를 제외한 11권에서 바울

---

23) '이 도'는 오직 사도행전에서만 언급되는 용어이며(9:2, 19:9, 23, 22:4, 24:14, 22), 기독교의 독특성을 밝히 보여주고 있다.

은 고난과 박해와 곤경과 반대에 대해 언급했는데 우리는 그 내용을 아래의 101개의 구절들 속에서 확인할 수 있다.

- '우리가 환난 중에도 즐거워하나니' (롬 5:3).
- "자녀이면 또한 후사 곧 하나님의 후사요 그리스도와 함께한 후사니 우리가 그와 함께 영광을 받기 위하여 고난도 함께 받아야 될 것이니라" (롬 8:17).
- "생각건대 현재의 고난은 장차 우리에게 나타날 영광과 족히 비교할 수 없도다" (롬 8:18).
- "이 뿐 아니라 또한 우리 곧 성령의 처음 익은 열매를 받은 우리까지도 속으로 탄식하여 양자 될 것 곧 우리 몸의 구속을 기다리느니라" (롬 8:23).
- "누가 우리를 그리스도의 사랑에서 끊으리요 환난이나 곤고나 핍박이나 기근이나 적신이나 위험이나 칼이랴" (롬 8:35).
- "내가 확신하노니 사망이나 생명이나 천사들이나 권세자들이나 현재 일이나 장래 일이나 능력이나 높음이나 깊음이나 다른 아무 피조물이라도 우리를 우리 주 그리스도 예수 안에 있는 하나님의 사랑에서 끊을 수 없으리라" (롬 8:38-39).
- "내가 생각건대 하나님이 사도인 우리를 죽이기로 작정한 자같이 미말에 두셨으매 우리는 세계 곧 천사와 사람에게 구경거리가 되었노라 우리는 그리스도의 연고로 미련하되 너희는 그리스도 안에서 지혜롭고 우리는 약하되 너희는 강하고 너희는 존귀하되 우리는 비천하여 바로 이 시간까지 우리가 주리고 목마르며 헐벗고 매맞으며 정처가 없고 또 수고하여 친히 손으로 일을 하며 후욕을 당한즉 축복하고 핍박을 당한즉 참고 비방을 당한즉 권면하니 우리가 지금까지 세상의 더러운 것과 만물의 찌끼같이 되었도다" (고전 4:9-13).
- '우리가 이 권을 쓰지 아니하고 범사에 참는 것은 그리스도의 복음에 아무

장애가 없게 하려 함이로라' (고전 9:12).
- '또 어찌하여 우리가 때마다 위험을 무릅쓰리요 형제들아 내가 그리스도 예수 우리 주 안에서 가진바 너희에게 대한 나의 자랑을 두고 단언하노니 나는 날마다 죽노라 내가 범인처럼 에베소에서 맹수로 더불어 싸웠으면 내게 무슨 유익이 있느뇨' (고전 15:30-32).
- '대적하는 자가 많음이니라' (고전 16:9).
- "찬송하리로다 그는 우리 주 예수 그리스도의 하나님이시요 자비의 아버지시요 모든 위로의 하나님이시며 우리의 모든 환난 중에서 우리를 위로하사 우리로 하여금 하나님께 받는 위로로써 모든 환난 중에 있는 자들을 능히 위로하게 하시는 이시로다 그리스도의 고난이 우리에게 넘친 것같이 우리의 위로도 그리스도로 말미암아 넘치는도다 우리가 환난받는 것도 너희의 위로와 구원을 위함이요 혹 위로받는 것도 너희의 위로를 위함이니 이 위로가 너희 속에 역사하여 우리가 받는 것 같은 고난을 너희도 견디게 하느니라 너희를 위한 우리의 소망이 견고함은 너희가 고난에 참예하는 자가 된 것같이 위로에도 그러할 줄을 앎이라 형제들아 우리가 아시아에서 당한 환난을 너희가 알지 못하기를 원치 아니하노니 힘에 지나도록 심한 고생을 받아 살 소망까지 끊어지고 우리 마음에 사형 선고를 받은 줄 알았으니 이는 우리로 자기를 의뢰하지 말고 오직 죽은 자를 다시 살리시는 하나님만 의뢰하게 하심이라 그가 이같이 큰 사망에서 우리를 건지셨고 또 건지시리라 또한 이후에라도 건지시기를 그를 의지하여 바라노라" (고후 1:3-10).
- '내가 큰 환난과 애통한 마음이 있어 많은 눈물로 너희에게 썼노니' (고후 2:4).
- "우리가 이 보배를 질그릇에 가졌으니 이는 능력의 심히 큰 것이 하나님께 있고 우리에게 있지 아니함을 알게 하려 함이라 우리가 사방으로 우겨쌈을 당하여도 싸이지 아니하며 답답한 일을 당하여도 낙심하지 아니하며 핍박

을 받아도 버린바 되지 아니하며 거꾸러뜨림을 당하여도 망하지 아니하고 우리가 항상 예수 죽인 것을 몸에 짊어짐은 예수의 생명도 우리 몸에 나타나게 하려 함이라 우리 산 자가 항상 예수를 위하여 죽음에 넘기움은 예수의 생명이 또한 우리 죽을 육체에 나타나게 하려 함이니라 그런즉 사망은 우리 안에서 역사하고 생명은 너희 안에서 하느니라" (고후 4:7-12).

- "그러므로 우리가 낙심하지 아니하노니 겉사람은 후패하나 우리의 속은 날로 새롭도다 우리의 잠시 받는 환난의 경한 것이 지극히 크고 영원한 영광의 중한 것을 우리에게 이루게 함이니" (고후 4:16-17).
- '오직 덧입고자 함이니 죽을 것이 생명에게 삼킨바 되게 하려 함이라' (고후 5:4).
- "오직 모든 일에 하나님의 일꾼으로 자천하여 많이 견디는 것과 환난과 궁핍과 곤난과 매맞음과 갇힘과 요란한 것과 수고로움과 자지 못함과 먹지 못함과" (고후 6:4-5).
- "영광과 욕됨으로 말미암으며 악한 이름과 아름다운 이름으로 말미암으며 속이는 자 같으나 참되고 무명한 자 같으나 유명한 자요 죽은 자 같으나 보라 우리가 살고 징계를 받는 자 같으나 죽임을 당하지 아니하고 근심하는 자 같으나 항상 기뻐하고 가난한 자 같으나 많은 사람을 부요하게 하고 아무것도 없는 자 같으나 모든 것을 가진 자로다" (고후 6:8-10).
- '내가 우리의 모든 환난 가운데에서도 위로가 가득하고 기쁨이 넘치는도다' (고후 7:4).
- "우리가 마게도냐에 이르렀을 때에도 우리 육체가 편치 못하고 사방으로 환난을 당하여 밖으로는 다툼이요 안으로는 두려움이라" (고후 7:5).
- "저희가 그리스도의 일꾼이냐 정신 없는 말을 하거니와 나도 더욱 그러하도다 내가 수고를 넘치도록 하고 옥에 갇히기도 더 많이 하고 매도 수없이 맞고 여러 번 죽을 뻔하였으니 유대인들에게 사십에 하나 감한 매를 다섯 번 맞았으며 세 번 태장으로 맞고 한 번 돌로 맞고 세 번 파선하는데 일 주

야를 깊음에서 지냈으며 여러 번 여행에 강의 위험과 강도의 위험과 동족의 위험과 이방인의 위험과 시내의 위험과 광야의 위험과 바다의 위험과 거짓 형제 중의 위험을 당하고 또 수고하며 애쓰고 여러 번 자지 못하고 주리며 목마르고 여러 번 굶고 춥고 헐벗었노라 이 외의 일은 고사하고 오히려 날마다 내 속에 눌리는 일이 있으니 곧 모든 교회를 위하여 염려하는 것이라 누가 약하면 내가 약하지 아니하며 누가 실족하게 되면 내가 애타지 않더냐"(고후 11:23-29).

- "여러 계시를 받은 것이 지극히 크므로 너무 자고하지 않게 하시려고 내 육체에 가시 곧 사단의 사자를 주셨으니 이는 나를 쳐서 너무 자고하지 않게 하려 하심이니라"(고후 12:7).
- "내게 이르시기를 내 은혜가 네게 족하도다 이는 내 능력이 약한 데서 온전하여짐이라 하신지라 이러므로 도리어 크게 기뻐함으로 나의 여러 약한 것들에 대하여 자랑하리니 이는 그리스도의 능력으로 내게 머물게 하려 함이라 그러므로 내가 그리스도를 위하여 약한 것들과 능욕과 궁핍과 핍박과 곤란을 기뻐하노니 이는 내가 약할 그때에 곧 강함이니라"(고후 12:9-10).
- "내가 처음에 육체의 약함을 인하여 너희에게 복음을 전한 것을 너희가 아는 바라"(갈 4:13).
- '나의 자녀들아 너희 속에 그리스도의 형상이 이루기까지 다시 너희를 위하여 해산하는 수고를 하노니 내가 이제라도 너희와 함께 있어 내 음성을 변하려 함은 너희를 대하여 의심이 있음이라"(갈 4:19-20).
- '형제들아 내가 지금까지 할례를 전하면 어찌하여 지금까지 핍박을 받으리요'(갈 5:11).
- "이후로는 누구든지 나를 괴롭게 말라 내가 내 몸에 예수의 흔적을 가졌노라"(갈 6:17).
- "그러므로 너희에게 구하노니 너희를 위한 나의 여러 환난에 대하여 낙심치 말라 이는 너희의 영광이니라"(엡 3:13).

- '내가 쇠사슬에 매인 사신이 된 것은' (엡 6:20).
- "내가 너희 무리를 위하여 이와 같이 생각하는 것이 마땅하니 이는 너희가 내 마음에 있음이며 나의 매임과 복음을 변명함과 확정함에 너희가 다 나와 함께 은혜에 참예한 자가 됨이라" (빌 1:7).
- "형제들아 나의 당한 일이 도리어 복음의 진보가 된 줄을 너희가 알기를 원하노라 이러므로 나의 매임이 그리스도 안에서 온 시위대 안과 기타 모든 사람에게 나타났으니 형제 중 다수가 나의 매임을 인하여 주 안에서 신뢰하므로 겁 없이 하나님의 말씀을 더욱 담대히 말하게 되었느니라" (빌 1:12-14).
- "저들은 나의 매임에 괴로움을 더하게 할 줄로 생각하여 순전치 못하게 다툼으로 그리스도를 전파하느니라" (빌 1:17).
- "그리스도를 위하여 너희에게 은혜를 주신 것은 다만 그를 믿을 뿐 아니라 또한 그를 위하여 고난도 받게 하심이라 너희에게도 같은 싸움이 있으니 너희가 내 안에서 본 바요 이제도 내 안에서 듣는 바니라" (빌 1:29-30).
- "만일 너희 믿음의 제물과 봉사 위에 내가 나를 관제로 드릴찌라도 나는 기뻐하고 너희 무리와 함께 기뻐하리니" (빌 2:17).
- "또한 모든 것을 해로 여김은 내 주 그리스도 예수를 아는 지식이 가장 고상함을 인함이라 내가 그를 위하여 모든 것을 잃어버리고 배설물로 여김은 그리스도를 얻고" (빌 3:8).
- "내가 그리스도와 그 부활의 권능과 그 고난에 참예함을 알려 하여 그의 죽으심을 본받아" (빌 3:10).
- "내가 궁핍하므로 말하는 것이 아니라 어떠한 형편에든지 내가 자족하기를 배웠노니 내가 비천에 처할 줄도 알고 풍부에 처할 줄 알아 모든 일에 배부르며 배고픔과 풍부와 궁핍에도 일체의 비결을 배웠노라" (빌 4:11-12).
- "그러나 너희가 내 괴로움에 함께 참예하였으니 잘하였도다" (빌 4:14).
- "내가 이제 너희를 위하여 받는 괴로움을 기뻐하고 그리스도의 남은 고난

을 그의 몸된 교회를 위하여 내 육체에 채우노라"(골 1:24).
- "또한 우리를 위하여 기도하되 하나님이 전도할 문을 우리에게 열어주사 그리스도의 비밀을 말하게 하시기를 구하라 내가 이것을 인하여 매임을 당하였노라"(골 4:3).
- '나의 매인 것을 생각하라'(골 4:18).
- '너희는 많은 환난 가운데서 성령의 기쁨으로 도를 받아'(살전 1:6).
- "너희 아는 바와 같이 우리가 먼저 빌립보에서 고난과 능욕을 당하였으나 우리 하나님을 힘입어 많은 싸움 중에 하나님의 복음을 너희에게 말하였노라"(살전 2:2).
- '형제들아 우리의 수고와 애쓴 것을 너희가 기억하리니'(살전 2:9).
- '저희가 유대인들에게 고난을 받음과 같이 너희도 너희 나라 사람들에게 동일한 것을 받았느니라 유대인은 주 예수와 선지자들을 죽이고 우리를 쫓아내고 … 우리가 이방인에게 말하여 구원 얻게 함을 저희가 금하여'(살전 2:14-16).
- "그러므로 나 바울은 한 번 두 번 너희에게 가고자 하였으나 사단이 우리를 막았도다"(살전 2:18).
- "우리 형제 곧 그리스도 복음의 하나님의 일꾼인 디모데를 보내노니 이는 너희를 굳게 하고 너희 믿음에 대하여 위로함으로 누구든지 이 여러 환난 중에 요동치 않게 하려 함이라 우리로 이것을 당하게 세우신 줄을 너희가 친히 알리라 우리가 너희와 함께 있을 때에 장차 받을 환난을 너희에게 미리 말하였더니 과연 그렇게 된 것을 너희가 아느니라"(살전 3:2-4).
"이러므로 형제들아 우리가 모든 궁핍과 환난 가운데서 너희 믿음으로 말미암아 너희에게 위로를 받느니라"(살전 3:7).
- "그리고 너희의 참는 모든 핍박과 환난 중에서 너희 인내와 믿음을 인하여 하나님의 여러 교회에서 우리가 친히 자랑함이라"(살후 1:4).
- '오직 하나님의 능력을 좇아 복음과 함께 고난을 받으라'(딤후 1:8).

- '내가 또 이 고난을 받되' (딤후 1:12).
- "아시아에 있는 모든 사람이 나를 버린 이 일을 네가 아나니 그중에 부겔로와 허모게네가 있느니라" (딤후 1:15).
- "네가 그리스도 예수의 좋은 군사로 나와 함께 고난을 받을찌니" (딤후 2:3).
- '복음을 인하여 내가 죄인과 같이 매이는 데까지 고난을 받았으나' (딤후 2:9).
- '그러므로 내가 택하신 자를 위하여 모든 것을 참음은' (딤후 2:10).
- "나의 교훈과 행실과 의향과 믿음과 오래 참음과 사랑과 인내와 핍박과 고난과 또한 안디옥과 이고니온과 루스드라에서 당한 일과 어떠한 핍박받은 것을 네가 과연 보고 알았거니와 주께서 이 모든 것 가운데서 나를 건지셨느니라" (딤후 3:10-11).
- "무릇 그리스도 예수 안에서 경건하게 살고자 하는 자는 핍박을 받으리라" (딤후 3:12).
- '관제와 같이 벌써 내가 부음이 되고' (딤후 4:6).
- '데마는 이 세상을 사랑하여 나를 버리고' (딤후 4:10).
- '구리 장색 알렉산더가 내게 해를 많이 보였으매' (딤후 4:14).
- "내가 처음 변명할 때에 나와 함께한 자가 하나도 없고 다 나를 버렸으나 저희에게 허물을 돌리지 않기를 원하노라" (딤후 4:16).
- "주께서 나를 모든 악한 일에서 건져 내시고 또 그의 천국에 들어가도록 구원하시리니 그에게 영광이 세세 무궁토록 있을찌어다 아멘" (딤후 4:18).
- "갇힌 중에서 낳은 아들 오네시모를 위하여 네게 간구하노라" (몬 1:10).
- "저를 내게 머물러 두어 내 복음을 위하여 갇힌 중에서 네 대신 나를 섬기게 하고자 하나" (몬 1:13).

이상의 구절들은 상상할 수 있는 거의 모든 어려움에 대해 언급하고 있다. 바울이 이 구절들에서 그의 고난을 묘사하기 위해 사용한 용어들은 다음과 같은 분류해볼 수 있다.

- **육체적 학대** : 매 맞고, 투옥되며, 줄에 매이고, 곤장을 맞으며,[24] 돌에 맞고, 파선되며,[25] 사슬에 매이는 것.[26]
- **육체적 곤경들** : 수고, 어려운 일, 불면, 굶주림, 목마름, 허약함, 소진, 냉냉함, 벌거벗음, 병, 죽음에 노출됨, 죽는 것.[27]
- **감정적 짐들** : 잘못 비난받고, 불명예를 겪으며, 중상모략을 당하고, 부랑아나 쓰레기처럼 취급받으며, 모욕받고[28] 범죄자로 취급받으며, 슬픔에 싸이고, 우울해지며, 압력을 받고, 마음의 고통이 있으며, 눈물을 흘리고, 당황케 되며, 짐을 지고, 절망에 빠지며, 잃은 자와 동료 신자들의 문제들로

---

24) 다섯 번이나 바울은 유대인들로부터 39대(총 195대)의 매장을 맞았다고 말했다(고후 11:24). 그리스도는 제자들에게 그들이 회당에서 유대인들의 공격을 받게 될 것을 경고했다(마 10:17, 막 13:9). 회심 전의 바울은 그리스도인들을 박해하는 사람(그들을 죽게 하는, 행 22:4)이었다. 이제 그리스도인이 된 바울은 믿지 않는 유대인들의 박해를 받게 되었다. 막대기로 맞은 세 번의 사건들 중 하나는 로마인들이 저지른 것으로 사도행전에 기록되어 있다. 이것은 빌립보에서 일어났고(행 16:23), 예수님에게 사용되었던 방식이었다(마 27:26).

25) 바울의 세 번의 파선(고후 11:25)에서 한 번은 사도행전에 언급되어 있는데, 그가 고린도후서를 쓴 뒤, 3년 정도 되었을 때 로마로 가는 중에 멜리데(몰타) 섬에서 발생했다. 휴그스(Hughes)는 배의 파선이 있었을 바울의 여정 중 아홉 번을 다음과 같이 나열하고 있다[Philip Edgcumbe Hughes, Paul's Second Epistle to the Corinthians, New International Commentary on the New Testament(Grand Rapids:Eerdmans, 1962), 411]: 가이사랴에서 다소로(행 9:30), 다소에서 안디옥으로(11:25-26), 실루기아에서 살라미로(13:4), 바보에서 버가로(13:13), 앗달리아에서 안디옥으로(14:25-26), 드로아에서 네압볼리로(16:11), 베뢰아에서 아덴으로(17:14-15), 고린도에서 에베소로(18:18-19), 에베소에서 가이사랴로(18:21-22) 가는 여정을 나열했다.

26) 바울은 빌립보 감옥(행 16:24, 26)과 예루살렘(21:33, 22:29, 26:29)과 로마(28:20, 엡 6:20, 빌 1:7, 13-14, 17, 골 4:3, 18, 딤후 1:16, 몬 1:10, 13)에서 사슬에 매였다.

27) 바울은 종종 자신이 거의 죽게 되었다고 말했는데, 그는 이에 대해 여러 방식으로 묘사했다. '우리를 죽이기로 작정한 자같이' (고전 4:9), '살 소망까지 끊어지고' (고후 1:8), '우리 마음에 사형 선고를 받은 줄 알았으니' (1:9), '큰 사망' (1:10), '우리가 항상 예수 죽인 것을 몸에 짊어짐은' (4:10), '죽음에 넘기움' (4:11), '사망은 우리 안에서 역사하고' (4:12), '여러 번 죽을 뻔하였으니' (11:23). 그가 그의 몸 안에 '예수 죽인 것' (4:10)을 지니고 있다고 썼을 때 그는 죽음의 마지막 상황인 사나토스(thanatos)가 아니라 '죽는 과정'을 뜻하는 네크로시스(nekrōsis)라는 단어를 사용했다[Timothy B. Savage, Power through Weakness: Paul's Understanding of the Christian Ministry in 2 Corinthians (Cambridge: Cambridge University Press, 1996), 172].

28) NIV의 '모욕을 받아라'는 말은 NASB의 '잘못 대접받다' 혹은 '수치스러운 대접을 받다'는 말로 번역되는 것이 더 나을 것이다. 휘브리조(hybrizō)라는 말은 '불명예스러운 벌을 받다'는 뜻이다[Georg

스트레스를 받는 것.
- **재정적 궁핍** : 가난하고, 아무것도 가진 것이 없으며, 집이 없고, 누더기를 입으며, 궁핍한 것.
- **영적 반대** : 적대자들과 거짓된 형제들의 방해와 학대를 받고, 친구들에 의해 버림받으며,[29] 악한 공격들에 직면하는 것.

따라서 바울이 '모든' (딤후 2:10) 고난을 참은 것에 대해 언급한 것은 유별난 것이 아니었다. 바울은 몇몇 서신에서 고난과 관련된 목록을 나열했는데, 로마서 8장 35절, 고린도전서 4장 9-13절, 고린도후서 4장 8-9절, 6장 4-5절, 8-10절, 11장 23-29절, 빌립보서 4장 12절 등이다. 몇몇 헬라의 저술가들, 특히 플루타크(Plutarch)와 에픽테토스(Epictetus)와 세네카(Seneca)와 디오 크리소스돔(Dio Chrysostom)과 같은 스토아 학파 사람들은 어려움에 관한 '환경(페리스타시스) 목록'을 적었는데, 일부 유대의 저술가들도 그렇게 했다.[30] 바울의 목록들은 문학적 통념과 일부 유사하지만, 그가 고통을 그 자신의 힘의 표시로서가 아닌 하나님의 능력의 관점에서 보았다는 점에서 다른 세속적인 저술에 기록된

Bertram, "ὕβρις ktl.." in Theological Dictionary of the New Testament, 8 (1972), 305). 빌립보에서는 선교사들을 행정관들 앞에 끌고가서(행 16:19-20), 거짓된 기소를 했으며(16:20-21), 옷을 벗기고(16:22), 재판 없이 공개적으로 매를 때리고(16:22-23), 마치 위험한 범죄자들인 양 발에 착꼬를 채운 채 깊은 감옥에 던졌다(16:24)[Warren E. Becker, "Paul, the Suffering Apostle: The Place of Suffering in His Life and Theology" (Ph. D. diss, Fuller Theological Seminary, 1982) 25, n.15].

29) 마가는 제1차 선교 여행시에 밤빌리아에서 바울과 바나바를 버렸다(행 15:38). 바울을 버린 또 다른 사람들은 부겔로와 허모게네(딤후 1:15)와 데마(4:10)였으며, 로마에서 첫번째 변호를 했을 때는 모든 사람이 그를 버렸다(4:16).

30) Colin G. Kruse, "Afflictions, Trials, Hardships," in Dictionary of Paul and His Letters, 19, Robert Hodgson, "Paul the Apostle and First Century Tribulation Lists," Zeitschrift für die neutestamentiche Wissenschaft 74(January-February 1983): 59-80, Susan R. Garrett, "The God of This World and the Affliction of Paul," in Greeks, Romans, and Christians, ed. David L. Balch, Everet Ferguson, and Wayne A. Meeks(Minneapolis: Fortress, 1990), 99-117, Nills Willert, "The Catalogues of Hardships in the Pauline Correspondence: Background and Function," in The New Testament and Hellenistic Judaism, ed. Peter Borgen and Søren Giversen(Oakville, Conn.: Aarhus University Press, 1995), 217-243, Savage, Power through Weakness, 169-170, and Abraham J. Malherbe, "The Beasts at Ephesus," Journal of Biblical Literature 87(1968): 72, n.11.

목록들과 다르다.[31]

바울은 고린도전서 4장 10-13절에서 세 개의 관련 어구들을 몇 번 언급했다. 10절의 세 개의 모순되는 대조들(미련하되 지혜롭고, 약하되 강하고, 존귀하되 비천하여), 육체적 곤경에 대한 11-12절 상반절의 두 번의 세 개 관련 어구들(주리고, 목마르며, 헐벗고, 매맞으며, 정처가 없고, 수고하여), 12절 하 - 13절에서 수반된 응답을 동반한 세 종류의 핍박(후욕, 핍박, 비방)이다.[32] 고린도후서는 네 개의 대조 어법을 언급하고, 고린도후서 6장 4절 하-5절의 아홉 가지 곤경은 세 개의 관련 어구로 나열되어 있으며,[33] 고린도후서 6장 8-10절에는 아홉 쌍의 대조적이고 심지어 역설적인 목록들이 포함되어 있고, 빌립보서 4장 12절은 세상의 적대 세력을 나열한다.

사도 바울은 고린도후서 6장 4절 하 - 5절의 아홉 가지 곤경과 8-10절의 아홉 쌍의 적대 세력들 사이에 아홉 가지 덕목을 나열했다. 깨끗함, 지식, 오래 참음, 자비, 성령의 감화,[34] 거짓이 없는 사랑, 진리의 말씀, 하나님의 능력과 의의 병기의 활용과 같은 모든 요소들에 힘입어 그는 수고와 고통을 견딜 수 있었다.

바울은 모든 신자들은 고난과 박해를 당할 것이라는 것과 이미 많은 그의 독자들이 실제로 그리스도를 위해 고난을 받았다고 여러 곳에 기록했다(롬 8:17-18, 고후 1:6-7, 빌 1:29, 살전 1:6, 2:14, 3:3-4, 살후 1:5, 딤후 3:12). 바울과 바나바

---

31) Kruse, "Afflictions, Trials, Hardships," 19.
32) John T. Fitzgerald, Cracks in an Earthen Vessel:An Examination of the Catalogues of Hardship in the Corinthian Correspondence(Atlanta: Scholars, 1988), 132.
33) 고린도후서 6장 4절 하 - 5절에서 첫번째 세 단어, 즉 환난(트립피스, thlipsis)과 궁핍과 곤란이라는 말은 일반적인 것이고, 다음의 세 단어, 즉 매 맞음과 갇힘과 요란한 것은 구체적인 것이며, 마지막 세 단어, 즉 수고로움과 자지 못함과 먹지 못함은 장막 깁는 그의 직업과 관련된 어려움들이다(ibid., 192-194).
34) 플러머(Plummer)는 바울은 아마도 성령을 인간 덕목에 포함시키지 않았다고 제안하면서, 엔 프튜마티 하기오(en pneumati hagiō)는 거룩한 영, 즉 '참된 사역자들을 거짓된 자들과 구분하는 거룩함의 영으로' 번역해야 한다고 말한다(Plummer, A Critical and Exegetical Commentary on the Second Epistle of St. Paul to the Corinthians, 196). 그런데 사도 바울이 성령을 이들 아홉 가지 요인들 중 다섯 번째로, 즉 중심된 요소로 언급한 것은 부적절한 것이 아니었을 것이다. 또 다른 신적 요소인 '하나님의 능력' 도 이 목록에 포함되어 있다. 만일 그가 '거룩함의 영' 을 뜻했다면, 그는 아마도 엔 프뉴마티 하기오시네스(en pneumati hagiosynēs)라는 말을 썼을 것이다(Hughes, Paul's Second Epistle to the Corinthians, 228).

는 루스드라와 이고니온과 안디옥의 새로운 신자들에게, 그리스도인이 고난을 당하는 것은 비정상적인 것이 아니라 정상적인 것이라고 격려했다(행 14:22). 고난에는 가치가 있고, 고난을 통해 우리는 유익을 얻는다. 바울은 '환난이 인내를 만든다' 고 했다(롬 5:3). 고난은 믿는 자들에게 그들의 견고함을 나타낼 기회를 준다. 또한 고난은 그리스도의 고통을 나누고 그 고통에 참여함으로(8:17, 빌 3:10), 그리스도의 영광의 기쁨을 맛보게 해준다(롬 8:18). 현재의 고난은 천국의 기쁨과 견주어볼 때 '가볍고 일시적이기' 때문에(롬 8:18), 그리스도의 영적 자녀들은 영원한 관점을 통해 현재의 어려움 속에서도 격려받을 수 있다(고후 4:17-18).

바울의 힘든 고난을 통해 사람들이 복음을 듣고 구원을 받았다. 바울이 말씀을 전하고 그리스도를 가르치기를 회피했다면 훨씬 더 편안한 삶을 살았겠지만, 사람들은 복음을 듣거나 배우지 못했을 것이다. 그는 고린도 교인들에게 '우리가 환난받는 것도 너희의 위로와 구원을 위함이요' 라고 말했다(고후 1:6). 그는 에베소 교인들에게 그의 고난이 '너희의 영광,' 즉 그들의 영적 발전을 위함이라고 말했다. 그리고 골로새 교인들에게는 그의 어려움이 '너희를 위하여' 라고 말했다(골 1:24). 그는 '택하신 자를 위하여 … 그리스도 예수 안에 있는 구원을 영원한 영광과 함께 얻게 하려고' 모든 것을 견뎌냈다(딤후 2:10). 그는 '그리스도의 복음에 아무 장애가 없게 하려고' (고전 9:12), 필요한 '모든 것을 참아냈다.' 심지어 로마 감옥에 투옥되었을 때도, 그곳에서 복음을 들은 간수들이 담대히 그리스도를 말하는 것을 다른 사람들이 듣고 격려를 받게 함으로 지속적으로 복음을 확장시켰다(빌 1:12-14). 이런 이유들 때문에 그의 고난은 '복음과 함께' (딤후 1:8) '그리스도를 위한' (고후 12:10) 것이라고 말했다. 그가 당한 괴로움이 그리스도의 남은 고난을 채운다고 말한 것은(골 1:24), 십자가 상의 그리스도의 속죄의 희생이 부족했다는 것을 뜻하지는 않는다. 이는 그의 고난이 그리스도의 고난에 포함되어 복음을 전하는 데 사용되었노라고 말하는 것이다. 사도 바울의 사역이 그리스도의 고난을 대체한 것은 아니다. 다만 십자가의 진리를 다른 사람들에게 전파함으로[35] 그리스도의 재림 이전에 채워지도록 남겨진 고난의 '할당량'을 온전히 채우도록 도와준 것이다.[36]

그리스도와 다른 사람들을 향한 헌신 때문에 기꺼이 고난받고자 했다니 얼마나 경이롭고 모범적인 인물인가! 그러나 이것이 전부가 아니다. 대다수의 사람들은 고난에 대해 씁쓸한 불만을 토하며 벗어나고자 갈망하지만 바울은 그렇지 않았다.

고난으로부터 얻는 긍정적 유익에 대해 격려를 받은 그는 오히려 고난을 기뻐했다. 얼마나 많은 고통받는 그리스도인들이 "우리는 하나님의 영광의 소망 안에서 기뻐한다" "우리는 이 고난을 즐거워한다"라고 말할 수 있겠는가?(롬 5:2-3, 참고 - 11절) 자신의 삶이 방금 부은 관제처럼 곧 끝날 것이기에 기뻐한다고 말한 바울의 삶에 동참할 사람이 얼마나 있겠는가?(빌 2:17, 딤후 4:6) 바울이 기뻐했듯이, 자신의 어려움이 '그리스도의 몸인 교회의 유익' 임을 알기 때문에 기뻐할 사람이 얼마나 있겠는가?(골 1:24) 이런 태도 때문에 그는 그의 '약한 것' 을 자랑하고(고후 11:30), 자신의 나약함으로 인해 더욱 기뻐하고(12:9), 감옥 속에서도 찬양할(행 16:25) 수 있었던 것이 분명하다. 그는 '그리스도를 위한' 약함을 기뻐했다(고후 12:10). 그랬기에 그는 '우리의 모든 환난 가운데서도 위로가 가득하고 기쁨이 넘치는도다' 라고 기록할 수 있었다(7:4). 사실 그리스도를 섬기기 위해 겪는 고난은 그에게 고상한 특권이었다. 바울이 '그리스도를 위하여 고난도 받게 하심이라' 고 썼을 때(빌 1:29), 그는 카리조(charizō)라는 단어를 사용했는데, 이것은 '은혜롭게 주고 은총을 수여하는' 것을 뜻하는 '부여하다' 로 번역된다. 그리스도를 위해 고난받는 것은 그의 은혜의 표시였다.

그 후, 이 탁월한 지도자는 하나님께서 그에게 고난을 견딜 힘을 주시고(딤후

---

35) James D. E. Dunn, The Epistles to the Colossians and to Philemon, New International Greek Testament Commentary(Grand Rapids: Eerdmans, 1996), 113-117.
36) C. F. D. Moule, The Epistles of Paul the Apostle to the Colossians and to Philemon, Cambridge Greek

4:17), 어려움으로부터 구해주실 것이라고 확신했다(고후 1:10-11, 딤후 3:11, 4:17-18). 그에게 닥친 끊임없는 박해는 에베소에서 '맹수들' 과 맞서는 것과 같았지만(고전 15:32, 맹렬하고 맹수처럼 반대하는 그의 대적자들을 언급하는 은유법일 것이다), 그는 '사자의 입에서 건짐을 받았다' (딤후 4:17).[37] 그리스도인의 삶은 전투와 같기 때문에(엡 6:10-18), 믿는 자들은 주 안에서 '강하고' 그리스도의 군사들처럼 '고난을 견뎌내야' 한다(딤후 2:1, 3). 바울은 심지어 디모데에게도 그의 고난에 '동참' 하라고 격려했다(1:8).

비록 그는 낙심하고 포기할 만한 모든 상황에서도 계속 믿음을 지켰다. 그는 많은 박해를 받았지만 지속적으로 사역을 감당했다. 그는 고린도후서 4장 8-9절에서 이 점을 풍부한 언어로 분명히 표현했다.

> 우겨쌈을 당하여도(틀립보, thlibō, '압력 아래에 있거나 고통을 당하는')
> 싸이지 아니하며(스테노코레오, stenochōreō, '좁은 공간에서 눌림을 받지 않는')
> 답답한 일을 당하여도(아포레오, aporeō, '어쩔 줄 몰라 당황하는')
> 낙심하지 아니하며(엑사포레오마이, exaporeomai, '완전히 좌절된')
> 핍박을 받아도(디오코, diōkō, '동물처럼 사냥의 대상이 되는')
> 버린바 되지 아니하며(엔카탈레이포, enkataleipō, '유기되거나 버림받는')
> 거꾸러뜨림을 당하여도(카타발로, kataballō, '레슬링을 하다가 다운되는 것 같은')
> 망하지 아니하고(아폴리미, apollymi, '파멸하거나 죽는 것').[38]

앞에서도 언급했듯이, 바울의 고난은 그의 능력이 아니라 하나님의 능력을 입증하는 기회가 되었다. 그는 고린도전서 2장 4-5절에서 '성령의 능력' 과 '하나님의 능력' 에 대해 언급했다. 그는 고난으로 인해 하나님만 의뢰하게 되고(고후 1:9), '능력의 심히 큰 것이 하나님께 있고 우리에게 있지 아니함을 알게 하

Testament Commentary(Cambridge : Cambridge University Press, 1957), 78.
37) "바울은 로마 시민이라서 원형 경기장의 사자들에게 던져질 수 없었으므로, 이것은 그의 첫번째 청문회가 (로마에서의) 즉각적인 유죄 판결로 이어지지 않았음을 은유적으로 표현한 것이었을 것이다" [The NIV Study Bible, ed. Kenneth Barker(Grand Rapids:Zondervan, 1985), 1847].
38) Savage, Power through Weakness, 169-172, and Fitzgerald, Cracks in an Earthen Vessel, 180-184를 참

려 함이라'고 말했다(4:7). 그는 자신의 연약함을 자랑하고 기뻐함으로 하나님의 능력을 덧입어(12:9) 강하게 될 수 있었다(12:10). 자기를 드러내는 행동, 겸손에 대한 경멸, 정력과 힘을 내세우는 것, 심지어 거만하고 남용한 언변을 가치 있게 여긴 고린도 교인들의 세속적 태도와는 반대로 바울은 자신의 연약함을 '자랑했다.'[39] 고린도인들은 바울의 자랑하지 않는 모습, 보잘것없는 외모, 어눌한 언변, 지원받기를 거부한 일들을 곡해했다. 그들은 이것을 나약함의 표시로 간주했다. "바울은 이런 평가를 받아들이면서 반대로 그런 '약함'(그의 마음속의 그런 겸손한 믿음) 속에서 바로 진정한 능력, 곧 하나님의 능력이 그의 사역을 통해 효과적으로 드러남을 멋지게 증명하고 있다."[40] 고린도 교인들은 세속적인 기준에 따라 사도 바울을 그릇되게 평가하면서 그가 과연 참된 그리스도의 사역자인지를 의심했다. 바울은 그의 사도적 권위를 입증하고 그의 사역이 하나님의 능력으로 이루어짐을 확신시키는 것은 바로 그의 '약함'에 있음을 선포함으로 그들의 논리를 완전히 뒤집었다.[41]

이렇게 볼 때, 바울이 놀라운 믿음과 비교할 수 없는 끈기를 가진 사람이었음은 의심할 여지가 없다. 그는 흔들리거나 요동함 없이, 모든 대가를 감수하며 진리를 전파하는 일에 최선의 노력을 기울였다. 덜 성숙한 인격을 소유한 사람들이라면 파도가 흉흉해지면 으레 배에서 뛰어내렸겠지만 바울은 결코 그렇게 하지 않았다.

그는 탁월한 담대함을 구체적으로 보였고, 처음부터 일관성 있게 그런 강인함을 유지했다. 유대인들은 그가 회심 후 처음으로 사역했던 다메섹에서 그를 대적했다. 이방인들은 1차 선교 여행 때 그를 돌로 쳐 거의 죽게 만들었다. 심지어 그는 돌에 맞았던(행 14:8, 19) 곳인 루스드라로 되돌아갔다(14:21-22). 그의

고하라.
39) Savage, Power through Weakness, 54-99.
40) Ibid., 185.
41) Ibid., 187-188.

담대함을 상상해보라. 후에 그는 예루살렘에서 위험한 일을 겪을 것이라는 것을 알면서도, 동료들의 한결같은 만류에도 불구하고 그곳으로 향했다(20:22-23). 그런 단호함을 상상해보라. 그는 그를 죽이려는 갈망으로 성난 유대인 폭도들에게 둘러싸인 상황 속에서도, 성전 바깥 뜰에 나가 그들에게 말씀을 전했다(21:37-40). 그런 용기를 상상해보라.

그리스도를 위한 단호한 삶을 계속 유지한 이 영적 전사는 흔들리거나 움추러들지 않았다. 그는 자신의 헌신을 결코 약화시키거나 저버리지 않았다. 그가 에베소 교인들에게 말했던 것처럼, 그 어떤 것도 그를 움직이지 못했다(행 20:24, NKJV). 그는 주님의 일에 자신을 일관성 있게 헌신했기 때문에 다른 사람들에게 자기처럼 일하라고 권면할 수 있었다. 그는 고린도 교인들에게 '견고하며 흔들리지 말며 항상 주의 일에 더욱 힘쓰는 자들이 되라'고 촉구했다(고전 15:58). 그 자신이 고난을 견뎌냈기 때문에 디모데에게도 자기처럼 하라고 격려할 수 있었다(고후 2:1, 3). 또한 주님께서 그와 함께하시며 힘을 주시기 때문에(딤후 4:17) 낙심하지 않았다(고후 4:1, 16).

당신은 어떤 어려움에 직면해 있는가? 무거운 마음을 갖고 있는가? 누군가 당신의 일을 방해하는가? 가르치는 사역에 어려움을 겪고 있는가? 그렇다면 우리에게 모범이 된 이 위대한 교사가 역경 속에서 끈기를 발휘한 모습에 격려를 받으라. 우리가 하나님의 능력 안에서 하나님의 뜻을 행하는 데 집중한다면 그 어떤 비난과 박해와 반대와 낙심도 결코 우리를 방해하지 못할 것이다.

엄격함

앞에서 살펴본 것처럼, 바울은 확실히 긍휼과 사랑을 보이는 교사이며, 학생들에게 깊은 애정을 보인 사람이었다. 하지만 그들 중 일부에게 엄한 모습을 보인 적도 있었다. 하지만 심한 책망이나 엄한 경고가 그의 사랑과 모순되는 것은 아니었다. 그것은 그의 사랑에서 비롯되었기 때문이다. 학생들을 긍휼히 여기는 마음을 갖고 있었기 때문에 그들이 잘못된 가르침에 빠지지 않고 배운 바 진리와 일치되는 행동을 보이도록 관심을 드러냈다.

그가 회심시킨 사람들의 사고와 삶에 문제들이 발견되면 그는 그들과 대면했다. 그는 문제를 회피하거나 우회하지 않았다. 그들 앞에 놓인 위험들에 경각심을 갖도록 경고 신호로 질책했다. 그의 단호한 대면은 마치 깜빡이는 신호등과 같아서 그들이 계속해서 그 길을 간다면 심각한 결과를 초래할 것임을 지적해 주었다.

바울의 직선적인 모습을 볼 수 있는 첫번째 사례들 중 하나는, 안디옥에서 할례 없이는 구원받을 수 없다고 그리스도인들을 가르치던 일부 유대인들과의 첨예한 논쟁에서 나타난다(행 15:1-2).[42] 또한 갈라디아서에서 바울은 소위 '다른 복음'(갈 1:6), 즉 참된 복음이 아닌 변질된 복음(1:7)인 거짓된 가르침에 관한 우려를 여러 번 표명했다. 종교 지도자요 교사였던 바울은 거짓된 것을 가르치는 사람은 누구나 '저주받기를' 바라기까지 했다(1:8-9).[43] 이것은 아주 강한 언어적 표현이었다. 갈라디아서 2장 4절에서 그는 믿는 자라고 주장하지만 실상 그렇지 않은 '거짓 형제들'이 갈라디아의 그리스도인들에게 할례를 받도록 종용함으로 노예화하고 있다고 말했다(참고 - 2:3). 그는 이단 교사들은 경주자들 앞에 끼어들어 경주를 방해하는 사람들처럼 믿는 자들을 방해하고 있다고 책망했다(5:7). 이 때문에 갈라디아 교인들이 진리를 순종하지 못하고 있다고 말했다. 심지어 그는 적대자들은 믿는 자들을 혼동케 해서 회중들에게 분란을 가져오는 '어지럽게 하는 자들'이라고 불렀다(5:12). 이런 이단자

---

42) 바울이 대면한 다른 사람들 중에는 주술 행위를 한 박수 엘루마(바울은 그를 '마귀의 자식'이며 '모든 궤계와 악행이 가득' 하고 '주의 바른 길을 굽게 하는 자'라고 불렀다, 행 13:9-11)와 바울을 일관성이 없이 판단하고 바울의 입을 침으로써 율법을 어긴 대제사장 아나니아가 있었다(23:3). 바울은 또한 그레데의 선원들에게 극심한 풍랑을 만날 수 있기에 항해를 계속해서는 안 된다고 단호히 경고했다(27:9-10). 후에 그들이 그의 충고를 무시하고 파선되자 '내 말을 들었더라면'이라고 정곡을 찌르는 말을 했다(27:21).

43) '저주'라는 말은 히브리어 헤렘(herem)처럼 반드시 파멸로 향하거나 저주받은 어떤 사람이나 사물을 언급하는 헬라어 아나테마(anathema)를 번역한 것이다. 같은 단어가 로마서 9장 3절, 고린도전서 12장 3절, 16장 22절에 사용되고 있는데 각각 '저주받은'이라는 말로 번역된다.

들은 다른 사람들이 할례받기를 원했기 때문에, 바울은 그들이 할례 정도가 아니라 차라리 거세되기를 원한다고 조롱하는 투로 편지를 썼다.[44] 분명 이 서신에서 그는 잘못된 가르침 때문에 심히 마음이 상했음에 틀림없다.[45] "전체 서신이(갈라디아서) 마치 폭풍우와 같다. 그는 꾸짖고, 비난하며, 권면하고, 논쟁하며, 교리적인 주장을 펼치는데 이 모든 것은 감정적 회오리바람 속에서 소용돌이 치고 있다."[46]

고린도전서에서 바울은 고린도 교인들의 다툼과 분열의 영(1:11-12), 그들의 영적 미성숙(3:1-4), 근친상간의 죄를 지은 사람을 처벌하지 못하는 것(5:1-5), 그들의 자랑(5:6), 그들 사이의 논쟁을 구원받지 못한 재판장들에게 가져가는 것(6:1-8), 주의 만찬을 무질서하게 지키는 행위(11:17-22)에 대해 꾸짖었다. 심지어 그는 자신만의 길을 고집하면서 주를 사랑하지 않는 사람들은 저주받기를(아나테마, anathema, 16:22) 원했다. 그는 구체적인 처벌 방법에 대해서는 밝히지 않았지만 주님을 불순종하는 사람들을 치리할 준비가 되어 있었다(고후 10:6). 그는 공적인 책망이나 심지어는 파문까지도 '배제하지' 않겠다고 덧붙였다(13:2).[47]

바울은 위선적 행동을 보인 베드로가 바나바에게 영향을 미치자 그를 면전에서 책망했다(갈 2:11-14). 구원은 오직 그리스도를 믿음으로 얻을 수 있는데, 모세의 법을 지킴으로 얻을 수 있다고 갈라디아 교인들이 생각한 것은 분명 잘못된 것이었다. 구원에 율법을 지키는 것을 덧붙이려는 시도는 그들의

---

44) 브루스(F. F. Bruce)는 이 구절을 "나는 너희를 화나게 하는 사람들이 그들 스스로 절단하는 수술을 하기를 바란다!"라고 번역한다[The Epistle to the Galatians, New International Greek Testament Commentary (Grand Rapids: Eerdmans, 1982), 238]. 일부 저술가들은 이것이 파문된 사제들에 의해 집행된 사이벨레(Cybele)의 우상 행위들을 암시한다고 제안하지만, 브루스를 포함한 다른 주석가들은 이 의견에 의문을 제기한다.
45) 그는 또한 진리를 왜곡하는 거짓된 교사들을 이리에 비유하며(행 20:29-30) 그들의 위험성에 대해 에베소 장로들에게 경고했다(20:31).
46) Jefferson, The Character of Paul, 210.
47) Alfred Plummer, A Critical and Exegetical Commentary on the Second Epistle of St. Paul to the Corinthians, International Critical Commentary(Edinburgh: Clark, 1915), 374.

'어리석음'을 뜻하고(3:1, 3), 특별한 날을 지키는 것은 그들이 세상의 '학문' (4:9) 곧 유대교나 이방 종교의 초보적인 단계(참고 - 4:3)[48]로 후퇴하는 것을 뜻하고 노예처럼 사는 것을 의미했다. 율법을 지키는 일에 갈라디아 교인들이 관심을 보이자 바울은 그들을 질책했다. 그는 '너희에게 말하노니'(5:2)라는 절규로 시작해서, '너희는 그리스도에게서 끊어지고 은혜에서 떨어진 자로다' (5:4)[49]라는 예언으로 말을 마쳤다.

그리고 그는 빌립보 교인들에게 '악을 행하는 사람들'을 개들이라고 부르며 그들을 경계하라는 주의를 주었다(빌 3:2).[50] 직접적으로 책망하기란 결코 쉽지 않지만, 학생들이 진리에서 멀어져 죄에 빠지려고 할 때는 그렇게 해야 한다.

평온함

바울에게는 열심과 끈기, 엄격함과 더불어 평온함이 있었다. 많은 어려움을 겪고 거짓된 교사들로 인해 정신적인 고통을 겪었지만 이 초대교회 지도자는 내적 평강과 만족감을 갖고 있었다. 서신을 쓸 때 그는 하나님의 평강을 기원한다는 말로 인사를 하고 종종 유사한 방식으로 글을 맺었다. 만일 그 자신이 하나님의 내적 평강을 누리지 못했다면 이런 주제가 그렇게 자주 떠오르지 않았을 것이다. 그는 어려움 가운데서도 만족함을 알았기 때문에(빌 4:10-11), 다른 사람들에게 성령 충만함의 증거인(갈 5:22) 평온함을 경험하도록 격려했다(딤전 6:6-8).

---

48) '약하고 천한(4:9) 초등 학문'(stoicheia, 4:3)의 의미에 대한 논의를 연구하려면 브루스의 The Epistle to the Galatians, 193-194, 202-205를 보라. Clinton E. Arnold는 스토이케이아를 악한 영적 세력들로 봐야 한다는 강한 논지를 주장한다[The Colossian Syncretism: The Interface between Christianity and Folk Belief at Colossae (Grand Rapids: Baker, 1996), 158-194]. 또한 이 책 10장의 각주 64를 보라.
49) 이 말들은 그들이 구원을 잃었다는 것을 의미하지 않는다. 바울은 그들이 그리스도의 은혜를 신뢰하는 데에서 벗어나 그들의 일에 의존함으로써 그리스도와의 완전한 교제를 즐길 수 없음을 뜻했다.
50) 유대인들은 개들이 오늘날의 애완견들과는 달리 이리저리 배회하면서 쓰레기를 먹고 사람들을 공격했기 때문에 개들을 경멸했다. 그러므로 할례를 구원의 필수 조건으로 옹호한 거짓 교사들에 대한 바울의 묘사('손할례당,' 빌 3:2)는 이방인들에게 적합한 표현이었다.

행복

앞에서 살펴보았듯이, 사도 바울은 모든 역경들 속에서도 주님이 주시는 기쁨을 알았다. 그는 결코 슬퍼하거나 불평하지 않았고, 탄식하거나 투덜대지 않았다. 오히려 고난은 항상 기쁨을 동반했다. 어떤 환경에서도 주님 안에 있는 자신의 기쁨에 대해 기록했다. 다음과 같은 여러 일들이 그를 기쁘게 만들었다. 로마 교인들의 그리스도에 대한 순종(롬 16:19), 빌립보 교인들과 데살로니가 교인들의 회심(빌 4:1, 살전 2:19-20, 3:9), 동료들의 도착(고전 16:17), 고린도 교인들의 능력(고후 13:9), 일부 사람들이 불순한 동기로 그리스도를 전할지라도 그리스도가 전파된다는 사실(빌 1:18-19), 그를 향한 빌립보 교인들의 관심(4:18), 빌레몬의 사랑(몬 1:7) 등이다. 아울러 바울은 기쁨 역시 성령의 열매이기 때문에(갈 5:22) 그의 독자들에게 기뻐하라고 격려했다(롬 12:15, 빌 1:25-26, 2:18, 29, 3:1, 4:4). 당신은 이런 일들로 기뻐한 적이 있는가? 그리스도를 나누는 것, 다른 사람들의 구원, 믿는 자들의 순종과 영적인 힘, 당신 자신의 영적 안녕을 위한 다른 사람들의 관심, 그리스도인들의 교제와 같은 요소들은 모든 교사의 마음에 기쁨을 준다. 분명 하나님의 나라는 '성령 안에서 의와 평강과 희락'으로 구성되어 있다(롬 14:17).

숙련

가르치기 위해서는 반드시 일정한 분야들에 숙련되어 있어야 하는데, 이런 점에서 바울은 매우 인상적인 이상형의 교사였다. 한 예로 그는 사람들을 능숙하게 다루었다. 그는 인간의 본성, 즉 사람들의 필요와 감정, 배경과 양육 방식과 관습의 차이를 알았다. 이런 지식을 갖고 있었기 때문에 그는 다양한 청중들의 눈높이에 맞추어 접근할 수 있었다. 예컨대, 그는 유대인, 이방인, 통치자(행 13:7), 여성[예. 높은 사회적 지위를 가진 여성들(13:50, 17:12)과 루디아(16:13-15)], '육체 노동을 하는' 간수(16:27-33), 철학적 성향을 가진 아덴 사람들(17:16-34), 분봉왕들(23:33, 24:10), 왕과 왕비(25:13), 선원들(27:10, 21-26,

33-34), 노예(몬 1:10)를 가르치고 그들을 대상으로 사역할 수 있었다.

심지어 그가 가르친 장소들도 다음과 같이 다양했다. 회당, 강가(행 16:13), 감옥(16:23-28), 아덴의 시장거리(17:5), 언덕 꼭대기(아레오바고, 17:22), 에베소의 강단(19:9), 드로아의 다락방(20:8), 예루살렘의 성전 계단(21:40), 산헤드린의 회의실(22:30-23:10), 가이사랴의 법정(25:6, 25), 배 위(27:10, 21-26, 33-34), 로마의 셋집(28:30-31) 등이다.[51]

그는 종종 안식일에 유대인들을 가르쳤고(13:14, 42, 44, 15:21, 16:13, 17:2, 18:4), 안식 후 첫 날에 가르쳤다(20:7). "그의 삶은 가르침의 연속이었다. 그는 기회가 생길 때마다 가르쳤다."[52] 이런 일들을 통해 사람들에 대한 지식과 다양한 청중과 상황에 따른 그의 적응력을 보여주었다.

바울은 또한 청중에 따라 헬라어(21:37) 혹은 아람어로(21:40, 22:2) 말할 정도로 언어 구사 능력이 뛰어났다. 관습과 종교적 신념을 인식하고 있었기 때문에 그는 루스드라의 이방인 농부들에게 하나님의 창조에 대해 말하고(14:8-18), 아덴 사람들의 우상 숭배를 정면으로 반박하며(17:22-23), 예수님의 부활을 언급함으로써 산헤드린 공회원들을 둘로 나눌 수 있었다(23:6-9). 그는 헬라파 시인들의 말을 인용함으로써 헬라 문학에 대한 지식을 드러냈다. 곧 크레티카(Cretica) 속의 에피메니데스, 파에노메나(Phaenomena) 속의 아라투스, 제우스에게 드리는 찬송(Hymn to Zeus) 속의 클레안테스(17:28), 헬라 희곡 타이스(Thais) 속의 메난데르(고전 15:33) 그리고 디도서 1장 12절의 에피메니데스가 그런 지식을 나타낸다. 존슨(Johnson)이 설명하듯이, "그는 모든 사람과 상황에 동일한 방식으로 접근하는 것은 도움이 되지 않는다는 것을 인식했기 때문에 정황에 따라 자신을 잘 맞추었다."[53] 의심할 여지없이 '여러 사람에게 여러 모양이 된'(고전 9:22) 그의 능력은 그의 예민한 정신과 적응력 있는 영혼을 대변해

---

51) Howard Tillman Kuist, The Pedagogy of St. Paul(New York: Doran, 1925), 49-50.
52) Ibid., 50.
53) Kent L. Johnson, Paul the Teacher(Minneapolis: Augsburg, 1986), 14.

준다.

바울은 또한 가르침의 내용, 즉 자신이 누구에게 가르치며 무엇을 가르치는지를 알고 있었다. 성경 말씀에 익숙한 모습은 구약 말씀의 많은 인용과 비유 속에서 나타난다.[54] 그는 아브라함(행 13:26, 롬 4:1-3, 9, 12-13, 16, 18, 9:7, 11:1, 고후 11:22, 갈 3:6-9, 14, 16, 18, 29, 4:22), 모세(행 13:39, 26:22, 28:23, 롬 5:14, 9:15, 10:5, 19, 고전 9:9, 10:2, 고후 3:7, 13, 15, 딤후 3:8), 다윗[행 13:22(두번), 34, 36, 롬 1:3, 4:6, 11:9, 딤후 2:8], 이사야(행 28:25, 롬 9:27, 29, 10:16, 20, 15:12), 선지자들(행 13:20, 27, 40, 24:14, 26:22, 27, 28:23, 롬 1:2, 3:21, 11:3)과 같은 이스라엘의 위대한 지도자들에 관한 언급을 포함해서 역사에 대한 지식(예를 들면, 행 13:16-22)을 드러냈다. 또한 그는 종종 예수님이 어떻게 구약의 예언들을 성취하셨는지를 지적했다(행 13:27, 32-33, 17:2, 18:28).

또한 9장 표 14에 나열되어 있듯이 그의 신학적 주제들에서 지적인 숙련을 보여주었다. 그는 특별한 정신적 예민함을 지닌 위대한 사상가요, 가장 높은 수준의 신학자였다.

경건, 권위, 겸손, 온전성, 정중함, 민감성, 열심, 끈기, 엄격함, 평온함, 행복, 숙련이라는 12가지 특성들은 사도 바울을 오늘날의 모든 교사들에게 탁월한 모범, 즉 참으로 탁월한 교사가 되게 했다.

---

54) 이와 같은 구절들에 대한 논의는 14장을 보라.

 토 의 하 기

- 당신은 성실히 수업 준비를 하고, 정열과 열심을 다해 가르치는가?

- 당신에게는 어떤 육체적 장애나 단점이 있는가? 만약 그렇다면 당신은 그런 어려움에 어떻게 반응하는가? 주님을 섬기는 데 그것이 방해되지 않도록 하는가?

- 당신은 바울처럼 가르치는 자들에 대해 부담이 있는가?

- 당신 주변에서 거짓된 교리를 제시하거나 거짓되게 당신을 비난함으로써 당신이 가르치는 것을 반대하는 사람이 있는가? 만약 그렇다면 당신은 주님께서 그런 난관을 극복할 힘을 주실 것을 확신하면서 주님께 집중하고 있는가?

- 당신은 학급의 누군가가 주님께 불순종하면서 자신의 길을 고집스럽게 가고 있는 것을 감지하고 있는가? 당신은 언제, 어떻게 그가 죄에 대해 직접적으로 맞닥뜨리게 할 것인가?

- 당신은 어려운 때에도 주님의 평강과 기쁨을 느끼는가?

- 당신은 학생들의 필요를 알려고 노력하면서 그 필요를 채워주는가?

- 당신은 그리스도를 더욱 효과적으로 제시하기 위해 가르치는 내용을 숙련하는가?

7 바울의 가르침의 목표와 동기

'우리가 … 각 사람을 가르침은
각 사람을 그리스도 안에서 완전한 자로 세우려 함이니'
골로새서 1:28

왜 바울은 그토록 이타적이고 적극적으로 그의 사역에 헌신했는가? 무엇 때문에 한 번도 아니고 계속해서 생명을 거는 모험을 했을까? 왜 끊임없는 위험과 쓰라린 고난을 경험하면서도 로마 제국의 큰 영토를 가로지르는 수백만 킬로미터, 아니 수천만 킬로미터를 여행했는가?

그가 이루고자 했던 것은 무엇인가? 그의 목표는 무엇이었는가? 왜 그는 그런 목표를 향해 일했는가? 그렇게 한 동기는 무엇이었는가? 계속 그런 일을 할 수 있는 추진력은 무엇이었는가?

우리는 우리 자신의 목표를 정하고 그 목표를 향한 동기를 부여받는 측면에서 모범이 되는 교사인 바울로부터 많은 것을 배울 수 있다.

사람들을 그리스도께로 인도하려는 바울의 목표

바울은 자신이 죄 사함과 그리스도를 통한 영생의 선물을 얻는 기쁨을 체험했기 때문에 다른 모든 사람도 그 같은 기쁨을 경험하기를 원했다. 누구도 그리스도 없이는 영원히 멸망받으리라는 것을 알았기 때문에 가는 곳마다 복음을 전해야 한다는 부담을 느꼈다. 회심 후 곧바로 그는 다메섹의 동료 유대인들에게 예수는 하나님의 아들임을 선포하고(행 9:20) 그가 메시아 되심을 증거하면서(심비바조, symbibazō, '한 군데로 엮어주고 증명하며 결론짓고 결정적 증거를 제시하는 것,[1] 참고 - 16:10, 19:33, 엡 4:16) 그들을 그리스도께로 인도하고자 노력했다. 또한 그는 데살로니가(행 17:3)와 고린도(18:4-5)의 유대인들과 헬라인들에게 예수는 메시아 되심을 설명했다. 복음(행 13:22, 14:7, 21, 17:18)은 예수 그리스도를 믿는 모든 사람에게 죄 사함이 주어진다는 사실에 있었다(13:39, 20:21, 참고 - 26:27-29). 루스드라에서 바울과 바나바는 '너희에게 복음을 전하는 것은 이 헛된 일을 버리고 … 살아 계신 하나님께로 돌아오라 함이라' 고 설명했다(14:15). 또한 데살로니가 교인들에게는 복음을 듣는 즉시 하나님께로 돌아와야 했다고 기록했다(살전 1:9). 그리고 그는 아그립바 왕에게 유대인과 이방인들에게 '하나님께로 돌아가야 한다' 고 선포했다고 말했다(행 26:20).

예수 그리스도의 부활한 모습을 보았기 때문에 바울은 복음을 전할 때 당연히 예수의 부활에 대해 언급했다(13:30, 34, 37, 17:18, 32, 24:21). 그의 서신들 중 아홉 권에서 예수의 부활을 34번이나 언급했다(롬 1:4, 4:24-25, 6:4-5, 9, 7:4, 8:11(두 번), 34, 10:9, 14:9, 고전 6:14, 15:4, 12-14, 15(두 번), 16-17, 20, 고후 4:14, 5:15, 갈 1:1, 엡 1:20, 2:6, 빌 3:10, 골 2:12, 3:1, 살전 1:10, 4:14, 딤전 3:16, 딤후 2:8].[2]

바울이 그의 구원의 메시지를 '주의 말씀' (행 16:32, 19:10, 20)과 '하나님의 말씀' (13:5, 7, 46, 17:13, 18:11)으로 부른 것은 그가 가르친 것이 그 자신이나 다른 누군가가 만들어낸 것이 아님을 뜻했다(갈 1:11-12 상). 하나님으로부터 계시되었기 때문에 하나님의 메시지이며(1:12 하), 그것을 받아들이는 사람들에게 영생을 주기 때문에 '생명의 말씀' 이다(빌 2:16). 바울은 구원을 위해 그리스

---

[1] Gerhard Delling에 의하면, 이 문맥 속에서는 이 단어는 '최종적으로 증명하거나 설득력 있는 증거를 제시하다' 라는 뜻을 갖는다("συμβιβάζω," in Theological Dictionary of the New Testament, 7(1971), 764). 또한 이 책 9장 각주 10을 보라.
[2] 예수님의 부활을 나타나기 위해 사용된 몇몇 희랍어에 관해 논의하려면 Larry J. Kreitzer, "Resurrection," in Dictionary of Paul and His Letters, ed. Gerald F. Hawthorne, Ralph P. Martin, and Daniel G. Reid(Downers Grove, Ill. : InterVarsity, 1993), 807을 보라.

도께로 오는 것을, 진리를 듣거나, 진리로 나오거나, 진리를 믿거나, 진리를 아는 것과 동일시했다(갈 2:5, 엡 1:13, 골 1:5-6, 살후 2:13, 딤전 2:4, 4:3, 딤후 2:25, 딛 1:1, 참고 - 딛 1:14).

바울은 복음에 대한 사람들의 개방성과 수용성에 대해 말했다. 첫째로, 사람들은 복음을 믿기 전에 복음을 들어야만 하기 때문에(롬 10:14, 17) 바울은 사람들이 복음이나 하나님의 말씀을 듣거나 그리스도에 대해 들어야 한다고 여러 번 언급했다(행 13:7, 44, 48, 15:7, 17:32, 19:10, 28:22, 엡 1:13, 4:21, 골 1:6, 23, 살전 2:13, 딤후 4:17). 둘째로 그는 그들이 그 메시지를 받아들이거나 환영했다고(데코마이, dechomai)말했는데, 여기에서 사용된 단어는 어떤 개인을 환영할 때 쓰이는 말이다(고후 7:15, 갈 4:14, 골 4:10). 사도 바울이 구원에 대한 사람들의 수용성을 말하는 세번째 방식은 파라람바노(paralambanō, '영접하거나 받아들이는 것')라는 단어를 통해서다(고전 15:1, 골 2:6, 살전 2:13).[3] 그가 이 주제에 대해 언급한 네번째 방식은, 그리스도에 대한 믿음을 통해 그들이 하나님(갈 4:9)과 그분의 은총(고후 8:9)을 알게(기노스코, ginōskō)되었다는 말을 통해서다.

그가 복음을 제시할 때 사람들이 반응하는 것을 보며 느꼈을 기쁨에 대해 생각해보라. 그의 말을 들은 많은 사람들이 그와 그의 메시지를 배척했지만 비시디아 안디옥(행 13:48), 이고니온(14:4), 더베(14:21), 빌립보(16:32-34), 데살로니가(17:4), 베뢰아(17:12), 아덴(17:34), 고린도(18:8), 에베소(19:10), 로마(28:23-24)에 있는 사람들을 포함한 많은 사람들은 구원을 받았다. 이들 제국의 10개 주요 도시에 있는 유대인과 헬라인들이 그리스도께로 나아왔다. 그들은 영적 눈이 열려, 잃어버리고 구원받지 못한 어두운 상황에서 복음의 빛으로 나아왔고, 사단의 권세에서 벗어나 하나님의 능력 아래로 나아왔다(26:18, 참고 - 23절).

---

3) 파라람바노(Paralambanō)는 또한 믿는 자들이 가르침을 '받는 것'을 나타내기 위해 사용되고 있다(빌 4:9 / 살전 4:1, '너희가 마땅히 어떻게 행하며 하나님을 기쁘시게 할 것을 우리에게 받았으니' / 살후 3:6, "우리에게 받은 유전대로").

바울은 믿는 자들의 교사로 섬기기 이전에 회심자들을 그리스도께로 인도해야 했다. 잃어버린 자에 대한 부담을 느꼈기 때문에 그는 다른 사람들에게 그리스도를 전하기를 갈망하는 전도자가 되었다(롬 1:14-15, 고전 9:16, 고후 5:14). 하나님께서 그를 사도로 부르셨기 때문에 그는 이방인(롬 1:5, 골 1:27)과 유대인(롬 9:3, 10:1, 11:14) 모두에게, 사실상 모든 사람(행 26:20, 22, 고전 9:22, 10:33)에게 구원의 복음을 전해야 한다는 책임감을 느꼈다.

오늘날, 구원의 계획을 가르치는 일을 소홀히 하거나 그것을 명확히 제시하지 못하는 교사들이 있다면 그들은 이 탁월한 교사의 최우선 전략을 제대로 이해하지도 따르지도 못하는 것이다.

가르침과 관련된 바울의 목표

바울과 그의 동료들은 사람들을 그리스도께로 인도하고, 그들이 지역 교회에 뿌리를 내리도록 도우며, 새 신자들을 굳건히 세우고 격려하는 데 많은 시간을 보냈다. 사도들의 격려가 없었다면 새 신자들은 불신자들에게 조롱을 당하거나 다른 어려움에 직면했을 때 제대로 신앙 생활을 할 수 없었을 것이다(행 14:22-23). 에피스테리조(episterizō, '강화하다')는 스테리조(sterizō, '꽉 조이다')와 그 동사의 의미를 넓히거나 강화시켜주는 의미의 접두어 에피(epi)의 합성어이다. 누가는 사도행전 14장 22절과 15장 41절에서 바울의 사역에 대해 말할 때 이 동사를 사용했고 18장 23절에서는 스테리조(sterizō)를 사용했다. 바울이 신자들을 강화했다는 것은 그들이 영적으로 더욱 깊이 헌신하도록 도왔음을 뜻한다. 그는 또한 회심자들을 '격려했다'(14:22, 16:40, 20:1-2).

지식을 전하는 목표

바울이 그의 회심자이자 학습자인 사람들을 위해 설정한 목표 중 한 가지는 그들이 특정한 진리들을 알고 기억하도록 만드는 것이었다. 그는 이것을 여러 방식으로 표현했다. 예컨대, 그는 다음과 같이 썼다. '나는 너희가 알거나 깨닫기 원한다'(고전 11:3, 고후 8:1, 갈 1:11, 빌 1:12, 골 2:1). '나는 너희가 알지 못하거나 깨닫지 못하기를 원하지 않는다'(롬 1:13, 11:25, 고전 10:1, 12:1, 고후 1:8, 살전 4:13). '너희는 알지 못하느냐?'(롬 6:3, 16, 7:1, 11:2, 고전 3:16, 5:6, 6:2-3, 9, 15-16, 19, 9:13, 24). '우리는 안다'(예 - 롬 3:19, 5:3, 6:6, 9, 7:14, 8:22, 28, 고전 8:1, 4, 13:9, 고후 1:7, 4:14, 5:1, 6, 11, 갈 2:16, 살전 1:4, 딤전 1:8-9). '너희는 안다'(고전 12:2, 15:58, 16:15, 고후 8:9, 갈 4:13, 엡 6:8-9, 빌 2:22, 4:15, 골 3:24, 4:1, 살전 1:5, 2:1-2, 5, 11, 3:3-4, 4:2, 5:2, 살후 2:6, 3:7, 딤후 1:15, 18, 2:23, 3:10, 14). 그는 또한 그들이 다음과 같은 특정한 사실들을 기억하도록 도전했다. '나는 너희에게 상기시키기를 원한다'(고전 15:1, 딤후 1:6). '너희는 기억하지 못하는가?'(살후 2:5). '너희는 기억한다'(살전 2:9). '기억하라'(고후 9:6, 갈 2:10, 엡 2:11-12, 골 4:18, 딤후 2:8).[4] 이런 구절들을 살펴보면서 바울이 독자들에게 무엇을 알고 기억하기를 원했는지에 대해 학습하는 일은 흥미 있는 연구이다.

사도 바울은 또한 다음과 같은 것들에 대해서도 썼다. '하나님의 아들에 대한 지식'(엡 4:13). '그리스도를 (친밀하게) 아는 지식'(고후 2:14). '하나님의 영광에 대한 지식'(4:6). 고린도 교인들이 탁월한 지식을 가졌다는 사실(8:7). 그리스도에 대한 친밀한 지식(엡 1:7). '그가 믿는 자들을 부른 소망'[5]에 대한 지식(1:18). 그리스도의 사랑을 아는 것(3:19), '하나님의 뜻을 (친밀하게) 아는 것'으로 이르는 연합(골 1:9), '그의 뜻을 (친밀하게) 아는 지식에서 자라나는 것'(1:10). '(친밀한) 지식 안에서 새로워지는 것'(3:10). '진리에 대한 (친밀한) 지식'(딤후 2:25, 딛 1:1).

---

4) 희랍의 철학자들은 청중들에게 이미 알고 있는 것을 상기시키며(살전 2:9, 3:6), 이미 이루어놓은 토대에서 아는 것을 보완하고, 계속해서 실천하도록 격려함으로(4:1, 10, 5:11) 확신을 주고자 했는데, 데살로니가전서에서 나타나는 바울의 문학적 양식도 그런 전형적인 형태를 보인다. George R. Beasley-Murray, "Pastor, Paul as," in Dictionary of Paul and His Letters, 655를 보라.
5) '그의 부르심의 소망'이라는 희랍 어구는, 하나님께서 우리를 그분의 자녀로 부르시는 구원에서(롬 1:6, 8:30, 엡 4:1, 4, 딤후 1:9) 믿는 자들의 마음속에 천국에서 경험한 미래의 영광스러운 유업에 대해(엡 1:14, 18) 확신('소망')을 심어줌을 보여준다.

고린도후서 2장 14절, 4장 6절, 8장 7절과 에베소서 3장 19절에서 지식을 나타내는 헬라어는 그노시스(gnōsis)이다. 에베소서 1장 17절, 4장 13절, 골로새서 1장 9-10절, 3장 10절, 디모데후서 2장 25절, 디도서 1장 1절에서는 에피그노시스(epignōsis)라는 단어가 사용되고, 에베소서 1장 18절에서는 오이다(oida)라는 단어가 사용되고 있다. 바울이 15번 사용한 에피그노시스라는 단어는 완전하거나 친밀한 내적 경험을 표현하며, 위에서 나열한 일곱 번의 경우에서 그것은 '활발한 의식적 인식' 이나 '하나님에 대한 지식을 갖는 것' 을 나타낸다.[6] 에베소서 1장 18절의 오이다는 '직관적으로나 직접적으로 이해하는 것' 을 뜻하고, 3장 19절에서의 기노스코(ginōskō, 바울이 45번 사용)는 '알게 되고, 경험으로 알고, 확신하는 것' 을 뜻한다. 바울의 서신들에서 103번 나타나는 오이다는 90번의 경우에는 이런 독특함을 유지하고 있으나, 에베소서 1장 18절을 포함한 몇몇의 경우에는 기본적으로 기노스코와 같은 뜻으로 사용되었다.[7]

영적 성장의 목표

많은 교사들은 학생들에게 정보를 습득하도록 돕는 것만이 학생들이 필요로 하는 전부인 양 가르치는 것 같다. 그러나 바울의 가르침은 지식을 전달하는 것도 포함되지만, 그것보다 더 큰 목표가 있었다. 우리가 앞서 살펴본 것처럼, 지식을 나타내는 말들조차도 정보에 대한 단순한 지적 이해 이상의 의미가 포함되어 있다. 바울의 목표 지향적인 가르침과 권면들 중 많은 부분은 독자들이 알고 있던 것뿐만 아니라 그들의 인격과 행동에 대한 깊은 관심까지도 포함하고 있다. 이런 목표들은 "영적 성장과 성숙을 격려한다"는 문구로 요약

---

[6] Fritz Rienecker, A Linguistic Key to the Greek New Testament, ed. Cleon L. Rogers, Jr.(Grand Rapids : Zondervan, 1980), 565.

[7] Donald W. Burdick, "Οἶδα and Γινώσκω in the Pauline Epistles," in New Dimensions in New Testament Study, ed. Richard N. Longenecker and Merrill C. Tenney(Grand Rapids: Zondervan, 1974), 344-356. 이 동사들과 관련 동사들에 대해서는 Moisés Silva, "The Pauline Style as Lexical Choice : GINOSKEIN and Related Verbs," in Pauline Studies, ed. Donald A.Hagner and Murray J. Harris(Grand Rapids : Eerdmans, 1980), 184-207을 보라.

할 수 있다. 이것은 본질적으로 예수님이 그분의 사역에 가지셨던 목표와 동일한 것이다.[8]

바울은 영적 성장이라는 개념을 여러 번 언급했다. 앞서 보았듯이, 그는 골로새서 1장 10절에서 신자들이 '하나님에 대한 (친밀한) 지식(에피그노시스)에서 자라나는 것'에 관해 말했다. 에베소서 4장 13절은 같은 맥락을 제시한다. 즉 성숙은 '하나님의 아들에 대한 (친밀한) 지식 안에서(지식에 의해)' 이루어진다. 영적 성장은 그리스도인들이 주님을 보다 친밀하게 알 때 일어난다. 그들의 성장은 그 친밀함에 의해 생긴다.[9] 골로새서 1장 6절에서 사도 바울은 하나님의 은혜에 대한 정신적 이해뿐만 아니라 그 경험을 나타내는 관련 동사 에피기노스코(epiginōskō)를 사용했다.[10] 그리스도인의 성장은 또한 의(고후 9:10)와 믿음(10:15)과 사랑(빌 1:9) 안에서 자라나고, 사실 삶의 모든 영역에서(엡 4:15) 자라나는 것을 포함한다. 그리스도를 닮는 것이 우리의 성장의 목표라는 측면에서 이 성장은 '그 안으로' 들어가거나, 더 정확하게는 '그에게로 접붙임받는' 것이다. 바울이 에베소서 4장 13절에서 설명했듯이 우리는 '그리스도의 장성한 분량'에 이르면, 우리의 도덕적 특성의 분량이나 기준이 그리스도처럼 완전한 모습을 갖춰야 한다(참고 - 3:19).

하나님께서 믿는 자들에게 예정하신 궁극적인 목표는 '그 아들의 형상을 본받게 하기' 위한 것이다(롬 8:29). '본받는다는 것'은 '~처럼 된다'로 번역되는 심모르포스(symmorphos, '같은 형태나 모습을 갖는 것')라는 헬라어 형용사를 사용했다. 이 단어는 빌립보서 3장 21절에서만 사용되었다. 믿는 자들은

---

8) 로이 주크의 「예수님의 티칭 스타일(도서출판 디모데)」을 참고하라. 이것은 바울의 가르침이 예수님의 가르침과 모순되기보다는 예수님의 가르침을 확인하고 조화를 이룸을 강력하게 증명해준다. 이 문제에 관한 자세한 논의를 위해서는 J. M. G. Barclay, "Jesus and Paul," in Dictionary of Paul and His Letters, 442-503을 보라.
9) tē epignōsei tou theou는 아마도 참조적인 의미 ('in')의 전치사가 어구에 포함되어야 할 것이다(James D. G. Dunn, The Epistles to the Colossians and to Philemon, New International Greek Testament Commentary(Grand Rapids: Eerdmans, 1996). 72. n. 16]. See John Eadie, Commentary on the Epistle of Paul to the Colossians(1856, reprint, Minneapolis: Klock and Klock, 1977), 27].
10) Dunn, The Epistles to the Colossians and to Philemon, 62-63.

천국에서 그분과 함께 있을 때 그리스도처럼 될 것이기 때문에 현재에도 그리스도처럼 될 것을 도전받는다. 바울은 그리스도가 그들 안에서 '형체를 갖도록' (모르푸, morphoō), 어미가 해산의 고통을 겪듯이 갈라디아 교인들을 위해 고통을 겪었다고 말했는데, 이것은 그들이 그리스도처럼 되기를 바라는 그의 소원을 회화적으로 표현한 것이다.

이것이 바로 모든 교사가 학생들에 대해 가져야 할 목표이다. 학생 개개인이 '그리스도를 더욱 잘 알게' 될 때[엡 1:17, '그에 대한 (친밀한) 지식 안에서'] 그리스도처럼 되어간다. 심지어 그리스도를 누구보다 잘 알고 있었던 바울조차도 그분을 더욱 알아가기를 갈망했다(빌 3:10).

어린아이들이 주는 기쁨이 크지만 어느 부모도 자식이 계속 유아로 남아 있기를 원하지 않는다. 발육 장애가 부모에게 큰 근심을 안겨주듯 영적 발달의 부진은 교사들에게 근심이 아닐 수 없다. 바울은 성장 결핍의 문제에 대해 여러 번 언급했다(고전 3:1-4, 4:21, 6:5-6, 14:20, 엡 4:14). 믿는 자들이 연합되듯이, 그리스도의 몸인 교회는 세워져가는 건물(엡 2:21)과 인간의 몸(골 2:19)과 식물(고전 3:6-7)처럼 자라난다. 이런 성장은 "추측컨대 규모(그리스도인이 되는 수)와 성품 양면에서 성장하는 것을 포함한다."[11] 복음이 다른 사람들에게 전파되어 퍼져나갈 때 결국 복음은 '열매를 맺어 자라는' 나무처럼 된다(골 1:6). 믿는 자들이 '사랑 안에서 연합하여' 그리스도를 더욱 친밀하게 알게 된다[골 2:2, 에이스 에피그노신(eis epignōsin) … 크리스투(Christou)].

의심할 바 없이, 바울이 그의 사역 가운데 최고의 목표로 삼았던 것은 회심시킨 사람들의 영적 성장이었다. 그는 고린도 교인들의 성숙[12]을 위해 기도했고(고후 13:9), 그들이 그것을 목표로 하기를 촉구했다(13:11). 그는 다른 사람들

---

11) Ibid., 186.

12) 바울이 고린도후서 13장 9절, 11절, 에베소서 4장 13절, 골로새서 1장 28절, 4장 12절에서 사용한 Teleios라는 단어는 '완전히 성장하고, 완성하며, 혹은 성숙한' 것을 뜻한다. 믿는 자들에 대해 사용될 때 이생에서 죄가 없는 완전함에 이른다는 개념을 시사하지는 않는다.

이 그리스도 안에서 성숙하도록 인도하기 위해 그들을 권면하고 가르쳤다(골 1:23).

바울은 또한 영적 성장을 흘러 넘치거나 뛰어넘는 것으로(페리세우오, perisseuō, '가득 차다') 표현했다. 믿는 자들은 주님에 대한 소망이나 확신을 탁월하게 가져야 하고(롬 15:13), 다른 성도들을 세워줄 영적인 은사를 훈련하며(고전 14:12), 주님을 위해 일하고(고전 15:58, 고후 9:8) 기쁨(고후 8:2, 빌 1:26)과 감사(고후 9:12, 골 2:7)와 사랑(빌 1:9, 살전 3:12, 4:10) 그리고 사실상 바울이 고린도후서 8장 7절에서 말한 모든 것(믿음과 말[13]과 지식과 성실함[14]과 사랑과 주는 것을 포함한) 속에서 뛰어난 모습을 가져야 한다.

견고해진다거나 지어져간다는 표현은 바울이 영적인 성숙을 묘사하는 또 하나의 방식이었다. 그는 이런 개념을 묘사하기 위해 적어도 일곱 개의 단어를 사용했다. 바울은 오직 하나님만이 하실 수 있는 책무(롬 16:25, 살전 3:13, 살후 2:17, 3:3)인 믿는 자들이 강하게 되고(스테리조, Stērizō, '견고히 서는 것', 롬 1:11, 살전 3:2), 그리스도와 믿음 안에서 견고히 확립되며(베바이우, bebaioō,[15] 고전 1:8, 고후 1:21, 골 2:7), 강하게 되고(크라타이우마이, krataioomai,[16] 고전 16:13, 엡 3:16), 견고히 서며(스테코, Stēkō, 고전 16:13, 갈 5:1, 빌 1:27, 4:1, 살후 2:15), 능력을 받고(디나무, dynamoō, 골 1:11/엔디나무, endynamoō, 엡 6:10, 딤후 2:1, 참고 - 빌 4:13, 딤후 1:12, 4:17), 세움받기를(오이코도메오, oikodomeō, '건축하거나 세우는,'[17] 고전 8:1, 14:4, 17, 살전 5:11) 원했다.

---

13) 이 구절에서 logos라는 단어는 '다른 사람들에게 교훈을 줄 수 있는 능력'을 뜻할 수 있다[Albert Barnes, Barnes' Notes on the New Testament(reprint, Grand Rapids: Baker, 1962), 875].

14) 이곳에서 성실함이라는 단어는 자신의 의무를 수행하는 자발성을 나타낸다(ibid.).

15) 이 동사는 법적으로 보장(확증)을 갖기 위해 파피루스에 사용되었다[Adolf Deissmann, Bible Studies, trans. Alexander Grieve, 2d ed. (Edinburgh: Clark, 1903), 104-109].

16) Simpson은 이 말이 '강화되어, 보강되고, 힘을 받는 것'을 뜻한다고 제안한다[E. K. Simpson and F. F. Bruce, Commentary on Ephesians and Colossians, New International Commentary on the New Testament (Grand Rapids: Eerdmans, 1975), 78, n.25.]

17) 바울은 관련 명사인 oikodomē('세우고 교화하는 것')를 동사보다 더 자주 사용했다(롬 14:19, 15:2, 고전 14:3, 5, 12, 26, 고후 10:8, 12:19, 13:10, 엡 4:12, 16, 29).

성숙한 그리스도인이란 그리스도 안에서의 자신의 위치에 맞게 행동하는 사람을 말한다. 네번씩이나 바울은 믿는 자들에게 주님께 합당한 삶을 살라고 도전했다(엡 4:1, 빌 1:27, 골 1:10, 살전 2:12). '합당하다'(악시오스, axiōs)는 말은 우리의 삶이 복음과 주님의 기준과 완전히 일치해야 된다는 면에서 '똑같은 무게'나 '균형 잡힌 저울추'를 갖는 것을 뜻한다. 바울은 회심자들의 말과 행동이 일치해야 하는 부분에 관심을 기울였다(골 3:17, 살후 2:16-17). 그는 믿는 자들이 새로운 삶을 살고(롬 6:4), 성령을 좇아 살며(8:4, 갈 5:16), 고결하고(롬 13:13) 믿음으로(고후 5:7) 살도록 촉구했다. 영적으로 성숙한 그리스도인들은 자신들을 위해서가 아니라 그리스도를 위해 산다(5:15). 그들은 성령으로 충만하거나 성령의 통제를 받으며(엡 5:18) 성령의 '열매'나 덕목을 나타낸다(갈 5:22-23, 참고 - 빌 1:11).

바울은 또한 영적 진보를 내용과 경험 모두와 관련된 '학습'으로 묘사했다. '배운다'는 의미의 만타노(manthanō)는 디모데후서 3장 14절('배우고 확신한 일에 거하라')처럼 가르침을 통해 주제를 배운다는 개념이지만, 로마서 6장 17절['네가 배운 가르침'(디다케, didachē)]과 에베소서 4장 20절['너희는 그리스도를 이같이 알지(만타노, manthanō, '배우지')아니하였느니라']과 빌립보서 4장 9절('너희는 내게 배우고 …')과 디모데후서 3장 14절('너는 배우고 확신한 일에 거하라')처럼 경험이나 실천을 통해[18] 어떤 것을 자신의 것으로 내면화시킨다는 개념을 갖는다.[19]

교사된 우리와 학생들이 진리를 개인화하고 그리스도 안에서 자라나 그분의 성품을 구체적으로 나타냄으로써 점차 그리스도와 같이 되면 우리는 하나님을 즐겁게 하고(롬 14:18, 고후 5:9, 갈 1:10, 엡 5:10, 골 1:10, 살전 4:1), 하나님께 영광을 돌리게 된다(롬 15:6, 고후 4:15, 엡 1:12, 14, 살후 1:12).

---

18) Walter Bauer, William F. Arndt, and F. Willbur Gingrich, A Greek-English Lexicon of the New Testament and Other Early Christian Literature, 2d ed., rev. F. Wilbur Gingrich and Frederick W. Danker(Chicago: University of Chicago Press, 1979), 491.
19) 고린도전서 4장 6절, 골로새서 1장 7절, 디도서 3장 14절을 비교하라.

영적인 성숙은 측정 가능한 것인가? 학생들이 그리스도 안에서 성장하고 있는지 어떻게 알 수 있는가? 바울의 서신 중에는 다양한 영적인 특성들, 곧 성장하는 그리스도인의 필수 요소들이 64회나 언급되어 있다. 그것들은 하나님과 다른 사람들 그리고 환경과의 관계에 따라 종류별로 나뉘어진다. 바울은 그가 가르치는 자들이 점차 그리스도를 닮아가며(갈 4:19) 삶 속에서 이런 질적 요소들을 구체적이고도 성숙하게 드러내기를 갈망했다. 유익한 경건 훈련을 하려면 매일 몇 구절씩 연구하고 이 구절들을 살펴보며, 아래의 각 영역에서 당신뿐만 아니라 당신이 가르치는 학생들 역시 자라가게 해달라고 주님께 간구하라.

하나님과의 관계에서의 질적 요소들

흠 없음 : 빌 2:14-15, 딤전 3:2, 6:14, 딛 1:7

깨끗한 양심 : 딤전 1:5, 19, 3:9

고결함 : 롬 13:13

헌 신 : 롬 12:1

신실함 : 고전 4:2, 갈 5:22

하나님을 닮음 : 딤전 2:2, 4:7-8, 6:6, 11, 딛 1:1

거룩함 : 고후 7:1, 살전 4:3-4, 7, 딛 1:8

소 망 : 롬 15:13, 고전 13:13, 딤전 4:10

통찰력 : 엡 1:17

사 랑 : 엡 3:17-19

순 종 : 롬 16:19, 고후 2:9

능 력 : 엡 1:19, 3:16, 20, 딤후 1:7

찬 양 : 롬 15:7, 엡 5:19

충만한 기도 : 롬 12:12, 15:30-31, 빌 4:6, 골 4:2, 살전 5:17, 딤전 2:1, 8

순 결 : 롬 13:14, 고후 6:14, 빌 1:10, 딤전 1:5, 5:22, 딛 2:5

섬 김 : 롬 12:11, 고전 15:58, 엡 6:7

성 실 : 딤전 3:8
노래하기 : 엡 5:19, 골 3:16
감 사 : 엡 5:20, 골 3:16-17, 살전 5:18
신 뢰 : 롬 15:13, 고전 13:13, 엡 6:16, 빌 1:6, 4:13
열 심 : 롬 12:11, 딛 2:14

다른 사람들과 관련된 질적 요소들

용 납 : 롬 15:7
축 복 : 롬 13:14
관 심 : 빌 2:3
교 화 : 롬 14:19, 15:2, 고전 14:4-5, 17, 살전 5:11
격 려 : 살전 4:18, 5:11, 14, 딤후 4:2
인 내 : 엡 4:2
용 서 : 엡 4:32, 골 3:13
관 용 : 딤전 6:18
온 유 : 갈 5:23, 빌 4:5, 골 3:13, 딤전 6:11
선 함 : 롬 12:11, 21, 엡 5:9, 살전 5:21, 딤전 6:18, 딛 3:1, 14
은 혜 : 골 4:5-6
조화, 일치 : 롬 12:16, 18, 고전 1:10, 7:15, 14:19, 33, 고후 13:11, 빌 2:15, 4:2, 살전 5:13
도 움 : 롬 12:13, 살전 5:14
명예, 존경 : 롬 12:10, 13:7, 엡 6:5, 살전 5:13, 딤전 6:1-2
환 대 : 롬 12:13, 딤전 3:2, 딛 1:8
겸 손 : 빌 2:3, 골 3:12, 딛 3:2
공 평 : 딤전 5:21
온전함 : 고후 4:2-3, 딛 2:7

친 절 : 갈 5:22, 엡 4:32, 골 3:12
사 랑 : 롬 12:9-10, 13:9-10, 고전 13:13, 갈 5:14, 엡 5:1-2, 골 3:14, 살전 3:12,
      4:9, 딤전 1:5, 딤후 1:7
자 비 : 롬 12:8
절 제 : 딤전 3:2, 11, 딛 2:2
판단하지 않는 영 : 롬 14:1, 13
순 종 : 엡 6:1, 5, 골 3:20, 22, 딛 3:1
질 책 : 딤전 5:20, 딤후 4:2, 딛 2:15
나 눔 : 엡 4:28
성 실 : 고후 2:17, 딤전 3:8
복 종 : 롬 13:5, 엡 5:21-22, 딛 2:9, 3:1
동 정 : 롬 12:15
신뢰성 : 딤전 3:11, 딛 2:10
진실성 : 고후 4:2, 엡 4:15, 25

환경과 관련된 질적 요소들
만 족 : 빌 4:6, 11-12, 살전 5:6, 딤전 6:6
용 기 : 고전 16:13
근 면 : 골 3:23, 딤전 4:15
분별력 : 엡 1:18, 5:15, 17, 빌 1:10, 골 2:2, 몬 6
절 제 : 딤전 3:2, 11, 딛 2:2
인 내 : 롬 12:12, 골 3:12, 살전 5:14
평 강 : 롬 15:13, 빌 4:6-7, 골 3:15
인 내 : 고후 4:1, 16, 골 1:11, 딤전 4:16, 6:11
잠잠함 : 살전 4:11, 딤전 2:2
자 제 : 갈 5:23, 딤후 1:7, 딛 1:8, 2:5-6

깨어 있음 : 고전 15:58, 살전 5:6
사　역 : 살전 4:11, 살후 3:9-10

그리스도인의 성숙에는 피해야 할 부정적인 측면도 있다. 바울 서신은 신자들이 피해야 할 많은 죄들을 언급한다. 여기에는 분노, 논쟁, 불평, 세상을 본받음, 비난, 기만, 불화, 낙심, 불순종, 분열, 분란, 술 취함, 질투, 편애, 불신자들과의 교제, 어리석음, 불경건한 대화, 풍문, 탐욕, 증오, 게으름, 우상 숭배, 부도덕, 부정함, 감사치 못하는 것, 돈을 사랑하는 것, 음욕, 거짓말, 악의, 의미 없는 말, 교만, 자만, 다툼, 급한 성질, 반역, 분개, 복수, 중상모략, 자기 중심, 헐뜯음, 절도, 폭력, 근심, 악에 넘어지는 것이 속한다.

바울을 본받으라는 목표

다섯 권의 서신에서 바울은 그의 서신을 읽는 사람들에게 또 하나의 목표를 설정했는데 그것은 자기를 본받으라는 것이다.

"그러므로 내가 너희에게 권하노니 너희는 나를 본받는 자가 되라"(고전 4:16).
"내가 그리스도를 본받는 자 된 것같이 너희는 나를 본받는 자 되라"(고전 11:1).
'형제들아 … 너희도 나와 같이 되기를 구하노라'(갈 4:12).
"형제들아 너희는 함께 나를 본받으라 또 우리로 본을 삼은 것같이 그대로 행하는 자들을 보이라"(빌 3:17).
'너희는 내게 배우고 받고 듣고 본 바를 행하라'(빌 4:9).
'너희는 … 우리와 주를 본받은 자가 되었으니'(살전 1:6).
'형제들아 너희가 그리스도 예수 안에서 유대에 있는 하나님의 교회들을 본받은 자 되었으니'(살전 2:14).
'어떻게 우리를 본받아야 할 것을 너희가 스스로 아나니'(살후 3:7).
'오직 스스로 너희에게 본을 주어 우리를 본받게 하려 함이니라'(살후 3:9).

어떻게 바울은 독자들에게 자기처럼 되고 자신의 삶을 본받으라고 도전할 수 있었을까? 이런 요구는 다소 교만한 것이 아닐까? 교사인 우리들도 바울처럼 학생들에게 우리를 본받으라고 요구해야 하는가? 어떻게 이렇게 하면서도 자기 도취에 빠지지 않을 수 있을까?

그리스·로마 세계에서는 본이 되는 사람들이 행동의 모범으로 추대되는 것이 일반적이었다.[20] 하지만 이런 저술가들 중 누구도 자신을 따라야 할 본보기로 내세운 사람은 없었다.[21] 그러나 바울은 그렇게 했다. 왜 그랬는가? 두 가지 이유가 가능한데, 하나는 유대 랍비들이 제자들에게 그들을 본받도록 촉구한 것과,[22] 다른 하나는 바울이 궁극적인 기준인 그리스도를 따르도록 하는('하나님을 본받는 자가 되고,' 엡 5:1) 하나의 방편으로 그를 본받도록 종용했다는 것이다. 바울의 명령들 중 일부는 그리스도의 모범에 근거하고 있다. 믿는 자들은 그리스도께서 우리를 용납하심과 같이 서로 용납하고(롬 15:7), 그리스도께서 그들을 사랑하신 것처럼 서로 사랑하며(엡 5:25), 남편들은 그리스도께서 교회를 사랑하신 것처럼 아내들을 사랑하고(5:25), 믿는 자들의 겸손한 태도는 그리스도 예수의 태도와 같아야만 한다(빌 2:5).

본받는 일에 대한 바울의 개념은 회심자들과의 인격적 관계에 근거하고 있다. 다섯 개의 서신에 나타난 권고들은 그가 세운 교회들, 곧 갈라디아와 데살로니가와 빌립보와 고린도 교회들에게만 주어졌다. 로마서나 골로새서에는 그런 명령이 나와 있지 않고, 에베소서에서는 믿는 자들이 하나님을 본받는 자가 되어야 한다고 명했다(엡 5:1). 바울은 그의 삶을 직접 본 자들에게는 자기를 기

---

20) 가령 Fowl은 다음과 같은 것을 인용한다. Isocrates To Demonicus 4.11, Seneca Moral Letters 6.5-6, 7.6-9, 11.9, Quintilian On the Education of the Orator 2.28, and Philostratus Vita Apollonii 1.19(Stephen E. Fowl, "Imitation of Paul/of Christ," in Dictionary of Paul and His Letters, 430). Michaelis는 Peter de Boer(The Imitation of Paul: An Exegetical Study[Kampen: Kok,1962], 25-28)와 Ernest Best[Paul and His Converts (Edinburgh: Clark, 1988), 61-62]처럼 다른 예들을["μιμέομαι ktl.." in Theological Dictionary of the New Testament, 4(1967), (659-666)] 제시한다.

21) Adele Reinhartz, "On the Meaning of the Pauline Exhortation:mimētai mou ginesthe' -become imitators of me," studies in Religion 16(1987):395.

22) Michalis, "μιμέομαι ktl.," 664.

억하며 따르라고 격려할 수 있었다.

바울이 그리스도인들에게 자기를 본받으라고 권면한 것은 그들에게 장막을 깁는 사람들이 되거나 그의 사도적인 특권이나 권위를 흉내내라고 지시한 것이 아니었다.[23] 본받는 것과 관련된 그의 명령 속에는 다음과 같은 것을 행하라는 요청이 들어 있었다. (a) 연약함에도 불구하고 고난 속에서 하나님의 능력을 체험하도록 만든 그의 인내를 본받는 것[24](참고 - 고전 4:10-13), (b) 그의 경건한 행동을 본받는 것(아마도 그리스도의 도덕적 기준들을 따랐던 삶의 양식을 뜻하는 '그리스도 안에서의 그의 삶의 방식,' 4:17[25]), (c) 복음을 위해 헌신하는 것을 본받는 것(고린도전서 11장 1절은 그가 다른 사람들이 구원받는 것에 대해 이타적인 관심을 기울였다는 10장 33절의 그의 진술을 따르고 있다.[26]), (d) 율법주의의 굴레에서 벗어난 자유함을 본받는 것(갈 4:12, 참고 - 4:8-11), (e) 성숙을 향해 계속 나아가는 그를 본받는 것(빌립보서 3장 17절은 그 자신의 영적 훈련과 진보의 생활에 관한 3장 12-16절의 말을 따르고 있다.[27]), (f) 자신의 삶 속

---

23) Michaelis는 실수로 이 후자의 견해를 제시했다(ibid., 668-669, 672).
24) John Howard Schütz, Paul and the Anatomy of Apostolic Authority(Cambridge: Cambridge University Press, 1979), 229, and de Boer, The Imitation of Paul: An Exegetical Study, 97-99.
25) William David Spencer, "The Power of Paul's Teaching(1cor 4:9-20)," Journal of the Evangelical Theological Society 32(March 1989): 57-59. 그러나 Hans Conzelman은 바울의 '방식들' 이 그의 가르침을 언급한다고 말한다[1 Corinthians, Hermeneia, trans. James W. Leitch (philadelphia: Fortress,1975), 92].
26) 바울은 '스스로의 유익'을 구하지 않으신 이상적인 본보기이신 그리스도를 본받듯이, 고린도 교인들이 그를 본받도록 종용했다. 이렇게 본받기 위해서는 고린도 교인들은 그 자신보다는 다른 사람들의 안녕을 구해야만 한다(Fowl, "Imitation of Paul/of Christ," 429). Cf. Linda L. Belleville, " 'Imitate Me, Just as I Imitate Christ' : Discipleship in the Corinthian Correspondence," in Patterns of Discipleship in the New Testament, ed. Richard N. Longenecker [Grand Rapids: Eerdmans, 1996], 120-142). 따라서 바울은 다른 사람들을 그리스도께로 인도하는 중보자와 같았다[D. M. Stanley, " 'Become Imitators of Me' : The Pauline Conception of Apostolic Tradition," Biblica 40(1959): 874, and Elizabeth Anne Castelli, Imitating Paul: A Discourse of Power(Louisville: Westminster, 1991), 112].
27) 빌립보서 3장 17절의 특별한 단어 Symmimētai는 그들이 바울과 함께 다른 사람들의 본보기가 되면서 본받는 사람들이 되어야 하거나 하나의 회중으로서 통일성을 집단적으로 보이는 본보기들이 되어야 함을 뜻한다. 비록 David Stanley는 후자를 옹호하지만("Imitation in Paul's Letters," in From Jesus to Paul, ed. Peter Richardson and John C. Hurd (Waterloo, Ont.: Wilfrid Laurier University Press, 1984), 137-138], 아마도 첫번째 개념이 의도된 것 같다[Jo-Ann A. Bryant, "The Place of mimēsis in Paul's Thought," Studies in Religion 22(1993): 297].

에서 본 것과 그의 입술로부터 들은 것을 실천하는 것(빌 4:9), (g) 데살로니가 교인들은 이미 실천하고 있다고 말한 것으로(살전 1:6), 유대에 있는 교회들을 포함해(2:14) 다른 교회들에게 본보기가 되고 있었던(1:7), 고난을 기쁘게 견디내는 그의 인내를 본받는 것,[28] (h) 그들이 주님의 재림을 준비하는 것을 포기하기보다는 그의 근면과 자기 희생적 삶을 본받는 것(살후 3:7, 9). 바울이 그의 삶을 모범으로 제시한 것은 영향력 있는 교육적 도구가 되었다. 학생들은 교사들이 가르친 그대로 살고 있는지를 직접 봄으로 많이(그 이상은 아닐지라도) 배운다. 바울은 그의 본보기를 그가 가르치는 교훈과 똑같은 위치에 놓았다. 사실 바울의 삶은 그의 가르침과 교훈의 일부분이었다.[29]

교사인 우리들은, 바울의 본을 받아 학생들이 주저하지 않고 우리를 따르도록 도전할 수 있는 방식으로 살아야 한다. 이것은 허세를 부리거나 자랑하는 것이 아니라 학생들에게 일관되고 신실한 인내와 거룩함과 비이기적인 모습과 겸손과 영적 진보와 근면의 본을 통해 그리스도를 따르도록 격려하는 것을 말한다.

'본받으라'는 '영적으로 성숙하라'는 말을 다른 방식으로 표현한 것이다. 브라이언트(Bryant)가 말하였듯이 "비성숙에서 성숙으로 발전하는 과정은 미메시스(mimēsis, 흉내내기)이다."[30] 그리고 그레치(Grech)는 그리스도를 본받음으로 믿는 자는 주님의 '형상으로 변하게 된다'고 기록했다.[31]

가르치는 학생들에게 모범이 되는 일은 우리가 가르치는 내용을 알고 그것들을 잘 가르치는 것만큼 중요하다. 사실 우리가 하나님의 모습을 본받지 않는다면 사람들은 우리의 말과 행동이 모순되는 것을 보고 돌아설 것이며 우리가 가

---

28) Mary Ann Getty, "The Imitation of Paul in the Letters to the Thessalonians," in The Thessalonian Correspondence, ed. Raymond F. Collins(Leuven: Leuven University Press, 1991), 277-283.

29) De Boer, The Imitation of Paul: An Exegetical Study, 139. Reinhartz는 바울이 그의 독자들에게 그를 본받도록 도전한 또 다른 이유를 제시한다. 즉 그는 그렇게 함으로써 그의 적대자들이 그의 명백한 특성들을 결여했음을 지적하고 있었다("On the Meaning of the Pauline Exhortation: 'mimētai mou ginesthe' - become imitators of me," 403).

30) Bryant, "The Place of mimēsis in Paul's Thought," 295.

31) Prosper Grech, "Christological Motives in Pauline Ethics," in Paul de Parse: Apôtre de Notre Temps(Rome: Abbaye de S. Paul, 1979), 558.

르치는 내용은 아무런 영향력도 발휘하지 못할 것이다. 바울이 제자들에게 그 자신을 본받도록 요구한 것은 효과적이었다. "왜냐하면 그는 가르친 것을 구체적으로 보여준 교사였기 때문이다."[32] 바울은 우리가 그리스도를 본받는 사람들이 되도록 도와주며, 우리 학생들이 따라야 할 위대한 모범이다.

제자를 삼는 목표

마테테우오(mathēteuō)라는 동사는 '제자가 되다'(마 27:57) 혹은 '제자를 삼다'(마 13:52,[33] 28:19, 행 14:21)라는 의미로 신약에서 네 번 사용되었다. 흥미롭게도 누가는 단 한 번 바울이 제자를 삼는 것에 대해 언급했는데, 그 구절은 그리스도인이 되거나 그리스도의 제자가 되는 것을 암시하는 것 같다. '복음을 그 성에서 전하여 많은 사람을 제자로 삼고'(행 14:21). 복음서와 사도행전에서만 사용된 마테테스(mathētēs, '제자')라는 관련 명사가 사도행전 14장 22절, 28절, 15장 10절, 16장 1절, 18장 23절, 27절, 19장 9절, 30절, 20장 1절, 30절, 21장 4절, 16절에서는 믿는 자에 대해 똑같은 개념으로 사용되고 있다.[34] 복음서에서 마테테스는 아래와 같이 여러 가지 의미로 사용된다. (a) 의심을 가졌으나 확신을 갖게 되어, 예수를 따르고 그의 말씀에 경청했던 사람들,[35] (b) 예수의 열두 제자들, (c) 그리스도 안에서 예수를 진정으로 따랐던 사람들.[36] 그런데 사도행전에서는 세번째 의미로 제한하여 사용한 것 같다.

바울의 제자들('그를 따랐던 자들')에 대한 사도행전 9장 25절의 언급은 사도 바울의 사역의 결과로 그리스도께 나왔던 개인들을 가리키고, 다메섹에서

---

32) Howard Tillman Kuist, The Pedagogy of Paul(New York: Doran, 1925), 113.
33) NIV는 마태복음 13장 52절의 이 단어를 '교훈을 받은 자'라고 번역하는 반면, NASB는 '제자가 된 자'로 번역하고 있다.
34) Dietrich Miller, "Disciple, Follow, Imitate, After," in New International Dictionary of New Testament Theology, 1:489, and Karl H. Rengstorf, "μαθητής," in Theological Dictionary of the New Testament, 4(1967), 457-458.
35) J. Dwight pentecost, Design for Discipleship(Grand Rapids: Zondervan, 1971), 14-17.
36) 로이 주크의 「예수님의 티칭 스타일(도서출판 디모데)」 170을 보라.

의 그의 초기 사역에 결실이 있었음을 보여준다.

사도행전과 바울 서신은 바울이 예수님처럼 특정한 제자의 그룹을 훈련시켰던 것은 구체적으로 언급하고 있지 않지만 앞서 논의한 것처럼, 바울은 분명 다른 사람들이 그리스도인의 삶을 개발해서 영적 은사들을 발전시키는 것을 돕는 데 헌신했던 것이 틀림없다. 그가 여행을 할 때 실라와 디모데와 디도와 다른 사람들을 동행시켜 그들이 자신의 행동을 통해 훈련을 받도록 했다는 사실에서 이 점을 확인할 수 있다. 디모데와 디도에게 보낸 서신들은 그들을 제자로 성장시키고 그들의 지도자적인 능력을 고양시키기 위한 것이었다. 그들이나 바울의 다른 동료들을 바울의 제자라고 부르지는 않았지만, 마테테스라는 단어가 '바울이 교사였다는 견해를 수용하고 사실상 바울의 제자들이었음을 암시하기' 때문에 그들은 실제 바울의 제자들이었다고 볼 수 있다.[37]

바울이 그의 학습자들을 가르친 내용 가운데는 그가 주님으로부터 받은 가르침을 전수하고(고전 11:2, 23, 15:3, 살후 2:15, 3:6)[38] 그들로 그것을 다른 사람들에게 전하도록 촉구하는 내용이 포함되어 있다(딤전 3:9, 딤후 2:2, 딛 1:9). 따라서 바울은 학생인 그들이 다시 교사가 되고, 그가 그들에게 보여준 모범대로 그들이 다른 사람들을 세우도록 격려했던 것이다. 제자 삼는 모습 속에서도 바울은 교사들이 다른 사람들을 그리스도께로 인도하고 영적 성장을 도모하는 측면에서뿐만 아니라 그들에게 제자도와 지도력을 훈련시키는 측면에서도 훌륭한 모범이 되었다.

바울의 동기

왜 바울은 이처럼 여러 개의 목표들을 이루기 위해 그렇게 열정적으로 노력

---

[37] G. H. Trever, "Disciples," in International Standard Bible Encyclopedia, 2(1924), 851.

[38] '전수하다'에 해당하는 단어는 paradidēmi인데, 이것은 종종 어떤 교사가 배운 자료를 전달하는 의미로 사용되었다(Rienecker, A Linguistic Key to the Greek New Testament, 422). 관련 명사인 paradosis는 전수된 것을 의미하므로 복수형은 고린도전서 11장 2절, 갈라디아서 1장 14절, 골로새서 2장 8절, 데살로니가후서 2장 15절, 3장 6절에서처럼 전통들이나 가르침들을 뜻한다.

했을까? 바울이 압도적인 난관들을 대항하도록 격려하며 동시에 앞으로 나아갈 수 있도록 추진력을 제공해준 많은 힘들과 요인들이 있었다.

첫째로, 바울은 하나님이 이 임무를 위해 자신을 임명하셨다는 것을 알았다. 하나님은 다메섹의 아나니아에게 '이 사람은 … 택한 나의 그릇이라'고 말씀하셨다(행 9:15).

그리고 바울은 예루살렘의 폭도들에게 '우리 조상들의 하나님이 너를 택했다'는 것을 아나니아가 그에게 말해주었음을 밝혔다(22:14). '내가 네게 나타난 것은 곧 네가 나를 본 일과 장차 내가 네게 나타날 일에 너로 사환과 증인을 삼으려 함이니'라고 하신 것을 아그립바 왕에게 보고했다(26:16-17). 두 번이나 바울은 믿음의 아들 디모데에게 자신은 '전파하는 자'로 세우심을 입었다는 사실을 서신을 통해 밝혔다(딤전 2:7, 딤후 1:11). 하나님은 바울을 태어날 때부터 구별해서 이방인에게 복음을 전하는 자로 부르셨고(갈 1:15-16) 그를 대사로 뽑으셨다(고후 5:20). 이렇게 선택되어 부름받고 임명된 그가 어떻게 그의 사명을 저버릴 수 있었겠는가?

둘째로, 바울은 자신을 향한 그리스도의 강권하시는 사랑을 느끼고 있었다(고후 5:14). 강요한다는 것을 나타내는 단어 시네코(synecho)는 '함께 잡고, 함께 눌러 계속하도록 재촉하고 강요함'을 뜻한다. 그리스도께서 바울을 죽기까지 사랑하셨기 때문에 그는 그리스도를 위해 살고 섬김으로 그 사랑에 보답해야 한다는 강한 의무감을 느꼈다(5:15).

셋째로, 교사로서의 그의 삶에 중요한 또 하나의 요소는 구원받지 못한 사람들에게 임하는 영원한 형벌에 대한 인식에서 비롯되었다. 그는 종종 그리스도가 없는 사람들은 하나님의 진노 아래에 놓여 있고(롬 1:18, 2:5, 8, 3:5, 5:9, 9:22, 엡 2:3, 5:6, 골 3:6, 살전 1:10, 2:16, 5:9), 하나님 앞에서 정죄받으며(롬 3:8, 5:16, 18, 살후 2:12), 영적으로 죽은 자들이요, 하나님 없이 존재하는 자들이라고(롬 1:32, 5:12, 14, 17, 21, 6:23, 고전 15:22, 고후 5:14, 엡 2:1, 5, 골 2:13) 말했다. 이 참담한 진리가 항상 그의 정신과 마음에 울리고 있었기에 구원받지 못한 자들에게 세상에서 가장 놀라운 소식을 전하기를 주저하지 않았다. 그는 이스라엘 백성들이 구원받는 일에(롬 10:1) 그 자신의 생명조차도 기꺼이 내놓고자 했고(롬 9:2-3), '가능한 한 많은 사람들을' 구세주께로 인도하기 위해 자원해서 필요한 모든 것을 행했다(고전 9:19-22). 그는 그리스도의 심판대 앞에 서게 될 때 자신에게 책임을 물을 것을 알았기 때문에 거듭해서 사람들에게 그리스도께로 향하도록 설득했다(고후 5:10-11). 사도 바울이 '복음을 전해야 한다는 강박감'을[39] 느꼈다는 것은 놀랄 일이 아니며, 만일 그가 그렇게 하지 않았더라면 그는 '화,' 즉 고통과 비탄과 절망감을 겪었을 것이다(고전 9:16).

넷째로, 이 위대한 교사는 그리스도의 재림이 속히 임할 것을 깊이 확신함으로 다른 사람들의 영적 성장을 돕는 일에 강한 동기를 부여받았다.[40] 이런 기대감은 강하고 강권적인 동기가 되었다. 그가 간절히 원했던 주님의 재림이(빌 3:20-21, 딤후 4:8, 딛 2:13) 인내하고(고전 4:5) 근면하며 굳건하고(15:58) 순수(골 3:4-5)와 거룩함(살전 3:13, 5:23)과 위로(살전 4:18)와 고난 중에 참고(살전 1:7) 신실하게 사역을 감당하도록(딤후 4:1-2) 그에게 동기를 주었다.

신적 임명, 그리스도의 사랑, 구원받지 못한 자들의 영적 상태, 그리스도의 재림 등의 요소들 때문에 바울은 그의 목표를 달성할 때까지 불굴의 열심과 타오르는 열정을 가지고 앞으로 나아갈 수 있었다. 오늘날의 교사들 역시 이렇게 할 수 있어야 하지 않을까?

---

39) 문자적으로 바울은 '강압감(혹은 필요성, ananke)이 나를 누르고 있다' 고 썼다(고전 9:16).
40) 그가 살아 있을 때 예수님의 재림을 기대하고 있었다는 하나의 증거는 데살로니가전서 4장 15절, 17절의 다음과 같은 말 속에서 발견된다. '주 강림하실 때까지 우리 살아 남아 있는 자도' '우리 살아 남은 자도 저희와 함께 구름 속으로 끌어올려.' 그가 '우리' 라는 단어를 사용한 것은 그 자신을 교회의 휴거시에 살아 있을 사람들 속에 포함시키고 있음을 보여준다. 물론 이 일은 일어나지 않았지만 그는 그리스도의 임박한 재림을 전적으로 기대하고 있었다.

토의하기

■ 당신이 가르치는 학생들은 모두 그리스도를 그들의 구주로 영접했는가? 구원받지 못한 자들이 그리스도께 나아올 수 있도록 구원의 계획을 명확히 제시했는가?

■ 학생들에게 어떤 교수법을 사용하여 성경 내용들을 가르치는가? 당신은 학생들의 눈높이에 맞춰 의사 전달을 하고 있는가?

■ 반 학생들이 성장하도록 돕는 일에 어떤 구체적인 방식들을 사용하고 있는가?

■ 당신이 가르치는 학생들에게서 어떤 영적 성장의 증거를 발견하는가? 이 장에서 나열한 64가지 영적 특성들 중 일부를 그들의 삶 속에서 발견할 수 있는가?

8 학습자들에게 끼친 바울의 영향력

'이에 총독이 그렇게 된 것을 보고 믿으며
주의 가르치심을 기이히 여기니라'
사도행전 13:12

당신이 가르치는 성경의 교훈이 학생들의 삶을 진정으로 변화시키고 있는지 궁금했던 적이 있는가? "나는 잘 해내고 있는가? 그들은 내가 가르친 대로 살아가고 있을까? 그들은 하나님의 진리에 따라 살아가고 있을까?" 라는 생각을 해본 적이 있었는가?

우리가 성취하고 싶은 것이 무엇인지 알고 있는 것과, 그런 목표를 향해 동기를 부여받은 것은 동일한 것이다. 그러나 그런 목표들이 이루어지고 있는지에 대해 아는 것과 우리가 학생들에게 영향을 끼치고 있는지 아는 것은 다른 문제이다.

바울의 가르침은, 학습자들에게 영향을 끼치기 위해 그리스도께서 어떻게 바울 자신을 사용하셨는지 보여주려는 데 있었다. 바울이 어떻게 이런 일을 했는지 알게 되면 우리 역시도 "어떻게 가르치는 사역을 효과적으로 할 수 있는가?" 라는 질문에 대한 해결책을 얻을 수 있을 것이다.

예수님은 서로 다른 관심, 필요 그리고 염려를 가진 개인들뿐만 아니라 다양한 무리들을 대상으로 사역하셨다.[1] 바울도 마찬가지였다. 예수님처럼 그도 개

---

1) 로이 주크의 「예수님의 티칭 스타일(도서출판 디모데)」 175-179을 참고하라.

인들과 소그룹들과 무리들을 대면했다. 예수님이 사역하셨던 것처럼 바울 역시 개인들과 소그룹들과 군중들을 다루었다. 예수님이 사역하실 때 그랬던 것처럼 바울이 가르치는 무리들 중에도 어떤 이들은 호기심이 있었고, 어떤 이들은 잘 받아들였는가 하면, 또 어떤 이들은 반목했고, 심지어 몹시 반감을 갖고 적대감을 보이는 자들도 있었다. 바울이 이런 다양한 청중들과 배우는 자들에게 어떻게 말했고, 또 그들은 바울에게 어떻게 반응했는지를 살펴보면 우리도 학생들에게 어떻게 하면 보다 효과적으로 가르칠 수 있는지에 대한 교훈을 얻게 될 것이다.

표 9	바울의 사역 대상이었던 사람들
회당에 있는 사람들	행 9:20(다메섹), 13:5(구브로의 살라미), 13:14(비시디아의 안디옥), 14:1(이고니온), 17:2(데살로니가), 17:10(베뢰아), 17:17(아덴), 18:1,4(고린도), 18:19, 19:8(에베소), 참고 - 24:12
무리들	행 13:44-45, 14:11, 13-14, 18-19, 17:8, 13, 참고 - 19:33, 35
시장에 있는 사람들	행 17:17, 22[a]
도시에 있는 사람들	행 13:4, 14:21, 15:35
강둑에 있는 사람들	행 16:13
동료 죄수들	행 16:25, 28-31
가문의 사람들	행 16:15, 33-34, 18:8, 고전 16:15
서원에 있는 사람들	행 19:9
집에 있는 사람들	행 16:15, 32, 40, 18:7, 20:8, 20, 21:16
교회의 제자들	행 14:22, 27-28, 15:41, 16:5, 18:22-23, 19:1, 9, 20:1, 17

a) 사도행전 17장 22절은 바울이 '아레오바고 가운데 서서 말하되' 라고 전하고 있다. 문자적으로 '아레스의 언덕' (Hill of Ares), 그리스의 전쟁의 신[마르스의 언덕(Mars' Hill), KJV]의 의미를 담고 있는 아레오바고는 아덴 사람들의 사법, 입법적 평의회였으며, 아크로폴리스 서쪽 언덕에 위치한 회합 장소의 명칭을 따서 붙인 이름이다. 이 평의회는 이후에 그 회합 장소가 아고라 혹은 시장에 위치한 한 건물('최고의 스토아 철학,' 스토아 바실레이오스(stoa basileios)로 이전하자, 아레오바고의 평의회[F. F. Bruce, Commentary on the Book of Acts(Grand Rapids: Eerdmans, 1954), 351-352]라는 이름을 보유하게 되었으며, 또 이곳은 아마도 바울이 평의회 회원들과 우연히 만났던 곳이었을 것이다[F. F. Bruce, "Areopagus," in The Illustrated Bible Dictionary (Wheaton, Ill.: Tyndale, 1980), 1:108]. 아덴 사람들의 집회장이자 시장인 아고라(Agora) 근방의 복구된 스토아 바실레이오스에 관한 사진을 보려면 위의 책 1:147을 보라. 주랑(柱廊)으로 지붕이 덮여 있는 이곳은 마르스의 언덕으로부터 대략 274미터 떨어진 곳에 위치하고 있다. Colin J. Hemer는 바울이 아고라의 북서쪽 모퉁이 근처의 작은 지역에 서 있었다고 주장한다["Paul at Athens: A Topographic Study," New Testament Studies 20 (1973-1974) : 346].

바울은 누구를 가르쳤고 그들은 어떻게 반응했나?

바울의 놀라운 복음적, 교육학적 능력은 그가 가르쳤던 다양한 무리들과 개인들을 통해 드러난다. 그는 종교 지도자들과 토론했고 통치자들을 향해 담대하게 말했다. 그는 지식적인 행정가들과 교육받지 못한 이교도들, 능숙한 기술자들, 교양 있는 철학자들과 저명한 여성들, 죄수들, 로마 병사들과 대화를 나누었고 큰 무리들과 종교 지향적인 무리들, 가족들 그리고 사적으로 알고 있는 개인들에게도 연설하였다. 이런 다양성은 표 9의 목록에서 볼 수 있다.

물론 회당 안에 있는 대부분의 사람들은 유대인들이었으나, 어떤 회당들에는 '경건한' 이방인들[2]도 참석했다. 이 이방인들은(때로는 '헬라인들' 로 불림) 비시디아의 안디옥(행 13:16, 26, 43), 데살로니가(17:4)와 아덴(17:17)에 살고 있었다. 대체로 바울은 각 도시에 입성하면 먼저 유대인의 예배 장소에서 그들에게 복음을 전했고(13:46, 18:5, 26:20, 참고 - 롬 1:16, '첫째는 유대인에게요'), 그 후에 이방인들에게 전했는데(행 13:46, 48, 14:27, 15:3, 12, 14, 17, 19, 18:6, 21:19, 26:17-18, 20, 28:28), 그 이유는 하나님께서 그를 이방인의 사도로 임명하셨기 때문이다(롬 1:5, 13-14, 3:29, 11:13, 15:9-12, 16, 18, 갈 1:16, 2:2, 7-9, 3:8, 14, 엡 3:1, 6, 8, 골 1:27, 딤전 2:7, 딤후 4:17).

그러나 빌립보에서는 계획을 바꾸어 바울은 먼저 경건한 이방 여인을 만난 장소인 강가로 갔다(행 16:14). 유대인들과 이방인들('헬라인,' 행 18:4, 19:10) 모두가 그의 메시지를 들었다(20:21). 그는 여러 장소에서 다양한 청중들에게 선포하고 가르치기 위해 모든 기회를 활용했다.

그의 설교를 들었던 무리들은 비시디아 안디옥, 루스드라, 데살로니가, 베뢰

---

[2] 그들은 하나님을 경외하였고(포베오마이, phobeomai, 행 13:16, 26), 경건한 혹은 독실한 예배자였다[세보마이 Sebomai, 13:43(NIV의 '유대교에 입교한 경건한 사람들' 이라는 번역은 '경건한 기독교로 개종한 사람들' 로 수정되어야 한다), 17:4, 17]. 그들이 이렇게 불리게 된 까닭은 우상 숭배를 버리고 회당 예배에 참석했기 때문이다. 그러나 완전히 유대교에 입교한 것은 아니었다. '하나님을 경외하는' 혹은 '독실한' 이란 표현은 그 개인들이 기독교 신자들이라는 의미가 아니다. 왜냐하면 그들에게는 그리스도를 믿음으로 얻는 구원의 메시지가 필요했기 때문이다(10:2, 13:48, 17:4, 17).

아 그리고 에베소에 사는 사람들이었고, 그가 증거하고 가르쳤던 가정은 루디아의 가정, 빌립보 죄수의 가정, 디도 유스도의 가정, 드로아에 있는 이층집 가정 그리고 나손의 가정이었다. 그 다양한 무리들 중 얼마나 많은 사람들이 있었는지는 알 수 없지만, 각 회당은 아마 수십 명의 사람들이 있었을 것이다. '온 성이 거의 다' (13:44)라고 말하고 있는 비시디아 안디옥에는 적어도 수백 명 이상이 모였을 것이다. 각 무리는 수백 명이었을 것이며 다수의 저자거리에 있었을 것이다. 수십 명의 사람들은 그 사도가 매일 강연하는 두란노 서원[3]에 참석했으며, 각 가정에 모인 숫자는 대개 넷에서 여덟 명 사이였을 것이다. 그러므로 '유대인 중에 믿는 자 수만 명' (21:20)을 비롯해서, 바울의 사역을 통해(14:1, 21, 17:4, 12, 34, 18:8, 10, 19:26, 28:23-24) 구원받은 수많은 사람들에 대해 여러 차례 읽게 되더라도 별로 놀랍지 않다. 일부 믿지 않는 유대인들은 '각처에서 … 모든 사람을 가르치는 그 자' (21:28)로 바울을 과장되이 표현했고, 그를 기소했다.

몇몇 도시에서 그리스도께로 돌아온 사람들 가운데는 여성들도 포함되어 있었다. 그 한 사람이 루디아인데, 자주색으로 염색된 모직물을 파는 여자 사업가였다(16:14)[4]. 그녀는 바울이 유럽에서 얻은 첫번째 회심자였다. 이 외에도 빌립보 간수의 아내와(16:34), 데살로니가와 베뢰아에 있는 수많은 '귀부인'들 (17:4, 12), 아덴의 다마리(17:34) 그리고 회당장 그리스보의 아내(18:8) 등도 포함된다.

구브로에서는 서기오 바울이 '바울의 가르침에 감동되어'[5] 그리스도를 믿었

---

3) 두란노는 "철학 혹은 수사학자들이 있었던 곳으로 아마 가장 유명한 학자들이 이 서원에서 강연을 했던 것 같다. 바울 때문에 명성을 얻게 되었고, '두란노 서원'이라고 알려졌다"[Gerald F. Hawthorne, "Tyrannus," in International Standard Bible Encyclopedia, 4(1988), 932]. 몇몇 헬라어 사본에 의하면 바울은 이 서원에서 2년 동안 매일 제 오 시부터 열 시까지, 즉 오전 11시부터 오후 4시까지 가르쳤으며, 그 시간은 '보통 식사와 휴식을 위해 쉬는 때였다' (ibid.).
4) 그녀는 두아디라로부터 300킬로미터 떨어진 곳에 있었으며, 두아디라는 자주색 염색을 하고 옷을 만드는 도시로 잘 알려져 있었다.
5) '기이히 여기다'는 '놀라거나 압도되다'의 에크플렛소(ekplēssō)를 번역한 말이며 이 말은 사도행전에

다(13:12). 바울의 사역으로 인해 비시디아 안디옥의 이방인들도 그리스도를 믿었다(13:48). 이고니온 사람들 중 일부는 '두 사도를 좇는 자'(14:4)도 있었고, 일부 유대인과 많은 헬라인들은 데살로니가에서(17:4) 구원을 받았으며, 베뢰아에 사는 많은 유대인들과 헬라인들이 그리스도께로 돌아왔다(17:12). 아덴에 사는 몇 사람이 그리스도를 받아들였는데 그중에 아레오바고[6]의 관원인 디오누시오도 있었다(17:34). 고린도의 많은 사람들이 믿었으며(18:8), 로마에 사는 일부 유대인들은 바울의 증거(28:24)로 믿었다. 그리고 골로새에서 온 노예 오네시모는 감옥에 있을 때(몬 1:10) 바울의 증거를 통해 그리스도를 믿었다. 수많은 사람들이 사도의 지칠 줄 모르는 수고를 통해 변화되었다.

모든 도시가 사도의 설교와 가르침을 받고 영향을 받았으나 때론 상반된 결과가 나타나기도 했다. "그 다음 안식일에는 온 성이 거의 다 하나님 말씀을 듣고자 하여 모이니"(13:44). '그 성내(이고니온) 무리가 나뉘어'(14:4). '이 사람들이 유대인인데 우리 성을 심히 요란케 하여'(16:20). '천하를 어지럽게 하던 이 사람들이 여기도 이르매'(17:6). '온 성이 요란하여'(19:29). '바울이 에베소뿐 아니라 ⋯ 허다한 사람을 권유하여 말하되'(19:26). '이 사람은 각처에서 ⋯ 모든 사람을 가르치는 그 자인데'(21:28).

바울의 복음 전파 사역은 '배가 사역'의 모범으로 대표된다. 그의 회심자들, 곧 그의 복음 전파의 대상자들은 결국 복음을 전하는 자들이 되었다. 이것은 사도행전 13장 49절["주의 말씀이 그 지방(오늘날의 남부 중앙 터키인 비시디아)

서 유일하게 이곳에서만 사용되었다. 신약 성경의 다른 곳에서 이 말은 오직 공관 복음서에만 나타나 있는데 예수님의 가르침에 대한 놀라움을 표현할 때 가장 일반적으로 쓰인 단어이다. 이 단어는 예수님의 가르침에 대한 무리들의 반응을 나타내는 것으로 12번 사용되었다(마 7:28, 13:54, 19:25, 22:33, 막 1:22, 6:2, 7:37, 10:26, 11:18, 눅 2:48, 4:32, 9:43). 이 말은 '갑작스럽고 격렬한 놀라움'을 뜻한다[F. W. Farrar, The Gospel according to St. Luke, Cambridge Greek Testament for Schools and College(Cambridge: Cambridge University Press, 1884), 155]. '치다 혹은 불다'의 플렛소(plēssō)와 '밖으로'의 에크(ek)에서 유래한 에크플렛소(Ekplēssō)는 놀라움과 더불어 감각에 매료된 상태를 표현하는 말이다.

6) "아레오바고는 아덴에 있는 열두 명의 판사들로 이루어진 고등법원이었다. 디아누시오의 회심을 현대 관으로 바꾼다면 미국 대법원 판사의 회심과도 같은 것이다. 만일 이런 회심이 그 당시 한 전도자의 메시지를 듣고서 일어났다면 그 설교가 과연 실패였을까?"[J. Oswald Sanders, Paul the Leader(Colorado Springs: NavPress, 1984), 101].

에 두루 퍼지니라"]과 19장 10절['아시아(오늘날의 터키 서부)에 사는 자는 유대인이나 헬라인이나 다 주의 말씀을 듣더라' 참고 - 19:26]과 데살로니가전서 1장 8절('주의 말씀이 너희에게로부터 마게도냐와 아가야에만 들릴[7] 뿐 아니라 하나님을 향하는 너희 믿음의 소문이 각처에 퍼진 고로')에 함축시켜 기록되어 있다. 바울이 터키에서 두번째 전도 여행을 할 때도 '여러 교회가 믿음이 더 굳어지고 수가 날마다 더하니라' (행 16:5)고 전하고 있다. 그렇기 때문에 바울이 베스도에게 자신의 사역은 '한편 구석에서 행한 것이 아니' (26:26)라고 말했던 것은 놀랄 일이 아니었다.

바울은 도시를 중심으로 복음을 전파하고, 교회를 세웠으며, 가르치는 사역을 했다. 그것은 중심 지역에 위치한 큰 도시의 사람들에게 가르쳐서 복음이 그곳으로부터 외곽 지역으로 확산되게 하려는 전략이었다. "그가 교회를 세웠던 모든 도시들이나 읍들은 로마 행정의 중심지였고, 헬라 시민화의 중심지였으며, 유대교 세력의 중심지였고, 혹은 몇몇 중요한 상업 지구였다."[8]

바울은 여러 지역을 순회하면서 활발하고 설득력 있게 그리스도의 필요성에 대해 천명하며 복음을 전파했다. 그것은 단지 시작에 불과했다. 머물렀던 여러 지역들에서 그는 신자들을 가르치고 양육했다. 초신자들이 위대한 사도에게서 하나님의 방식대로 배운다는 것은 참으로 흥미진진한 일이었으며, 그들은 영적으로도 성숙할 수 있었을 것이다. 아래에 기록된 많은 구절들에서 볼 수 있듯이, 바울이 여러 지역에서 오랜 기간을 보냈다는 언급들은 그의 사역이 집중적인 가르침을 동반했다는 사실을 반영해준다.

---

7) 엑세케오마이(exēcheomai)라는 헬라어는 트럼펫을 부는 것으로, 그 소리 혹은 울림이 한 곳에서 다른 곳으로 퍼지는 것을 말한다. 데살로니가 사람들의 "영향력은 마치 트럼펫 소리가 전통적인 나라인 그리스의 언덕과 골짜기를 누비며 울리고 다시 울리는 것처럼, 다른 여러 곳에 복음을 널리 확산시키는 효과를 갖게 되었다"[Albert Barnes, Barnes' Notes on the New Testament(reprint, Grand Rapids:Kregel, 1962), 1085]. 데살로니가가 위치했던 마게도냐는 현재 북그리스며, 아가야는 현재 남그리스로서 고린도의 걸프(Gulf)만보다 아래쪽에 위치한 지역이다.

8) Roland Allen, Missionary Methods:St.Paul or Ours?(Grands Rapids:Eerdmans, 1962), 13, 참고 - 13-17.

- '두 사도가 (이고니온에) 오래 있어' (행 14:3).
- 바울과 바나바가 그곳(안디옥)에서 "제자들과 함께 오래 있으니라" (행 14:28).
- "바울과 바나바는 안디옥에서 유하며 다수한 다른 사람들과 함께 주의 말씀을 가르치며 전파하니라" (15:35).
- 바울이 "일 년 육 개월을 유하며 (고린도에서) 그들 가운데서 하나님의 말씀을 가르치니라" (18:11).
- 안디옥에서 (그의 세번째 전도여행 중) "얼마 있다가 떠나 갈라디아와 부르기아 땅을 차례로 다니며 모든 제자를 굳게 하니라" (18:23).
- '바울이 그들을 떠나 제자들을 따로 세우고 두란노 서원에서 날마다 강론하여 이같이 두 해 동안을 하매' (19:9-10).
- '그 지경(마게도냐)으로 다녀가며 여러 말로 제자들에게 권하고 헬라에 이르러 거기(그리스, 즉 아가야) 석 달을 있다가' (20:2-3).
- 그는 '빌립보에서 배로 떠나 닷새 만에 드로아에 있는 그들에게 가서 이레를 머무니라' (20:6).
- '너희가 일깨어 내가 삼 년이나 밤낮 쉬지 않고 눈물로 각 사람을 (에베소에서) 훈계하던 것을 기억하라' (20:31).
- "두로로부터 수로를 다 행하여 돌레마이(두로의 남부)에 이르러 형제들에게 안부를 묻고 그들과 함께 하루를 있다가" (21:7).
- (가이사랴에 있는) '빌립의 집에 … 여러 날 있더니' (21:8, 10).
- "이(말타) 섬에 제일 높은 사람 보블리오라 하는 이가 … 우리를 영접하여 사흘이나 친절히 유숙하게 하더니" (28:7).
- '석달 후에 그(말타) 섬에서 … 배를 우리가 타고 떠나니' (28:11).
- 이달리아 푸테올리에서, '거기서 형제를 만나 저희의 청함을 받아 이레를 함께 유하다가' (28:14).
- '바울이 온 이태를 (로마에 있는) 자기 셋집에 유하며 자기에게 오는 사람을 다 영접하고 담대히 하나님 나라를 전파하며 … 가르치되' (28:30-31).

사도행전에서 두번씩이나 설명하고 있는 것처럼 구원의 확신은 기쁨을 가져다준다. (비시디아 안디옥의) '제자들은 기쁨과 성령이 충만' 했다(13:52). 또 빌립보 감옥의 간수와 그 온 식구들이 그리스도를 구세주로 영접했을 때 '크게 기뻐' 했다(16:34). 바울은 빌립보 사람들에게 '믿음 안에서의 기쁨' 과 '그리스도 예수 안에서의 기쁨' (빌 1:25-26)에 대해 말했고 또 데살로니가 사람들에게도 '성령께서 주시는 기쁨' (살전 1:6)에 대하여 언급했다.

복음 전파와 가르침 외에도 바울은 루스드라와 이고니온, 비시디아의 안디옥(행 14:21-23)과 에베소(20:17) 각 지역의 믿는 자들의 회중 가운데 장로를 임명함으로써 교회를 조직하는 일을 도왔는데, 이 일은 그가 세운 다른 교회들에서도 동일하게 이루어졌을 것이다. 그는 디도를 격려해 그레데 섬에 있는 각 교회에 장로들을 임명하게 했다(딛 1:5). 이와 같이 사도는 구원받지 못한 자들에게 복음을 증거하여 많은 사람이 그리스도를 구주로 영접하도록 이끌어주고, 그들에게 영적 자양분을 공급하기 위해 필요한 진리를 가르치며, 믿는 자들 중 자격을 갖춘 지도자들을 지역 교회 내에 세우는 일들을 했다. 바로 이런 일들은 그의 성공의 척도가 되는 요인들이다. 그가 얼마나 많은 거리를 여행했는지, 사역한 햇수가 얼마인지, 혹은 방문했던 장소들 또는 그가 세운 교회의 크기 등이 성공을 가늠하는 조건은 아니다. 그의 성공은 수적인 것이 아닌 영적인 잣대로 측정된다.

많은 사람들이 그리스도께로 돌아오고 또 바울 사도에게 가르침을 받은 사실로 미루어볼 때 복음과 관련된 그의 영향력은 매우 컸지만 동시에 그의 가르침은 많은 유대인들에게 적대감을 불러일으켰다. 이 때문에 일어난 충돌은 다메섹(행 9:23), 예루살렘(9:29), 비시디아 안디옥(13:45, 50), 이고니온(14:2, 4-5), 루스드라(14:19), 데살로니가(17:5), 베뢰아(17:13), 고린도(18:12), 에베소(19:9), 예루살렘(21:27-30, 32, 36, 22:20, 23:12-13)과 가이사랴(24:1, 9) 등 그가 가는 모든 곳에서 일어났다. 또한 빌립보(16:16-19)와 에베소(19:23-28)에서 일하는 자들은 바울의 가르침을 인하여 소동을 일으켰고 아덴의 몇몇 철학자들은 그를 조롱하기도 했다(17:32). 이렇듯 여러 지역에서 그를 대적했던 자들은 그를 죽이려 했고, 독설을 퍼붓기도 했으며, 추방시켰고, 중상모략하며, 거짓으로 기소했고, 돌을 던지며, 도시 전체를 소동케 만들었고, 그를 조롱하며, 무리들을 부추겨 그를 대적하게 하고, 대중 앞에서 그의 메시지를 폄하했으며, 때리고, 소리를 질렀으며, 그를 살해하려는 음모를 꾸미기도 했다. 진리는 많은 사람들이 믿고 싶어하는 것과 상반되는 것이었기에 그들은 진리의 사자를 불신하고 그를 제거하려 했던 것이다. 그러나 그는 그들의 적대감에 구애받지 않고 굽힘 없이 사역을 계속해나갔다.

바울의 동역자들은 누구였나?

사도 바울의 가르침이 영향력이 있었다는 가장 분명한 증거 가운데 하나는 그에게 많은 동역자들이 있었다는 사실이다.[9] 비록 그에게 제자들(마테타이, mathētai)은 없었지만, 수십 명의 개인들이 바울의 매력적인 인격과 역동적인 메시지에 강하게 이끌려 그의 사역에 합류했다. 다른 사람들의 삶으로 들어가는 길을 발견함으로써 그들은 또한 바울의 삶 속으로 들어왔다. 사도 바울이 애정을 가지고 개인적으로 절친했던 수많은 친구들을 보라.[10] 그들에게 보여준 바울의 모범과 우정으로 그들은 고무되었을 뿐만 아니라 바울 역시 그들의 우정 때문에 덕을 보았다. 그들 중 일부는 바울과 함께 여행을 했고, 일부는 그와 함께 고난을 받았으며, 심지어 그들 중 몇 사람들은 그와 함께 수감되기도 했다.

거의 백 명에 달하는 개인들이 특정한 시기에 그의 사역에 연합했다. 레들리히(Redlich)는 95명을 그런 동료들에 포함시켰고[11] 히버트(Hiebert)는 바울과 교류했던 140명의 사람들을 동역자들, 친구들, 회심자들, 바울을 대접했던 집주

---

9) "한 사람의 친구들의 자질은 하나의 지표가 되며, 동료의 수는 어떤 의미에서 그 사람을 판가름할 수 있게 해준다"[Reginald E. O. White, Apostle Extraordinary (Grands Rapids: Eerdmans, 1962), 100].
10) Howard Tillman Kuist, The Pedagogy of St. Paul(New York : Doran, 1925), 136.
11) Edwin Basil Redlich, St. Paul and his Companions(London : Macmillan, 1913), 200-286.

인들로 혹은 대적자들로[12] 명단에 포함시켰다. 이 숫자는 '동료' 라는 용어가 얼마나 광의적으로(혹은 협의적으로) 쓰였는지에 달려 있다.

그의 주요 동역자에는 바나바와 마가가 포함되는데 그들은 첫번째 전도 여행(행 13:1-3, 5)에 바울과 합류했다. 실라, 디모데, 누가, 브리스길라와 아굴라는 바울의 두번째 전도 여행에 합류했던 사람들이다(행 15:40, 16:1-3, 10, 18:2, 롬 16:3, 21, 23, 딤후 1:2, 4:10-11, 딛 1:4). 그리고 아볼로, 아리스다고, 에라스도는 바울의 세번째 전도 여행에 합류했던 사람들이다(행 19:1, 22, 29, 20:4, 고전 16:12, 엡 6:21, 골 4:7, 딤후 4:12, 20, 딛 3:13). 다른 사람들은 단기 순회 사역자들로 생각된다. 그의 동료 사역자들 중 일부는 사회적으로 탁월한 지위를 가진 사람들이었다. 바나바는 지주였고(행 4:36-37), 루디아는 여성 사업가였으며(16:14), 에라스도는 로마 성의 재무였고(롬 16:23) 누가는 의사였다(골 4:14).

바울은 그의 동료들에 대해 말할 때 경칭 '신' (Syn, '함께' 라는 의미)이라는 헬라어를 접두어로 붙인 몇 가지 복합적인 단어들을 사용했다. 가장 빈번하게 사용한 것 중 하나가 시네르고스(Synergos), 곧 '동역자'[13]라는 단어다. 바울이 그렇게 불렀던 사람들은 누구든 격려와 영예를 느꼈을 것이다.[14] 신약 성경에서 이 단어를 사용한 사람은 단 한 번을 제외하고는 바울뿐이었다(다른 용례는 요한삼서 8절이다). 표 10은 바울이 신('함께')이라는 경칭 접두어를 사용해서 불렀던 사람들의 목록이다.

흥미로운 사실은, 바울은 '함께' 라는 칭호를 사용해서 아리스다고를 동역자, 함께 갇힌 자, 함께 군사된 자 등 세 가지로 불렀으며, 에바브로디도는 동역자와 함께 군사된 자로 불리웠고, 에바브라는 두 가지 명칭, 곧 함께 갇힌 자와 함

---

12) D. Edmond Hiebert, Personalities around Paul(Chicago: Moody, 1973), 222. pp.21-219에서 '28명의 위대한 명사들' 과 '중요한 인물' 들에 대해 검토한 후에 그는 pp.223-238에서 각 인물들에 대한 설명과 함께 백 명이 넘는 사람들의 이름, 익명의 개인들의 목록을 작성했다.
13) Victor Paul Furnish의 "Fellow Workers in God's Service," Journal of Biblical Literature 80(1961) : 364-370을 보라.
14) T. R. Glover, Paul of Tarsus(London : SCM, 1925), 178-179.

표 10	바울과 '함께 했던' 동료들
동역자들	브리스가와 아굴라(롬 16:3) / 우르바노(롬 16:9) / 디모데(롬 16:21, 살전 3:2) / 아볼로(고전 3:9) / 디도(고후 8:23) / 에바브로디도(빌 2:25) / 아리스다고(골 4:10-11, 몬 1:24) / 마가(골 4:10-11, 몬 1:24) / 예수 유스도(골 4:10-11) / 빌레몬(몬 1:1) / 데마(몬 1:24) / 누가(몬 1:24)
함께 갇힌 자들[15]	안드로니고(롬 16:7) / 유니아(롬 16:7) / 아리스다고(골 4:10) / 에바브래(몬 1:23)
함께 종된 자들	에바브라(골 4:12) / 두기고(골 4:7)
함께 군사된 자들	에바브로디도(빌 2:25) / 아킵보(몬 1:2)
함께 다니는 자들	가이오(행 19:29) / 아리스다고(행 19:29)

께 종된 자[16]로 언급되어 있다는 점이다.

바울은 그의 동료 열 사람을 각기 그의 '형제'라는 다정한 말로 불렀는데, 아볼로(고전 16:12), 에바브로디도(빌 2:25), 오네시모(골 4:9), 빌레몬(몬 1:7), 구아도(롬 16:23), 소스데네(고전 1:1), 실라(행 15:22), 디모데(고후 1:1, 골 1:1, 살전 3:2, 몬 1:1), 디도(고후 2:13), 두기고(엡 6:21, 골 4:7)와 디도와 함께 고린도에 보내진 익명의 형제가 그들이다(고후 8:18, 22, 12:18). '종'(디아코노스, diakonos)은 바울이 아볼로(고전 3:5), 에바브라(골 1:7) 그리고 두기고(엡 6:21, 골 4:7)에 대하여 사용했던 반면, 디모데와 에라스도에 대해서는 '섬기고 있는 자들'(those who are serving)이라는 현재분사를 사용했다(행 19:22, NIV는 '그의 협력자들'(his helpers)로 쓰고 있다). 바울은 여섯 명의 동역자들을 '사도'라고 부르고 있는데, 이는 하나님께서 그들을 자신의 동료로 추천해주셨다는 의미일 뿐, 그들이 부활하신 그리스도를 목격했던 사람들이라는 의미는 아니다. 그들은 안드로니고(롬 16:7), 바나바(행 14:4, 14), 유니아(롬 16:7), 실라(살전 2:7)와 디모데(살전 2:6) 등이다.[17]

---

15) 바울이 감옥에 있었을 때 그를 도왔던 사람들의 역할에 대하여서는, Brian M. Rapske, "The Importance of Helpers to the Imprisoned Paul in the Book of Acts," Tyndale Bulletin 42(1991): 3-30을 보라.

16) 이 동역자들과 바울이 함께 했던 사역에 관한 토론은 F. F. Bruce, The Pauline Circle(Grands Rapids: Eerdmans, 1985), 81-90을 보라.

17) 이들에 대한 보다 자세한 자료를 위해서는 Redlich, St. Paul and His Companions, 187-193을 보라.

로마서 16장 7절, 11절, 21절에서 바울은 안드로니고, 헤로디온, 야손, 유니아, 누기오와 소시바더 등 여섯 명의 친척들을 언급했다. 안드로니고와 유니아는 '예루살렘 교회에서 로마 교회로 파견된 사절이었던 바로 그 예루살렘의 친척'이었을 것으로 여겨지며 그들은 비록 바울과 같은 시간과 장소는 아니지만 감옥에 갇히기도 했다.[18] 로마서 16장 21절에 언급된 야손은 아마도 바울을 접대해주었던(행 17:5-9) 데살로니가의 야손일 가능성이 크며, 소시바더는 모금을 위해 예루살렘을 방문하고자 베뢰아 교회의 대표로 참석했던(행 20:4) 소바더의 완전한 이름일 것이다. "이처럼 친척 동역자들을 언급하며 바울은 뭔가 중요한 선교 전략을 보여주고 있다. 그는 데살로니가와 베뢰아에 복음을 전할 계획을 세울 때 그의 친척들과의 만남을 활용했고 그들이 회심하면 선교를 위한 동역자로 받아들였던 것이다."[19]

바울의 일부 동료들은 편지를 쓰거나 보내는 일에 관여했다. 편지를 전달했던 사람들은 아래의 목록에서 보듯, 그의 열세 편의 서신 중 여덟 편 중 첫 부분에 언급되어 있다.

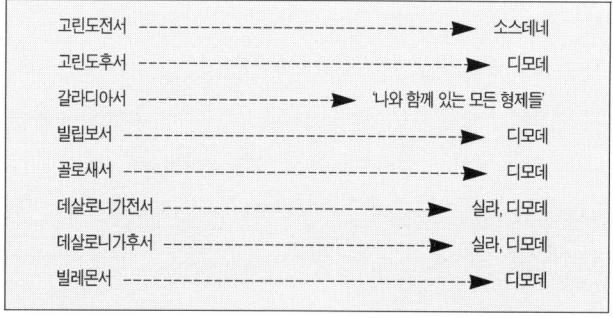

---

18) Earle E. Ellis, "Coworkers, Paul and His," in Dictionary of Paul and His Letters, ed. Gerald F. Hawthorne, Ralph F. Martin, and Daniel G. Reid(Downers Grove, Ill.: InterVarsity, 1993), 186, cf. idem, "Paul and His Co-Workers," New Testament Studies 17(1970-1971) : 437-452.
19) Ellis, "Coworkers, Paul and His," 186.

그들이 이런 서신들을 기록하는 일에 얼마나 관여했는지는 정확히 밝혀지지 않았다. 비서 혹은 아마누엔시스(amanuensis)는 오직 한 서신에만 언급되어 있는데, 그는 로마서 16장 22절에 나오는 더디오이다. 그러나 바울은 비서에게 일부 그의 서신들을 대필하도록 했으나 그 사람의 이름은 언급하지 않았다. 이 같은 사실은 고린도전서 16장 21절, 골로새서 4장 18절, 데살로니가후서 3장 17절 그리고 빌레몬서 19장을 통해 추측이 가능한데 이 서신들에서 바울은 문안 인사만을 친필로 썼다고 했기 때문이다.[20]

바울은 여러 서신들의 뒷부분에서 문안 인사를 디모데와 누기오, 야손, 소시바더, 더디오, 가이오, 에라스도와 구아도 등과 함께 로마에 있는 신자들에게 전달했고(롬 16:21-23), 아굴라와 브리스길라 그리고 바울과 함께 있는 '형제들'도 고린도 교인들에게도 안부를 전했다(고전 16:19). 로마에서 에바브라와 마가, 아리스다고, 데마 그리고 누가가 함께 보내는 안부가 빌레몬에게 전해졌고(몬 1:23-34), 으불로, 부데, 리노, 글라우디아와 로마에 있는 '모든 형제들'의 안부가 디모데에게 전해졌다(딤후 4:21). 두기고는 적어도 에베소서(엡 6:21-22)와 골로새서(골 4:7) 두 서신을 전달해준 배달부 역할을 했으며,[21] 디도와 익명의 '형제'는 고린도후서를 전해준 두 전령이었다(고후 8:17-18).

수많은 사람들이 개인적으로 바울을 그들의 집에 접대하는 영광을 얻었다. 아래의 열두 사람은 연대순으로 나열된 것이다.

- 다메섹의 아나니아(행 9:10-18, 22:12-13)
- 다메섹의 유다(행 9:11)
- 예루살렘의 베드로(갈 1:18)

---

20) 바울 서신에서 비서의 활용에 대해서는 다음을 보라. E. R. Richards, The Secretary in the Letters of Paul(Tübingen: Mohr, 1991), and Richard N. Longenecker, "Ancient Amanuenses and the Pauline Epistles," in New Dimensions in New Testament Study, ed. Richard N. Longenecker and Merrill C. Tenney(Grand Rapids: Zondervan, 1974), 281-297.
21) 두기고는 또한 로마에서 에베소와 골로새를 가는 도중에 빌레몬에게 그 편지를 전달해주었을 것이다(골 4:7-9).

- 빌립보의 익명의 간수(행 16:33-34)
- 빌립보의 루디아(행 16:40)
- 데살로니가의 야손(행 17:7)
- 고린도의 아굴라와 브리스길라(행 18:3)
- 고린도의 디도 유스도(행 18:7)
- 고린도의 가이오(롬 16:23)
- 예루살렘의 나손(행 21:16)
- 잠재력을 가진 주인 빌레몬(몬 1:22)

로마서 16장 1-16절에는 로마에 있는 바울의 동료들 28명의 이름이 언급되어 있는데, 바울은 자신의 안부를 그들에게 전해달라고 로마에 있는 사람들에게 부탁했다. 또한 로마서 16장 21-24절에서 바울은 안부를 전하는 동료 8명의 이름을 언급했다.[22] 이렇게 36명의 개인들 외에 사도행전과 바울의 다른 서신에서 언급된 사람들을 더하면 바울이 동료라고 부른 사람들의 수는 총 83명이 된다. 이 합계는 그가 언급한 회심자들[23][예 - 루디아(행 16:13-15)와 디오누시오와 다마리(17:34)]와 글로에, 유니게, 야고보, 로이스, 베드로, 빌립과 같은 그의 친구들과 바울을 대접했던 12명의 남녀 집주인들을 포함한 수이다. 이 83명은 표 11에 가나다순으로 나열되어 있다.[24]

---

22) "이 (36명의) 명단은 바울의 이전 '학생들'의 출석부와 거의 동일하다. 많은 사람들이 동역자들 혹은 동료 사도들이었지만, 우리는 그들 모두가 바울에게서 배우고 연구하는 데 시간을 보냈다는 것을 분명히 알 수 있다"[Stanley Kent Stowers, The Diatribe and Paul's Letter to the Romans (Chico, Calif.: Scholars, 1981), 183].

23) 그러나 바울의 회심자 중 세 사람은 또한 그의 동역자가 되었다. 디모데('믿음 안에서 참 아들,' 딤전 1:2/ '아들,' 딤전 1:18/ '내 아들,' 딤후 2:1), 디도('나의 참 아들,' 딛 1:4), 오네시모('갇힌 중에서 낳은 아들,' 몬 1:10). 그러나 아마도 디모데는 그의 어머니 혹은 할머니에 의해 주님께로 인도되었을 것이다.

24) 이러한 이름들을 논할 때 J. B. Lightfoot는 이러한 동일한 이름들 중 많은 이름이 라틴어 서적에서 나타난다고 지적하고 있다[Saint Paul's Epistle to the Philippians, 4th ed. (London: Macmillan, 1879), 171].

표 11 — 바울의 동료들과 동역자들

가보 (딤후 4:13)	마가 (행 12:12, 25, 13:5, 13, 15:37-39, 골 4:10-11, 딤후 4:11, 몬 1:24, 벧전 5:13)
고린도의 가이오 (롬 16:23, 고전 1:14)	
구레네의 루기오 (행 13:1)	마게도니아의 가이오 (행 19:29)
구아도 (롬 16:23)	마나엔 (행 13:1)
그레스게 (딤후 4:10)	마리아 (롬 16:6)
그리스보 (행 18:8, 고전 1:14)	바나바 (행 4:36, 9:27, 11:22-26, 30, 12:25, 13:1-15, 고전 9:6, 갈 2:1, 9, 13, 골 4:10)
글라우디아 (딤후 4:21)	
글레멘드 (빌 4:2-3)	바드로바 (롬 16:14)
나깃수 (롬 16:11)	버시 (롬 16:12)
네레오 (롬 16:15)	뵈뵈 (롬 16:1-2)
누가 [행 16:10-17, 20:6-8, 13-15, 21:1-18, 27:1-28:16(사도행전의 이러한 본문에 나오는 '우리'라는 단어는 사도행전의 저자인 누가를 포함한다), 골 4:14, 딤후 4:11, 몬 1:24]	부겔로 (딤후 1:15)
	부데 (딤후 4:21)
	브드나도 (고전 16:17-18)
	브리스길라 (행 18:2-3, 18-19, 26, 롬 16:3-5, 고전 16:19, 딤후 4:19) [25]
누기오 (롬 16:21)	
눔바 (골 4:15)	블레곤 (롬 16:14)
니게르라하는 시므온 (행 13:1)	빌레도 (딤후 2:16-18)
더디오 (롬 16:22)	빌레몬 (빌레몬서)
더베의 가이오 (행 20:4)	빌롤로고 (롬 16:15)
데마 (골 4:14, 딤후 4:10, 몬 1:24)	세군도 (행 20:4)
두기고 (행 20:4, 엡 6:21-22, 골 4:7-9, 딤후 4:12, 딛 3:12)	세나 (딛 3:13)
드로비모 (행 20:4, 21:29, 딤후 4:20)	소바더 혹은 소시바더 (행 20:4, 롬 16:21)
드루베나 (롬 16:12)	소스데네 (행 18:17, 고전 1:1-2)
드루보사 (롬 16:12)	순두게 (빌 4:2-3)
디도 (고후 2:13, 7:6-7, 13-14, 8:6, 16-17, 23, 12:18, 갈 2:1, 3, 딤후 4:10, 디도서)	스다구 (롬 16:9)
	스데바나 (고전 1:16, 16:15-18)
디모데 (행 16:1-3, 17:14-15, 18:5, 19:22, 20:4, 롬 16:21, 고전 4:7, 16:10-11, 고후 1:1, 빌 1:1, 2:19-20, 골 1:1, 살전 1:1, 3:2, 6, 살후 1:1, 디모데전·후서, 딤후 1:1, 히 13:23)	실라 혹은 실루아노 (행 15:22, 27, 32-33, 40, 15:40-18:5, 고후 1:19, 살전 1:1, 살후 1:1, 벧전 5:12)
	아가이오 (고전 1:16, 16:17-18)
루포 (롬 16:13)	아굴라 (행 18:2-3, 18-19, 26, 롬 16:3-5, 고전 16:19, 딤후 4:19)
리노 (딤후 4:21)	

아데마 (딛 3:12)	예수 유스도 (골 4:10-11)
아리스다고 (행 19:29, 20:4, 27:2, 골 4:10-11, 몬 1:24)	오네시모 (골 4:9, 몬 1:10)
아리스도불로 (롬 16:10)	오네시보로 (딤후 1:16-18, 4:19)
아벨레 (롬 16:10)	올름바 (롬 16:15)
아볼로 (행 18:24-19:7, 고전 1:10, 3:5-6, 16:12, 딛 3:13)	우르바노 (롬 16:9)
아순그리도 (롬 16:14)	유니아 (롬 16:7)
아킵보 (골 4:7, 몬 1:2)	유다 바사바 (행 15:22, 32-33)
안드로니고 (롬 16:7)	유두고 (행 20:7-12)
알렉산더 (딤전 1:19-20)	유오디아 (빌 4:2-3)
암블리아 (롬 16:8)	율리아 (롬 16:15)
압비아 (몬 1:1-2)	으불로 (딤후 4:21)
야손 (행 17:5-9, 롬 16:21)	허마 (롬 16:14)
에라스도 (행 19:22, 롬 16:23, 딤후 4:20)	허메 (롬 16:14)
에바브라 (골 1:7, 4:12-13, 몬 1:23)	허모게네 (딤후 1:15)
에바브로디도 (빌 2:25-30, 4:18)	헤로디온 (롬 16:11)
에배네도 (롬 16:5)	후메네오 (딤전 1:19-20, 딤후 2:16-18)

호에너(Hoehner)의 바울의 생애에 관한 연대기에 따르면,[26] 바나바와 디도[27]는 약 20년 동안 바울과 동역했고, 바울과 디모데와의 동역 기간은 약 18년 정도이며, 누가는 약 18년,[28] 아굴라와 브리스길라는 약 16년, 아리스다고와 두기고는 각각 14년과 15년 정도이다(표 12를 보라). 이러한 사실은 바울이 팀 사역에 몰두했다는 점을 보여준다. 그러나 바울이 어떤 때에도 두 사람 이상과 동시에 동역하지 않았다는 것은 흥미롭다.

분명, 이 모든 사람들 - 바울에게 복음을 들은 사람들의 수와 그의 사역을 통

---

[25] 로마서 16장 3절, 고린도전서 16장 19절, 디모데후서 4장 19절에서는 브리스길라를 헬라어로 변형된 이름인 브리스가로 기록하고 있다.
[26] Harold W. Hoehner, "Chronology of the Apostolic Age" (Th. D. diss., Dallas Theological Seminary, 1965).
[27] 헬라인인 디도는 바울의 첫 전도 여행 전에도 바울과 바나바와 더불어 예루살렘에 함께 동행했고(갈 2:1-3), 다른 여행에도 바울과 동행했다(고후 7:6-7, 8:17).
[28] 바울이 많은 곳에서 디모데에 대해 말하고 있는 것을 볼 때 바울에게 그는 매우 특별한 사람이었다. '나의 동역자 디모데' (롬 16:21), '신실한 아들 디모데' (고전 4:17)," 디모데…저도 나와 같이 주의 일

표 12 바울의 주요 동역자들에[29] 대한 연대적 관계

바울과 연합했던 동역자들	바울과 연합했던 기간[a] (A.D.)	총 햇수
바나바	35년 여름 ~ 56 봄	20년
마가	47년 가을 ~ 48년 여름과 67년 가을	약 1년
디도	47년 가을 ~ 66/67년 여름	19년 반
디모데	49년 봄[b] ~ 51년 가을	18년
실라	49/50년 겨울 ~ 51년 여름	약 1년 반
누가	50년 4월 ~ 67년 가을	17년
아굴라와 브리스길라	51년 3월 ~ 67년 가을	16년 반
아리스다고	53년 봄 ~ 67년 가을	14년 반
두기고	53년 봄 ~ 67년 가을	14년 반

a) 이 연도들은 동역자들이 바울과 함께 사역하기 시작한 때와 그 사역을 마친 때를 말한다. 그러나 이들 모두가 그 기간 내내 바울 곁에 있었던 것은 아니다. 이와 유사한 기간 동안에 바울이 사역했던 연대표를 연구하려면 The NIV Study Bible, ed. Kenneth Baker(Grand Rapids: Zondervan, 1985), 1664-1665. Cf. Loveday C. A. Alexander, "chronology of Paul," in Dictionary of Paul and His Letters, 115-123, K. P. Donfried, "Chronology: New Testament," in Anchor Bible Dictionary, 1:1011-1022, and Harold W. Hoehner, "Chronology," in Dictionary of Jesus and the Gospels, 118-122.

b) 디모데가 2차 전도 여행 전에는 바울과 동행하지 않았지만 바울의 1차 전도 여행 중 더베에서 그와 합류하기 시작한 때라고 추정되는 연도이다.

해 신자가 된 수천 명의 사람들, 사역 기간이 연장되었을 때 그로부터 교훈을 들었던 많은 기독교 그룹들, 또한 그와 함께 사역했던 혹은 다른 면에서 그와 연합했던 수많은 사람들 - 은 그리스도와 그분의 대의명분에 자신의 삶을 철저히 헌신했던 바울에게서 광범위하고 깊은 영향을 받았다는 사실을 입증해준다.

을 힘쓰는 자임이니라"(고전 16:10), "이는 뜻을 같이하여 너희 사정을 진실히 생각할 자가 이밖에 내게 없음이라"(빌 2:20), "디모데의 연단을 너희가 아나니 자식이 아비에게 함같이 나와 함께 복음을 위하여 수고하였느니라"(빌 2:22), '우리 형제 곧 그리스도 복음의 하나님의 일꾼인 디모데를 보내노니'(살전 3:2), '이는 네 속에 거짓이 없는 믿음을 생각함이라'(딤후 1:5), '네가 어려서부터 성경을 알았나니'(딤후 3:15). 디모데의 생애에 관한 효과적인 연구를 위해서는 William J. Peterson, The Discipling of Timothy(Wheaton, Ill.:Victor, 1980)을 보라.

29) 이들은 바울과 함께 처음 등장한 순서대로 명단에 적혀 있다. 이 기간은 호에너(Hoehner)가 만든 연대기에 기초하고 있다("Chronology of the Apostolic Age," 367-384).

생 각 해 보 기

- 당신은 구원받지 못한 학생들에게 그리스도가 필요하다는 사실을 전하고 있는가?

- 당신은 학생들이 그리스도 안에서 그들의 신앙을 다른 사람들과 나눌 수 있도록 어떻게 격려하고 있는가?

- 당신은 학생들이 영적으로 서 가고 자라도록 돕기에 충분할 만큼 장기적으로 가르치는 사역을 해오고 있는가?

- 당신은 학생들이나 다른 사람들의 반대에 부딪히게 될지라도 주님의 사역을 계속해나갈 수 있는가?

- 당신 혹은 다른 누군가의 사역에 동참할 사람을, 당신이 가르치는 학생들이나 다른 사람들 중에서 모집한다면 어떻게 할 수 있는가?

9 학습 욕구를 촉진시키는 바울의 방법

'모든 제자를' 굳게 한 바울
사도행전 18:23

당신이 들었던 지루한 수업을 떠올려보라. 배운 것이 거의 없고 무의미했던 수업 시간을 떠올려보라. 왜 그 수업이 시간 낭비였는가? 여러 가지 이유가 있겠지만 아마도 가장 쉬운 대답은 그 시간이 흥미롭지 못했기 때문일 것이다. 수업이 흥미롭지 않을 때 우리는 덜 배우게 된다.

이것이 교육의 기본 원칙이다. 우리는 주로 우리가 관심을 갖고 있는 한도 내에서 어떤 주제나 기술을 배우게 된다. 이런 교훈은 오래도록 세속의 교육자들에게 인식되어왔다.[1] 바이올린에 흥미가 없는 아이는 바이올린 연주를 잘 배우지 못할 것이다. 기하학에 관심이 없는 학생은 거의 배우지 못할 것이다. 컴퓨터 사용의 필요성을 못 느끼는 사람은 컴퓨터를 배우지 않을 것이다.

그러므로 교사들이 수업 시작부터 학생들의 관심을 끌고, 또 각 수업 시간마다 지속적으로 흥미를 갖게 해주는 것이 매우 중요하다. 학생들의 관심을 끌게 되면 그들의 배움을 촉진시킬 수 있다. 그러나 관심을 끌지 못한다면 당신은 거

---

[1] 예를 들어서 아리조나 주립대학의 교육학 교수인 윌라드 아브라함(Willard Abraham)은 다음과 같이 썼다. "가장 훌륭한 교사들은 학습을 즐거운 것으로 만든다. 그들은 가르치는 주제들을 명확하게 알고 있고, 또한 학생들의 흥미를 불러일으키는 법을 알고 있다"["Teaching," in World Book Encyclopedia, 19(1992):67].

의 진도를 나가지 못할 수도 있다.

바울은 뛰어난 가르침의 본을 보여주고 있는데 이는 그가 관심을 불러일으키고 그것을 유지해나갔기 때문이다. 아무도 그가 가르치고 있는 동안 하품을 하지 않았다.[2] 지루해져서 밖으로 나가는 사람은 아무도 없었다. 바울을 형편없는 교사라고 말한 사람은 아무도 없다. 사람들은 그에게 배우기를 갈망했다. 왜 그랬을까? 그 이유는 바울이 그들의 관심을 유발시켰기 때문이었다.

바울이 학습자의 관심을 유도한 방법

사도 바울은 몇 가지를 실행함으로써 배움에 대한 욕구를 창출했다.

사람들의 주의를 사로잡은 사도 바울

관심을 갖게 만드는 첫번째 단계는 학생들의 주의를 사로잡는 일이다. 사도 바울은 몇 가지 방법을 통해 이 일을 해냈다.

첫째, 그는 청중에게 주의를 기울여줄 것을 요청했다. 비시디아의 안디옥에 있는 회당에서 바울이 청중에게 했던 첫 마디는 '들으라'(행 13:16)는 요청이었다. 예루살렘에서 유대인 폭도들에게 포위되었을 때도 그들에게 '내가 지금 너희 앞에서 변명하는 말을 들으라'(22:1)고 말함으로써 그는 연설을 시작했다. 아그립바 왕 앞에서 변호를 시작할 때 바울은 '내 말을 너그러이 들으시기를 바라옵나이다'(26:3)라고 요청했다.

둘째, 그는 호칭을 사용해 청중에게 연설을 했다. '이스라엘 사람들아' '형제

---

2) 하나의 예외는 유두고이다. 그는 바울이 윗층에서 믿는 자들과 쌍방적인 의사 교류를(그저 일방적 강의를 하는 것이 아니라) 하고 있을 때(dialegomai, '논의하다,' 표 13의 각주 C를 보라) 졸고 있었다. 유두고의 반응은 바울의 잘못이 아니었다. 아마도 유두고는 젊은 나이로 인해 졸고 있었던 것 같다. 한밤중에도 깨어 있는 데 익숙했었을까? 혹은 꽉찬 방에 그룹지어 모인 친근한 분위기 때문에 졸았을지도 모른다. 방의 '많은 등불'에서 나는 연기가(행 20:8) 공기를 탁하게 했을 수 있다. 어쨌든 바울은 이런 상황 속에서도 결코 무능한 교사의 모습을 보이지 않았다. 결국 그는 '밤중까지 계속' 해서(20:7) 해가 뜰 때까지(20:11) 일방적인 강의가 아니라 대화(homileō, 참고 - 눅 24:14-15, 행 24:26)를 지속할 수 있었다. 즉 그는 청중들과 상호작용함으로 그의 가르침을 수용하도록 만들었다.

들아'[3] '사람들아' '아덴 사람들아' '형제와 선조들이여' '나의 형제들이여' '아그립바 왕이여' '베스도 각하' 등은 그가 몇몇의 연설 가운데 직접화법을 사용한 실례를 보여준다.

셋째, 그는 때론 과감하고 단도직입적인 말로 청중들의 주의를 사로잡았다. 예를 들어, 그는 '이 사람(예수)을 힘입어 죄 사함을 너희에게 전하는 이것이며'(13:38), '이 예수가 곧 그리스도라'(17:3)는 말로 확신을 가지고 증거했다. 그는 더듬거리지 않았다. 자기가 무엇을 말하고 싶은지 알고 있었기에 주저하지 않고 그것을 말했다. 그는 회개치 않는 사람들을 향해 '진노를 네게 쌓는도다'(롬 2:5)라고 썼으며 갈라디아서에는 '너희를 부르신 이를 이같이 속히 떠나 다른 복음 좇는 것을 내가 이상히 여기노라'(갈 1:6)고 기록했다.

넷째, 바울은 학생들에게 명령을 하고(부록을 보라) 도발적인 질문을 던지며(11장을 보라) 요청함으로써 그들의 관심을 불러일으켰다.

다섯째, 사도 바울은 자신의 태도로 청중의 관심을 모았다. 그는 강가에 앉아서(행 16:13), 회당에서 일어서서(13:16), 아레오바고에서도 일어서서(17:22), 로마로 가는 도중에 배 위에 일어서서 말했다(27:21).

여섯째, 그는 제스처로 관심을 끌었다. 그는 손짓하며 말했고(13:16, 21:40, 26:1) 때로는 청중을 주목했다(13:9, 14:9, 23:1).

다양한 연설 형태를 사용한 바울

사도 바울의 다양한 연설 형태(12장과 13장을 보라)는 청중에게 생각하도록 도전함으로 그들의 관심을 모았다.

청중의 호기심에 호소한 바울

서기오 바울이 하나님의 말씀을 듣기 원한다고 말했던 것으로 보아(행 13:7)

---

3) 바울이 동료 그리스도인들을 '형제들'로 언급한 목록을 보려면 5장을 보라.

그는 바울의 가르침에 호기심을 갖고 있었던 것 같다. 비시디아의 안디옥에 있던 유대인들은 바울에게 듣고 나서 다시 말해 달라고 그를 초청했다(13:42). 빌립보에 있던 루디아는 바울의 말을 청종하고 그의 메시지에 호기심을 갖게 되었으며(16:14), 빌립보 간수들은 바울과 실라가 기도하고 찬양하는 것에 호기심과 관심을 가지고 들었다(16:25). 베뢰아 사람들은 바울의 말이 진실인가 하여 열심히 성경을 상고했다(17:11). 아고라(시장)에서 가르치고 있던 바울의 말에 호기심을 나타낸 일부 아덴 사람들은 그가 가르치고 있는 것에 대해 좀더 말해줄 것을 요청했다(17:19). 죽은 자의 부활을 전하자 일부는 더 듣고 싶어했다(17:32). 에베소에서는 회당에서 바울이 말하는 것을 들은 유대인들이 그에게 더 오래 있기를 청했다(18:20). 벨릭스(24:26)와 아그립바(25:22)를 포함해 통치자들까지도 바울의 가르침에 호기심 어린 관심을 나타냈다. 또 로마의 유대인들도 바울에게 직접 듣기를 원했다(28:22-23). 이런 각양각색의 사람들은 호기심을 갖고 있었기에 그렇지 않은 경우보다 훨씬 큰 관심을 보였다.

사람들의 욕구와 문제들을 다룬 바울

사람들은 자신의 필요가 무엇인지 깨닫게 되면 깊은 관심을 가지고 그것을 해결하려고 노력한다. 필요를 깨닫지 못하면 관심은 줄어든다. 바울의 서신은 사람들이 갖고 있는 많은 필요들에 대해 언급한다. 베일리(Bailey)는 "대부분의 (바울) 서신들이 다루고 있는 주제가 그 사람들의 필요에 따라 기록되었기 때문에 청중의 관심을 분명히 사로잡았을 것이다"라고 기록했다.[4] 바울은 죄와 같은 보편적인 필요들에 대하여 언급했고 우상에게 제물로 바쳐졌던 고기 문제 등의 공동체 중심의 필요들, 또한 달아난 노예 오네시모의 용서와 같은 개인적인 문제들을 다루었다.[5] 다음의 욕구들이 바울의 서신에서 어떻게 논의되고 있는지에 주목하라.

---

4) Raymond Bailey, Paul the Preacher(Nashville:Broadman, 1991), 80.
5) Ibid., 80-81.

· 죄에서 구원을 얻는 법	· 사역에서 경쟁하는 법
· 구원의 확신을 얻는 법	· 그리스도를 더욱 닮아가는 법
· 죄에 대해 승리하는 법	· 낙심을 피하는 법
· 하나님에 대한 지식을 얻는 법	· 보는 것이 아닌 믿음으로 사는 법
· 하나님의 평강을 누리는 법	· 관대함을 표현하는 법
· 고난을 맞이하는 법	· 비판을 피하는 법
· 성령의 인도함을 받는 법	· 교만을 피하는 법
· 기도하는 법	· 율법주의를 피하는 법
· 하나님의 계획 안에 거하는 법	· 행복한 결혼을 이루는 법
· 주님을 신뢰하는 법	· 실제적인 아비가 되는 법
· 하나님의 뜻을 아는 법	· 죄에 굴복하는 것을 막는 법
· 자신의 영적 은사를 사용하는 법	· 영적 능력을 얻는 법
· 다른 이들과 더불어 지내는 법	· 하나님의 사랑을 아는 법
· 상처 입은 사람들에게 반응하는 법	· 영적으로 성장하는 법
· 인간의 통치 기관과 관련하는 법	· 주님을 기쁘시게 하는 법
· 합당하게 행하는 법	· 순종하는 법
· 다른 이들과 화평하는 법	· 겸손해지는 법
· 효과적으로 주님을 섬기는 법	· 흠이 없게 하는 법
· 잘못된 연합을 피하는 법	· 역경에 처했을 때 기뻐하는 법
· 영적으로 강해지는 법	· 견고해지는 법
· 지혜롭게 되는 법	· 염려를 피하는 법
· 죄 지은 사람들을 다루는 법	· 만족을 누리는 법
· 성적 순결을 유지하는 법	· 감사하는 법
· 다른 이들의 마음을 상하지 않게 하는 법	· 죄악된 욕망을 피하는 법
· 유혹을 극복하는 법	· 용서하는 법
· 하나님께 영광을 돌리는 법	· 격려하는 법
· 합당하게 하나님을 예배하는 법	· 지도자의 자격을 갖추는 법
· 다른 이들을 영적으로 자랄 수 있게 도와주는 법	· 다른 이들을 섬기는 법
· 고난으로부터 유익을 얻는 법	· 자기를 훈련시키는 법
· 다른 이들을 용서하는 법	· 생산적인 삶을 사는 법

인류가 가진 대부분의 기본적 필요들을 다양하게 설명했던 바울에게 어떤 질문을 던질 수 있을까? 분명 그의 서신들은 상황에 꼭 맞는 것들이었다는 평판을

들었을 것이다.

바울은 다양한 문제들에 대해 기탄없이 말했다. 구원받지 못한 사람들의 전형적인 질문은 '내가 어떻게 하여야 구원을 얻으리이까?'(행 16:30) 하고 물었던 간수의 질문이었다. 바울은 성령에 대해 들어보지 못했던 열두 명의 에베소 사람들의 문제를 해결해주었다(19:1-7).

고린도인들에게 보낸 첫번째 서신에서 바울은 그들의 분열(고전 1:10-13)과 영적 미숙함(3:1-4), 성적 부도덕(5:1-5), 법적 분쟁(6:1-8), 결혼에 관한 의문점들(7:1-40), 이방 신전에 우상의 제물로 바쳐진 고기를 먹어야 하는지의 문제(8:1-13), 그의 사도권에 대한 이의 제기(9:1-23), 예배를 드릴 때 질서의 문제(11:2-34), 은사의 바람직한 사용(12:1-14:39) 등의 문제들에 해답을 제시해주었다.

고린도후서에서 바울은 그의 사도권에 관한 문제를 다루었다. 갈라디아서에서는 그 지역 신자들의 율법주의적 성향에 대한 염려를 상세히 기록했다(갈 1:6-9, 3:1-4). 빌립보서에서 그는 서로 화합하지 않았던 두 여성, 유오디아와 순두게의 문제를 말했다(빌 4:2). 빌레몬에게 보낸 그의 짧은 개인적 서신은 도망친 빌레몬의 종 오네시모를 용서하고 다시 받아줄 것을 친구 빌레몬에게 권고하기 위해 기록한 것이었다(몬 1:12-17). 물론 그 방대한 교리적 가르침과 훈계의 말들로 채워진 그의 모든 서신은 교리적 무지나 잘못된 정보로 인한 문제들과 적절한 도덕적, 윤리적 행동이 부재하는 문제를 극복하도록 도와주려는 의도로 기록되었다.

청중 - 학습자들을 칭찬한 바울

학생들의 관심을 사로잡고 동기를 부여해주며 그들에게 배움의 도전을 주었던 또 하나의 방법은 그들에게 감사를 표하는 것이었다. 바울은 종종 다른 이들을 칭찬하거나 축하해줌으로써 그들의 관심을 불러일으키고 동시에 그들을 격려했다. 그는 루스드라와 이고니온과 안디옥에 있는 제자들에게 '마음을 굳게 하여 이 믿음에 거하라'고 격려해주었다(행 14:21-22). 그는 또 수리아와 길리기아와 중앙 터키에 있는 교회들을 굳게 했다(15:41, 16:5). 그는 루디아의 집에 모여 있는 형제들을 위로했다(16:40).[6] 그가 3차 전도 여행 중에 갈라디아와 브루기아에 있는 모든 제자들을 굳게 했다는 것은 회심한 학생들과의 계속적인 교제를 하고 있었다는 것을 입증해준다(18:23). 그는 에베소와 마게도냐에 있는 신자들을 격려했다(20:1-2).

위대한 사도에게서 온 편지를 읽으면서 그의 격려와 칭찬을 듣는 기쁨을 상상해보라. 그는 몇몇 교회들에게 그들로 인해 주께 감사드린다는 편지를 썼고(롬 1:8, 고전 1:4, 엡 1:16, 빌 1:3-4, 골 1:3-5, 살전 1:2-3, 2:13, 살후 1:3, 2:13, 참고 - 행 28:15), 디모데에게는 그의 거짓 없는 믿음을 늘 생각한다고 말했다(딤후 1:5). 빌레몬에게는 그의 믿음과 사랑(몬 1:4-5, 7)에 대해 감사한다고 썼다. 그는 심지어 데살로니가의 신자들에게 그들의 인내와 믿음에 대해 다른 교회에 자랑했노라고 쓰기도 했다(살후 1:4).

그는 또한 몇몇 회중들에게 그들이 자신의 '기쁨이요 면류관'(빌 4:1, 살전 2:19)이라고 칭찬했고, 고린도 교인들에게는 자신이 가르쳐준 대로 행한 것에 대해 칭찬했다(고전 11:2). 또 그는 데살로니가 교인들의 사랑에 대해 칭찬했으며(살전 4:10), 자신을 염려해준 빌립보 교인들을 칭찬했다(빌 4:10, 14). 그는 종종 믿는 자들이 위로받기를 원하는 그의 소망에 대해 기록하기도 했다(롬 1:12, 고후 7:13, 빌 2:1, 골 2:2, 살전 2:12, 3:2, 7, 4:18, 5:11, 14, 딤후 4:2, 딛 1:9, 2:6, 15, 몬 1:7).[7]

교사가 학생들을 개인적으로나 전체적으로 비판하기보다 오히려 칭찬할 때 학생들의 관심이 커진다는 것을 알게 될 것이다.

---

6) 바울과 실라는 옷을 벗기운 채 매를 맞고 투옥되었기 때문에, 우리는 그들이 격려를 받아야 할 사람이라고 생각하지만 사실은 그들이 다른 사람들을 격려하는 사람들이었다.

7) 이 주제에 대해 더 자세히 알려면 Albert C.Sundberg, Jr., "Enabling Language in Paul," Harvard Theological Review 79(1986):270-277을 보라.

학생들과 함께 기도하고, 또 그들을 위해 기도한 바울

학생들과 함께 기도하는 것은 학생들에게 당신의 가르침에 지속적으로 관심을 갖게 함으로 그들의 학습을 강화시켜 나가는 데 큰 도움을 준다. 누가는 두 번 이상 바울이 믿는 자들과 함께 기도한 일을 기록했다. 바울은 에베소의 장로들과(행 20:36) 두로에 있는 믿는 자들(21:3-5)과 함께 기도했으며, 또 그 서신을 읽는 자들을 위해 기도하고 있음을 몇몇 서신들에서 확신시켜주었다(롬 1:9-10, 엡 1:18-19, 3:16-19, 골 1:9-12, 살전 3:12-13, 살후 1:11-12). 그는 그들을 위해 기도했을 뿐만 아니라 그들에게 기도하고 있다는 것을 기록을 통해 알려주었다.

학생들이 당신의 가르침에 좀더 관심을 가져주기를 원하는가? 바울의 모범을 통해, 관심을 사로잡는 몇 가지 방법들은 다음과 같다. 학생들의 주의를 사로잡고, 생동감 있는 언어를 사용하며, 그들의 호기심을 이끌어내고, 그들의 필요들을 다루며, 칭찬해주고, 그들과 함께 기도하며 그들을 위해 기도하고 있다는 사실을 학생들에게 알려주는 것 등이 될 수 있다.

바울은 가르침에 어떤 변화를 주었나?

바울이 사람들의 학습을 촉진시켰던 또 하나의 방법은 가르침에 변화를 준 것이었다. 예수님처럼 바울도 다양한 교수법을 사용하는 데 탁월했다.[8]

단조로운 가르침은 학생들의 관심을 불러일으키지 못한다. 가르치는 교사가 다양한 교수법을 사용하지 못한다면 학생들은 관심을 잃게 되고 학습 의욕을 상실하게 된다. 반대로 가르치는 방법을 다양화하기 위해 창조적인 방안을 모색하는 교사들은 학생들의 관심을 강화시키고, 훨씬 효과적인 학습을 창출해낼 수 있다. 변화란 단순히 변화 자체를 위한 것이 아니다. 각 수업 시간마다 다양한 방법을 사용하면 지루함을 없애는 데 도움이 되기 때문이다. 하나님의 말씀을 배우는 일은 흥미로워야 하며 단조로워서는 안 된다. 고무적이고 도전을

---

8) 예수님의 여러 교수법에 관한 논의를 위해서는 로이 주크의 「예수님의 티칭 스타일(도서출판 디모데)」 250-273을 보라.

주어야 하며 지루하고 무미건조해서는 안 된다.

강의와 토의

많은 교육 단체들은 강의를 마치 비효과적인 것이라고 경시하는 경향을 띤다. 하지만 성경에서는 교사가 말로 진리를 학생들에게 전달하는 강의가 매우 빈번하게 사용되는 효과적인 방식이며, 특히 토의나 다른 방법들을 겸할 때 더욱 효과적이라는 것을 보여주고 있다.

예수님은 종종 강의 방식을 사용하셨는데[9] 바울 역시 그랬다. 하지만 예수님과 바울의 강연은 결코 지루하지 않았다. 열정적이고 명확하며 적용할 수 있는 말로 강의가 진행되었기 때문이다. 강의를 경청한 사람들은 예수님과 바울이 가르친 것에 동의하거나 반대해야 했다.

사도행전에서 누가는 종종 생생한 대화를 수반한 바울의 의사가 강력히 전달된 강의들을 묘사하기 위해 몇몇 동사들을 사용했는데 그 내용이 표 13에 나열되어 있다.

이 동사들은 적극적이고 담대하게 진리를 제시했다는 사실을 보여준다. 사도 바울은 그런 태도를 갖고 강의 내용을 주의 깊게 설명했고, 그의 입장을 옹호하는 합리적인 증거를 펼쳐보이며, 청중들이 제기한 의문과 도전들을 다룰 수 있는 논의와 토론의 기회를 제공했다.

이런 강의와 토론 방식은 오늘날의 교사들에게 몇 가지 원리들을 제시해준다.

첫째로, 교사는 자기가 가르치는 반에 알맞게 내용을 수정해야 한다. 이렇게 하려면 각 반과 개인은 서로 다르다는 것을 인식하고 학생들과 그들의 배경에 대해 알아야 한다. 바울은 청중에 따라 강의하는 방식을 기교 있게 바꾸었다. 그가 비시디아 안디옥의 유대인들에게 말한 방식은 로마 신들을 숭배했던 루스드라의 사람들에게 말했던 방식과는 달랐다. 철학적 태도를 지닌 아덴 사람

---

9) Ibid., 166-170.

표 13 — 바울의 강연과 토의에서 사용된 동사들

우리말 번역	헬라어 동사	사도행전의 관련 성구들
담대히 말했다	파레시아조마이(parrēsiazomai)	9:28, 14:3, 19:8
증명했다	심비바조(Symbibazō)[a]	9:22
변론했다	시제테오(syzēteō)[b]	9:29
말했다	랄레오(laleō)	13:43, 14:1, 17:19
강론하며 권면했다	디알레고마이(dialegomai)[c]	17:2, 17, 18:4, 19, 19:8-9, 20:7, 9, 24:12, 25
뜻을 풀었다	디아노이고(dianoigō)[d]	17:3
증명했다	파라티테미(paratithēmi)[e]	17:3
선포했다	카탄겔로(katangellō)	17:3
쟁론했다	심발로(symballō)[f]	17:18
밝히 증거했다	디아마르티로마이(diamartyromai)	18:5, 20:21, 24, 23:11, 28:23
증거했다	마르티레오(martyreō)	26:22
펼쳐보였다	에크티테미(ektithēmi)	28:23

a) 심비바조(Symbibazō)는 '긁어모으다'라는 의미이다. 따라서 이것은 상징적으로 어떤 결론으로 이끄는 사실들을 종합하여 주안점을 판명하거나 증명하는 것을 시사한다(참고 - 사도행전 16장 10절에서의 '인정함'). 바울이 고린도전서 2장 16절에서 '누가 주의 마음을 알아서 주를 가르치겠느냐'는 이사야 40장 13절 말씀을 인용했을 때, 'instruct'를 위해 심바바조라는 단어를 사용했다. 이 사상은 주를 가르치기 위해서 아무도 어떤 사실들을 하나님 앞에서 짜맞추지 못한다는 의미일 것이다.

b) 사도행전에서 이 동사는 6장 9절에서만 사용되었고 복음서에서는 여덟 번 사용되었다(막 1:27, 8:11, 9:10, 14, 16, 12:28, 눅 22:23, 24:15). 이 동사의 의미는 '논쟁하다, 토론하다, 혹은 함께 질문하다'이다. 관련된 명사 Syzētsis, 곧 '변론'(debate)은 단 한 번(행 15:2) 사용됐고, 그 명사 Syzētētēs, 곧 '변사'(debater)도 단 한 번(고전 1:20, NIV는 'Philosopher'로 번역) 사용되었다.

c) 디알레고마이(Dialegomai)는 질의와 응답을 포괄하여 지적으로 자극하는 토론에 의한 상호 작용을 시사한다(A.T.Robertson, Word Pictures of the New Testament(New York:Harper and Brothers, 1930-1933), 3:267]. 사도행전 20장 7절에서 NIV는 같은 동사를 'talked on and on'으로, 마치 바울이 끝낼줄 모르고 강의를 하고 있다는 듯이 잘못 번역하고 있다. 그러나 디알레고마이는 강의만이 아닌, 강의와 더불어 토의하는 것을 전달해준다(유두고에 대해서는 각주 2를 보라).

d) 디아노이고(Dianoigō)는 스데반이 부활하신 주를 보았을 때(행 7:56)와 같이, 혹은 비유적으로, 사도들의 (영적) 눈이나 마음이 열리는 것과 같이(눅 24:31, 45), 혹은 복음에 대하여 루디아의 마음이 열리는 것과 같은(행 16:14) 'to open'의 의미이다. 따라서 예수님이나 바울이 성경을 연다는 것은 성경을 설명하거나 해석하는 것, 즉 성경이 의미하는 바를 펼쳐보이는 것을 의미한다.

e) 파라티테미(Paratithēmi)는 문자적으로 '나란히 배치하거나 앞에 놓다'의 의미로서 누군가 앞에 음식을 배설하거나 의무(딤전 1:18, NIV, 'give')나 진리를 설명하는 것이다. 여기서는 성경으로부터 증거나 입증을 제출하는 개념을 전달하고 있다. 사도행전 28장 23절에서의 에크티테미(ektithēmi, '증거하다,' NIV는 'explained'로 번역)와 비교하라.

f) 이 동사는 바울의 가르침에 서로 작용한 바 있는 스토아와 에피쿠로스 철학자들에게 사용되었는데, 어원적으로 '한꺼번에 던지다'의 의미로, 여기저기서 생각을 토론하고 목소리를 발하는 개념을 전달한다.

들 앞에서 했던 연설은 예루살렘의 유대인들이나 아그립바 왕을 상대로 했던 방식과 달랐다.

둘째로, 교사는 학생들 사이의 상호 작용을 격려해야 한다. 바울의 가르침은 청중들에게 '일방적으로' 전달하는 것이 아니었다. 그것은 쌍방 간의 의사 전달이었기에 그는 학습자들에게 그가 제시한 것을 함께 토론하도록 권면했다(표 13과 각주 a-f를 보라).

셋째로, 교사는 가르칠 때 학생들에게 도전을 주어야 한다. 바울의 메시지는 분명 유대인과 헬라인들이 생각을 하도록 도전했으며 그의 논리는 그들의 지성을 자극했다. 사실 오늘날의 많은 가르침은 이런 점에서 부족하다. 자극을 주지 못하는 가르침은 결국 무감각한 학생들을 낳는다. 무미건조한 교사는 학생들의 반응을 전혀 얻어내지 못한다. 성경을 가르치는 일은 생생하고, 동기를 부여하며, 도전을 주고, 활력을 불어넣는 것이 되어야 한다. 바울의 가르침은 분명 그러했다.

넷째로, 교사는 학생들의 잘못된 관념을 사랑하는 마음으로 교정해주어야 한다. 바울의 논쟁, 추론, 설명, 선언, 논의는 그가 청중들과 상호 작용을 통해 그들의 오해를 수정해주려고 했음을 보여준다. 우리는 가르침에서 중요한 이 부분을 간과해서는 안 된다.

다섯째로, 교사는 학생들이 진리에 반응하도록 움직여야 한다. 바울은 강연을 하거나 토론을 마친 뒤 곧바로 떠나지 않았다. 그는 단순한 대화가 아니라 결정을 내리도록 촉구했다. 정신적 자극 이상의 영적 반응을 원했다. 그가 사람들에게 듣고 생각하고 논의하기를 원한 이유가 어디에 있었겠는가? 결국 그는 사람들이 복음의 진리를 확신한 뒤 예수 그리스도를 믿게 되기를 원했던 것이다. 이것은 '설득하거나 재촉하다'는 뜻의 페이쏘(peithō)라는 단어를 사도행전 13장 43절, 17장 4절, 18장 4절, 19장 8절, 26절, 26장 28절에서 여섯 번이나 사용하고 그보다 강한 어조의 단어인 아나페이쏘(anapeithō, '이끌거나 완전히 설득하다')가 18장 13절에서 한 번 사용한 것을 통해 알 수 있다.

우리 역시 성경의 사실들이나 교리적 정보를 분석해서 나누는 것에 그쳐서는 안 되며 그 이상을 해내야 한다. 우리는 반응과 응답을 이끌어내고 학생들이 배운 것을 실천하고 그들의 삶에 진리를 적용하도록 격려해야 한다.

서신들

87장으로 구성된 바울의 13편의 서신들은 강의서들과 같아서 그 속에는 깊은 사고와 행동을 촉구하는 질문들과 다른 교육적 요소들이 곳곳에 산재해 있다. 이런 서신들은 종종 그의 현장 교육 경험에서 우러나온 탁월한 학습 교안들이다.[10] 그의 서신들 중에는 다음과 같이 36가지 이상의 교훈적 요소들이 포함되어 있다.[11]

간청	갈망	감사	결론	경고	계획
공격	관심	교리	권고	권면	기대
논쟁	명령	목적	목표	방어	보고
사실	설명	암시	예견	예의	예화
요구	유추	이유	인사	재확신	제안
질문	책무	축도	칭찬	탄원	확언

도전을 주는 공부 시간이 되길 원하는가? 바울 서신들을 읽으면서 위에 기록된 요소들을 나타내는 예들을 찾아서 적어보라. 이렇게 하면 당신은 바울의 서신들 속에 담긴 내용의 범위를 자세히 파악하게 될 것이다.

바울이 그의 연설과 서신들에서 토론한 많은 주제들을 살펴보는 것 역시 또 하나의 도전이 될 것이다. 표 14는 바울이 그의 연설들 중 네 편에서 다루었던

---

10) 그러나 로마서와 골로새서 두 서신은 바울이 그 서신을 쓸 당시에 방문하지 않았던 교회를 위해 쓰여졌다.
11) 바울의 문체와 그러한 서신에서의 많은 수사적인 문구의 사용에 관한 논의를 위해서는 12-15장을 보라.

표 14	사도행전에서 바울의 4가지 연설들 속에 담긴 주제들			
그리스도의 신성	9:20	죄를 용서하시는 하나님	14:16
그리스도의 메시아 되심	9:22	4계절을 통한 하나님의 섭리적 돌보심	14:17
하나님의 이스라엘 선택	13:17	우상 숭배의 증거	17:22-23
이스라엘의 출애굽	13:17	하나님의 창조적 사역	17:24
광야 유랑 생활	13:18	하나님의 절대 주권	17:24
정복	13:19	하나님의 영적 본성	17:24
사사들	13:20	부족함이 없으신 하나님	17:25
군주제(사울과 다윗의 통치)	13:21-22	하나님의 섭리	17:25
예수님의 다윗 혈통	13:23	하나님의 인류 창조	17:26
세례 요한	13:24-25	인간에 대한 하나님의 도전	17:27
예수님의 십자가형과 장사	13:26-29	하나님의 무소부재하심	17:27
예수님의 부활	13:30-31	인간의 존재	17:28
성경적 지원	13:32-37	하나님의 영적 본성	17:29
초대/간청	13:38-41	죄를 용서하시는 하나님	17:30
회개하라는 도전	14:15	회개하라는 하나님의 요청	17:30
하나님의 존재	14:15	그리스도에 의한 미래의 심판	17:31
하나님의 창조적 사역	14:15	그리스도의 부활	17:31

주제들이 나열되어 있다.

심화학습을 위해서는 사도행전 20장 18-35절, 22장 2-21절, 26장 2-23절에 나오는 다른 세 개의 바울의 연설들을 읽은 뒤 그가 언급한 주제들을 기록해보라.

물론 바울 서신에는 교리적 주제들로 가득 차 있어서 하나님, 그리스도, 성령, 천사, 악마, 인간, 죄, 구원, 성화, 교회, 이스라엘, 종말의 때를 포함한 거의 모든 교리적 주제를 다루고 있다. 이런 서신들은 사도 바울의 연구자들에게 훌륭한 교리의 보고가 된다. 성경의 가장 위대한 신학적 논문들 중 일부가 바울 서신들 속에 담겨 있다. 이 서신들 속에는 현대에도 영속적인 의미를 제공하는 심오한 진리로 가득 차 있다.[12]

---

12) 바울의 신학에 관해 도움을 주는 자료들은 다음과 같다. Mark L. Bailey, "A Theology of Paul's Pastoral Epistles," in A Biblical Theology of the New Testament, ed. Roy B. Zuck(Chicago : Moody, 1994), 243-

설화와 이야기들

바울은 예수님처럼 비유를 사용하지는 않았지만[13] 이따금 이야기를 사용했다. 비시디아 안디옥의 회당에서 한 그의 연설 중 상당 부분은 이스라엘의 역사(행 13:17-25), 이스라엘의 예수 배척(13:27-29), 예수의 부활과 승천(13:30-37)을 설명한 이야기들이다. 이 장문의 이야기는 13장 38-41절에 가서야 바울의 탄원으로 끝을 맺는다. 에베소 장로들에게 했던 작별 연설에서 바울은 그들을 권고하기 위해(20:28-31) 이야기 형식으로 자기의 사역을 설명했다(20:17-21, 26-27, 33-35). 유대인 폭도와 아그립바 왕 앞에서 자기를 옹호했던 연설은 자신의 배경과 회심, 소명을 설명하는 이야기 형태로 이루어졌다(22:3-21, 26:4-23). 그는 서신들을 통해 유대 역사의 여러 사실들을 설명했는데 이것을 통해 우리는 그가 짧은 이야기의 가치를 인식하고 있었음을 알 수 있다.

297, Darrell L. Bock, "A Theology of Paul's Prison Epistles," in A Biblical Theology of the New Testament, 299-331, Earle E. Ellis, "Paul," in Illustrated Bible Dictionary, 3:1173-1174, 1177-1178, Paul Enns, The Moody Handbook of Theology(Chicago:Moody, 1989), 105-115, Donald Guthrie, New Testament Theology(Downers Grove, Ill.:InterVarsity, 1981), passim, Richard N. Longenecker, "Pauline Theology," in Zondervan Pictorial Encyclopedia of the Bible, 4:657-665, David K. Lowery, "A Theology of Paul's Missionary Epistles," in A Biblical Theology of the New Testament, 243-297, Leon Morris, New Testament Theology(Grand Rapids:Zondervan, 1986), 19-90, S. Motyer, "Paul, Theology of," in Evangelical Dictionary of Theology, 829-831, Herman N. Ridderbos, Paul:An Outline of His Theology, trans. John Richard de Witt(Grand Rapids:Eerdmans, 1975), and Charles C. Ryrie, Biblical Theology of the New Testament(Chicago:Moody, 1959), 157-222.

13) 예수님의 비유와 이야기하듯 말하는 기술에 관해서는 로이 주크의 「예수님의 티칭 스타일(도서출판 디모데)」 491-527을 참고하라.

 토 의 하 기

- 바울이 학생의 관심을 사로잡은 방식을 살펴보라. 그 가운데 당신은 어떤 것을 활용해 학생들의 관심을 사로잡을 수 있겠는가?

- 학생들은 어떤 필요와 문제들을 갖고 있는가? 이 장에서 나열한 목록과 비교해보라.

- 당신은 어떤 구체적인 방법으로 학생들을 칭찬해줄 것인가?

- 당신의 수업과 수업 중 토의에 대해 평가해보라. 어떤 면에서 효과적이었는가? 어떤 식으로 개선할 수 있는가?

- 학생들의 상호 작용과 참여를 격려할 수 있는 방법들에 대해 창조적으로 생각해보라.

- 학생들이 성경의 교훈들을 적용할 수 있도록 격려할 상세한 방법들을 고안해보라.

10 바울이 대적하는 자들을 다룬 방법

'내게 … 대적하는 자가 많음이니라'
고린도전서 16:9

최근에 한 선교사의 편지를 받았다. 그가 주께로 인도한 사람이 거짓 가르침에 빠진 사실을 알려왔다. 불행히도 이런 일은 너무 자주 일어난다. 중국의 한 목회자도 최근 다음과 같은 편지를 보내왔다. "우리가 두려워하는 것은 핍박이 아니라 믿는 자들이 진리에서 떠나는 것입니다."

이교를 따르는 자들은 광범위하게 활동하고 있다. 구원받지 못한 사람들을 움켜쥐려고 열심히 찾아다니며, 방심하고 있는 그리스도인들을 자신들의 길로 끌어들이려고 애쓰고 있다. 성경 교사들은 자기 학생들에게 이런 일이 일어날까 두려워한다. 당신에게서 성경을 배웠고 영적인 삶을 이루기까지 당신의 도움을 받았던 사람이 하나님의 말씀인 진리를 떠나 이교의 가르침을 따른다는 소리를 듣는다면 얼마나 불안하겠는가!

때때로 학생들은 거짓에 휘말릴 뿐만 아니라 예전에 교사가 성경에서 성실히 가르쳐준 것을 반대하기까지 한다. 이것은 교사에 대한 개인적이고 공개적인 공격일 수도 있다. 이와 같은 불행한 사태는 새로운 것이 아니다. 심지어 사도 바울도 가르치는 사역을 할 때에 열심을 가지고 성실하게 임했지만 교리적인 대적자들을 만났다. 그는 수많은 개인적인 대적자들을 대면했고, 몇몇 도시들에서는 대적자들의 핵심 세력들과 직면하기도 했다.

바울이 우리에게 이런 학생들로 인해 고민하는 교사들에 대해서 직접 말하고 있다고 가정해보자. 그의 '보고'를 읽으면서 우리는 어떤 종류의 거짓 교사들에 대해서 깨어 있어야 하며 그들을 지지하는 자들을 어떻게 다뤄야 하는지를 배울 수 있을 것이다.

어떤 대적자들이 바울에게 대항했고 그 이유는 무엇이었나?

"나는 사람들의 반대에 대해 더 이상 낯설지 않습니다. 나는 진리를 거스르는 대적자들과 직면하는 일이 어떤 것인 줄 알고 있습니다. 내가 복음을 선포하고 구원받은 자들을 가르쳤던 많은 도시들에서 거짓 교사들은 나의 가르침을 뒤엎으려고 무던히도 애를 썼습니다.

그러나 이것은 놀랄 일도 아닙니다. 나는 이미 그것을 예상하고 있었습니다. 왜냐하면 우리 주님은 다락방에서 제자들에게 '사람들이 나를 핍박하였은즉 너희도 핍박할 터이요'라고 말씀하셨기 때문입니다.[1] 내가 루스드라, 이고니온 그리고 안디옥의 회심자들에게 말한 것처럼 그리스도인들에게 환난은 '정상적인' 것입니다.[2]

주님을 섬겨온 지 약 삼십삼 년의 기간 동안[3] 나는 개인들과 무리들의 반대에 부딪혀왔습니다. 물론 이것은 내가 만든 일은 아닙니다. 그들이 '시작한 것이지요.' 말썽을 일으킨 이 사람들은 내가 세운 교회들에 잠입해 들어와서 나와 내 가르침에서 돌아서게 하려 했습니다.

거짓 교리의 지지자들로부터 어려움을 당했던 첫번째 지역은 갈라디아였습니다(당신들이 중앙 터키라고 부르는 지역이지요.) 그곳에서 바나바와 나는 첫 선교의 노력 끝에 교회들을 개척했습니다. 물론 내가 구원받은 후 다메섹의 유

---

1) 요한복음 15장 20절.
2) 사도행전 14장 22절.
3) 바울의 사역은 그가 주후 35년에 회심한 이래로 순교하던 주후 67년, 혹은 68년까지 걸쳐 있다[Harold W. Hoehner, "Chronology of the Apostolic Age" (Th.D. diss., Dallas Theological Seminary, 1965), 381-384].

대인들은 내가 가르친 것들을 좋아하지 않았고 나를 죽이려고 했습니다.[4] 그 일이 일어난 직후 예루살렘에서도 똑같은 일이 있었지요.[5] 비시디아 안디옥에서는 믿지 않는 유대인들이 나의 메시지에 대항하며 욕설을 퍼부었습니다.[6] 그리고 더베에서는 돌에 맞아 거의 죽을 뻔하기도 했습니다.[7] 내 경험을 말하려고 이런 일들을 언급하는 것은 아닙니다. 내가 염려하는 것은 내가 주님께로 이끌었던 사람들에게 몰래 들어온 불확실한 견해들의 문제입니다.

나는 그들을 '낯선 거짓 형제들'[8]이라고 부르는데, 이들은 갈라디아의 교회들에 가만히 들어왔습니다.[9] 믿는 자들은 그들이 지닌 이면의 동기들을 깨닫지 못했고, 그들에게 지위를 내주었습니다. 그들은 구원받기 위해서는 할례를 포함하여 모세의 율법을 지켜야만 한다고 가르치면서 믿는 자들을 '종'으로 삼고자 했습니다.[10] 이 유대인들은[11] 헬라의 믿는 자들에게 할례를 받는 것이 복음을 덜 거리끼게 하고 핍박을 덜 받게 만들어준다고 말하면서 좋은 인상을 남기려고 애를 썼습니다. 이 극성스러운 율법주의자들은 나와 믿는 자들 사이를 이간시켜서 자기들이 이룬 일들을 자랑하려고 했습니다.[12]

이 가르침은 심각했습니다. 왜냐하면 내가 가르쳤던 것과 매우 달랐기 때문

---

4) 사도행전 9장 23절.
5) 사도행전 9장 29절.
6) 사도행전 13장 45절.
7) 사도행전 14장 19절.
8) 갈라디아서 2장 4절의 '가만히 들어온'은 '외인의, 낯선, 비밀스럽게 살금살금 들어온'이란 뜻의 형용사 파레이사크토스(pareisaktos)를 번역한 것이다.
9) '가만히 들어온'은 파레이세르코마(pareiserchomai)라는 동사의 의미이다.
10) 갈라디아서 2장 4절. 비교 - 4장 9절.
11) 이 대적자들은 유대에서 온 유대인이라는 것이 가장 유력하다(Bernard H. Brinsmead, Galatians-Dialogical Response to Opponents(Chico, Calif.: Scholars, 1982), William S. Campbell, "Judaizers," in Dictionary of Paul and His Letters, ed. Gerald F. Hawthorne, Ralph P. Martin, and Daniel G. Reid (Downers Grove, Ill.: InterVarsity, 1993), 515, George Lyons, Pauline Autobiography: Toward a New Understanding (Atlanta: Scholars, 1985), 76-79, Jerome Murphy-O'Connor, Paul: A Critical Life(Oxford: Oxford University Press, 1996), 185-210, and Walt Russell, "Who Were Paul's Opponents in Galatia?" Bibliotheca Sacra 147(July-September 1990): 329-350]. 그러나 Walter Schmithals는 그들이 고린도와 빌립보의 대적자들과 마찬가지로 유대-기독교 영지주의자였다고 잘못 주장한다(Paul and the Gnostics, trans. John E. Steely(Nashville: Abingdon, 1972), 29-64].
12) 갈라디아서 4장 17절, 5장 11절, 6장 12-13절.

입니다. 그것은 '또 다른 복음' 같았습니다. 그것은 마치 갈라디아인들이 경주를 하고 있는데 다른 주자가 그들 앞에 끼어들어서[13] 그들의 속도를 떨어뜨려 진리를 순종하지 못하게 한 것과 같았습니다. 그러므로 나는 내가 그곳에서 행한 모든 것이 헛된 일이 되지 않을까[14] 당혹스러웠습니다.[15] 나는 갈라디아의 믿는 자들이 그렇게 빨리[16] 진리를 떠난 것에 대해서[17] 놀랐습니다. 그곳의 그리스도인들은 혼란스러워했고,[18] 기쁨이 없었으며,[19] 미혹되기까지 했습니다.[20] 그들은 하나님의 은혜에 인간의 노력을 더하려고 하는 어리석은 자들이었습니다.[21]

내가 이 상황에서 어떤 반응을 보였겠습니까? 나는 몇 가지 일을 했습니다. 첫째, '한순간도' 이 이교도들에게 굽히지 않고 견고한 자세를 취했습니다.[22] 둘째, 나는 갈라디아서에서 이 '어지럽게 하는 자들'[23]이 비난받아 마땅한 자들인 것을 믿는 자들에게 기록했습니다. 왜냐하면 그들의 교리는 실제로 복음을 왜곡했기 때문입니다.[24] 구원을 얻기 위해 어떤 행위가 필요하다면 예수님이 십자가 위에서 이루신 일은 충분치 못한 것이 되며, 그리스도는 아무 유익이 없는

---

13) 갈라디아서 5장 7절.
14) 갈라디아서 4장 20절.
15) 갈라디아서 4장 11절.
16) 바울은 아마도 48-49년의 첫 선교 여행이 있은 후 바로 이어서 49년에 안디옥에서 갈라디아서를 썼다. 그러므로 갈라디아 사람들이 거짓 가르침에 열려 있던 것은 그가 갈라디아에 있었던 직후에 일어난 일이다.
17) 갈라디아서 1장 6절.
18) 갈라디아서 1장 7절, 5장 10절.
19) 갈라디아서 4장 15절.
20) 갈라디아서 3장 1절의 바스카이노(Baskainō)는 '마법의 주문을 던지다' 란 뜻이다.
21) 갈라디아서 3장 3-5절.
22) 갈라디아서 2장 5절.
23) 갈라디아서 5장 12절.
24) 갈라디아서 1장 7-9절. "저주(아나떼마, anathema)는 가장 강력한 형태의 비난일 수 있다. 그것은 저주의 대상을 향해서 말하는 자의 극심한 혐오를 하나님께서 나누어 가지신다는 것을 무언으로 나타내는 것이다…" [Francis Watson, Paul, Judaism and the Gentiles: A Sociological Approach(Cambridge: Cambridge University Press, 1986), 61]. '저주받은' 이란 뜻의 헬라어 아나떼마는 멸망을 뜻하는 히브리 단어에 해당한다.

분일 것입니다.[25] 셋째, 나는 이 반대자들이 할례받는 것 이상이길 바랐습니다. 나는 차라리 그들이 거세해버리길 바랐습니다.[26] 넷째, 나는 회심자들에게 이 유대인 반대자들이 핍박을 피하려고 하는 겁쟁이들인 것과 위선자들인 것을 지적했습니다. 왜냐하면 그들조차도 율법을 다 지킬 수 없었기 때문입니다.[27] 그래서 나는 갈라디아서를 기록해서, 의는 그리스도를 믿는 믿음으로만 얻으며 아무것도 더해질 수 없고[28] 믿는 자들은 율법을 지키면서 종이 되기보다 그리스도 안에서 가지는 자유함에 굳세게 서야 할 것을 말하며[29] 열정적으로 진리를 방어했습니다.

나는 힘을 다해 이 오류와 싸울 필요가 있다고 느꼈습니다. 왜냐하면 그것은 수많은 사람들을 믿음으로 말미암는 하나님의 명백한 구원의 계획에서 떠나게 할 가능성을 가지고 있기 때문입니다. 거짓은 비밀스럽게 들어왔습니다. 동기는 불순했고 삶은 위선적이었습니다.[30] 이 모든 것은 강하게 지적할 필요가 있었습니다.

나는 갈라디아의 믿는 자들이 그런 거짓 생각들에서 떠나도록 단호하게 기록해야만 했습니다. 그러나 또 다른 문제가 있었습니다. 아주 심각한 것이었는데 고린도 지역에서 대적하는 자들이었습니다. 그 도시의 환경은 누구라도 정결한 삶을 살아가기 어려웠습니다. 공공연한 부도덕, 세속적인 사고 방식, 거만함, 사회적인 명망에 대한 강조, 자기 자랑, 남을 악용하는 태도, 인상적인 연설에 대한 강조 등 고린도 문화에 담겨 있는 이 모든 요소들은 거주자들에게 영향을 끼쳤고,[31] 그 가운데는 내가 고린도에서 일 년 반 동안 머물며 주님께로 인도

---

25) 갈라디아서 5장 2절.
26) 갈라디아서 5장 12절.
27) 갈라디아서 6장 12-13절.
28) 갈라디아서 2장 16절, 3장 21-22절, 26절.
29) 갈라디아서 4장 9절, 5장 1절.
30) 바울이 '거짓 형제들'(수다델포이, pseudadelphoi)이라고 불렀을 때 아마도 그가 뜻한 것은 그들이 그리스도인들이라고 주장했지만 실제로는 아니었다는 것이다. 그들은 '가짜 그리스도인들' 이었다.
31) Timothy B. Savage, Power through Weakness: Paul's Understanding of the Christian Ministry in 2

했던 자들이 상당수 포함되어 있었습니다. 거짓 교사들은 내가 자랑하는 것을 삼가고, 별로 인상적이지 못하며, 말하는 투가 그들보다 못하고, 사역하면서 내가 그들의 도움을 거절한 사실을 그곳 교회에 드러내었습니다. 그들은 고린도에서 즉각 환영을 받았습니다.[32]

이 유대인 설교자들은 팔레스타인에서 고린도로 이주해온 자들이었으며,[33] 많은 믿는 자들을 설득하는 데에 성공했습니다. 그래서 나는 다시 정색을 해야 했습니다. 그 그리스도인들은 내가 설교했던 복음과 다른 복음을 잘 용납하고 있었습니다. 사실 거짓 교사들은 다른 예수를 설교하고 있었습니다.[34]

그들은 자신들을 나와 동등한 위치에 올려놓고 싶어했습니다. 그러나 내가 고린도 교회에게 말했던 것처럼 그들은 '거짓 사도들이요, 속이는 일꾼들이요, 그리스도의 사도들로 가장하는 자들'이며 사단이 광명의 천사로 가장하는 것과 같이 의의 종들로 가장하고 있었습니다.[35] 심지어 그들은 스스로를 '큰 사도들'이라고 생각했습니다.[36] 그들은 천거서를 가지고 와서 자신들을 소개했지

Corinthians(Cambridge: Cambridge University Press, 1996), 35-53.
32) Ibid., 54.
33) 어떤 필자들은 그들이 유대인들이었다는 사실에 질문을 던지지만(예 - Watson, Paul, Judaism and the Gentiles: A Sociological Approach, 85-87) 이는 고린도후서 11장 22절의 사도의 질문에서 분명하게 드러난다. "저희가 히브리인이냐 나도 그러하며 저희가 이스라엘인이냐 나도 그러하며 저희가 아브라함의 씨냐 나도 그러하며." 비교 - Christopher Forbes, "Paul's Opponents in Corinth," Buried History 19(June 1983): 19-23. Rudolf Bultmann은 고린도의 이 행악자들이 영적 영지주의자들이었다고 잘못된 주장을 했다[The Second Letter to the Corinthians, trans. Roy A. Harrisville(Minneapolis: Augsburg, 1985), 146-147], Walter Schmithals[Gnosticism in Corinth, trans. John E. Steely(Nashville: Abingdon, 1971), 293-295]. 고린도의 대적자들이 유대주의자들이었다는 전통적인 견해를 견지하는 자들은 다음과 같다. C. K. Barrett[Commentary on the Second Epistle to the Corinthians(New York: Harper and Row, 1973), 30], F. F. Bruce[1 and 2 Corinthians(Grand Rapids: Eerdmans, 1971), 172-174], Randall C. Gleason["Paul's Covenental Contrasts in 2 Corinthians 3:1-11," Bibliotheca Sacra 154(January-March 1997): 63-66], Murray J. Harris, "2 Corinthians," in The Expositor's Bible Commentary(Grand Rapids: Zondervan, 1976-1992), 10(1976), 312-313], and Alfred Plummer[A Critical and Exegetical Commentary on the Second Epistle of St Paul to the Corinthians(Edinburgh: Clark, 1915), xxxvi-xlii].
34) 고린도후서 11장 4절.
35) 고린도후서 11장 13-14절. 비교 - 4장 2절.
36) 어떤 필자들은 '큰 사도들' (고후 11:5, 12:11)들과 '거짓 사도들' (11:13)이 다른 그룹이었다고 말한다 [예 - F. C. Baur, Paul, The Apostle of Jesus Christ, trans. Eduard Zeller, 2d ed. [London: Williams & Norgate, 1876], 1:277, and Ralph P. Martin, "The Opponents of Paul in 2 Corinthians," in Tradition and Interpretation in the New Testament, ed. Gerald F. Hawthorne and Otto Betz (Grand Rapids: Eerdmans,

만,[37] 말하는 것과 모습이 달랐습니다. 그들은 그리스도인들을 속여서 자기들이 완전한 사도권을 가지고 있다고 생각하도록 만들면서 두 가지 일을 하고자 했습니다. 첫째는 고린도의 믿는 자들에게 모세의 율법[38]을 지키게 하려는 것이었는데 이는 하나님의 말씀[39]을 왜곡하는 것이었고, 또 사도인 나를 거부하게 하는 것이었습니다.

그러나 그들이 실제 행하고 있었던 것을 생각해보십시오. 그들은 이득을 얻기 위해 하나님의 말씀을 혼잡하게 했습니다.[40] 곧 선포할 때에 그들의 참 동기는 돈을 벌려는 것이었습니다. 그들의 탐욕이 보여준 것은 자기 중심적인 태도였으며, 고린도의 그리스도인들을 위한 참된 염려는 없었습니다. 그들은 자신들을 내세우려고 했습니다.[41]

그 결과들을 생각해보십시오. 고린도의 믿는 자들은 종이 되고 이용을 당했습니다. 곧 이 대적자들은 믿는 자들의 재산을 삼키고 있었습니다.[42] 그래도 그리스도인들은 심지어 이것까지도 용납했습니다.[43]

나는 이 문제를 다루면서 글을 쓸 때 대단한 모순점을 발견했습니다. 그들이

1987): 279-287]. 그러나 그들이 같은 그룹이었을 가능성이 더 많다[C. K. Barrett, Essays on Paul (London: SPCK, 1982), 78-83, 87-107, idem, Paul: An Introduction to His Thought (Louisville : Westminster/Knox, 1994), 35-37, P. W. Barnett, "Opposition in Corinth," Journal for the Study of the New Testament 22 (1984), 3-17, Philip Edgcumbe Hughes, Paul's Second Epistle to the Corinthians(Grand Rapids: Eerdmans, 1962), 357-358, Doyle Kee, "Who Were the 'Super Apostles' of 2 Corinthians 10-13?" Restoration Quarterly 23 (1980): 65-76, Gerd Luedemann, Opposition to Paul in Jewish Christianity, trans. M. Eugene Boring (Minneapolis: Fortress, 1989), 88, and Peter Marshall, Enmity in Corinth: Social Conventions in Paul's Relations with the Corinthians (Tübingen: Mohr, 1987), 372].

37) 고린도후서 3장 1절, 10장 12절.
38) 고린도후서 3장 9절, 11절, 14-15절, 비교 - P. W. Barnett, "Opponents of Paul," in Dictionary of Paul and His Letters, 646.
39) 고린도후서 4장 2절.
40) '혼잡케'는 카펠루오(Kapēleuō)를 번역한 것으로서(신약에서 고린도후서 2장 17절에서만 사용됨) 물건을 가치 이상으로 팔고 다니는 행상인의 모습을 묘사하는 말이다. 거짓 교사들은 건전치 못한 교리들을 가르치고 있었고 전형적인 고린도식 유행에 따라서 그에 대한 대가를 요구하고 있었다.
41) 고린도후서 11장 20절, 비교 - Kee, "Who Were the 'Super-Apostles' of 2 Corinthians 10-13?" 76.
42) '잡아먹다'는 카데스디오(Katesthiō)를 번역한 것이다. C.K. Barrett는 '만약 너희를 집과 가정에서 잡아먹으면'의 의역이라고 주장한다[The Second Epistle to the Corinthians, Black's New Testament Commentaries (London: Adam and Black, 1973), 288, 291].
43) 고린도후서 11장 4절, 19절.

자랑하길 좋아했다면 나도 자랑할 것입니다. 그러나 내가 자랑하려는 것은 단지 이러한 사실들에 대해서입니다. (a) 나는 주의 사도가 되는 권세를 주께로부터 받았습니다. (b) 나는 주께서 주신 사역지에 내 자신을 한정시켰습니다(반면 유대주의자들은 이교를 전파하며 외국으로 돌아다녔습니다). (c) 나는 주께로부터 이상과 계시를 받았습니다. (d) 나의 약함은 실제로 능력의 통로였습니다.[44] 사실 나는 그들이 연설자에 대한 부정적 면들에 있어서 개탄해 마지않는 것들을 '긍정적인 것'으로 주장했습니다. 나는 나의 약함과 고난을 기뻐했습니다. 왜냐하면 그때 그리스도의 능력이 내게 머무를 수 있었기 때문입니다. 이처럼 나는 내 약함으로 인해 주의 힘이 내 사역과 함께하신다는 사실을 지적하면서 논리를 전개해 나갔습니다.[45] 내 사역은 수치스럽지 않고 영광스러웠습니다. 고린도의 믿는 자들에게 글을 쓰면서, 나의 한 가지 약점은 내가 너무 약해서 그들을 잘못 다루었다는 사실을 씁쓸한 심정으로 적었습니다.[46] 또 내 어려움과 고난이 나의 사도직의 참됨을 나타내었다고 썼습니다.

그들은 내가 그들이 소유한 지식만큼 가지지 못했다고 말했지만 나는 소위 큰 사도들이라는 자들보다 열등하지 않고 그들이 가진 것보다 더 많은 지식을 갖고 있음을 분명히 말했습니다.[47]

이 십자가의 원수들은 나를 얕보았습니다. 왜냐하면 내가 고린도인들의 재정을 의지하지 않고, 생활비를 벌기 위해 장막을 깁는 세속의 일을 했기 때문입니다. 그러나 나는 이처럼 나 자신을 낮추는 것은 죄가 아니란 입장을 재차 주장했습니다.[48]

오히려 그들의 생각하는 바가 세속적이란 사실을 지적하며, 나는 죄악이 가

---

44) 고린도후서 10장 8절, 11장 10절, 16-18절, 21절, 30절, 12장 1절, 5절, 9절, 13장 10절.
45) 고린도후서 12장 7-10절. 비교- Savage, Power through Weakness, 187-188.
46) 고린도후서 11장 21절. 비교- James W. Evans, "Interpretation of 2 Corinthians," Southwestern Journal of Theology 32(Fall 1989): 29.
47) 고린도후서 10장 10절, 11장 5-6절, 12장 11절.
48) 고린도후서 11장 6절, 9절, 12장 14절, 16절.

득한 고린도의 그리스도인들에게 응답했습니다. 그들은 잘못된 가르침으로 인해 착취를 당하고 있었고, 사도로서의 나의 위치에 대해서 이의를 제기하고 있었습니다. 나는 그들의 잘못된 생각을 보여주었고, 유머를 섞어서 모순점을 지적함으로 나의 입장을 밝혔는데, 곧 내가 그들의 생각을 바로잡아주고 그들로 다시 설 수 있게 해주려는 사도와 영적 아비인 것을 변호했습니다.

복음을 변질시키는 자들은 빌립보에도 있었습니다. 이곳은 내가 처음 투옥되었던 곳입니다. 수년 후 로마의 감옥에 있었을 때 나는 유대주의자들이 빌립보에도 침입해 들어갔다는 사실을 알았습니다. 우리 시대에 개들은 멸시받는 동물이었는데 그 이유는 제멋대로 돌아다니고 쓰레기를 뒤져내서 먹으며 사람들을 공격했기 때문입니다. 우리 나라 사람들은 이방인들을 싫어하는 표현을 사용할 때 그들을 개들이라고 불렀습니다. 그러나 나는 할례가 구원에 필연적이라고 주장하면서 복음의 메시지를 변질시키는 구원받지 못한 유대인들을 묘사할 때 '개들'[49]이란 용어를 사용했습니다. 그들이 개들과 같았던 것은 그리스도인들의 주변을 어슬렁거리면서 이방인 그리스도인들을 자기들의 사고방식대로 만들려 했기 때문입니다. 이 적들은 그리스도인들인 체했지만 실제로는 내가 언급했듯이 사악한 일꾼들이었습니다(마치 내가 고린도의 속이는 자들을 '궤휼의 역군'이라고 불렀던 것과 같습니다). 그들이 얼마나 위험한지를 강조하기 위해서 나는 빌립보 사람들에게 보내는 서신에서 언어적 유희를 사용했습니다. 반 바울주의자들은 할례(페리토메, peritomē)에 신경을 썼지만 나는 그들이 그 이상으로 도를 넘은 자들이었다는 사실, 곧 손(損)할례당(카타토메, katatomē)인 것을 지적했습니다. 여기서 나는 '할례'라는 단어를 보통 때와 다르게 사용했습니다. 나는 그리스도인들 - '하나님의 성령으로 봉사하며 그리스도 예수로 자랑하는'[50] 자들 - 에게는 참 할례라고 말했습니다. 전에 로

---

49) 빌립보서 3장 2절.
50) 빌립보서 3장 3절.

마서에도 기록했듯이 참 할례는 마음에 하는 것입니다.[51] 곧 구원은 외적인 의식의 문제가 아니라 죄 많은 삶의 길을 잘라버리는 것입니다. 육체를 바꿔보려고 하는 사람들은 실제로는 그 이상의 것을 행하고 있는데 그것이 바로 복음을 변질시키고 있는 것입니다.

나는 빌립보의 믿는 자들에게 위험을 알리기 위해서 이 손할례당이 '십자가의 원수'인 것을 말해주었습니다.[52] 그곳에 많은 원수들이 있는 것을 깨닫고 나는 눈물을 흘렸습니다. 그들의 잘못은 정말 심각했습니다. 왜냐하면 그들은 진정 주님을 알지 못하고 영원히 죽게 되었기 때문입니다.[53] 그들이 영광스럽게 여기는 것은 정말 부끄러운 것이었습니다.[54] 왜냐하면 그들의 마음은 이 세상의 것들에 있었기 때문입니다. 곧 모세의 법에 순종하는 것이었습니다.

이 할례자들에게 내가 어떻게 반응했겠습니까? 당신이 '개 조심'이란 표시를 대문에 붙이듯이 나는 빌립보의 그리스도인들에게 "이 개들을 조심하라"고 경고했습니다. 내가 의미한 바는 그들이 깨어 있음으로 이 거짓 교리를 피해야 한다는 것이었습니다."[55]

또한 나는 아직 만나보지 못한 로마의 성도들에게 그들이 받은 것과 대치되는 가르침들을 조심하라고 썼습니다.[56] 그들의 거짓된 견해들은 당을 짓게 했고[57]

---

51) 로마서 2장 29절.
52) 빌립보서 3장 2절, 18절.
53) 빌립보서 3장 19절.
54) "그들의 신은 배요"라는 말은 대식가나 음식에 대한 유대의 규율들을 언급하는 것일 수 있다(Barrett, Paul: An Introduction to His Thought, 41, John J. Gunther, St. Paul's Opponents and Their Background (Leiden: Brill, 1973), 98, Barnett, "Opponents of Paul," 652].
55) 빌립보서 3장 2절, 18-19절에 언급된 행악자들은 아마도 바울이 빌립보서 1장 15절, 17-18절에서 쓴 자들과 같지 않을 수 있다. 왜냐하면 그들이 비록 잘못된 동기들에 바탕을 두고 전도하고 있지만 여전히 그들은 그리스도를 전하고 있었기 때문이라고 바울은 말했다.
56) 로마서 16장 17절. 아마도 로마 사람들이 그리스도를 접할 수 있었던 것은, 오순절 날에 예루살렘에 머물러 있어서 구원을 받았던(행 2:10) '로마 출신의 방문자들'이 고향으로 돌아와서 도에 대한 그들의 믿음을 나누었기 때문일 수 있다.
57) 디코스타시아(Dichostasia)는 신약에서 단 두 번만 쓰인 강한 단어로서(롬 16:17, 갈 5:20) 불일치와 의견 충돌로 인하여 결별의 결과를 가져오는 것을 뜻한다.

길을 가로막는 벽처럼 주의 일을 방해했습니다. 고린도의 유대주의자들처럼 그들은 그리스도인들이라고 주장했지만 실제로는 주님이 아닌 자기들의 욕심을 섬기고 있었습니다.[58] 마치 빌립보의 유대주의자들처럼 말입니다. 그들은 '유연한 말과 아첨'으로 별 의심하지 않는 로마의 그리스도인들을 속였습니다. 나는 이 심상치 않은 사태에 대해 반응하면서 그곳의 믿는 자들에게 그와 같은 분열을 일으키는 영향들을 '살피라'[59]고 강하게 권했습니다. 실제로 나는 로마 성도들에게 이 거짓말쟁이들과 아무런 관계도 갖지 말라고 통고했습니다. 나는 그들로부터 멀리 떠나 있으라고 그리스도인들을 촉구했습니다.

또 다른 교회에 대한 나의 염려를 나누고자 합니다. 이 교회는 내가 아닌 에바브라가 세웠습니다. 거짓 교사들이 골로새의 교회에 잠입해 들어온 듯합니다. 그런 가능성을 나는 깨달으면서[60] 골로새의 믿는 자들에게 '공교한 말'[61]에 현혹되거나 '철학과 공허한 속임' 곧 현실이 없는 허위의 가르침에 노략당하지[62] 말 것을 촉구했습니다. 이 같은 철학이나 허위 종교의 가르침들은 하나님께로부터 온 것이 아니라 인간의 유전들을 따르고 있으며,[63] '이 세상의 초등

---

58) 로마서 16장 18절.
59) 로마서 16장 17절의 '삼가라'는 말은 '주시하라, 주목하라, 또는 자세히 살피라'는 뜻의 스코페오(Skopeō)를 번역한 것이다(비교- 고후 4:18, 갈 6:1, 빌 3:17). 반면 더 자주 나타나는 동의어인 블레포(blepō)는 빌립보서 3장 2절에서 사용되었는데 '보다, ~에 대해서 경계하다, 주의하다'란 뜻을 가진다.
60) 골로새서 2장 4절에서 바울은 파라로기조마이(Paralogizomai)란 단어를 썼는데, 그 뜻은 '거짓 이론으로 속이거나 제시된 이론에 근거하여 어떤 사람으로 하여금 잘못된 결론에 도달하도록 이끌다'이다 [James Hope Moulton and George Milligan, The Vocabulary of the Greek Testament (1930, reprint, Grand Rapids: Eerdmans, 1974), 487].
61) 신약의 골로새서 2장 4절에서만 나오는 피타놀로기아(Pithanologia)란 단어는 헬라의 파피리에 나오며 법정을 언급할 때 사용되었는데, 훔친 자가 설득력 있는 말로 자기의 결백을 변호하는 데에 사용되었다(ibid., 512). 이 단어는 겉보기에는 받아들일 수 있을 것처럼 보이나 실제로는 틀린 주장들을 암시한다[James D.G. Dunn, The Epistles to the Colossians and to Philemon: A Commentary on the Greek Text(Grand Rapids: Eerdmans, 1996), 133].
62) '포로를 데리고 가다'란 뜻의 실라고게오(sylagogeō)는 신약에서 골로새서 2장 8절에만 나온다. 이는 '시장에서 전도하는 자가 그의 말에 감동을 받은 자들을 함께 모아서 더 충분한 설명과 가르침을 위해 그들을 데리고 가는' 모습을 묘사해준다(ibid., 147).
63) 예수님은 '사람의 유전'이란 동일한 말을 바리새인들을 비난하시면서 사용하셨다(막 7:8, 비교 - 마 15:3, 6).

학문' 입니다.[64]

나는 골로새 사람들에게 인위적인 철학자들의 속이는 논증을 주의할 것을 강권했을 뿐만 아니라 믿는 자들이 음식과 의식적인 관례들에 대한 엄격한 금욕적인 규칙들을 따라야 한다고 주장하는 자들을 피하라고 촉구했습니다.[65] 나는 믿는 자들이 그러한 강조들을 경계하고 있어야 하며 그것들로 말미암아 혼란스러워 하지 말아야 한다고 썼습니다.[66]

---

64) '요소들' 이란 뜻의 스토이케이아는 우주의 물질적인 요소들, 사상의 기초적인 원리들, 12궁도의 별들('기본적인' 별들), 또는 기본적인 영들 곧 천사들이나 마귀들을 뜻한다. 골로새서 2장 8절이 이것들 중에 마지막의 의미라면 바울은 골로새와 그 주변에서 가르쳐지고 있는 인간의 철학들이 하나님의 것이 아니라 마귀이란 사실을 말하고 있는 것이다(비교 - ibid., 148-151). 다음을 보라. Clinton E. Arnold, The Colossian Syncretism: The Interface between Christianity and Folk Belief at Colossae(Grand Rapids: Baker, 1996), 158-194, Günther Bornkamm, "The Heresy of Colossians," in Conflict at Colossae, ed. Fred O. Francis and Wayne A. Meeks, rev. ed. (Missoula, Mont.: Scholars, 1975) 124, and Ralph P. Martin, Colossians and Philemon, New Century Bible Commentary(Grand Rapids: Eerdmans, 1973), 10-14, 79.

65) 많은 학자들은 골로새에서의 거짓됨을 영지주의의 초기 형태로 본다[Barnett, "Opponents of Paul," 651-652, Günther Bornkamm, "The Heresy of Colossians" 123-145, Eduard Lohse, Colossians and Philemon, Hermeneia(Philadelphia: Fortress, 1971), and R. McL. Wilson, "Gnosis, Gnosticism, and the New Testament," in The Origins of Gnosticism(Leiden: Brill, 1967), 511-527, idem, Gnosis and the New Testament(Oxford: Blackwell, 1968)].

그러나 다른 사람들은 이 잘못을 유대의 신비주의로 본다[A. J. Bandstra, "Did the Colossians Errorists Need a Mediator?" in New Dimensions in New Testament Study, ed. Richard N. Longenecker and Merrill C. Tenney(Grand Rapids: Zondervan, 1974), 329-343, F. F. Bruce, "The Colossian Heresy," Bibliotheca Sacra 141 (July-September 1984): 195-208, Dunn, The Epistles to the Colossians and to Philemon, 24-35, idem, "The Colossian Philosophy: A Confident Jewish Apologia," Biblica 76 (1995), 153-181, Craig A. Evans, "The Colossian Mystics," Biblica 63(1982): 188-205, Fred O. Francis, "Visionary Discipline and Scriptural Tradition at Colossae," Lexington Theological Quarterly 2(1967): 71-81, Peter T. O'Brien, "Colossians, Letter to the," in Dictionary of Paul and His Letter, 148-150, C. Rowland, "Apocalyptic Visions and the Exaltation of Christ in the Letter to the Colossians," in Journal for the study of the New Testament 19(1983); 73-74, Gary S. Shogren, "Presently Entering the Kingdom of Christ: The Background and Purpose of Col 1:12-14," Journal of the Evangelical Theological Society 31(June 1988): 178, and Edwin M. Yamauchi, "Gnosis, Gnosticism," in Dictionary of Paul and His Letters, 353].

세번째 견해로는 이 이교를 유대와 헬라 요소의 혼합으로 보는 자들이 있다[G. B. Caird, Paul's Letters from Prison, New Clarendon Bible(Oxford: Oxford University Press, 1976), 162-164, H. Wayne House, "Heresies in the Colossian Church," Bibliotheca Sacra 149 (January-March 1992): 45-59, Martin, Colossians and Philemon, 4-5, 9-19, and Eduard Schweizer, The Letter to the Colossians(Minneapolis: Augsburg, 1982), 245-259]. Arnold는 네번째 견해를 주장하는데 골로새의 잘못이 유대주의적인 견해들과 프리지안 신비 종교들의 '대중 종교' 의 혼합이었다고 했다(The Colossians Syncretism, 5, 150-157, 226-227, 310-312).

66) 골로새서 2장 8절. '주의하라' 는 말은 '보다, 주지하다, 주의하다' 란 뜻의 블레포를 번역한 것이다.

거짓 가르침들과 허위 가르침들을 피하기 위해서 당신은 어떤 것을 취해야 할까요? 당신은 내가 교회들에 보낸 편지들과 디모데와 디도에게 보낸 서신들에서 믿는 자들이 교리적인 함정을 피하기 위해 행해야만 하는 몇 가지 것들을 언급했던 사실을 볼 수 있을 것입니다.

- 거짓 가르침들을 살피고 철저히 검사하라(롬 16:17).
- 거짓 교사들에게서 떠나라(롬 16:17).
- 거짓 교사들을 삼가고 주의하라(빌 3:2, 골 2:8).
- 거짓에 복종하지 말라(갈 2:5).
- 그것으로 인해 두려워하지 말라(빌 1:28).
- 누구든지 너희를 폄론하지 못하게 하라(골 2:16).
- 거짓 교사들을 피하라(딤후 2:17).[67]
- 진리를 거역하는 자들을 온유함으로 징계하라(딤후 2:25).
- 거짓 교사들을 주의하라(딤후 4:15).[68]
- 그들을 책망하라(딛 1:9).
- 저희의 입을 막으라[69](딛 1:10-11).
- 그들을 경책하라(딤후 4:2, 딛 1:13, 2:15).
- 그들을 훈계하라(딛 3:9-10).

갈라디아, 고린도, 빌립보, 로마 그리고 골로새의 교회들에 잠입해 들어온

각주 59를 보라.
67) 후메내오와 빌레도의 잘못된 가르침들은 창질의 썩어져감과 같이 모르는 사이에 퍼져나갈 수 있었기 때문에 이 사람들을 피해야만 했다.
68) '주의하라'는 말은 '자신을 지키라'는 뜻의 필라소(phylassō)를 번역한 것이다. 디모데후서 4장 15절에서 디모데에게 이러한 명령을 한 것은 알렉산더와 관계가 있는데, 그는 대장장이로서 바울의 메시지를 심하게 반대하면서 바울에게 해를 가했던 자이다(4:15-16). 이 사람은 디모데전서 1장 20절의 알렉산더와 동일인일 수도 있고 아닐 수도 있다.
69) 속이는 말로 말하는 자들(비교 - 골 2:4, 8), 특별히 유대주의자들은 입에 자갈이 물려져서(에피스토미조, epistomizō) 탐욕의 동기로 가르쳐지고 있는 그들의 거짓이 전체 가족들을 압도하지 못하도록 해

그룹들과 개인들 이외에도 나는 수많은 대적자들로부터 개인적인 반대에 부딪혔습니다. 첫 선교 여행 때 나는 엘루마(Elymas)라고 하는 박수의 반대에 부딪혔는데, 이 사람은 속임수를 사용해서 주의 길을 그르치는 자였습니다. 두 번째 여행에서는 점쟁이의 방해를 받았습니다.[70] 그 후에 나는 안디옥에서 유대주의자들과 논쟁했는데 그들은 할례를 받아야만 구원을 얻는다고 가르쳤습니다.[71] 데살로니가의 어떤 유대인들은 내 가르침에 반대하기 위해 시장에서 괴악한 사람들을 데리고 와서 소동을 일으켰습니다.[72] 아덴에서는 에비구레오와 스도이고 철학자들의 도전을 받았습니다.[73] 그들은 나를 말쟁이로 불렀습

야 했다(비교 - 고후 2:17).
70) 사도행전 13장 8절, 16장 16-18절.
71) 사도행전 15장 1-2절.
72) 사도행전 17장 5절. 어떤 전통적인 필자들은 시장의 대중들에 대해서 경멸심을 가지고 말했는데 왜냐하면 그들은 쉽게 동요되었기 때문이었다(John Clayton Lentz, Luke's Portrait of Paul(Cambridge: Cambridge University Press, 1993), 99].
73) 에피큐러스(Epicurus, 주전 341-270)가 세운 에피큐리아니즘은 우주가 변화의 결과이며 단지 물질적으로 아톰들의 결합이라고 말한다. 행복은 제한된 욕망들, 공적 삶에서의 물러남, 두려움과 고통의 회피에서 나오며 신들은 인간들에게 아무런 힘이 없고, 죽을 때에 사람 몸의 아톰들은 공간으로 흩뿌려진다고 가르쳤다. 이런 가르침을 마음에 두고 사도행전 17장 24-31절을 읽으면서 바울의 진술이 에피큐리아니즘의 어떤 것에 반대하고 있는지를 주목해보라.
제노(Zeno, 주전 335-263)가 세운 스토아 철학이 이런 이름으로 불리게 된 이유는 그가 아덴의 스토아 포이카일(poikile, '페인트가 칠해진 주랑 현관')에서 가르쳤기 때문이다. 스토아 철학자들은 인류는 자기들에게 주어진 것이 가난이든 부이든, 병이든 건강이든, 노예 생활이든 자유이든 무엇이든지 겸허히 받아들여야 한다고 가르쳤다. 그들의 삶의 목표는 에피큐리언처럼 고립됨에서 행복을 찾는 것이 아니라 우주의 고유한 이성(로고스)과 조화를 이루며 사는 것이었다. 그들은 물질주의적이었지만 높은 도덕을 가지고 있었다. 잘 알려진 다른 스토아 교사들 가운데는 클렌데스(주전 331-232년), 크리시푸스(주전 280-205년), 세네카(주전 4(?)-주후 65년, 그는 바울을 심판하는 일에 관련되는 것을 거부했다], 에픽테토스(주후 55-135), 로마 황제 마르쿠스 아울레리우스(주후 215-275)가 있다. 사도행전 17장 4-31절을 다시 읽고 바울의 말이 어떻게 스토아 철학자들에게 호소력을 가졌고 또 그들에 의해서 어떻게 승인되지 못했는지를 주목하라.
이 철학들에 대해서 더 연구하려면 다음을 보라. Edwyn Robert Bevan, Stoics and Skeptics(Chicago: Ares, 1913), Marcia L. Colish, "Pauline Theology and Stoic Philosophy: An Historical Study," Journal of the American Academy of Religion 47(March 1979): 1-21, M. H. Cressy, "Epicureans," in Illustrated Bible Dictionary(Downers Grove, Ill.: InterVarsity, 1980), 1:465, idem, "Stoics," in Illustrated Bible Dictionary, 3: 1487-1488, David A. Desilva, "Paul and the Stoa: A Comparison," Journal of the Evangelical Theology Society 38(December 1995): 549-564, John W. Drane, Paul(New York: Harper and Row, 1976), 21-22, Eduard Lohse, The New Testament Environment, trans. John E. Steely(Nashville: Abingdon, 1976), 243-250, Terence P. Paige, "Philosophy," in Dictionary of Paul and His Letters, 717, Giuseppe Ricciotti, Paul the Apostle(Milwaukee: Bruce, 1952), 49-52, John M. Rist, ed., The Stoics(Berkeley, Calif.: University of

니다.[74] 여인들을 지켜준다고 여겨지는 헬라의 달 여신인 아데미를 섬기는 은장색 데메드리오는 에베소에서 나를 대항해 큰 소동을 일으켰습니다.[75] 구리 장색 알렉산더는 내 말을 심히 대적하면서 내게 많은 해를 입혔습니다.[76] 그리고 알다시피 나의 메시지를 반대했던 유대인들은 여러 차례 사람들을 선동하여 나를 반대하게 했고, 소동을 일으켰습니다.[77]

이 대적자들에게 내가 어떻게 반응했겠습니까? 나는 엘루마에게 대놓고 마귀의 자식이라고 말했고 얼마 동안 해를 보지 못하리라고 했습니다. 귀신들린 점쟁이의 경우 나는 귀신에게 그녀를 떠나라고 명령했습니다.[78] 안디옥의 유대주의자들과 예루살렘 공의회와는 논쟁을 벌였습니다. 아덴의 철학자들이 저를 말쟁이라고 비난했을 때에는 대꾸하지 않았습니다. 단지 나는 복음을 제시할 기회만을 사용했습니다. 에베소의 소동 때에 나는 사람들에게 말하고 싶었지만 친구들이 말렸습니다. 나를 대적한 어느 누구에게도 개인적인 복수를 한 적

California Press, 1978), Charles C. Ryrie, Biblical Theology of the New Testament(Chicago: Moody, 1959), 158-160, Thomas Schmeller, "Stoics, Stoicism," in Anchor Bible Dictionary, 6:210-214, and Norman Wentworth de Witt, Epicurus and His Philosophy(Minneapolis: University of Minnesota Press, 1954).

74) 사도행전 17장 8절. '수다쟁이'라고 번역된 단어는 스페르몰로고스(spermologos)로써 본래 새가 씨앗을 쪼아먹는 것, 가난한 사람들이 시장에서의 남은 음식이나 물건 조각들을 주워 모으는 것 그리고 여기저기에서 정보 조각들을 주워온 사람들에게 사용했다. 그래서 이 단어는 두 가지 의미를 가진다. 사회에서 가난한 빈곤층과 정보 조각들을 이해하지도 못하면서 주워 모으며 새처럼 시끄럽게 소동을 일으키는 사람들을 가리킨다. 그래서 아덴의 철학자들은 이방의 별 쓸모없는 설교자가 아덴의 아고라에서 다른 사람들을 가르칠 수 있으리라고 생각하는 것에 대해서 경멸을 표현하는 말로 스테르몰로고스를 사용했다[Albert Barnes, Barnes' Notes on the New Testament (reprint, Grand Rapids: Kregel, 1962), 483]. Dio Chrysostom(주후 40-120)은 이 거리의 설교자들에 대해서 썼는데, 그들은 그 당시 시장 사람들의 관심을 끌었고 거친 농담을 했으며 많이 주절대고 다녔다[spermologian, Discourse 32.9, cited by Abraham J. Malherbe, "'Not in a Corner': Early Christian Apologetic in Acts 26:26," Second Century 5 (1985/86): 198].

75) 사도행전 19장 23-41절.

76) 디모데후서 4장 14-15절. 헬라어 단어 리안(lian, NIV는 'strongly'로 번역)은 어떤 것이 극단에 이르기까지 되어진 것을 암시한다.

77) 6장을 보라.

78) 예수님은 몇 차례에 걸쳐서 귀신들에게 직접 명령을 내려서 그들을 쫓아내셨지만 사도나 주님의 다른 제자가 그렇게 행한 것을 기록한 신약 성경은 이곳뿐이다. 아마도 오늘날 이 패턴은 귀신에게 직접 말하는 것이 아니라(왜냐하면 아무도 바울과 같은 사도적 권위가 없기 때문에) 귀신과 싸우고 있는 그 사람을 놓아달라고 주님께 기도하는 것일 것이다.

은 없습니다. 알렉산더의 경우 나는 주님께 그를 처리해달라고 간구했습니다.[79]

분명히 복음은 사람들을 나눕니다. 어떤 사람들은 좋은 소식에 믿음으로 반응하지만 다른 사람들은 완강히 거부하고, 또 어떤 사람은 중립을 지킵니다. 나의 사역을 예견했던 그룹들 혹은 개인들과 가진 많은 체험들에도 불구하고 나는 일을 계속해나갔고 주님은 당신의 말씀과 일을 축복하셨습니다.

나의 경험들을 보면서 나는 당신에게 일곱 가지 권면을 하고 싶습니다. 첫째, 믿음으로 말미암는 구원에 어떤 것도 더하지 마십시오. 그리스도를 믿는 것으로만 구원을 받는 하나님의 길에, 사람들의 노력이나 조건들을 덧붙이는 것은 잘못입니다. 둘째, 참 교리의 중요성을 깨달으십시오. 우리는 성경이 신학적으로 가르치는 것을 알고 이해할 필요가 있습니다. 셋째, 이교들의 이단적 견해들, 다른 허위 종교 단체들 그리고 인간적 철학자들에 대해서 깨어 있으십시오. 넷째, 열정을 가지고 정규적으로 하나님의 말씀을 먹으면서 그 안에 뿌리를 두십시오. 다섯째, 당신의 학생들과 당신이 영적으로 지켜주어야 할 자들을 돕고 거짓 가르침을 멀리하십시오. 여섯째, 필요하다면 거짓 교사들이 당신의 교회나 모임이나 어떤 그룹에 잠입해 들어왔을 때에 그들에게 경고하고, 꾸짖으며, 권면하고, 잠잠하게 하십시오. 일곱째, 하나님께 당신과 당신의 학생들과 가족이 주님과 그의 말씀에 참된 모습을 가질 수 있도록 지켜달라고 솔직하게 기도하십시오."

대적자들에 대한 바울의 체험들로부터 우리는 무엇을 배울 수 있나?

자기를 공격하는 자들에 대한 바울의 태도와 반응에서 우리는 몇 가지를 관찰할 수 있다. 첫째, 그는 교리적인 오류를 심각하게 다루었다. 이것은 "별 대수롭지 않은 문제야"의 문제가 아닌 중대한 문제였다. 하나님과 자기가 믿고 있는 바를 나타내는 신학은 극히 중요한 것이다. 둘째, 그는 이 중요한 신학적인

---

[79] 디모데후서 4장 14절.

문제들에 대해서 교회들과 지도자들에게 지침을 주었다. 그는 뒤로 물러나지 않았고 문제들을 해결해나갔다. 셋째, 그는 생명을 무릅쓰고라도 올바른 믿음을 향한 강한 의지를 보였다. 넷째, 그는 이교도들과 직면했을 때 다른 지도자들에게도 자기와 같은 태도를 취하라고 권고했다. 동시에 그는 믿지 않는 자들에 대해 사랑을 가지고 염려했으며 그들이 구원받기를 원했다. 다섯째, 그는 여러 교회들에게 편지를 썼으며, 두 제자에게는 그들이 올바른 교리에 뿌리를 내리고 올바른 행동을 할 수 있도록 안내하는 서신을 썼다.

다음에 제시된 바울의 다섯 가지 실제적 실천 방안은 거짓 믿음을 쉽게 받아들일 수 있는 학생들 또는 거짓을 퍼뜨릴 수 있는 자들을 다룰 때, 오늘날 교사들이 취해야 할 행동을 가르쳐준다. 첫째, 교리를 신중히 취하라. 둘째, 학생들을 올바로 가르쳐 교리의 중요성을 깨닫게 하라. 셋째, 어떤 대가를 치르더라도 지속적으로 교리를 바로잡아가는 좋은 모범을 보이라. 넷째, 모임이나 교회, 가정 또는 다른 그룹에 잠입해 들어오는 대적자들을 단호하게 대적하라. 다섯째, 다른 사람들을 건전한 성경적 믿음으로 인도하기 위해 편지를 쓰거나 그 밖의 방법들을 활용하라.

 그 다음은··········

- 앞의 두 단락에 언급된 제안들을 생각해보고 이것을 어떻게 실행해 옮길 수 있을지 스스로에게 물어보라.

- 당신 반에 이교나 다른 거짓 가르침들에 이끌려 그것을 받아들일 여지가 있는 사람이 있는가? 그렇다면 그러한 영향으로부터 그(그녀)를 돕기 위해 취할 수 있는 단계들이 무엇인지 생각해보라.

- 당신은 반 학생들에게 교리를 주의 깊게 강조하고, 참과 거짓 교리들을 구별할 수 있도록 도와주는가?

- 당신은 그리스도를 믿음으로 얻는 하나님의 구원의 길에 어떤 것도 더하지 않고 복음을 명료하게 가르치고 있는가? 당신은 그리스도를 구세주로 받아들이지 않아서 구원받지 못한 학생들에게 구원을 제시하고 있는가?

11 질문을 통해 가르친 바울

'그러면 어떠하뇨?'
로마서 3:9

당신의 학생들은 어떤 주제에 흥미가 없는가? 그러면 질문을 하라.

당신의 학생들은 어떤 주제에 대해 이해하지 못하는 것처럼 보이는가? 그러면 질문을 하라.

당신의 학생들은 어떤 주제의 내면을 들여다보면서 생각하고 있지 않은가? 그러면 질문을 하라.

당신은 학생들이 주제에 대해서 생각하고 있다고 보지 않는가? 그러면 질문을 하라.

당신의 학생들이 어떤 주제에 대해 어떤 의견을 가지고 있는지 궁금한가? 그러면 질문을 하라.

당신은 학생들이 새로운 사실들이나 개념들을 배울 수 있도록 그들을 인도하기를 원하는가? 그러면 질문을 하라.

학생들이 수업 시간에 참여하지 않는가? 그러면 질문을 하라.

학생들이 어떤 주제에 대해서 혼동하거나 오해하고 있는 듯 보이는가? 그러면 질문을 하라.

당신은 학생들이 별 도전을 받고 있지 않다고 느끼는가? 그러면 질문을 하라.

학생들이 어떤 주제에 대해서 흥미를 잃은 것처럼 보이는가? 그러면 질문을 하라.

수업 중에 질문을 하는 것은 학생들의 학습을 돕는 데에 이루 헤아릴 수 없는 가치가 있다.[1] 그러나 그 질문들은 바른 종류이어야 한다. 의견, 아이디어, 설명 그리고 추론을 위해 던지는 질문이어야 하고, 단지 기억된 사실을 떠올리는 질문이 되어서는 안 된다. 가르치는 일에서 질문은 이처럼 중요한 역할을 감당하고 있기 때문에 아쉬너(Ashner)는 효과적인 교사는 '질문을 만들어내는 사람'이라고 말했다.[2]

사도요 복음 전도자이며 교사인 바울은 분명히 위대한 질문자였다. 그는 사역과 서신들에서 듣는 자들과 읽는 자들의 흥미를 자극하고 그들의 배움의 깊이를 더해주는 일에서 능수 능란하게 질문을 사용했다. 그의 질문들은 관심을 불러일으켰고, 생각을 자극했으며, 내면의 뜻을 보게 해주었고, 결심을 하게 만들었다.

바울은 얼마나 많이 질문했나?

바울은 총 250번의 질문을 했다.[3] 이는 그가 생각을 자극하는 질문을 효과적인 교사의 열쇠로 보았다는 명백한 증거이다. 사도행전과 각 서신들에 기록된 질문의 수는 표 15에 나와 있다.

9장에서 논했듯이 그의 많은 강의들에는 질문이 나와 있다. 이것은 의심할 바 없이 그가 그의 말을 듣는 자들에게 질문을 던져서 대답하게 했고 그들이 질

---

1) Stephen G. Fortosis, "Can Questions Make Religious Educators More Effective in the Classroom?" Christian Education Journal 12(1992): 86-103.
2) M. J. Ashner, "Asking Questions to Trigger Thinking," NEA (National Education Association) Journal 50(1961): 44.
3) 이것은 예수님의 225번의 질문보다 약간 더(11퍼센트) 많다대로이 주크, 「예수님의 티칭 스타일(도서출판 디모데)」, 370-371, 401-438l. 그러나 바울의 저술 사역은 18년 동안에 걸쳐 있다 – 아마도 주후 49년에 갈라디아서를 쓴 것으로부터 67년에 디모데후서를 쓰기까지 - 한편 예수님의 가르침 사역은 단지 삼 년 반에 불과했다. 예수님의 225번의 질문들은 그의 공적 가르침 사역에서 던져진 것이었고, 바울의 기록된 질문들 가운데 10개를 제외한 모든 것은 그의 서신에서 언급된 것이었다.

표 15	사도행전과 각 서신에 나온 바울의 질문 수						
사도행전	10	갈라디아서	20	데살로니가전서	2	디도서	0
로마서	85	에베소서	1	데살로니가후서	1	빌레몬서	0
고린도전서	102	빌립보서	2	디모데전서	1	전체 합계	250
고린도후서	25	골로새서	1	디모데후서	0		

문에 답했다는 것을 의미한다. 물론 글로 쓴 질문들은 배우는 자들의 마음 속에 답을 자극했을 것이다.

표 15가 보여주듯이 바울의 질문 가운데 대부분은 로마서, 고린도전·후서 그리고 갈라디아서에 나온다. 이 네 서신에 나오는 질문들만 해도 그가 한 질문의 93퍼센트를 차지한다. 이유는 무엇인가? 아마도 그는 다른 서신들에서보다 이 서신들에서 지역 교회들의 교리적이고 실제적인 문제들을 더 많이 언급하고 있었기 때문일 것이다. 디모데, 디도, 빌레몬에게 쓴 서신은 질문을 한 개씩만 담고 있는데, 아마도 이들의 지도자적인 책임들로 인해서 이 서신들에서는 사도가 주는 직접적인 명령들이 요구되었기 때문이었을 것이다.

사도행전에 기록된 바울의 열 개 질문들 가운데서 다섯 개는 개인들에게 주어진 것이었고(주님, 엘루마, 천부장, 백부장, 아그립바 왕/ 행 9:5, 13:10, 21:37, 22:25, 26:27), 다섯 개는 그룹들에게 주어진 것이었다(군인들, 에베소의 제자들, 아그립바 왕과 그의 측근들/ 행 16:37, 19:2-3, 26:8).

또한 사도행전에 기록된 대로 바울에게 제기된 아홉 번의 질문을 보면, 여섯 번은 개인들이 한 질문이었고(빌립보 간수, 백부장, 베스도, 아그립바 왕/ 행 16:30, 21:37-38, 22:27, 25:9, 26:28), 세 번은 그룹의 질문이었다(에비구레오와 스도이고 철학자들, 예루살렘의 믿는 자들, 공회/ 행 17:19, 21:22, 23:4).

바울은 어떤 종류의 질문을 했나?

어떤 진리들이나 감추어진 의미들은 직접화법으로 다뤄지는 것이 가장 좋을 수 있지만 다른 것들은 정곡을 찌르는 질문을 사용하여 전달하는 것이 더 효과적일 수 있다. 바울은 질문의 대가로서 이것을 알고 있었고 다양한 종류의 물음을 통해서 독자들의 뇌 세포와 영적인 마음들에 파고들었다. 이 질문들은 교리적으로 그리고 영적으로 매우 중요한 이슈들을 제기했다.

그의 질문은 다양한 목적들을 이루기 위한 것이었는데, 다음과 같은 열한 가지의 목적들이었다.

1. 정보를 청원하거나 사실들을 상기시키기 위해
2. 사람들로 하여금 자기들이 행하는 것을 생각해보게 하기 위해
3. 동의나 호응을 얻어내기 위해
4. 생각이나 묵상을 자아내기 위해
5. 의견을 내놓게 하기 위해
6. 양심을 찌르기 위해
7. 진리의 적용을 재촉하기 위해
8. 사실에 반대되는 것을 지적하기 위해
9. 결론으로 설득하기 위해
10. 감정을 쏟아내기 위해
11. 동기를 유발시키기 위해

아홉번째를 제외한 다른 것들은 예수님이 질문을 하시며 가지셨던 목적들과 동일하다.[4]

정보를 청원하거나 사실들을 상기시키기 위해

바울은 종종 독자들을 쓰고 있는 글에 참여시켜서 어떤 진리들이나 사실들을 상기시키는 질문을 던졌다. 예를 들면, '성경이 무엇을 말하느뇨' (롬 4:3, 갈

---

4) 예수님은 그의 질문들에서 열다섯 가지 목적들을 가지셨다(ibid., 241-249).

4:30)와 '너희가 성경이 엘리야를 가리켜 말한 것을 알지 못하느냐' (롬 11:2). 고린도전서에서 그가 '… 알지 못하느냐?'는 식의 질문을 던진 것은 믿는 자들에게 특정의 진리들을 상기시키기 위해서였다(고전 5:6, 6:2, 3, 9, 15, 16, 19). 율법을 논하는 갈라디아서에서는 '그런즉 율법은 무엇이냐' (갈 3:19)와 '율법을 듣지 못하였느냐' (4:21)라고 물었다.

사람들로 하여금 자기들이 행하는 것을 생각해보게 하기 위해

바울이 제기한 수많은 질문들은 독자들로 하여금 그들이 취하고 있는 입장의 모순을 깨닫게 해주기 위한 것이었다. 이같은 정곡을 찌르는 질문은 진술보다 더 효과가 있었다. 예를 들어서 바울은 로마서 2장 3절에서 '네가 판단을 피할 수 없으리라'고 말하는 대신 '네가 하나님의 판단을 피할 줄로 생각하느냐'라고 질문을 던졌다. 이것은 그들로 하여금 제기된 문제를 생각하게 하고 심중에 반응을 일으키게 만들었다. 또한 로마서 2장 21절에서 '네가 도적질 말라고 가르치면서 도적질하는 것은 잘못이니라'고 말하는 대신 '도적질 말라 반포하는 네가 도적질하느냐'라고 질문했다. 바울이 고린도전서 11장 22절에서 교제의 식탁에서 탐욕스럽게 먹는 문제를 얘기할 때 '네겐 먹고 마실 집이 있느니라'고 말하지 않고 '너희가 먹고 마실 집이 없느냐'라고 질문함으로써 독자들은 더 자극을 받았다. 갈라디아서 3장 3절의 '너희가 이같이 어리석으냐'는 질문은 '너희가 어리석구나'라는 진술보다 더 깊이 마음속에 파고들었다.

동의나 호응을 얻어내기 위해

적절한 말로 구성된 질문은 종종 선포식의 문장보다 더 쉽게 동조를 얻어낸다. '하나님은 … 또 이방인의 하나님은 아니시뇨' (롬 3:29)라고 질문할 때 로마의 독자들은 자연스럽게 동의하면서 고개를 끄덕였을 것이다. 이 범주에 속한 대부분의 질문들은 고린도전·후서에서 나온다. 바울은 이 서신들에서 교리와 실천과 의견의 오류들을 다루고 있었다. 사도행전에서 한 개(21:37), 로마서에서

한 개(3:29), 고린도전·후서에서 스물일곱 개 그리고 데살로니가전서에서 한 개 (2:19)가 이런 식의 질문이었고, 독자들은 긍정적인 반응을 보였다. 이런 방법은 바울의 견해에 동의하게 하는 데 효과적이었다.

생각이나 묵상을 자아내기 위해

250개의 질문들 대부분이 이 범주에 속하는 것은 이해할 만하다. 질문은 뇌 운동을 크게 일으키므로 정신을 자극하는 데에는 최고다. 표 16(p.230)에서 질문의 종류란에 숫자 4가 많이 나오는 것에 주목하면서 표의 질문들을 훑어보라. 이 질문들이 '무엇' '누구' '어떻게' 와 같은 다양한 말들로 이루어진 것을 보게 될 것이다. "누가 주께 먼저 드려서 갚으심을 받겠느뇨"(롬 11:35)라는 질문은 독자들로 하여금 생각을 일으켜서 마음 속에 '어느 누구도 아니다' 란 답으로 반응하게 한다. '네가 어찌하여 네 형제를 판단하느뇨'(롬 14:10)라는 질문은 독자들로 하여금 믿는 형제를 판단할 아무런 논리적인 이유가 없다는 답을 제시하도록 도전한다. '저희가 … 듣지도 못한 이를 어찌 믿으리요'(롬 10:14)라고 질문하는 것은 독자들로 하여금 '믿을 수 없다' 라는 생각으로 인도한다. 그래서 그리스도를 들어보지 못한 자들에게 복음을 전해줘야 한다는 사실을 깨닫게 한다. 다른 질문들과 마찬가지로 이 질문은 단순한 진술의 경우보다 독자들로 하여금 더 많은 숙고를 하여 대답하게 만든다.

의견을 내놓게 하기 위해

바울 사도의 아래의 일곱 질문은 독자들로 하여금 마음 속의 의견을 제시하도록 촉구하는 것처럼 보인다. '네가 권세를 두려워하지 아니하려느냐'(롬 13:3), "너희가 무엇을 원하느냐"(고전 4:21 상), '내가 매를 가지고 너희에게 나아가랴 사랑과 온유한 마음으로 나아가랴'(고전 4:21 하), '그런즉 내 상이 무엇이냐'(고전 9:18), '그러면 어떻게 할꼬'(고전 14:15), '이제 내가 사람들에게 좋게 하랴 하나님께 좋게 하랴'(갈 1:10), '너희가 성령을 받은 것은 율법의 행위로냐 듣고 믿음으로냐'(갈 3:2).

양심을 찌르기 위해

'그런즉 자랑할 데가 어디뇨'(롬 3:27)라는 질문은 자기의 구원을 자랑하는 것이 온당치 못하다는 사실을 숙고하도록 도전한다. 또한 그것은 독자의 양심을 파고들어서 행함으로 구원을 성취한 것에 대해 자랑한 자에게 그것이 잘못이고 즉각 중단해야 할 것임을 느끼도록 도와준다. 로마서 2장 3-4절, 고린도전서 6장 15-16절과 11장 22절의 예들을 보라.

진리의 적용을 재촉하기 위해

옳은 말로 질문을 던지는 것은 질문을 받는 자를 격려하여 배운 것을 실행에 옮기도록 하는 수단이 될 수 있다. 로마서 2장 21-23절의 5개의 질문은 이 점을 보여준다. 바울이 베드로에게 '어찌하여 억지로 이방인을 유대인답게 살게 하려느냐'(갈 2:14)고 도전했을 때, 그는 베드로가 행동에 대한 잘못을 생각하는 것뿐만 아니라 행하고 있던 것이 잘못이란 것을 알고 중단하기를 원했다. 베드로가 질문의 요점을 행동으로 적용하거나 실천하기를 원한 것이다.

사실에 반대되는 것을 지적하기 위해

바울의 질문들 가운데 58개는 '아니오' '아무것도' '어떤 것도' '누구도'라는 답을 요구하는 이슈들을 제기한다. 바울은 "그런즉 우리가 무슨 말하리요 은혜를 더하게 하려고 죄에 거하겠느뇨"(롬 6:1)라는 질문을 하면서 로마의 독자들로 하여금 이 질문에 "예"라고 답하는 것이 잘못이라는 점을 알게 해주었다. '누가 주의 마음을 알았느뇨'(11:34)라는 질문에 대해 기대되는 답은 '아무도'이다. '누가 자비량하고 병정을 다니겠느냐'(9:7)라고 고린도 사람들에게 질문을 했을 때 그가 기대한 답은 '아무도'였다. '다 사도겠느냐'(12:29)라는 질문은 독자들에게 부정의 답을 요구했다. '그리스도와 벨리알이 어찌 조화되며'(고후 6:15)라고 물었을 때 암시된 답은 '아니오' 이다.

55개의 이 질문에서 바울 자신은 열다섯 번 부정적으로 답했다. 이런 방법을 통해서 그는 로마와 고린도와 갈라디아 사람들에게 질문에 암시되어 있는 견해들의 완전한 비논리를 파악하여 거부할 수 있도록 해주었다. 그는 우 판토스(ou pantos, '결코 아니라,' 롬 3:9), 우키(ouchi, '없느니라,' 3:27) 그리고 메 게노이토(mē genoito,[5] '결코 아니라,' 3:3-4, 9, 31, 6:1-2, 15, 7:13, 9:14, 11:11, 고전 6:15, 갈 2:17, 3:21)를 포함하여 몇 가지 헬라어 단어나 구를 사용해서 대답했다.

바울이 메 게노이토 구들을 사용해서 비난한 거짓 가정들을 살펴보면 흥미롭다. 그는 질문을 긍정적으로 제기하면서 자기가 변호하고 있는 것을 보여준다.

믿지 아니함이 하나님의 미쁘심을 폐하지 못한다(롬 3:3). 믿지 않는 자에게 진노를 내리시는 하나님은 불의하시지 않다(3:5). 모두가 죄 아래 있기 때문에 유대인들은 헬라인보다 결코 낫지 않다(3:9). 믿음은 율법을 폐하지 않는다(3:31). 은혜는 믿는 자들이 죄를 지어야 한다는 뜻이 아니다(6:1). 율법에서 벗어났다고 해서 믿는 자들이 죄를 지을 수 있다는 뜻은 아니다(6:15). 율법은 죄가 아니다(7:7). 선한 것이 사망이 되지는 않았다(7:13). 하나님은 불의하지 않으시다(9:14). 하나님은 자기 백성인 이스라엘을 버리지 않으셨다(11:1). 이스라엘의 거부는 그들이 회복 불가능하다는 것을 뜻하지 않는다(11:11). 믿는 자는 음행에 연루되어서는 안 된다(고전 6:15). 그리스도는 죄를 짓게 하지 않으셨다(갈 2:17). 율법은 하나님의 약속들을 거스르지 않는다(3:21).

바울은 질문들에 제시된 잘못들을 거부할 이유로, 메 게노이토란 말을 따랐

---

[5] 메 게노이토는 문자적으로 '그렇게 되지 말지어다' 라는 뜻으로서 신약에서 바울만이 수사학적 질문들 후에 사용했던 강한 부정이다(Walter Bauer, William F. Arndt, and F. Wilbur Gingrich, A Greek-English Lexicon of the New Testament and Other Early Christian Literature, 2d ed., rev. F. Wilbur Gingrich and Frederick W. Danker (Chicago: University of Chicago Press, 1979), 158]. 또한 18장을 보라. "Questions," in Stanley E. Porter, Idioms of the Greek New Testament, 2d ed.(Sheffield: Sheffield Academic, 1995), 276-280.

다.[6] 한 예는 로마서 3장 6절인데 바울은 여기서 메 게노이토를 쓴 후에 '만일 그러하면 하나님께서 어찌 세상을 심판하시리요'라고 다른 질문으로 응수했다. '그런즉 우리가 믿음으로 말미암아 율법을 폐하느뇨'(3:31)라고 물은 후에 그는 메 게노이토로 대답하면서 이렇게 말했다. "그럴 수 없느니라 도리어 율법을 굳게 세우느니라."

이러한 변화들을 눈여겨보면서 다음의 구절들을 찾아보고, 바울이 메 게노이토를 진술의 경우에 따르고 있는지 아니면 질문의 경우에 따르고 있는지 그 여부를 표시해보라.

구 절	진 술	질 문
로마서 3장 4절		
로마서 3장 9절		
로마서 6장 2절		
로마서 6장 15-16절		
로마서 7장 7절		
로마서 7장 13절		
로마서 9장 14절		
로마서 11장 1절		
로마서 11장 11절		
고린도전서 6장 15절		
갈라디아서 2장 17절		
갈라디아서 3장 21절		

먼저 질문을 던질 때에 자기 논쟁에 반대하는 자가 질문을 하는 것처럼 제시하고 메 게노이토란 말로 거부한 후에 진술이나 인용을 하는 식의 방법을 통렬한 비평(diatribe)이라고 한다. 이 수사학적인 스타일은 헬라 철학자들의 글에서 일반적이었고, 그 가운데에는 스토아 철학자이자 바울과 동시대를 살았던 에

---

6) Abraham J. Malherbe, "Mē Genoito in the Diatribe and Paul," Harvard Theological Review 73(1980): 235-237.

픽테토스(주후 55-155)가 있었다.[7] 통렬한 비판은 철학 학교에서 유용한 교수 도구였고, 가르침과 권고를 하는 데 도움이 되는 것이었다.[8]

결론으로 설득하기 위해

질문은 듣는 자나 읽는 자로 하여금 이제껏 얘기된 것으로부터 어떠한 결론이 도출될 것인가를 생각하도록 도울 수 있다. 적어도 바울은 아홉 번에 걸쳐 이런 방법으로 독자들의 생각을 일으켰다. '무슨 말하리요' (롬 3:5), '그런즉 우리가 무슨 말하리요' (6:1), '그런즉 어찌하리요' (6:15), '그런즉 우리가 무슨 말하리요' (7:7), '그런즉 이 일에 대하여 우리가 무슨 말하리요' (8:31), '그런즉 우리가 무슨 말하리요' (9:14), '그런즉 우리가 무슨 말하리요' (9:30), '그런즉 어떠하뇨' (11:7), '그런즉 형제들아 어찌할꼬' (고전 14:26). 처음 여섯 개의 경우 질문 후에 다른 질문이 따라오는데, 그것은 생각을 자극하기 위해 고안된 질문이다. 여기에 또 다른 훌륭한 교수법이 있다. 수사학적인 질문들을 던져서 강의의 진행 방향으로 학생들을 계속 깨어 있게 만드는 것이다.

감정을 쏟아내기 위해

몇 번의 경우 바울의 감정은 질문으로 표출되었다. 여기에는 낭패('이 사망의 몸에서 누가 나를 건져내랴,' 롬 7:24), 놀람('너희 가운데 그 형제간 일을 판단할 만한 지혜 있는 자가 이같이 하나도 없느냐,' 고전 6:5), 승리('사망아 너의 이기는 것이 어디 있느냐 사망아 너의 쏘는 것이 어디 있느냐,' 고전 15:55) 그리고 실망('주여 우리의 전하는 바를 누가 믿었나이까,' 롬 10:16/ '어찌하여 다시 약하고 천한 초등 학문으로 돌아가느냐, 갈 4:9/ '너희의 복이 지금 어디

---

7) Ibid., 231-232. diatribe와 바울의 메 게노이토의 사용에 대해서는 14장을 보라.
8) Duane F. Watson, "Diatribe," in Dictionary of Paul and His Letters, ed. Gerald F. Hawthorne, Ralph P. Martin, and Daniel G. Reid(Downers Grove, I11.: InterVarsity, 1993), 213-214, and Stanley K. Stowers, "The Diatribe," in Greco-Roman Literature and the New Testament, ed. David E. Aune(Atlanta: Scholars, 1988), 71-83.

있느냐,' 4:15)이 포함되어 있다.

바울은 감정을 질문 형태로 표현할 때 두 번의 경우에는 낭패와 혼란을 표현하면서 자기를 반대하는 자들의 입을 빌었다. '어찌 나도 죄인처럼 심판을 받으리요' (롬 3:7).

동기를 유발시키기 위해

또한 바울은 자기 말을 듣는 사람들의 동기를 살피기 위해서 몇 개의 도전을 던지는 질문을 했다. 로마 사람들에게 '네가 어찌하여 네 형제를 판단하느뇨 어찌하여 네 형제를 업신여기느뇨' [9](롬 14:10)라고 질문했을 때 바울은 그들이 동료 신자들을 비판하거나 경멸할 정당한 이유들이 없다는 사실을 주지시키려 했던 것이다. 그렇게 하면서 그들의 동기들이 잘못되었고 바꾸어야 함을 알렸다. 베드로가 이방인처럼 살면서 동시에 이방인들을 억지로 이끌어 유대의 관습을 따르게 하려고 하는 모순된 행동을 취하는 것을 보았을 때 그는 베드로에게 그러한 위선을 보일 이유가 어디 있는지를 물었다.

바울의 질문들 가운데서 다른 특징들은 무엇인가?

또한 바울은 예수님처럼 자기 말에 강도를 더하기 위해서 질문들을 한데 묶어서 던졌다.[10] 때때로 부가적인 질문(들)은 처음 질문과 내용은 동일하고 방법만 다르거나 비슷했다. 한두 가지의 생각이 덧붙여진 경우들도 있었다. 다음의 목록은 질문들 사이에 다른 말이 삽입되지 않은 묶음을 모아놓은 것이다.

---

9) 엑수테네오(exoutheneō)란 이 동사는 '경멸하다, 모멸하다, 아무것도 아닌 것으로 생각하다, 경멸감을 가지고 대하다' 란 뜻이다. 이것은 '판단하다, 비평하다' 란 뜻의 크리노(Krinō)보다 더 강하다.
10) 로이 주크의 「예수님의 티칭 스타일(도서출판 디모데)」 385-390을 참고하라.

두 질문 묶음	로마서	2:3-4	3:1	3:3	3:5
		3:7-8	3:9	3:27	3:29
		4:10	6:1	6:2-3	6:15
		7:7	8:31	8:32-33	8:35
		9:14	14:10		
	고린도전서	4:21	5:12	6:7	7:16
		9:11-12	10:16	10:18-19	10:22
		10:29-30	11:13-15	12:17	14:36
		15:35	15:55		
	고린도후서	1:17	3:1	11:29	
	갈라디아서	1:10	4:9		
	데살로니가전서	2:19			
세 질문 묶음	로마서	10:6-8	11:34-35		
	고린도전서	1:13	4:7	15:29-30	
	고린도후서	12:18-19			
네 질문 묶음	로마서	10:11-15			
	고린도전서	1:20	6:1-3	9:1	9:4-6
		11:22	14:6-9		
다섯 질문 묶음	로마서	2:21-23			
	고린도전서	3:3-5			
	고린도후서	6:14-16			
	갈라디아서	3:2-5			
여섯 질문 묶음	로마서	9:19-24			
일곱 질문 묶음	고린도전서	12:29-30			
열 질문 묶음	고린도전서	9:4-10			

바울이 던진 다수(다섯, 여섯, 일곱 그리고 열)의 질문 묶음은 명백히 독자들을 논쟁의 정점으로 이끌어서 그들로 쉽게 간과할 수 없게 하기 위해 사용되었다. 이미 지적한 대로 바울은 다양한 방법으로 질문을 시작했고 그것들은 모두

독자들로 하여금 사고나 행동으로 반응하도록 자극하기 위해 고안된 것이었다. 바울은 질문들에서 다수의 주제들을 언급했고, 믿는 자들에게 닥친 이슈들의 정도를 보여주었다. 적어도 예순다섯 가지의 주제들이 토론되었다.

가족	간음	거치는 것	결혼	군사	그리스도
그리스도의 재림	기도	남편	머리의 수건	명령	모세 율법
물 세례	믿음	복음	부르심	부활	사랑
사역	선교	설교	성령	성령 세례	성령의 열매들
성숙치 못함	성육신	성전	세상	승리	승천
심판	아내들	약속	양심	어리석음	왕국
우상 숭배	위선	유대인	유한	은혜	의
이방인들	제사장	제자들	죄	주의 만찬	죽음
지옥	지혜	진리	창기	천사들	칭의
택함	판단	포도나무 재배	하나님, 성품*	하나님의 뜻	하나님의 말씀
하늘	할례	화평	환난	회개	

*(성실, 공의, 영광, 자비, 긍휼, 전지, 참으심, 능력, 진리, 진노)

바울에게서 배울 수 있는 질문 기술은 무엇인가?

바울이 어떻게 질문을 던졌는지를 주목해보면 질문하는 능력을 키울 수 있다. 질문은 호기심을 유발하고, 관심을 자극하며, 생각에 도전을 던지고, 학생들에게 학습 안내를 하며, 잘못된 가설들을 교정해주는 기술이 있다. 그리고 바울의 질문을 살펴보면 우리의 질문 기술을 효과적으로 발전시키는 데 도움을 받을 수 있다. 다음의 제안들은 바울의 질문에서 나온 것이다.

분명치 않은 질문들을 피하라. 바울의 질문들은 항상 간결하고 인식할 수 있는 것이었다. 누구도 그가 무엇을 의미하는지를 고심할 필요가 없었다. 그의 질문의 화살은 신속히 표적을 맞추었다.

일반적이고 포괄적인 질문을 피하라. 질문들이 구체적이지 못하면 배우는 자들은 대답하기가 어려울 수 있다.

학생들을 얕보는 질문들을 피하라. 때로 바울은 질문을 통해 독자들을 훈계하거나 바로잡았지만 항상 사랑과 목회적 관심을 가지고 질문을 써 내려갔다.

똑같은 질문들을 피하라. 바울의 250개의 질문들은 광범위한 종류의 접근과 다양한 변화의 질문들을 보여준다. 표 16에서 볼 수 있듯이 그는 수많은 방법으로 질문을 이끌었는데 그 가운데에는 '무엇을' '누가' '왜' '어떻게' 등이 있다. 교수법의 모든 면에서처럼 배우는 자들이 교사가 가르칠 것을 예견할 수 있을 때 학생들의 관심은 줄어든다. 반면 변화는 관심을 일으키고 더 큰 학습의 결과를 낳는다.

학생들로 하여금 답을 추측하게 만드는 질문들을 피하라. 표 16에 나오는 바울의 250개의 질문들을 자세히 읽어보면 그의 독자들이 결코 추측해야 할 필요가 없었다는 사실을 알게 된다. 그들은 대개 답을 알았고, 그래서 종종 분을 내거나 당황해했다. 물론 그는 질문 뒤에 답을 제시하곤 했다. 그러나 수사학적인 질문들은 독자들로 하여금 그의 노선을 따라오게 했고 답을 듣고자 하는 관심을 갖게 했다.

이 다섯 개의 제안들을 따르면 교사들은 더 효과적인 질문을 만들 수 있게 될 것이다.

 　당신은 어떻게 생각하는가?

■ 당신의 수업이 녹음된 내용을 들으면서 학생들에게 물어보았던 질문들을 분석하고 그것들이 효과적이었는지를 판단하라. 바울의 열한 가지 종류의 질문들과 당신의 질문들을 비교하라.

■ 다른 교사의 수업에 참여하여 그(그녀)가 사용하는 질문을 관찰하라. 그 질문을 적고 왜 그것이 좋은지, 혹은 안 좋은지를 분석하라. 여러 질문들이 사용되었다면 그 질문들이 어느 때에 사용되었으면 더 수업 시간이 재미있었을지를 자문해보라.

■ 바울 서신들을 읽고 그의 질문들을 형광 펜으로 다 표시해보라. 다음 수업을 준비할 때 바울의 열한 가지 종류의 질문들 가운데서 따라 해볼 수 있는 몇 가지 질문들을 적어보라.

표 16	바울의 질문들*		
질 문 들	성 경 구 절	질문의 종류
1. '주여 뉘시오니이까?'	사도행전 9:5, 22:8, 26:15	1
2. '주여 무엇을 하리이까?'	사도행전 22:10	1
3. '주의 바른 길을 굽게 하기를 그치지 아니하겠느냐?'	사도행전 13:10	2
4. '이제는 가만히 우리를 내어 보내고자 하느냐?'	사도행전 16:37	2
5. '너희가 믿을 때에 성령을 받았느냐?'	사도행전 19:2	1
6. '너희가 무슨 세례를 받았느냐?'	사도행전 19:3	1
7. '내가 당신에게 말할 수 있느뇨?'	사도행전 21:37	3
8. '너희가 로마 사람 된 자를 죄도 정치 아니하고 채찍질할 수 있느냐?'	사도행전 22:25	2
9. '당신들은 하나님이 죽은 사람 다시 살리심을 어찌하여 못 믿을 것으로 여기나이까?'	사도행전 26:8	4
10. '아그립바 왕이여 선지자를 믿으시나이까?'	사도행전 26:27	3
11. '네가 하나님의 판단을 피할 줄로 생각하느냐?'	로마서 2:3	2, 5, 6
12. '혹 네가 하나님의 인자하심이 너를 인도하여 회개케 하심을 알지 못하여 그의 인자하심과 용납하심과 길이 참으심의 풍성함을 멸시하느뇨?'	로마서 2:4	2, 5, 6
13. '그러면 다른 사람을 가르치는 네가 네 자신을 가르치지 아니하느냐?'	로마서 2:21	2, 7
14. '도적질 말라 반포하는 네가 도적질하느냐?'	로마서 2:21	2, 7
15. '간음하지 말라 말하는 네가 간음하느냐?'	로마서 2:22	2, 7
16. '우상을 가증히 여기는 네가 신사 물건을 도적질하느냐?'	로마서 2:22	2, 7
17. '율법을 자랑하는 네가 율법을 범함으로 하나님을 욕되게 하느냐?'	로마서 2:23	2, 7
18. '그런즉 무할례자가 율법의 제도를 지키면 그 무할례를 할례와 같이 여길 것이 아니냐?'	로마서 2:26	4, 5
19. '그런즉 유대인의 나음이 무엇이며'	로마서 3:1	4, 5
20. '할례의 유익이 무엇이뇨?'	로마서 3:1	4, 5
21. '어떤 자들이 믿지 아니하였으면 어찌하리요?'	로마서 3:3	4
22. '그 믿지 아니함이 하나님의 미쁘심을 폐하겠느뇨?'	로마서 3:3	4, 8
23. '그러나 우리 불의가 하나님의 의를 드러나게 하면 무슨 말하리요?'	로마서 3:5	4
24. '진노를 내리시는 하나님이 불의하시냐?'	로마서 3:5	4, 8
25. '만일 그러하면 하나님께서 어찌 세상을 심판하시리요?'	로마서 3:6	4
26. '나의 거짓말로 하나님의 참되심이 더 풍성하여 그의 영광이 되었으면 어찌 나도 죄인처럼 심판을 받으리요?'	로마서 3:7	4, 10

* '질문의 종류'의 숫자는 11장의 열한 가지 목적들(p218)에서 이미 사용되었다.

질 문 들	성 경 구 절	질문의 종류
27. '또는 그러면 선을 이루기 위하여 악을 행하자 하지 않겠느냐?'	로마서 3:8	8
28. '그러면 어떠하뇨?'	로마서 3:9	9
29. '우리는 나으뇨?'	로마서 3:9	4, 8
30. '그런즉 자랑할 데가 어디뇨?'	로마서 3:27	4, 6, 7
31. '무슨 법으로냐?'	로마서 3:27	4
32. '행위로냐?'	로마서 3:27	4, 8
33. '하나님은 홀로 유대인의 하나님뿐이시뇨?'	로마서 3:29	4, 8
34. '또 이방인의 하나님은 아니시뇨?'	로마서 3:29	3, 4
35. '그런즉 우리가 믿음으로 말미암아 율법을 폐하느뇨?'	로마서 3:31	4, 8
36. '그런즉 육신으로 우리 조상 된 아브라함이 무엇을 얻었다 하리요?'	로마서 4:1	4
37. '성경이 무엇을 말하느뇨?'	로마서 4:3	1, 4
38. '그런즉 이 행복이 할례자에게뇨 혹 무할례자에게도뇨?'	로마서 4:9	4
39. '그런즉 이를 어떻게 여기셨느뇨?'	로마서 4:10	1, 4
40. '할례시냐 무할례시냐?'	로마서 4:10	1, 4
41. '그런즉 우리가 무슨 말하리요?'	로마서 6:1	9
42. '은혜를 더하게 하려고 죄에 거하겠느뇨?'	로마서 6:1	4, 8
43. '우리가 어찌 그 가운데 더 살리요?'	로마서 6:2	4
44. "무릇 그리스도 예수와 합하여 세례를 받은 우리는 그의 죽으심과 합하여 세례받은 줄을 알지 못하느뇨?"	로마서 6:3	1
45. '그런즉 어찌하리요?'	로마서 6:15	9
46. '우리가 법 아래 있지 아니하고 은혜 아래 있으니 죄를 지으리요?'	로마서 6:15	4, 8
47. '너희 자신을 종으로 드려 누구에게 순종하든지 그 순종함을 받는 자의 종이 되는 줄을 너희가 알지 못하느냐?'	로마서 6:16	1, 2, 4
48. '너희가 그때에 무슨 열매를 얻었느뇨?'	로마서 6:21	1, 4
49. "형제들아 … 너희는 율법이 사람의 살 동안만 그를 주관하는 줄 알지 못하느냐?"	로마서 7:1	1
50. '그런즉 우리가 무슨 말하리요?'	로마서 7:7	9
51. '율법이 죄냐?'	로마서 7:7	4, 8
52. '그런즉 선한 것이 내게 사망이 되었느뇨?'	로마서 7:13	4, 8
53. '이 사망의 몸에서 누가 나를 건져내랴?'	로마서 7:24	10
54. '그런즉 이 일에 대하여 우리가 무슨 말하리요?'	로마서 8:31	9
55. '만일 하나님이 우리를 위하시면 누가 우리를 대적하리요?'	로마서 8:31	4
56. '어찌 그 아들과 함께 모든 것을 우리에게 은사로 주지 아니하시겠느뇨?'	로마서 8:32	3, 4

질 문 들	성 경 구 절	질문의 종류
57. '누가 능히 하나님의 택하신 자들을 송사하리요?'	로마서 8:33	4
58. '누가 정죄하리요?'	로마서 8:34	4
59. '누가 우리를 그리스도의 사랑에서 끊으리요?'	로마서 8:35	4
60. '환난이나 곤고나 핍박이나 기근이나 적신이나 위험이나 칼이랴?'	로마서 8:35	4
61. '그런즉 우리가 무슨 말하리요?'	로마서 9:14	9
62. '하나님께 불의가 있느뇨?'	로마서 9:14	4, 8
63. '혹 네가 내게 말하기를 그러면 하나님이 어찌하여 허물하시느뇨?'	로마서 9:19	10
64. '누가 그 뜻을 대적하느뇨?'	로마서 9:19	4
65. '이 사람아 네가 뉘기에 감히 하나님을 힐문하느뇨?'	로마서 9:20	2, 4
66. '지음을 받은 물건이 지은 자에게 어찌 나를 이같이 만들었느냐 말하겠느뇨?'	로마서 9:20	2, 4, 8
67. "토기장이가 진흙 한 덩이로 하나는 귀히 쓸 그릇을, 하나는 천히 쓸 그릇을 만드는 권이 없느냐?"	로마서 9:21	2, 4
68. '만일 하나님이 그 진노를 보이시고 그 능력을 알게 하고자 하사 멸하기로 준비된 진노의 그릇을 오래 참으심으로 관용하시고'	로마서 9:22	4
69. '영광 받기로 예비하신 바 긍휼의 그릇에 대하여 그 영광의 부요함을 알게 하고자 하셨을찌라도 무슨 말하리요?'	로마서 9:23-24	4
70. '그런즉 우리가 무슨 말하리요?'	로마서 9:30	9
71. '어찌 그러하뇨?'	로마서 9:32	4
72. '네 마음에 누가 하늘에 올라가겠느냐 하지 말라'	로마서 10:6	1, 4
73. '혹 누가 음부에 내려가겠느냐 하지 말라'	로마서 10:7	1, 4
74. '그러면 무엇을 말하느뇨?'	로마서 10:8	1, 4
75. '그런즉 저희가 믿지 아니하는 이를 어찌 부르리요?'	로마서 10:14	4
76. '듣지도 못한 이를 어찌 믿으리요?'	로마서 10:14	4
77. '전파하는 자가 없이 어찌 들으리요?'	로마서 10:14	4
78. '보내심을 받지 아니하였으면 어찌 전파하리요?'	로마서 10:15	4
79. '이사야가 가로되 주여 우리의 전하는 바를 누가 믿었나이까?'	로마서 10:16	11
80. '저희가 듣지 아니하였느뇨?'	로마서 10:18	1, 4
81. '이스라엘이 알지 못하였느뇨?'	로마서 10:19	1, 4
82. '하나님이 자기 백성을 버리셨느뇨?'	로마서 11:1	4, 8
83. '너희가 성경이 엘리야를 가리켜 말한 것을 알지 못하느냐?'	로마서 11:2	1
84. '저에게 하신 대답이 무엇이뇨?'	로마서 11:4	1
85. '그런즉 어떠하뇨?'	로마서 11:7	9

질문들	성경구절	질문의 종류
86. '저희가 넘어지기까지 실족하였느뇨?'	로마서 11:11	4, 8
87. "저희를 버리는 것이 세상의 화목이 되거든 그 받아들이는 것이 죽은 자 가운데서 사는 것이 아니하면 무엇이리요?"	로마서 11:15	4
88. '네가 원 돌감람나무에서 찍힘을 받고 본성을 거슬러 좋은 감람나무에 접붙임을 얻었은즉 원 가지인 이 사람들이야 얼마나 더 자기 감람나무에 접붙이심을 얻으랴?"	로마서 11:24	4
89. '누가 주의 마음을 알았느뇨?'	로마서 11:34	4, 8
90. '누가 그의 모사가 되었느뇨?'	로마서 11:34	4, 8
91. "누가 주께 먼저 드려서 갚으심을 받겠느뇨?"	로마서 11:35	4, 8
92. '네가 권세를 두려워하지 아니하려느냐?'	로마서 13:3	5
93. '남의 하인을 판단하는 너는 누구뇨?'	로마서 14:4	2
94. '네가 어찌하여 네 형제를 판단하느뇨?'	로마서 14:10	2, 4, 11
95. '어찌하여 네 형제를 업신여기느뇨?'	로마서 14:10	2, 4, 11
96. '그리스도께서 어찌 나뉘었느뇨?'	고린도전서 1:13	4, 8
97. '바울이 너희를 위하여 십자가에 못박혔으며'	고린도전서 1:13	4, 8
98. '바울의 이름으로 너희가 세례를 받았느뇨?'	고린도전서 1:13	4, 8
99. '지혜 있는 자가 어디 있느뇨?'	고린도전서 1:20	4
100. '선비가 어디 있느뇨?'	고린도전서 1:20	4
101. '이 세대에 변사가 어디 있느뇨?'	고린도전서 1:20	4
102. '하나님께서 이 세상의 지혜를 미련케 하신 것이 아니뇨?'	고린도전서 1:20	3, 4
103. '사람의 사정을 사람의 속에 있는 영 외에는 누가 알리요?'	고린도전서 2:11	4
104. '너희 가운데 시기와 분쟁이 있으니 어찌 육신에 속하여'	고린도전서 3:3	3, 4
105. '사람을 따라 행함이 아니리요?'	고린도전서 3:3	3, 4
106. "어떤 이는 말하되 나는 바울에게라 하고 다른 이는 나는 아볼로에게라 하니 너희가 사람이 아니리요?"	고린도전서 3:4	3, 4
107. '그런즉 아볼로는 무엇이며'	고린도전서 3:5	4
108. '바울은 무엇이뇨?'	고린도전서 3:5	4
109. '너희가 하나님의 성전인 것과 하나님의 성령이 너희 안에 거하시는 것을 알지 못하느뇨?"	고린도전서 3:16	1, 3, 4
110. '누가 너를 구별하였느뇨?'	고린도전서 4:7	4
111. '네게 있는 것 중에 받지 아니한 것이 무엇이뇨?'	고린도전서 4:7	4
112. '네가 받았은즉 어찌하여 받지 아니한 것같이 자랑하느뇨?'	고린도전서 4:7	2, 4
113. '너희가 무엇을 원하느냐?'	고린도전서 4:21	2, 4, 5

11장 질문을 통해 가르친 바울 · 239

질 문 들	성경구절	질문의 종류
114. '내가 매를 가지고 너희에게 나아가랴 사랑과 온유한 마음으로 나아가랴?'	고린도전서 4:21	2, 4, 5
115. '어찌하여 통한히 여기지 아니하고 그 일 행한 자를 너희 중에서 물리치지 아니하였느냐?'	고린도전서 5:2	2, 3, 4
116. '적은 누룩이 온 덩이리에 퍼지는 것을 알지 못하느냐?'	고린도전서 5:6	1, 4
117. '외인들을 판단하는 데 내게 무슨 상관이 있으리요?'	고린도전서 5:12	4
118. '교중 사람들이야 너희가 판단치 아니하랴?'	고린도전서 5:12	3, 4
119. '너희 중에 누가 다른 이로 더불어 일이 있는데 구태여 불의한 자들 앞에서 송사하고 성도 앞에서 하지 아니하느냐?'	고린도전서 6:1	2, 4
120. '성도가 세상을 판단할 것을 너희가 알지 못하느냐?'	고린도전서 6:2	1, 4
121. '세상도 너희에게 판단을 받겠거든 지극히 작은 일 판단하기를 감당치 못하겠느냐?'	고린도전서 6:2	2, 4
122. '우리가 천사를 판단할 것을 너희가 알지 못하느냐?'	고린도전서 6:3	1, 4
123. 너희 가운데 그 형제간 일을 판단할 만한 지혜 있는 자가 이같이 하나도 없느냐?'	고린도전서 6:5	2, 4, 10
124. '차라리 불의를 당하는 것이 낫지 아니하며'	고린도전서 6:7	2, 4
125. '차라리 속는 것이 낫지 아니하냐?'	고린도전서 6:7	2, 4
126. '불의한 자가 하나님의 나라를 유업으로 받지 못할 줄을 알지 못하느냐?'	고린도전서 6:9	1, 4
127. 너희 몸이 그리스도의 지체인 줄을 알지 못하느냐?'	고린도전서 6:15	1, 4
128. '내가 그리스도의 지체를 가지고 창기의 지체를 만들겠느냐?'	고린도전서 6:15	4, 6, 8
129. '창기와 합하는 자는 저와 한 몸인 줄을 알지 못하느냐?'	고린도전서 6:16	1, 4, 6
130. 너희 몸은 너희가 하나님께로부터 받은바 너희 가운데 계신 성령의 전인 줄 알지 못하느냐?'	고린도전서 6:19	1, 4
131. '아내 된 자여 네가 남편을 구원할는지 어찌 알 수 있으며'	고린도전서 7:16	4
132. '남편 된 자여 네가 네 아내를 구원할는지 어찌 알 수 있으리요?'	고린도전서 7:16	4
133. '할례자로 부르심을 받은 자가 있느냐?'	고린도전서 7:18	1
134. '무할례자로 부르심을 받은 자가 있느냐?'	고린도전서 7:18	1
135. '네가 종으로 있을 때에 부르심을 받았느냐?'	고린도전서 7:21	1
136. '네가 아내에게 매였느냐?'	고린도전서 7:27	1
137. '아내에게서 놓였느냐?'	고린도전서 7:27	1
138. "지식 있는 네가 우상의 집에 앉아 먹는 것을 누구든지 보면 그 약한 자들의 양심이 담력을 얻어 어찌 우상의 제물을 먹게 되지 않겠느냐?"	고린도전서 8:10	3, 4, 5
139. '내가 자유자가 아니냐?'	고린도전서 9:1	1, 3, 4

질 문 들	성경구절	질문의 종류
140. '사도가 아니냐?'	고린도전서 9:1	1, 3, 4
141. '예수 우리 주를 보지 못하였느냐?'	고린도전서 9:1	1, 3, 4
142. '주 안에서 행한 나의 일이 너희가 아니냐?'	고린도전서 9:1	1, 3, 4
143. "우리가 먹고 마시는 권이 없겠느냐?"	고린도전서 9:4	3, 4
144. "우리가 다른 사도들과 주의 형제들과 게바와 같이 자매 된 아내를 데리고 다닐 권이 없겠느냐?"	고린도전서 9:5	3, 4
145. "어찌 나와 바나바만 일하지 아니할 권이 없겠느냐?"	고린도전서 9:6	4, 8
146. '누가 자비량하고 병정을 다니겠느냐?	고린도전서 9:7	4, 8
147. '누가 포도를 심고 그 실과를 먹지 않겠느냐?	고린도전서 9:7	4, 8
148. "누가 양떼를 기르고 그 양떼의 젖을 먹지 않겠느냐?	고린도전서 9:7	4, 8
149. '내가 사람의 예대로 이것을 말하냐?	고린도전서 9:8	4, 8
150. '율법도 이것을 말하지 아니하냐?	고린도전서 9:8	1, 3, 4
151. '하나님께서 어찌 소들을 위하여 염려하심이냐?	고린도전서 9:9	4, 8
152. '전혀 우리를 위하여 말씀하심이 아니냐?	고린도전서 9:10	3, 4
153. "우리가 너희에게 신령한 것을 뿌렸은즉 너희 육신의 것을 거두기로 과하다 하겠느냐?"	고린도전서 9:11	4, 8
154. '다른 이들도 너희에게 이런 권을 가졌거든 하물며 우리일까보냐?	고린도전서 9:12	3, 4
155. "성전의 일을 하는 이들은 성전에서 나는 것을 먹으며 제단을 모시는 이들은 제단과 함께 나누는 것을 너희가 알지 못하느냐?"	고린도전서 9:13	1, 4
156. '그런즉 내 상이 무엇이냐?	고린도전서 9:18	4, 5
157. '우리가 축복하는바 축복의 잔은 그리스도의 피에 참예함이 아니며'	고린도전서 10:16	3, 4
158. '우리가 떼는 떡은 그리스도의 몸에 참예함이 아니냐?	고린도전서 10:16	3, 4
159. '제물을 먹는 자들이 제단에 참예하는 자들이 아니냐?	고린도전서 10:18	3, 4
160. "그런즉 내가 무엇을 말하느뇨 우상의 제물은 무엇이며 우상은 무엇이라 하느뇨?"	고린도전서 10:19	4, 8
161. '그러면 우리가 주를 노여워하시게 하겠느냐?	고린도전서 10:22	4, 8
162. '우리가 주보다 강한 자냐?	고린도전서 10:22	4, 8
163. '내 자유가 남의 양심으로 말미암아 판단을 받으리요?	고린도전서 10:29	4, 5
164. "만일 내가 감사함으로 참예하면 어찌하여 내가 감사하다 하는 것에 대하여 비방을 받으리요?"	고린도전서 10:30	4, 5
165. '여자가 쓰지 않고 하나님께 기도하는 것이 마땅하냐?	고린도전서 11:13	4, 5, 8
166. "만일 남자가 긴 머리가 있으면 자기에게 욕되는 것을 본성이 너희에게 가르치지 아니하느냐?"	고린도전서 11:14	4, 5

질 문 들	성 경 구 절	질문의 종류
167. 너희가 먹고 마실 집이 없느냐?	고린도전서 11:22	2, 4
168. 너희가 하나님의 교회를 업신여기고 빈궁한 자들을 부끄럽게 하느냐?	고린도전서 11:22	2, 4
169. 내가 너희에게 무슨 말을 하랴?	고린도전서 11:22	4, 5
170. 너희를 칭찬하랴?	고린도전서 11:22	4, 5, 8
171. 만일 온 몸이 눈이면 듣는 곳은 어디며	고린도전서 12:17	4
172. '온 몸이 듣는 곳이면 냄새 맡는 곳은 어디뇨?	고린도전서 12:17	4
173. 다 사도겠느냐?	고린도전서 12:29	4, 8
174. 다 선지자겠느냐?	고린도전서 12:29	4, 8
175. '다 교사겠느냐?	고린도전서 12:29	4, 8
176. 다 능력을 행하는 자겠느냐?	고린도전서 12:29	4, 8
177. '다 병 고치는 은사를 가진 자겠느냐?	고린도전서 12:30	4, 8
178. 다 방언을 말하는 자겠느냐?	고린도전서 12:30	4, 8
179. '다 통역하는 자겠느냐?	고린도전서 12:30	4, 8
180. "그런즉 형제들아 내가 너희에게 나아가서 방언을 말하고 계시나 지식이나 예언이나 가르치는 것이나 말하지 아니하면 너희에게 무엇이 유익하리요?"	고린도전서 14:6	4
181. '혹 저나 거문고와 같이 생명 없는 것이 소리를 낼 때에 그 음의 분별을 내지 아니하면 저 부는 것인지 거문고 타는 것인지 어찌 알게 되리요?"	고린도전서 14:7	4
182. "만일 나팔이 분명치 못한 소리를 내면 누가 전쟁을 예비하리요"	고린도전서 14:8	4
183. 너희도 허로서 알아듣기 쉬운 말을 하지 아니하면 그 말하는 것을 어찌 알리요?	고린도전서 14:9	4
184. '그러면 어떻게 할꼬?	고린도전서 14:15	4, 5
185. 네가 영으로 축복할 때에 무식한 처지에 있는 자가 네가 무슨 말을 하는지 알지 못하고 네 감사에 어찌 아멘 하리요?"	고린도전서 14:16	4
186. "그러므로 온 교회가 함께 모여 다 방언으로 말하면 무식한 자들이나 믿지 아니하는 자들이 들어와서 너희를 미쳤다 하지 아니하겠느냐?"	고린도전서 14:23	3, 4
187. '그런즉 형제들아 어찌할꼬?	고린도전서 14:26	4, 9
188. '하나님의 말씀이 너희에게로부터 난 것이냐?	고린도전서 14:36	4, 8
189. '또는 너희에게만 임한 것이냐?	고린도전서 14:36	4, 8
190. "그리스도께서 죽은 자 가운데서 다시 살아나셨다		

질 문 들	성경구절	질문의 종류
전파되었거늘 너희 중에서 어떤 이들은 어찌하여 죽은 자 가운데서 부활이 없다 하느냐?'	고린도전서 15:12	4
191. '만일 죽은 자들이 도무지 다시 살지 못하면 죽은 자들을 위하여 세례받는 자들이 무엇을 하겠느냐?	고린도전서 15:29	4
192. '어찌하여 저희를 위하여 세례를 받느뇨?'	고린도전서 15:29	4
193. '또 어찌하여 우리가 때마다 위험을 무릅쓰리요?'	고린도전서 15:30	4
194. '누가 묻기를 죽은 자들이 어떻게 다시 살며'	고린도전서 15:35	1, 4
195. '어떠한 몸으로 오느냐?	고린도전서 15:35	1, 4
196. '사망아 너의 이기는 것이 어디 있느냐?'	고린도전서 15:55	10
197. '사망아 너의 쏘는 것이 어디 있느냐?'	고린도전서 15:55	10
198. '이렇게 경영할 때에 어찌 경홀히 하였으리요?'	고린도후서 1:17	4, 8
199. '혹 경영하기를 육체를 좇아 경영하여 예, 예 하고 아니, 아니라 하는 일이 내게 있었겠느냐?	고린도후서 1:17	4, 8
200. '내가 너희를 근심하게 하면 나의 근심하게 한 자밖에 나를 기쁘게 하는 자가 누구냐?'	고린도후서 2:2	4
201. '누가 이것을 감당하리요?'	고린도후서 2:16	4
202. '우리가 다시 자천하기를 시작하겠느냐?'	고린도후서 3:1	4, 8
203. '우리가 어찌 어떤 사람처럼 천거를 너희에게 부치거나 혹 너희에게 맡거나 할 필요가 있느냐?'	고린도후서 3:1	4, 8
204. '… 모세의 얼굴의 없어질 영광을 인하여 그 얼굴을 주목하지 못하였거든 하물며 영의 직분이 더욱 영광이 있지 아니하겠느냐?'	고린도후서 3:7-8	3, 4
205. '의와 불법이 어찌 함께하며'	고린도후서 6:14	4, 8
206. '빛과 어두움이 어찌 사귀며'	고린도후서 6:14	4, 8
207. '그리스도와 벨리알이 어찌 조화되며'	고린도후서 6:15	4, 8
208. '믿는 자와 믿지 않는 자가 어찌 상관하며'	고린도후서 6:15	4, 8
209. '하나님의 성전과 우상이 어찌 일치가 되리요?'	고린도후서 6:16	4, 8
210. '내가 너희를 높이려고 나를 낮추어 하나님의 복음을 값없이 너희에게 전함으로 죄를 지었느냐?'	고린도후서 11:7	4, 8
211. '저희가 히브리인이냐?'	고린도후서 11:22	3
212. '저희가 이스라엘인이냐?'	고린도후서 11:22	3
213. '저희가 아브라함의 씨냐?'	고린도후서 11:22	3
214. '저희가 그리스도의 일군이냐?'	고린도후서 11:23	3, 8
215. '누가 약하면 내가 약하지 아니하며'	고린도후서 11:29	4

질 문 들	성 경 구 절	질문의 종류
216. '누가 실족하게 되면 내가 애타하지 않더냐?'	고린도후서 11:29	4
217. '내 자신이 너희에게 폐를 끼치지 아니한 일밖에 다른 교회보다 부족하게 한 것이 무엇이 있느냐?	고린도후서 12:13	4
218. '너희를 더욱 사랑할수록 나는 덜 사랑을 받겠느냐?'	고린도후서 12:15	4, 5
219. "내가 너희에게 보낸 자 중에 누구로 너희의 이를 취하더냐?'	고린도후서 12:17	8
220. '디도가 너희의 이를 취하더냐?'	고린도후서 12:18	8
221. '우리가 동일한 성령으로 행하지 아니하더냐 동일한 보조로 하지 아니하더냐?'	고린도후서 12:18	4
222. '이때까지 우리가 우리를 너희에게 변명하는 줄로 생각하는구나.'	고린도후서 12:19	4, 8
223. '이제 내가 사람들에게 좋게 하랴 하나님께 좋게 하랴?'	갈라디아서 1:10	4, 5
224. '사람들에게 기쁨을 구하랴?'	갈라디아서 1:10	4, 8
225. '어찌하여 억지로 이방인을 유대인답게 살게 하려느냐?'	갈라디아서 2:14	4, 7, 11
226. '만일 우리가 그리스도 안에서 의롭게 되려 하다가 죄인으로 나타나면 그리스도께서 죄를 짓게 하는 자냐?'	갈라디아서 2:17	4, 8
227. '누가 너희를 꾀더냐?'	갈라디아서 3:1	1, 4
228. '너희가 성령을 받은 것은 율법의 행위로냐 듣고 믿음으로냐?'	갈라디아서 3:2	5
229. '너희가 이같이 어리석으냐?'	갈라디아서 3:3	2
230. '성령으로 시작하였다가 이제는 육체로 마치겠느냐?'	갈라디아서 3:3	2, 5
231. '너희가 이같이 많은 괴로움을 헛되이 받았느냐 과연 헛되냐?'	갈라디아서 3:4	4
232. '너희에게 성령을 주시고 너희 가운데서 능력을 행하시는 이의 일이 율법의 행위에서냐 듣고 믿음에서냐?'	갈라디아서 3:5	5
233. '그런즉 율법은 무엇이냐?'	갈라디아서 3:19	1, 4
234. '그러면 율법이 하나님의 약속들을 거스리느냐?'	갈라디아서 3:21	4, 8
235. '어찌하여 다시 약하고 천한 초등 학문으로 돌아가서'	갈라디아서 4:9	4, 10
236. '다시 저희에게 종노릇하려 하느냐?'	갈라디아서 4:9	4, 5
237. '너희의 복이 지금 어디 있느냐?'	갈라디아서 4:15	4, 10
238. "그런즉 내가 너희에게 참된 말을 하므로 원수가 되었느냐?'	갈라디아서 4:16	4, 8
239. '율법을 듣지 못하였느냐?'	갈라디아서 4:21	1, 2
240. '그러나 성경이 무엇을 말하느뇨?'	갈라디아서 4:30	1
241. '너희가 달음질을 잘하더니 누가 너희를 막아 진리를 순종치 않게 하더냐?'	갈라디아서 5:7	1, 2
242. '형제들아 내가 지금까지 할례를 전하면 어찌하여 지금까지 핍박을 받으리요?'	갈라디아서 5:11	4

질 문 들	성 경 구 절	질문의 종류
243. "올라가셨다 하였은즉 땅 아랫 곳으로 내리셨던 것이 아니면 무엇이냐?"	에베소서 4:9	4
244. '그러면 무엇이뇨?'	빌립보서 1:18	4, 5
245. '무엇을 가릴는지?'	빌립보서 1:22	5
246. 너희가 세상의 초등 학문에서 그리스도와 함께 죽었거든 어찌하여 세상에 사는 것과 같이 의문에 순종하느냐?'	골로새서 2:20-21	2, 4
247. '우리의 소망이나 기쁨이나 자랑의 면류관이 무엇이냐?	데살로니가전서 2:19	1, 4
248. 너희가 아니냐?	데살로니가전서 2:19	3
249. "내가 너희와 함께 있을 때에 이 일을 너희에게 말한 것을 기억하지 못하느냐?"	데살로니가후서 2:5	1
250. "사람이 자기 집을 다스릴 줄 알지 못하면 어찌 하나님의 교회를 돌아보리요?"	디모데전서 3:5	4, 5

12 생생한 표현을 사용한 바울

'우리 사랑하는 형제 바울도
그 받은 지혜대로 너희에게 이같이 썼고'
베드로후서 3:15

무채색의 세상을 상상할 수 있는가? 온 세상이 음울한 회색 빛이라면 인생이 얼마나 단조로울지 생각해보라. 초록색 풀도 없고, 파란 하늘도 없고, 빨갛고 노랗고 자줏빛이 나고 오렌지와 핑크와 하얀 꽃들이 없는 세상. 하얀 눈이 없고 노랑, 빨강, 갈색으로 빛나는 나무들에서 떨어지는 낙엽이 없는 세상. 옷들과 신발과 차와 집과 동물과 건물들, 이 모든 것들이 동일하게 회색인 세상.

아마 재미없는 세상이지 않겠는가? 매력 없고 지루하며 변화 없는 단조로움. 이제 언어를 생각해보라. 비유의 말이 없고, 생생한 표현들이 없으며, 다채로운 비교가 없고, 의미 있는 직유가 없으며, 재치 있는 언어유희가 없는 말. 모든 책, 모든 대화, 모든 수업 혹은 설교가 지루하고 평범하며 생기가 빠져 있다고 생각해보라.

감사하게도 하나님의 창조적인 일과 사람의 발명들은 모두 색깔을 가진다. 그리고 언어도 마찬가지이다. 가르치거나 말할 때의 생생한 표현들은 활기와 관심을 더해주고 배우는 자들에게 의사 소통하고 있다는 것을 느끼게 한다. 예를 들면 '너희들을 사악하게 반대하는 거짓 교사들'이라는 단조로운 표현보다는 '흉악한 이리' (행 20:29)라고 한 바울의 말이 훨씬 더 기억하기 쉽다. 회심하기 이전의 모든 것을 '배설물' (빌 3:8)이라고 언급했을 때 그것은 단순히 모든 것이 '쓸모없는' 것이었다고 한 것보다 훨씬 쉽게 기억할 수 있었다. 그리고 믿는 자들은 '하나님의 전신 갑주' (엡 6:11, 13)를 입은 군사들과 같아야 한다고 도전했을 때 그것은 사단에게 맞서 방어해야 한다는 사실을 쉽게 떠올릴 수 있게 해주는 강력한 방법이었다.

바울의 가르침과 설교에는 비유가 상당 부분을 차지하는데 비유는 듣는 사람들에게 더 흥미롭게 전달되고 더 마음 깊이 박히게 하며 더 쉽게 간직하게 한다.

> 우리는 비유적으로 생각한다. 관심을 끌기 위해 한 대상을 다른 대상과 비교하기도 하고 강조를 하기 위해 과장하기도 한다. 또한 자신들의 주장을 더 적절하게 하기 위해 언어의 유희도 시도한다. 어떤 사람들은 차이점을 강조하거나, 수수께끼 같은 말을 하거나 무생물을 의인화시키기도 한다. 이 모든 것들은 한결같이 의사 소통의 목적을 갖고 행해지는 것이다.[1]

비유는 '본래의 의미나 사용 또는 가장 단순한 의미나 사용과는 달리 한 단어나 문장을 독특한 형태로 만드는 것이다.'[2] 바울이 훌륭한 선생이었던 이유는 수많은 비유를 사용했기 때문이다. 생생한 표현들은 그의 말을 듣거나 읽는 사람들의 마음에 즉각적으로 새겨지면서 논점을 이해할 수 있도록 도와주고 그 힘과 미를 느끼게 해주며[3] 사고 속에 간직하게 해준다. 그의 목적은 영리하게 되는 데에 있지 않았고 의사 소통하는 데에 있었다.

이 장과 다음 장에서 제시될 사도의 광범위한 비유 언어의 사용은 그가 '은

---

1) 로이 주크의 「예수님의 티칭 스타일(도서출판 디모데)」 281을 참고하라.
2) E. W. Bullinger, Figures of Speech Used in the Bible: Explained and Illustrated(London: Eyre and Spottiswoode, 1898, reprint, Grand Rapids: Baker, 1968), xv. 일 세기의 유명한 로마 수사학자인 퀸틸리안(Quintilian)은 "비유는 평범한 보통의 말과는 다른 말의 형태이다 … 예술에 의해서 새로운 국면으로 주어진 말의 형태이다"라고 기록했다(On the Education of an Orator 9.1.4, 14).
3) James Neil, Figurative Language of the Bible(London: Woodford Fawcett, 1888), 5.

유의 대가'[4]로 자리매김을 하고 있다는 사실을 보여준다. 바울은 다채롭고 생생하여 그림을 보는 듯한 묘사를 통해 익숙한 것에서 익숙지 않은 것으로 움직이면서 헌신된 교사들이 하고 싶어하는 것들, 곧 주의를 끌고 이슈를 명확히 하며 학생들의 사고를 자극하고 독자나 듣는 자의 마음을 기쁘게 하며[5] 학생의 삶에 영향을 미쳤다.

직유

직유는 '~처럼'이나 '~같이'와 같은 단어를 사용하며, 하나가 다른 것과 분명하게 비교되는 것이다.[6] 바울은 로마 사람들에게 죄와 싸우는 것에 대해서 쓰면서 그의 영적 패배의 시기를 '죄 아래 팔렸도다' (롬 7:14)로 언급했다. 환난을 겪고 있는 믿는 자들은 '도살할 양같이' (8:36) 보여졌다. 이스라엘 사람들은 '바다의 모래같이' 셀 수 없이 많았다(9:27). 바울은 고린도의 그리스도인들은 마치 영적으로 어린아이와 같다고 말했다(고전 3:1, 고후 6:13). 그리고 자신은 '지혜로운 건축자와 같이' 사역한다고 말했다(고전 3:10). 그는 자신과 자신의 동역자들은 하나님의 일꾼인데(4:1, 고후 6:4), 사단의 일꾼들도(고후 11:15) 위선과 허위로 마치 의의 일꾼인 것처럼 변장하고 있다고 말했다. 바울은 그의 원수들은 그를 경기장의 짐승들 앞에서 죽어 마땅한 자같이 취급했다고 말했다(고전 4:9). 그러나 갈라디아 사람들은 그를 '하나님의 천사와 같이' 여겼다(갈 4:14). 그는 자신의 사역이 목적지 없이 달리는 사람이나 상대를 헛치는 복서와 같이 향방이 없거나 쓸모없지 않다고 썼다(고전 9:26).[7]

---

4) Robert R. Resker, St. Paul's Illustrations(Edinburgh: Clark, n.d.), 8.
5) 퀸틸리안은 말하는 자가 비유적인 언어를 사용할 때 "듣는 자는 말하는 자의 감추어진 의미를 찾아내는 기쁨을 취하며, 그 자신의 통찰력에 찬사를 보내고 다른 사람의 언변술을 자신에 대한 칭찬으로 여긴다" (On the Education of an Orator 9.2.78)라고 썼다.
6) 때로 NIV는 '~처럼' 또는 '~같이' 라는 말을 덧붙여서 이런 말이 없는 구절에서 영어로 읽기 쉽게 만든다(예 - 롬 8:22, 고후 1:22, 5:5, 빌 2:17).
7) 바울이 '허공을 치는' 복서와 같지 않다고 썼을 때 아마도 그가 말하고자 했던 것은 아무 상대도 없이

바울은 부모를 흉내내는 아이들처럼 믿는 자들도 '사랑을 입은 자녀같이' (엡 5:1) 하나님을 닮아야 한다고 훈계했다. 그들은 '빛의 자녀들처럼' 행하여야 하며(5:8), 그리스도를 증거하는 일에 '세상에서 … 빛들로 나타' 나야 한다고 했다(빌 2:15).

바울은 데살로니가의 믿는 자들을 '유모가 자기 자녀를 기름과 같이' (살전 2:7)[8] 돌봐주었다. 그리고 '아비가 자기 자녀에게 하듯' 그들을 대했다(2:11). 바울은 주의 날이 '도적같이 임할 것이라고' (5:2, 4) 썼으며,[9] '잉태된 여자에게 해산의 고통이 이름과 같이 멸망이 홀연히' 임할 것이라고 했다(5:3).

바울은 디모데에게 보내는 두 개의 서신들에서 각각 네 개의 은유를 사용했다(딤전 5장, 딤후 2장). 그는 디모데에게 늙은이를 '아비에게 하듯' (딤전 5:1) 하고, '젊은이를 형제에게 하듯 하고' (5:1), '늙은 여자를 어미에게 하듯 하며' (5:2), '젊은 여자를 자매에게 하듯 하라' (5:2)고 권고했다. 디모데는 '좋은 군사처럼' (딤후 2:3) 그리고 '경기하는 자처럼' (2:5) 섬겨야 했다. 바울은 감옥에 있으면서 자신이 결백하지만 '죄인과 같이 매여 있으며' (2:9) 거짓 가르침이 '독한 창질의 썩어져 감과 같다' (2:17)고 썼다.

은유들을 분석할 때는 세 가지를 주목해야 한다. 이미지, 비이미지나 지시 대상(이미지가 가리키고 있는 것) 그리고 비교점.[10] 앞의 단락들에서 논의된 27개의 은유들 각각에서 바울이 의도한 비유들이 무엇이라고 생각하는지를 표 17에 적어보라. 처음 몇 개는 시작을 돕기 위해 제시되었다.

혼자 연습하는 복서의 모습이 아니라 적을 잘 맞추지 못하는 복서였을 수 있다. "그 암시는 상상 속의 대적과 싸움을 연습하는 것이 아니라 실제 대적과 싸우는 것으로서(곧 여기서는 육체), 이 경우 복서는 그의 적을 때리는 대신 헛되이 허공을 치고 있는 것이다" (Henry Alford, The Greek Testament [reprint(4 vols. in 2), Chicago: Moody, 1958], 3:551).

8) 미소에 대해서는 다음을 보라. Abraham J. Malherbe, "'Gentle as a Nurse,': The Cynic Background to 1 Thess ii," Novum Testamentum 12(1970): 203-217.

9) 게일이 지적했듯이 비교점이 제안하는 바는, 주님이 도둑처럼 물질적인 손해나 육체적인 해를 가져온다는 뜻이 아니라 오히려 주의 날이 갑자기 닥칠 것이라는 것이다[Herbert M. Gale, The Use of Analogy in the Letters of Paul (Philadelphia: Westminster, 1964) 29].

10) Roy B. Zuck, Basic Bible Interpretation(Wheaton, Ill.: Victor, 1991), 162-164를 보라.

표 17		바울의 은유들	
성경 구절	이 미 지	비 이 미 지 (지시 대상)	비 교 점
롬 7:14	종	바울	영적으로 패배하여 갇힘
롬 8:36	양	믿는 자들	핍박을 당함
롬 9:27	모래	이스라엘	셀 수 없음
고전 3:1, 고후 6:13	어린 아이들	고린도 사람들	영적으로 미성숙
고전 3:10	(터를 닦는) 건축자	바울	사람들을 그리스도께 인도
고전 4:1, 고후 6:4	일꾼	바울과 동역자들	하나님께 헌신됨
고전 4:9	사람	바울	비난을 받음
고전 9:26	향방 없이 달음질하는 자	바울	
고전 9:26	허공을 치는 자	바울	
고후 11:15	일꾼들	거짓 교사들	
갈 4:14	천사	바울	
엡 5:1	자녀들	에베소 신자들	
엡 5:8	빛의 자녀들	에베소 신자들	
빌 2:15	별들	빌립보 신자들	
살전 2:7	유모	바울	
살전 2:11	아비	바울	
살전 5:2, 4	도적	주의 날	
살전 5:3	해산의 고통	멸망	
딤전 5:1	아비	늙은이	
딤전 5:1	형제	젊은이	
딤전 5:2	어미	늙은 여자	
딤전 5:2	자매	젊은 여자	
딤후 2:3	군사	디모데	
딤후 2:5	경기하는 자	디모데	
딤후 2:9	죄인	바울	
딤후 2:17	창질	거짓 가르침	

은유

은유는 주로 두 개의 다른 것을 비교하는 것으로 '~이다' 혹은 '~되다'의 형태를 사용하여 만든다. 직유는 '~처럼' 혹은 '~같이'를 사용하는 두드러진 비유인 반면 은유는 더 함축적이다. '이것은 저것이다'라고 말할 때 은유는 보통 유사하지 않은 두 개가 함께 사용됨으로 놀라움이나 충격을 자아낸다. "우리는 은유에서 상상에 어떤 충격을 주는 이미지를 가진다."[11]

바울은 가르칠 때 많은 은유를 사용했다. 그 가운데 상당수는 성경을 공부하는 학생들에게 상투어가 되었지만 그 당시의 독자들은 그가 연관짓는 것들을 보면서 놀라워했을 것이다. 그 놀라게 하는 요소는 그들의 생각을 세게 흔들어 놓았을 것이다. "의심의 여지없이 두 개의 요원한 대상을 그와 같은 형태로 연관시킬 때 비유사성 가운데 유사성이 감지되고 기쁨과 놀람이 발생한다."[12]

몇 가지 바울의 은유들은 믿지 않는 자들을 묘사하고 있는데, 그들은 죄의 종(롬 6:16-17, 20, 갈 4:3, 7-8), 죄와 법 아래 갇힌 자(갈 3:22-23), 외인과 손(엡 2:19), 목구멍이 열린 무덤인 어두움(5:8)으로 얘기되고 있다. 그리스도와 연관된 몇 가지 은유를 들자면, 맏아들(롬 8:29, 골 1:15, 18), 교회의 터(고전 3:11)와 모퉁이 돌(엡 2:20), 반석(고전 10:4), 부활의 첫 열매(15:20, 23) 그리고 교회의 머리(골 1:18)이다. 바울은 그가 고린도 사람들의 아비요(고전 4:15) 더러운 것과 찌꺼기며(4:13) 향기와 냄새라고 했다(고후 2:15-16). 세 가지 물건들이 은유적으로 언급되는데, 떡은 그리스도의 몸(고전 10:16, 11:24), 잔은 그리스도의 피(10:16, 11:27) 그리고 선물은 향기로운 제물과 희생이다(빌 4:18).

그러나 바울이 쓰는 대부분의 은유들은 믿는 자들에 관한 것이다. 그들은 인도하는 빛(롬 2:19), 의와(6:18) 하나님과(6:22) 하나님의 율법의(7:25) 종들, 하나님의 자녀들(8:16), 하나님의 후사들과(8:17, 딛 3:7) 그리스도와 함께한 후사들(롬 8:17), 이긴 자들(8:37), 하나님의 밭과 집(고전 3:9), 하나님의 성전(고전 3:16-17, 고후 6:16), 성령의 전(고전 6:19), 그리스도의 몸(12:27, 골 1:22), 악에

---

11) Amos N. Wilder, The Language of the Gospel(New York: Harper and Row, 1964), 80.
12) David M. Park, "The Interpretive Value of Paul's Metaphors," South East Asia Journal of Theology 18(1977): 39.

는 어린아이이며 지혜에는 장성한 사람(고전 14:20), 아들이며 유업을 이을 자(갈 4:7), 동일한 시민(엡 2:19), 하나님의 거하실 처소(엡 2:22), 이스라엘과 함께 한 후사들(3:6), 더 이상 어린아이가 아닌 자(4:14), 그리스도의 몸의 지체들(5:30), 할례당(빌 3:3), 빛의 아들과 낮의 아들(살전 5:5), 하나님의 집[오이코스, oikos, 문자적으로는 집(house), 딤전 3:15], 그리고 귀히 쓰이는 기구(문자적으로는 그릇)이다(딤후 2:21).

바울은 다른 은유들에서 고린도 사람들이 그의 천거서이고(고후 3:1-3), 데살로니가 사람들은 그의 면류관이며(살전 2:19), 빌립보 사람들은 그의 향기로운 제물이고(빌 4:18), 오네시모는 그의 '심복'이라고 말했다(몬 1:12).

바울은 모세의 율법에 대해 몽학선생이라는 은유적 표현을 썼다(갈 3:24). '몽학선생'은 파이다고고스(paidagōgos, 문자적으로는 '어린아이의 인도자')를 번역한 것이다. 파이다고고스는 그리스·로마 사회의 부유한 집의 아이나 청소년을 학교에 데려다주고 수업을 참관하다가 그 아이를 다시 집으로 데려오는 노예였다.[13] 그 보호자는 해로운 일로부터 아이를 지켰고, 행실과 도덕을 가르쳤으며, 필요할 때는 훈계도 했다. 이 책임은 아이가 여섯 살 내지 일곱 살에 학교를 들어가면서부터 시작되어 청소년 후기에 달할 때까지 지속되었다.[14] 이처럼 파이다고고스는 세 가지 역할을 감당했다. 그는 보호자였고, 훈계자였으며, 개인 교사였다. 어떤 파이다고고스는 훈계하는 일에 있어서 다소 엄했다. 율법을 파이다고고스에 비유한 바울의 논점은 그 율법이 이스라엘을 '주변의 악한 이교의 예식들로부터'[15] 막아주면서 구속하는 보호의 성격을 가지며, 한시적이라는 사실을 말하고자 한 것이다.[16] 그리스도가 오심으로 율법은 더 이상 필요치 않다

---

13) Plato Lysis 208C, idem Laws 808C, Plutarch On Morals 439-440, Plutarch On the Education of Children 7.
14) 파이다고고스의 역할을 논하는 출처들에 대해서는 다음을 보라. Roy B. Zuck, Precious in His Sight: Childhood and Children in the Bible(Grand Rapids: Baker, 1996), 145, n. 54.
15) Donald K. Campbell, "Galatians," in The Bible Knowledge Commentary, New Testament, ed. John F. Walvoord and Roy B. Zuck(Wheaton, Ill.: Victor, 1983), 600.
16.) Frank Thielman, "Law," in Dictionary of Paul and His Letters, ed. Gerald F. Hawthorne, Ralph P.

고 바울은 썼다. 그러므로 "파이다고고스의 보유권을 그리스도의 시대 너머로 연장시키려는 유대주의자들의 시도는 율법의 잠정적인 위치와 준비적인 역할에 대한 관점을 잃은 것이며 하나님의 은혜를 무효화하려는 것이었다."[17]

바울은 고린도전서 4장 15절에서 파이다고고스를 다르게 사용했다. "그리스도 안에서 일만 스승이 있으되 아비는 많지 아니하니 그리스도 예수 안에서 복음으로써 내가 너희를 낳았음이라." 베네트(Bennett)는 이렇게 설명하고 있다. "고린도 사람들에겐 보호자와 같이 그들을 도와서 그들이 그리스도인의 삶을 사는지 지켜보는 자들이 많이 있었는데 … 베드로와 아볼로와 같이 잘 알려진 자들도 몇몇 있었다. 그러나 그들을 영적으로 낳은 자와는 특별한 관계가 있었다."[18]

이 많은 은유들을 연구하면서 이미지와 비이미지 사이에 만들어지는 유사성들을 생각해보라. 예를 들어 그리스도는 어떻게 건물의 터와 유사한가? 또는 성전은 어떻게 믿는 자들을 묘사하는가? 데살로니가의 그리스도인들은 어떤 면에서 바울에게 면류관과 같았나? 이런 식으로 많은 은유들을 각각 생각해볼 때 바울이 구체적으로 심으려 했던 교리적인 진리들이 생생하게 드러나게 된다.

하이포카타스타시스(Hypocatastasis)

하이포카타스타시스는 두 개의 다른 물건을 직접 부르면서 비교하는 비유이다. 직유는 '~처럼' 또는 '~같이'를 사용하고 은유는 '~이다' 혹은 '~되다' 동사의 형태를 사용하는 반면 하이포카타스타시스는 둘 중 어느 것도 사용하지 않고 대신에 사람, 사물, 진리나 그 밖의 것들을 부른다. 바울이 에베소의 장로들에게 그의 달려갈 길을 마치는 것에 대해서 말했을 때(행 20:24) 그는 문자적

Martin, and Daniel G. Reid(Downers Grove, Ill.: InterVarsity, 1993), 539.

17) J. W. MacGorman, "The Law as Paidagōgos: A Study in Pauline Analogy," in New Testament Studies, ed. Huber L. Drumwright and Curtis Vaughn(Waco, Tex.: Markham, 1975), 111.

18) David W. Bennett, Metaphors of Ministry(Grand Rapids: Baker, 1993), 128.

인 달리기를 말한 것이 아니었다. 그는 자기 사역을 경주라고 부른 것이다. 그러면서 그 둘 사이의 유사점에 초점을 맞춘 것이다. 경주와 같이 하나님을 섬기는 것에도 에너지와 인내와 목표에 도달하려는 노력을 수반한다. 이 몇 가지 개념들은 모두 '경주'라는 한 단어에서 간결하게 전달되고 있다.

그는 이 말을 하는 중에 세 개의 하이포카타스타시스를 사용하면서 장로들은 목자들로, 믿는 자들은 양떼로, 거짓 교사들은 흉악한 이리로 언급했다(20:28-29). 이들은 모두 적합한 말로 그 모습을 나타낸 것이다. 에베소에서 그는 이교도들을 '맹수'라고 불렀다(고전 15:32).[19]

바울은 이와 유사하게 빌립보서 3장 2절에서 거짓 교사들을 '개들'이라고 불렀다. 유대의 법정인 산헤드린 앞에서 재판받을 때 바울은 아나니아가 대제사장인지(행 23:5) 알지 못한 채 그를 '회칠한 담'(23:3)이라고 말했다. 이는 그가 겉으로는 멀쩡했지만 안으로는 부정하고 약하며 썩어가고 있었기 때문이었다. 그는 율법을 따라야 할 책임이 있는 재판관인데 바울의 입을 치라고 명령하며 율법을 어기고 있었다(23:2).

바울은 로마의 그리스도인들에게 편지를 쓰면서 다수의 하이포카타스타시스를 사용했다. 네 번에 걸쳐 그는 사역의 기회들을 '길' 또는 열린 '문'으로 언급했다(롬 1:10, 고전 16:9, 고후 2:12, 골 4:3). 그는 그리스도인의 삶의 축복들을 '성령의 처음 익은 열매'(롬 8:23)와 열매(15:28)라고 불렀고, 믿는 자들이 하늘에 계신 주님과 함께 있는 것을 '우리가 양자 된 것'으로 언급했으며 그때에 몸이 변화하는 것을 '구속'이라고 말했다.

믿지 않는 이스라엘 사람들은 '부딪힐 돌에 부딪혔는데'(9:32) '거치는 반석'(9:33)은 그리스도를 언급한 것이었다. 그러나 그 밖의 곳에서 '거치는 돌'은 다른 그리스도인들을 죄 짓게 하는 믿는 자들의 행위를 언급하는 말이다

---

[19] 이 비유에 대해서는 다음을 보라. Abraham J. Malherbe, "The Beasts of Ephesus," Journal of Biblical Literature 87(1968): 71-80. 말허브는 초대교회 교부인 이그나시우스도 이교도들을 짐승들로 묘사했다고 지적한다(Letter to the Ephesians 7.1, ibid., 80, n. 75).

(14:13, 고후 6:3).

바울은 자신에게 장점이 되는 배경들을 쓰레기와 같이 쓸모없는 것으로 생각했다(빌 3:8). 그리고 이스라엘의 구원받지 못한 상태는 그들의 얼굴에 수건을 쓰고 있는 것과 같다고 말했다(고후 3:15-16). 그러나 바울은 복음을 전하는 것은 마치 건축자가 터를 닦는 것이나(롬 15:20, 고전 3:10) 씨를 뿌리는 것(고전 3:6)과 같다고 말했다. 바울에게 복음은 '질그릇에 담긴 보배' 였다(고후 4:7).[20] 회심자들은 그의 '면류관' 이었고(빌 4:1)[21] 디모데, 디도, 오네시모는 그의 '아들들,' 곧 그가 주께 인도했던 자들이었는데 마치 아비가 아들을 낳은 것과 같았다(딤전 1:2, 18, 딤후 1:2, 2:1, 딛 1:4, 몬 1:10). 영적으로 거듭나지 않은 사람과 구원받은 사람의 차이는 어두움과 빛의 차이다(고후 4:6).

바울은 그리스도를 '이새의 뿌리' 로 불렀다(롬 15:12, 이사야 11장 10절에서 인용). 곧 다윗의 아비인 '이새의 줄기에서' 나온 '가지' 였다(사 11:1). 다른 네 개의 하이포카타스타시스에서 바울은 그리스도를 '우리의 유월절 양' (고전 5:7), 믿는 자들의 '남편' (고후 11:2), 교회의 머리(골 2:19), 모든 만물의 머리(엡 1:22, 골 2:10), 모든 사람의 머리(고전 11:3) 그리고 믿는 자들이 입어 영광을 얻는 옷(갈 3:27)으로 언급했다.[22]

성령은 믿는 자를 그리스도와 함께 확증해주고 확인해주는 인(印)이며(고후

---

20) 어떤 필자들은 질그릇이 바울의 몸이나 인간됨을 언급하는 것이라고 말하며, 다른 사람들은 그것이 복음의 측량할 수 없는 가치와 대조되는 바울 자신의 '자격 없음' 을 언급하는 것이라고 주장한다. 아마도 디모데 B. 세비지가 주장하는 것처럼 두 생각이 다 의도된 듯하다. 왜냐하면 흙으로 만든 그릇은 약하기도 하고 열등하기도 하기 때문이다(Power through Weakness: Paul's Understanding of the Christian Ministry in 2 Corinthians (Cambridge: University Press, 1996), 164-166]. 세비지는 "질그릇의 두 가지 성격은 고린도 독자들이 놓칠 수 없는 것이었다"고 덧붙였다(ibid., 166, n. 13). G. R. Davidson, Corinth: The Minor Objects, vol. 12(Princeton, N.J.: American School of Classical Studies in Athens, 1952)를 보라.

21) 데살로니가전서 2장 19절에서 바울이 데살로니가의 믿는 자들을 그의 면류관으로 언급한 것은 은유이다. 반면 이곳 빌립보서 4장 1절에서의 언급은 하이포카타스타시스이다.

22) "로마 사회에서 젊은이는 일정한 나이가 되면 특별한 예복을 부여받는데 이것이 그가 가족과 국가의 완전한 권리들에 받아들여지고 또 그가 장성한 아들이라는 것을 나타내주었다. 그래서 갈라디아의 믿는 자들은 율법의 옛 옷을 벗어버리고 하나님 앞에서 온전히 받아들여지도록 해주는 그리스도의 의의 예복을 입었다" (Campbell, "Galatians," 600).

1:22, 엡 1:13, 참고 - 4:30), 내주하시는 성령이 미래의 축복들의 맛봄이라는 면에서는 보증(고후 1:22, 5:5, 엡 1:14) 곧 더 많은 것이 지불될 것을 보증해주는 계약금(아라보나, arrabōna)이다.

바울은 교회를 몸(고전 12:13, 엡 1:23, 4:12, 16, 골 1:18, 2:19),[23] 집(엡 2:21), 진리의 기둥과 터(딤전 3:15) 그리고 견고한 터(딤후 2:19)로 불렀다.

그는 교회 안의 죄는 누룩이며, 누룩 없는 떡이 죄가 없다고 말했다(고전 5:7-8). 가치 없는 인간의 노력은 나무, 풀, 짚이고, 그리스도의 힘 주심으로 수행하는 의미 있는 사역은 금, 은, 보석이라고 말했다(3:12-13).[24] 불은 그리스도께서 심판의 보좌에서 믿는 자들의 섬김을 시험하는 것이다(3:13-15).

헌신된 삶을 살지 않는 것은 잠자는 것(롬 13:11), 어둠의 일을 행하는 것(13:12) 그리고 '생산치 못하는(문자적으로는 '열매 없는') 죽은 삶' (딛 3:14)을 이끄는 것으로 언급했다. 반대로 효과적인 그리스도인의 삶은 열매를 맺는 것(롬 7:4, 갈 5:22-23, 엡 5:9, 빌 1:11, 골 1:6, 10), 그리스도로 옷 입는 것(롬 13:14) 그리고 푯대를 향한(빌 3:14) 경주를 마친 후(행 20:24, 갈 2:2, 5:7, 딤후 4:7, 참고 - 빌 2:16) 상이나 면류관을 받는 것(고전 9:24-27, 빌 3:14)으로 묘사된다. 또한 바울은 열매의 비유를 사용해서 그의 사역의 결과들과(롬 1:13, 빌 1:22) 물질적인 선물들(롬 15:28, 빌 4:17)을 언급했다. 사단과의 영적인 싸움은 영적인 무기들을 가지고 싸우는 전쟁과(롬 13:12, 고후 6:7, 10:4, 엡 6:11, 13-17, 살전 5:8) 싸움(딤전 1:18, 6:12, 딤후 4:7)에 비교되었다.

서로 연관성이 없는 다른 몇 개의 예들에서 바울은 율법 아래로 돌아가는 그리스도인들을 종들이라고 말했고(갈 2:4, 5:1), 구원받은 이방인들을 원감람나무 가지에 접붙여진(롬 11:21) 돌감람나무라고 했다(11:17). 육체의 몸은 장막

---

23) "고대 수사학에서는 인간의 몸이 사회에 대한 은유로 흔히 사용되었으며, 후기 스토아 철학자들도 이 것을 즐겼다."[Wayne A. Meeks, The First Urban Christians: The Social World of The Apostle Paul (New Haven, Conn.: Yale University Press, 1983), 89].

24) 다른 가능한 해석들에 대해서는 다음을 보라. David K. Lowery, "1 Corinthians," in The Bible Knowledge Commentary, New Testament, 511-512.

(고후 5:4)과 그릇(살전 4:4)으로 말했다.[25] 믿는 자의 말은 소금으로 고르게 하여야 한다 곧 은혜로워야 한다(골 4:6). 그리고 바울의 위험들은 무시무시한 것이어서 마치 사자의 입 안에 있는 것과 같았다(딤후 4:17). 게다가 바울은 타는 숯불을 머리에 쌓아 올리는 것에 대해서 잠언 25장 21-22절을 인용했다(롬 12:20). 이 비유적인 표현은 불이 꺼진 사람에게 숯을 팬에 담아 주어서 그 사람이 집으로 가져가 자기 머리맡에 두었던 행동을 그 배경으로 한다고 볼 수 있다. 그래서 이 행동은 원수를 친구로 삼는 것을 말한다.[26]

예수님처럼 바울의 하이포카타스타시스도 자연에 그 출처를 많이 두고 있다(목자, 양떼, 이리, 짐승, 개, 열매, 씨, 어두움, 빛, 뿌리, 어린 양, 떡, 몸, 누룩, 금, 은, 보석, 나무, 풀, 짚, 불, 감람나무, 사자, 숯). 그러나 사람이 만든 물건들이나(벽, 문, 쓰레기, 천, 걸림돌, 터, 질그릇, 옷, 집, 기둥, 상, 면류관, 무기) 기능들 또는 관계들(인종, 양자, 구속, 아들, 인, 보증, 노예)에서도 거의 같은 분량을 가져왔다.

환유어

환유어에서는 한 단어나 구가 그와 연관된 다른 단어나 구를 대신한다. 믿지 않는 사람들의 목구멍을 '열린 무덤'이라고 했을 때 바울은 은유뿐만 아니라 '목구멍'(롬 3:13)이란 단어에서 환유를 사용했다. 왜냐하면 그것은 누군가의 목구멍에서 나오는 말들을 의미했기 때문이다. 그들의 입에 대해서도 마찬가지이다. 그 입에는 저주와 악독이 가득하고(3:14)라고 말할 때, 그것이 의미하는 것은 그들의 입을 통해 나오는 말들이 모두 다른 사람을 향한 저주와 악독의 표현이라는 것이다. 바울은 시편 69편 22절을 인용하면서 믿지 않는 이스라엘

---

25) NIV는 스큐오스(skeuos)를 '몸'(body)으로 번역했는데, 이는 '그릇'이란 이미지를 언급한 것이다.
26) 이 표현에 대한 다른 가능한 배경은 뉘우침의 표시로써 사람이 머리에 숯불을 담은 팬을 이고가는 고대 이집트의 풍습이다. 그래서 원수를 저주하기보다 오히려 도와줄 때 원수는 뉘우침을 권고받을 수 있고, 머리에 숯불을 이고감으로 뉘우친다는 것을 나타낼 수 있었다.

사람들의 밥상이 올무와 덫이 되었다고 언급했다(롬 11:9). 그가 의미한 바는 그들의 밥상들과 연관된 잔치들이 영적인 축복의 수단이 되기보다는 오히려 그들을 죄로 얽어매는 것이 되었다는 것이다. 또한 바울은 '마게도냐와 아가야가 동정하였음이라'고 썼는데(15:26) 지리적인 지역들이 감정을 가질 수 있는 것은 분명 아니다. 그가 의미했던 것은 그 두 지역에 살고 있는 사람들이었다.

때로 환유어는 어떤 것과는 다른 것의 나타남이나 의견을 언급한다. 전도는 미련한 것이 아니었다. 그것은 단지 어떤 사람에게만 그렇게 보일 뿐이다(고전 1:21). 더욱이 하나님도 미련하지 않으시다. 믿지 않는 자들만이 그렇다고 생각할 뿐이다(1:25).[27]

누구도 잔을 마시진 않는다(고전 10:21, 11:28, 비교 - 10:16). 우리는 잔에 담긴 내용을 마신다. 그릇은 내용을 대변한다. 고린도후서 5장 19절에 언급된 세상은 그 세상 안에 있는 사람들이다. 그리스도의 피로 구원을 얻는다는 것은 그의 피 흘림이 포함된 대속의 죽음 때문에 우리가 구원을 얻었다는 뜻이다(롬 3:25, 5:9, 엡 1:7, 2:13, 골 1:20).

바울이 골로새 사람들에게 그의 매인 것을 생각하라고 부탁했을 때 그는 그의 손목과 발목을 둘러싸고 있는 쇳덩어리가 아니라 그의 투옥된 상태를 생각하라는 것이었다. 바울은 디모데에게 보낸 편지에서 오네시보로는 '나의 사슬에 매인 것을 부끄러워 아니했다'고 했다(딤후 1:16). 곧 그는 죄수인 바울과 연관되어 있는 것을 부끄러워하지 않았다는 얘기이다. 천년 통치를 세우시기 위해 환난의 시기 끝에 예수님이 땅에 다시 돌아오실 때 그는 '그의 입의 기운으로'(살후 2:8) 적그리스도('법 없는 자')를 폐하실 것이다. 적그리스도를 말씀으로 죽이실 것이라는 얘기이다. 디모데전서 3장 4절의 '집'(오이코스, oikos)은 구조물이 아니라 그 안에 있는 가족 구성원들이다. NIV는 그것을 'family(가족)'로 번역했다.

---

27) Bullinger, Figures of Speech Used in the Bible, 597.

제유법

제유법은 한 부분으로 전체를 대신하거나 전체로써 한 부분을 대신하는 것이다. 로마서 1장 16절과 3장 9절에서 '헬라인' 이란 단어는 비유대인 전체를 지칭하는 말로, 부분으로 전체를 대변한 것이다. NIV는 이 단어를 'Gentile(이방인)' 로 번역했는데 이는 이 제유법이 의도한 것이다. 믿지 않는 자들의 "그 발은 피 흘리는 데 빠른지라"(3:15)고 바울이 썼을 때에 그는 전체(몸)를 위해 부분(발)을 사용한 것이다. 모든 입의 잠잠함은(3:19) 제유법으로 입(부분)이 개인(전체)을 대변한 경우이다. 로마서 8장 7절에도 제유법이 사용되고 있는데 하나님과 원수가 되는 '육신의 생각' 은 전체(삶에 대한 죄인의 태도와 관점)를 대변하고 있다. 다음은 다른 예들이다. '흐려진 눈' (11:10)은 믿지 않는 이스라엘 사람들의 모든 영적인 삶을 대변한다. 하나님께 드려진 '몸' (12:1)은 전 인격에 대해 사용되었다. 바울을 위하여 브리스길라와 아굴라가 '목이라도 내어놓은 것' 은(16:4) 실제로 그들이 삶의 위험을 무릅쓴 것이다. 바울이 그랬던 것처럼 교회(전체)를 핍박하는 것은(고전 15:9, 갈 1:13) 그 안에 있는 개인들(부분)을 핍박하는 것을 뜻한다. '혈과 육' (고전 15:50)은 그 나라를 유업으로 받을 수 없는 땅에서의 인간의 몸의 두 부분이다. 바울이 모든 무릎이 주 앞에 꿇게 될 것을 말했을 때 '무릎' (부분)은 온 몸(전체)을 암시한다(빌 2:10). 그리고 '모든 입' 이 예수를 주라 시인한 것을 말했을 때(2:11) 그는 개인(전체)을 대신하여 '입' (부분)을 사용한 것이다. '천하 만민' (골 1:23)은 부분들(모든 인간들)을 대신하여 사용된 전체이다. '양식' (살후 3:12)은 아마도 모든 종류의 음식을 대변하는 것일 수 있다. 때때로 '육체' 는 전 인격을 대신하는데 그래서 NIV는 종종 그것을 'one' (아무)으로 번역한다(예 - 롬 3:20, 고전 1:29).

의인화

인간의 성품이나 행동을 무생물의 물건, 개념 또는 동물들에게 돌리는 것을 의인화라고 부른다. 사람의 양심은 증거를 가진 법정에 있는 사람처럼 의인화되었고, 사람의 생각은 마치 검사처럼 고소하고 변호하는 것으로 얘기되었다(롬 2:15). 아이를 낳지 못하는 사라의 태는 '죽은' 것으로 의인화되었다(4:19). 바울은 로마서에서 종종 죄를 의인화할 때 통치하는 왕(5:21, 6:12), 주인(6:14), 기회를 잡은 사람(7:8, 11), 살아나는 것(7:9)으로 말했다. 또한 은혜는 왕으로서 통치한다(5:21). 로마서 8장 19-22절에서는 '창조'가 마치 감정을 가진 사람과도 같이 네 번이나 언급되었다. 그는 사망, 생명, 현재, 장래, 높음, 깊음 등이 마치 사람들인 양 말했다(8:38-39). '지음을 받은 물건'(9:20)은 말하는 것, 의로운 것으로(10:6) 의인화되었고, 성경(10:11, 갈 3:22) 그리고 발, 귀, 입, 머리(고전 12:15-16:21)도 마찬가지이다. 사랑은 감정을 가진 사람으로 제시되었다(13:4-8). 사망은 마치 원수처럼 패할 것이고(15:55) 사망과 생명은 둘 다 역사하는 것에 비유되었다(고후 4:12). 성경은 '미리 알고'(갈 3:8) 믿음은 '왔다'(3:23, 25). 바울은 '귀'가 사욕을 좇고('듣기를 원하며,' 딤후 4:3), 혀가 고백하며(빌 2:11),[28] 그리스도의 평강이 왕처럼 다스리는 것으로(골 3:15) 의인화했다. 무생물을 의인화하는 것은 진리를 생생하게, 때로는 놀라운 방법으로 전달한다.

신인동형화와 신인감정동형화

신인동형화에서는 하나님의 손(행 13:11, 롬 8:34, 10:21, 엡 1:20, 골 3:1), 마음(행 13:22) 그리고 눈(고후 8:21)에서처럼 인간의 특징들이 하나님께 돌려진다.

신인감정동형화에서는 인간의 감정들이 하나님께 돌려진다. 하나님은 바울의 사역의 '향기'(고후 2:15)를 맡으시고 예수님의 희생의 향기로 맡으셨다(엡 5:2). 하나님은 그것들을 기뻐하고 용납하신다. 빌립보 사람들이 바울에게 보낸 물질적인 선물들에 대해서도 동일하게 얘기되고 있다(빌 4:18). 또한 하나님은 자기 백성과 동행하시며(고후 6:16) 그들과 교제하신다. 그러나 죄는 성령을 근심케 한다(엡 4:30).

---

28) 빌립보서 2장 11절에서 바울이 혀를 언급한 것은 제유법이며 의인화이다.

돈호법

돈호법은 물건이 마치 사람인 양 직접 언급되는 형태이다. "의인법은 어떤 사물을 사람으로 간주하고 그것에 관해 말하는 반면, 돈호법은 사물이 마치 사람인 양 직접 그것에 말을 건넨다는 차이가 있다."[29] 바울이 고린도의 믿는 자들에게 편지를 쓸 때 호세아 13장 14절을 인용하면서 마치 죽음이 앞에 있는 양 그것에게 직접 말했다(고전 15:55). 이 구절은 또한 이미 지적한대로 의인화의 예이기도 하다.

완곡어법

완곡어법은 실상 더 심한 것에 대해서 완만한 표현을 쓰는 것이다. 바울은 죽은 것을 잠자는 것으로 두 번 언급했다(행 13:36, 살전 4:13-15). 이것은 죽음 후의 영혼이 의식적인 존재가 아니라는 것을 암시하는 것은 아니다. 대신 그것은 단순한 완곡어법으로, 시체가 마치 사람이 잠자고 있는 것처럼 보이기 때문에 사용된 것이다.

'잠잔다'는 것은 데살로니가전서 5장 6절에서도 사용되었는데 영적으로 깨어 있지 못한 자를 말하고 있다. 데살로니가전서 5장 10절에서 '잠잔다'는 것은 영적으로 둔감한 자들이나 죽은 자 양쪽을 다 의미할 수 있다.

과장법

과장법은 필자가 문자적인 의미보다 그 이상의 것을 말하는 의도적인 표현이다. 그래서 말하려는 것에 강조와 놀라움을 효과적으로 더해준다. 몇 차례 바울은 지리적으로 넓은 한 지역을 언급했는데 그것은 그 영역의 많은 부분을 시사하는 것이지 전체를 가리키는 것은 아니다. 예를 들면 '각 성'(행 20:23), '온 세상'(롬 1:8), '온 땅' 그리고 '땅 끝'(10:18), '각처'(고후 2:14, 살전 1:8) 등이다. 또한

---

29) 로이 주크의 「예수님의 티칭 스타일(도서출판 디모데)」 303을 참고하라.

그는 로마의 믿는 자들의 순종함에 대해서 '모든 사람'이 들었다고 과장하여 썼다(롬 16:19). 그리고 '천하 만민'(골 1:23)이 복음을 들었다고 했다. '일만 스승'(고전 4:15)에 대한 언급은 분명히 그의 논점을 강조하기 위해 고안한 과장법이다. 왜냐하면 한 아이에게 파이다고고스가 한 명 이상일리 없기 때문이다.

그는 또한 갈라디아 사람들이 그들의 눈을 뽑아내어 그에게 줄 의지가 있다는 것에 대해 말했다(갈 4:15). 이것도 분명히 그를 돕겠다는 그들의 열렬한 의지를 과장하여 언급한 방법이다. 거짓 교사가 '아무것도 알지 못하고'(딤전 6:4)라고 말할 때 이것은 그가 인생의 모든 것에 대해서 무지하다는 것을 암시하는 것이 아니라 영적인 진리에 대해서 무지하다는 사실을 과장하여 표현한 것이다. 바울이 '때마다' 위험을 무릅쓰고 '날마다' 죽는다고 언급했을 때는 (고전 15:30-31) 그가 직면하는 끝이 없어보이는 위험을 전달하기 위해 과장법을 사용한 것이다. 모든 사람에게 대적이 되는 유대인들에 대한 언급도(살전 2:15) 그들이 복음을 강하게 반대하고 있는 사실을 강조하기 위해 의도적으로 과장한 것이다.[30]

곡언법

곡언법은 과장법의 반대로써 독특한 방법으로 사실을 강조하기 위해 고안된 느슨한 부정적 진술이나 삼가서 말하는 표현이다. 바울이 예루살렘에 있는 유대인 폭도들에게 말할 때에 '나는 유대인이라 소읍이 아닌 길리기아 다소성의 … 시민이니' 라고 한 것은(행 21:39) 다소가 중요한 성이라는 사실을 뜻한 것이다.

때때로 곡언법은 의도적으로 작게 보이도록 하는 것이다. 바울이 '나는 사도 중에 지극히 작은 자라'(고전 15:9)고 한 것은 그의 인생에 베풀어주신 하나님의 은혜를 강조하기 위하여(15:10) 겸손하게 표현한 것이다. 스스로를 '큰 사도

---

[30] Carol J. Schlueter, Filling Up the Measure: Polemical Hyperbole in 1 Thessalonians 2,14-216(Sheffield : sheffield Academic, 1994), 93-97.

들'로 높이는 자들에 대해서 '조금도 부족한 것이' 없다고 한 것은(고후 11:5, 12:11) 그들과 동등하거나 심지어 뛰어나다는 것을 바울만의 독특한 간접 공격법으로 말한 것이다.

'우리가 그 (사단의) 궤계를 알지 못하는 바가 아니로라' (고후 2:11)고 말한 것은 믿는 자들이 사단의 계책을 매우 잘 알고 있다는 사실을 곡언법으로 표현한 것이다. 그리고 구원받지 못한 자들이 '하나님의 나라를 유업으로 받지 못할 것이요' (갈 5:21)라고 말한 것은 그들이 영원한 고통을 당할 것이라는 말을 완곡하게 표현한 것이다.

아이러니

아이러니는 문자적인 뜻이 의도된 것과 정반대로 표현된 경우이다. 예를 들어서 칭찬처럼 들리는 것이 조롱일 수 있고, 조롱처럼 들리는 것이 칭찬일 수 있다. 바울은 고린도전서 4장 8절에서 '너희가 … 왕 노릇하였도다' 라는 말로 고린도 사람들을 칭찬한 것처럼 보인다. 그는 이어지는 문장에서 '참으로 너희의 왕 노릇하기를 원하노라' 고 덧붙였다. 이는 첫번째 문장이 아이러니였음을 보여준다. 그가 '너희 가운데 그 형제 간 일을 판단할 만한 지혜 있는 자가 이같이 하나도 없느냐' (6:5)라고 물었을 때 그는 "분명 믿는 자들 사이의 분쟁을 판단할 수 있는 지혜로운 사람이 적어도 한 사람은 있다" 라는 확언을 아이러니하게 표현한 것일 수 있다.

고린도후서에는 바울이 사용한 수많은 아이러니가 나오는데 대부분은 바울의 사도직 변호와 관련이 있다.[31] 고린도후서 11장 4절에서 '너희가 (다른 복음을) 잘 용납하는구나' 라고 한 것이 칭찬처럼 들리지만 실제로는 조롱이다(비교 - 11:20). 바울이 고린도 교인들에게 어리석은 자를 용납하는 것같이 자신을 받아들이라고 요구할 때는(11:16) 그가 실제로 어리석은 자처럼 취급받는 것을 의

---

31) 다음을 보라. E. M. Blaiklock, "The Irony of Paul," in New Testament Studies, ed. Huber L. Drumwright and Curtis Vaughn(Waco, Tex.: Markham, 1995), 85-98, and J. A. Loubser, "A New Look at Paradox

도한 것은 아니다.[32] 또한 그는 '나도 자랑하겠노라' (11:18, 비교 - 11:21)고 선포했는데 이는 아이러니를 사용한 것이다. 그리고 아이러니하게도 그가 자랑했던 내용은 그의 장점이 아니라 약점이었다("내가 부득불 자랑할찐대 나의 약한 것을 자랑하리라," 11:30). 그는 다메섹에서 광주리를 타고 성벽을 내려간 것에 대해서 자랑했다(11:32-33). 이 굴욕을 느끼게 하는 체험을 그가 영광스럽게 여겼다는 사실은 "세상이 생각하는 자랑에 대한 개념을 비꼰 것이다. 그의 자랑은 아이러니로 가득하다."[33]

자신이 '약한 것같이' 고린도 사람들을 욕되게 말하는 사실을 받아들이는 것이 '부끄럽다'고 사도가 말할 때(11:20-21) 그는 문자적으로 부끄럽다는 것을 의미한 것이 아니다. 그는 실제로 그의 대적자들같이 위압하려 하지 않고 그들의 종이 되려는 의미에서 약해진 것을 기뻐한 것이다. 그들에게 결코 짐이 되지 않았다고 쓰면서 그는 그들에게 자기를 용서해달라고 아이러니하게 요구했다(12:13). 물론 그는 용서받을 필요가 없었다. 그들에게 아무런 대가를 받지 않고 복음을 전한 것은 잘못이 아니었다. 바울은 이 문제에서 바울이 잘못했다고 생각하는 그들을 아이러니를 사용하여 꾸짖고 있었던 것이다.[34]

공교한 자처럼 '내가 너희를 궤계로 취하였다'고 바울이 덧붙였을 때에 그가 의미한 바는 자신이 공교한 자가 아니라는 것이다. 그는 자신을 그런 식으로 생각한 것에 대해서 그들을 아이러니하게 비난한 것이다. "그런즉 내가 너희에게

---

and Irony in 2 Corinthians 10-13," Neotestamentica 26(1992): 507-521.

32) 어리석음은 고린도에서의 바울의 비평에 있어서 제2의 특성이 되었는데, 그가 "고의로 몇 분 동안 바보 같은 행동을 한 것은 그들의 어리석음이 다른 방식으로는 접촉될 수 없었기 때문이었다"[Alfred Plummer, A Critical and Exegetical Commentary on the Second Epistle of St. Paul to the Corinthians, International Critical Commentary (Edinburgh: Clark, 1915): 29].

33) Savage, Power through Weakness, 63. E. A. Judge, "Paul's Boasting in Relation to Contemporary Professional Practice," Australian Biblical Review 16(October 1968): 37-50, Christopher Forbes, "'Unaccustomed as I Am': St. Paul the Public Speaker in Corinth," Buried History 19(March 1983): 11-16, and idem, "Contemporary Self-Praise and Irony: Paul's Boasting and the Conventions of Hellenistic Rhetoric," New Testament Studies 32(1986): 1-30과 비교하라.

34) J. B. 필립은 이 아이러니한 진술의 힘을 이러한 의역으로 소개한다. "다른 교회들에 대해서 당신을 그렇게 하등하게 만드는 것은 무엇인가? 그것은 내가 당신으로 하여금 나를 재정적으로 돕는 것을 허락하지 않았기 때문이 아닌가? 이 커다란 잘못에 대해서 나는 깊이 머리 숙여 사과한다"[The New Testament in Modern English (New York: Macmillan, 1960)].

참된 말을 하므로 원수가 되었느냐'(갈 4:16)라고 갈라디아 사람들에게 질문했을 때 그것은 진리를 말하는 것이 반감의 결과를 낳을 수 없다는 사실을 암시한 것이다.

비꼬는 말

비꼬는 말은 아이러니의 형태로 더 신랄하게 책망하는 것이다. '너희는 그리스도 안에서 지혜롭고'(고전 4:10),[35] '너희는 지혜로운 자'(고후 11:19)라는 바울의 감탄들에서 비꼬는 말을 볼 수 있다. 이것은 명백히 '혹평'이며, 여기서 의도된 것은 진술된 것의 정반대이다. 바울은 그들이 어리석고 지혜롭지 못하다는 것을 조롱하고 있는 것이다. 고린도는 교만으로 잘 알려진 도시였다. 바울은 고린도 교인들이 근친상간을 했을 때 애통해하기보다 오히려 자랑하고 있는 것에 대해서 비꼬며 꾸짖었다(고전 5:2).

'너희가 먹고 마실 집이 없느냐'(11:22)라는 질문은 그들에게 먹을 집이 있다는 사실을 신랄하게 암시하며 다른 사람들을 기다리지 않고 교회에서 먹는 것은(11:21) 잘못이라는 사실을 지적한 것이다. "하나님의 말씀이 너희에게로부터 난 것이냐 또는 너희에게만 임한 것이냐"(14:36)라는 질문은 부정적인 답변을 암시하며 정반대 되는 것을 신랄하게 꼬집은 것이다. 하나님의 말씀은 그들에게서 난 것도 아니고 그들에게만 임한 것도 아니라는 것이다. 그는 고린도 사람들이 너무 쉽게 다른 복음을 전하는 자들을 용납한 것을 비꼬는 말로 비난했다(고후 11:4).[36] '너희가 믿음에 있는가 너희 자신을 시험하고 너희 자신을 확증하라'(고후 13:5)는 사도의 명령은 종종 구원받았는지를 확인하기 위해 영적

---

35) 고린도전서 4장 9-13절의 신랄함에 대해서는 다음을 보라. Karl A. Plank, Paul and the Irony of Affliction(Atlanta: Scholars, 1987), 46, 48-54, 77-86.

36) "이와 유사하게, 데모스데네스(Demosthenes, De Corona 138)는 아덴 사람들로 하여금 국가적인 이익 대신 자신의 이익을 섬기는 사람들에 의해서 현혹되는 것을 스스로 인정하도록 하는 임무를 지게 했다" [Frederick W. Danker, "Paul's Debt to the De Corona of Demosthenes: A Study of Rhetorical Techniques in Second Corinthians," in Persuasive Artistry, ed. Duane F. Watson (sheffield : Sheffield Academic, 1991), 274].

자기 점검을 해보라고 그리스도인들에게 제시하는 명령으로 보여진다. 그러나 브라운은 바울의 이 말은 비꼬는 식으로 쓰여졌다고 설득력 있는 주장을 한다. 이 구절의 문법은 '그런 모양으로 구조가 되어 있다' 는 것이다. 바울은 고린도 사람들에게 '예수 그리스도께서 너희 안에 계신 줄을 너희가 스스로 알지 못하느냐?'(13:5 하)라고 물었을 때 '예' 라고 답할 것을 기대했다는 것이다. 5절에 이어지는 '그렇지 않으면 너희가 버리운 자니라' 는 말은 그들이 그 시험을 이길 수 있음을 비꼬는 말로 지적한 것이다. "그는 이 말을 비꼬는 식으로 사용했는데 그것은 고린도후서의 대부분의 감정적인 어조에 맞다."[37]

바울은 이방인 그리스도인들이 할례받기를 원했던 유대인들에 맞서 비꼬아 말했다. 즉 그는 유대인들이 그들 스스로 베어버리기를 원한다고 말했다(갈 5:12). 그는 유대인들의 거짓된 가르침을 꾸짖기 위해 강력하고 신랄하게 말했다.

역설

역설은 상식과 모순되는 듯이 보이는 진술로써 두 개의 명백한 모순된 점들을(그러나 실제는 아닌) 제시하는데, 그 둘은 다 진실이다. 역설은 종종 사람을 놀라게 한다. 예를 들어서, '하나님의 보이지 아니하는 것들' 이 '분명히 보여 알게 되나니' (롬 1:20)라는 바울의 말에 사람들은 충격을 받는다. 서로 대치되는 것처럼 보이는 이 사실들은 둘 다 진실이다. 하나님은 보이지 않지만 그의 성품의 어떤 것들은 그가 만드신 것들 안에 보일 수 있다.

대속의 죽음을 믿어 그리스도와 함께 죽는 것은 역설적으로 죄에서 해방되고 살아나는 것이다(6:4, 7). 죄의 노예에서 풀려났으나 믿는 자들은 의의 종이다(6:18).

하나님의 소위 '미련한 것이' 어떻게 지혜로울 수 있고 또 그의 '약한 것' 이 강할 수 있는가?(고전 1:25) 이 역설은 명백히 일반적인 지혜와 힘보다 하나님

---

[37] Perry C. Brown, "What Is the Meaning of 'Examine Yourselves' in 2 Corinthians 13:5?" Bibliotheca Sacra 153(April-June 1997): 188.

이 우월하다는 개념을 수반하고 있다. 로마서 7장 15절에 기록되어 있는 바울의 내적인 갈등 또한 역설로 보인다.

고린도 사람들은 자신들을 지혜롭게 여기며 그들 스스로 교만했다. 그러나 그것은 하나님께로부터 나온 지혜가 아니라 자기 중심적인 것이었다. "그리스·로마 시대의 모든 도시들 가운데 고린도보다 자기 중심적인 분위기를 풍기는 곳은 없었다."[38] 그러므로 그들은 바울의 훈계를 읽고 놀랐을 것이다. '너희 중에 누구든지 이 세상에서 지혜 있는 줄로 생각하거든 미련한 자가 되어라 그리하여야 지혜로운 자가 되리라' 고 바울은 말했다(고전 3:18). 다른 사람들 앞에서 미련하게 됨으로써 하나님 앞에서 참으로 지혜롭게 된다는 생각은 고린도 사람들에게 충격이었을 것이다. 계속 이런 역설을 하면서 바울은 '이 세상 지혜는 하나님께 미련한 것이니' 라고 덧붙였다(3:19). 죽지 않으면 살아나지 못한다는 것을 생각하는 것도 역설이다(15:36).

고린도후서는 아이러니와 비꼬는 말들 뿐 아니라 다수의 역설로도 가득하다. 보배(복음)를 가치 없는 질그릇(인간)에 담아두는 것은 역설이다(고후 4:7). 복음을 위한 바울의 고난 또한 역설로 진술되어 있다. "우리가 항상 예수 죽인 것을 몸에 짊어짐은 예수의 생명도 우리 몸에 나타나게 하려 함이라"(4:10). 또한 그는 '예수를 위하여 죽음에 넘기움은 예수의 생명이 또한 우리 죽을 육체에 나타나게 하려 함이니라' 고 덧붙였다(4:11). 그의 육체적인 고난은('사망은 우리 안에서 역사하고') 고린도 사람들의 영적인 생명을 낳는 결과가 되었다 (4:12). 같은 맥을 따라서 그는 6장 9-10절을 썼는데, 그는 죽은 자 같으나 계속 살고, 근심하는 자 같으나 항상 기뻐하며, 가난한 자 같으나 많은 사람들을 영적으로 부유케 했다. 그는 고린도의 부와는 대조적으로 이 세상의 물질은 아무 것도 가지지 못했으나[39] 역설적으로 다른 의미에서는 부유했다.[40] 구원받지 못

---

38) Savage, Power through Weakness, 18.
39) Ibid., 36, 41-43, 52.
40) 밀렌드(Mealand)와 핏제랄드(Fitzgerald)는 바울이 여기서 '모든 것들은 지혜자에게 속해 있다' 는 스

한 고린도 사람들은 비록 한 가지 의미에서는 부유했으나 다른 의미에서는 가난했다.

바울은 고린도 사람들에게 마게도냐 사람들은 가난했지만 주의 일에 넘치도록 연보를 하였다고 썼다(8:2). 그리고 예수님의 가난으로 많은 사람들이 영적으로 부유하게 되는 결과를 낳았다고 했다(8:9).

하나님의 능력이 사도의 약함에 나타났기 때문에 바울이 그의 약함과 고난을 자랑할 수 있다고 쓴 것은 역설이다(12:8-10, 13:4). 이 진술은 특별히 능력, 칭찬, 존경, 사회적인 명망을 높이고 약함을 경멸했던 고린도 사람들에게는 충격이고 혼란이었을 것이다.[41]

다른 역설에서 바울은 "일락을 좋아하는 이는 살았으나 죽었느니라"(딤전 5:6)고 썼다. 육체적으로는 살았으나 자기 자신의 기쁨만을 찾아다니는 구원받지 못한 사람들은 영적으로는 죽은 것이다.

모순어법

모순어법은 반대되거나 모순된 두 단어를 함께 놓는 것이다.[42] 역설은 겉보기에 모순된 개념이나 진술을 묶는 것인 반면에 모순어법은 모순된 두 단어를 연결시키는 것이다. '냉혹한 친절'과 '달콤한 슬픔'은 그 예들이다. 바울이 모순어법을 사용한 곳들은 다음과 같다. '산 제사'의 예물(롬 12:1), '우리를 대신하여' 죄를 삼으신/ 죄를 알지도 못하신 그리스도(고후 5:21), 믿지 않는 자들의 영광은 '부끄러움'에 있다(빌 3:19). 곧 그들은 부끄러워했어야 할 것들에 대해

토아의 사상을 끌어냈으며, 그가 얼마나 가난한 사람이었든지 간에 역설적으로 그 무용담은 풍부했다고 말했다(David L. Mealand, " 'As Having Nothing, and Yet Possessing Everything' 2 Kor 6 10c," Zeitschrift für neutestamentliche Wissenschaft 67 (1967): 277-279, John T. Fitzgerald, Cracks in an Earthen Vessel (Atlanta: Scholars, 1988), 200]. Plutarch On Morals 1058c와 Seneca Moral Letters 66.22와 비교하라.

41) Fitzgerald, Cracks in an Earthen Vessel, 22-23, 52, 187.
42) 옥시모론(oxymoron)이란 단어는 옥시스(oxys, '날카로운')와 모로스(moros, '어리석은')라는 두 단어에서 나왔다.

서 스스로 자랑했다.

바울은 데살로니가 사람들에게(살전 4:11) 종용한(유에시카조, euēsychazō) 삶을 살기 위하여 손으로 일하기를 힘쓰라고(필로티메오마이, philotimeomai) 권했다. 데살로니가의 믿는 자들 중에 어떤 이들은 게을렀다. 그들은 '바쁘지'(에르가조마이, ergazomai) 않았으면서 '일만 만드는 자들' (페리에르가조마이, periergazomai, 살후 3:11)이었다.

유머

진술을 재미있게 만드는 것은 무엇인가? 왜 사람들은 어떤 말에는 웃는가? 이유는 놀랍다. 기대치 않았던 개념들의 조합, 어울리지 않는 것, 역설, 불합리한 것이 예상치 않게 함께 쓰일 때 등이다. 과장, 곡언법, 아이러니, 역설, 모순어법, 언어유희가 종종 재미있게 되는 이유가 여기에 있다. 그들은 뭔가 기대치 않은 것으로 듣는 사람이나 독자를 놀라게 한다.

교사의 유머는 배우는 자들이 논점을 더 마음에 받아들일 수 있게 도와준다. 교사와 학생들이 함께 웃을 때 그들 사이에 유대감이 형성된다.

우리는 바울이 유머를 사용했을 거라는 생각조차 안하지만 사실 그는 독자들이나 듣는 자들을 웃게 만드는 몇 가지 것들을 말했고 썼다. 앞에서 다룬 과장법, 곡언법, 아이러니, 역설, 모순어법에 관한 부분들을 다시 살펴보면 많은 예들이 사람을 즐겁게 하는 유머를 담고 있는 것을 발견하게 될 것이다. 게다가 웃게 만드는 진술들도 유머의 예들인데, 이는 그의 말을 듣는 자나 읽는 자들이 그의 논점을 절대 놓치지 않게 한다.

머피(Murphy)는 바울이 산헤드린 앞에 이끌려 나왔을 때(행 23:1-10) "그를 반대하는 일이 아니었으면 서로 적대적인 바리새인들과 사두개인들이 연합할 일이 없었을 그런 유머스러운 상황을 보았다"고 주장했다.[43] 아마 눈가에 장난

---

43) DuBase Murphy, "The Lighter Side of Paul's Personality," Anglican Theological Review 11(1928-1929): 248.

스러운 미소를 띠고 바울은 자기가 바리새인이며 부활을 믿는 자라고 외쳤을 것이다(23:6). 이것은 재치 있는 행동이었는데 왜냐하면 미래의 부활을 믿는 바리새인들은 바울의 편이 될 것이었지만 미래의 부활을 거부하는 사두개인들은 바울과 바리새인들에게 동의하지 않을 것이었기 때문이다. 이 두 그룹이 격렬히 논쟁할 때 바울은 숨을 죽이고 싱글싱글 웃을 수 있었을 것이다.[44] 왜냐하면 그를 반대하는 자들이 나뉨으로 자기를 맞서 제기한 소송이 취약해졌기 때문이다.

사람의 발과 귀가 몸에 붙어 있지 않다고 스스로 생각하는 것에 대해서, 혹은 온 몸이 스스로 생각하기를 귀나 눈 밖에 되지 않는다고 하는 것에 대해서 바울이 우스꽝스럽게 말하고 있는 것을 고린도 사람들은 미소를 지으며 읽었을 것이다(고전 12:15-17, 21). 몸의 모든 지체들이 필요하듯이 그리스도의 몸인 교회도 모든 일원이 필요하다. 고린도 사람들 편에서의 질시와 경쟁[45] 혹은 우월감이나 열등감은 괴이한 모순이었다. 분명 바울의 유머는 이 점을 분명히 한 것이다.

바울은 고린도전서 15장 8절에서 자신이 '만삭 되지 못하여 난 자' (토 엑트로마티, tō ektrōmati) 곧 제때 태어나지 못한 자라고 우스갯소리를 했다. 이는 "그가 그리스도께서 지상 사역을 하시는 동안 그리스도와 함께 보낸 '임신' 기간을 결여하고 있었다"는 사실을 언급한 것일 수 있다.[46] 이것은 주님이 부활하시고 1-2년 후에 자신에게 나타나셨을 때, 그가 여전히 참 사도직을 소유하고 있다는 사실을 유머스럽게 말하는 방법이었다.[47]

바울은 다른 교회들로부터 받은 선물들을 언급하면서 그것이 그들에게서 '탈취한 것'이며, 그 결과 고린도 사람들을 도울 수 있었다고 유머스럽게 말했

---

44) Ibid.
45) Jakob Jóhsson, Humour and Irony in the New Testament(Leiden: Brill, 1985), 233.
46) Lowery, "1 Corinthians," 542.
47) Paul W. Barnett, "Apostle," in Dictionary of Paul and His Letters, 48.

다(고후 11:8). 그리고 예물을 받는 일로 고린도 사람들에게 짐을 지우지 않았기 때문에 그는 그들이 그를 용서할 것이란 소망을 가진다고 말했다(12:13). 그는 자신을 '공교한 자'라고 불렀고 그들을 '궤계로' 취하였다고 말하면서 그들과 재미있는 유머를 계속했다(12:16).

할례를 조장하는 유대주의자들이 스스로 베어버리길 원한다고 빈정대며 말한 것은(갈 5:12) 분명 갈라디아 사람들을 웃게 만들었을 것이다.

언어유희

언어유희는 유머의 치밀한 형태이다. 곧 유사한 음이지만 다른 의미를 가진 단어를 서로 가까이 연합시켜 사용하는 것이다. 음역(音譯)만이 헬라어의 언어유희의 중요성을 드러낼 수 있다.

- "또한 저희가 마음에 하나님 두기를 싫어하매(에도키마산, edokimasan) 하나님께서 저희를 그 상실한(아도키몬, adokimon) 마음대로 내어버려 두사 합당치 못한 일을 하게 하셨으니"(롬 1:28).
- '무론 누구든지 … 남을 판단하는 것으로(크리네이스, krineis) 네가 너를 정죄함이니(카타크리네이스, katakrineis) 판단하는 네가 같은 일을 행함이니라'(롬 2:1).
- '한 사람의 순종치(파라코에스, parakoēs) 아니함으로 한 사람의 순종하심으로 … (휘파코에스, hypakoēs)' (롬 5:19, 비교 - 고린도후서 10장 6절의 파라코에스와 휘포코에).
- '마땅히 생각할 그 이상의 생각을 품지(프로네인, phronein) 말고 … 믿음의 분량대로 지혜롭게 생각하라(소프로네인, sōphronein)'(롬 12:3).
- '공세를 받을 자에게 공세를 바치고(포론, phoron) … 존경할 자를 존경하라(포본, phobon)'(롬 13:7).
- '세상 물건을 쓰는(크로메노이, chrōmenoi) 자들은 다 쓰지(카타크로메노

- 이, katachrōmenoi) 못하는 자같이 하라' (고전 7:31).
- "우리가 우리를 살폈으면(디에크리노멘, diekrinomen) 판단을(에크리노메타, ekrinometha) 받지 아니하려니와 우리가 판단을 받는 것은(크리노메노이, krinomenoi) 주께 징계를 받는 것이니 이는 우리로 세상과 함께 죄 정함을 받지(카타크리토멘, katakrithōmen) 않게 하려 하심이라" (고전 11:31-32).
- "너희가 우리의 편지라 우리 마음에 썼고 뭇사람이 알고(기노스코메네, ginōskomenē) 읽는(아나기노스코메네, anaginoskomenē) 바라" (고후 3:2).
- '답답한 일을 당하여도(아포루메노이, aporoumenoi) 낙심하지(엑사포루메노이, exaporoumenoi) 아니하며' (고후 4:8).
- '아무것도 없는(에콘테스, echontes) 자 같으나 모든 것을 가진(카타에콘데스, kataechontes) 자로다' (고후 6:10).
- '재물을 허비하고(다페네소, dapenēso) 또 내 자신까지 허비하리니(에카다파네테소마이, ekdapanēthēsomai)' (고후 12:15).
- '나 있을 때(파루시아, parousia)뿐 아니라 … 나 없을 때(아푸시아, apousia)에도' (빌 2:12)
- '삼가고 … 손할례당을(카타토메, katatomē) 삼가라 … 우리가 곧 할례당이라(페리토메, peritomē)' (빌 3:2-3).
- '도무지 일하지(에르가조메누스, ergazomenous) 아니하고 일만 만드는 자들이(페리에르가조메누스, periergazomenous) 있다 하니' (살후 3:11).
- "저가 전에는 네게 무익하였으나(아크레스톤, achrēston) 이제는 나와 네게 유익하므로(유크레스톤, euchrēston)" (몬 1:11).
- 또한 빌레몬서 1장 20절의 '기쁨' (오나이멘, onaimēn)이란 단어 또한 빌레몬서 1장 10절의 '오네시모' (오네시몬, Onēsimon)와 관련이 있다.

두운법

두운법은 서로 가까이 있는 두 개, 혹은 그 이상의 단어들이 같은 글자로 시작하는 것이다. 다음은 그 예들이다. 회중들은 바울의 서신을 읽어주는 것을 듣기 좋아했을 것이다. 두운법의 어떤 경우들은 서로 다른 단어들에 기반을 두고 있는 반면 또 다른 경우들은 같은 단어의 다른 형태들에 기반을 두고 있다.

- '시기(프토논, phthonon), 살인(포논, phonon)' (롬 1:29).
- '부모를 거역하는(아페이테이스, apeitheis) 자요 우매한(아시네토스, asynetous) 자요 배약하는(아신테투스, asynthetous) 자요 무정한(아스토르구스, astorgous) 자요 무자비한(아네레이모나스, aneleēmonas) 자라' (롬 1:30-31). 헬라어에서 이 다섯 단어들은 그 사이에 끼어드는 단어 없이 계속 이어진다. 바울은 두운법을 진행한 것이다.
- "깊도다(아넥세루네타, anexereunēta) 하나님의 지혜와 지식의 부요함이여 … 그의 길은 찾지 못할 것이로다(아넥시크니아스토이, anexichniastoi)" (롬 11:33).
- "약한 자들에게는(아스테네신, asthenesin) 내가 약한(아스테네스, asthenēs) 자와 같이 된 것은 약한 자들을(아스테네이스, astheneis) 얻고자 함이요 여러(파신, pasin) 사람에게 내가 여러(판타, panta) 모양이 된 것은 아무쪼록 몇몇 사람들을 구원코자 함이니" (고전 9:22).
- '아들 자신도 그때에 만물을 자기에게 복종케 하신(휘포탁산티, hypotaxanti) 이에게 복종케 되리니(휘포타게세타이, hypotagēsetai)' (고전 15:28).
- '우리가 여러 가지 일에(폴로이스, pollois) 그 간절한 것을 여러 번(폴라키스, pollakis) 시험하였거니와' (고후 8:22).
- "하나님이 능히 모든(파산, pasan) 은혜를 너희에게 넘치게 하시나니 이는 너희로 모든(판티, panti) 일에 항상(판토테, pantote) 모든(파산, pasan) 것이 넉넉하여 모든(판, pan) 착한 일을 넘치게 하게 하려 하심이라" (고후 9:8). 헬라어에서 이 다섯 단어들 가운데 세 개는 중간에 끼어드는 단어 없

이 함께 나온다. panti, pantote, pasan.
- "종말로 너희가 주 안에서와 그 힘의 능력으로 강건하여지고(엔디나무스테, endynamousthe) … 하나님의 전신갑주를 입으라(에디사스테, endysasthe)" (엡 6:10-11).
- '우리가 너희(판톤, pantōn) 무리를 인하여(페리, peri) 항상(판토테, pantote) 하나님께 감사하고'(살전 1:2). 여기서도 이 세 헬라어 단어들이 계속 이어 나온다.
- "평강의 하나님이 친히 너희로 온전히(홀로델레이스, holoteleis, 'thoroughly') 거룩하게 하시고 또 너희 온(홀로클레론, holoklēron) 영과 혼과 몸이 우리 주 예수 그리스도 강림하실 때에 흠 없게 보전되기를 원하노라"(살전 5:23).
- '사람들은 자기를 사랑하며(필라우토이, philautoi) 돈을 사랑하며(필라르기로이, philargyroi)'(딤후 3:2).
- 사람들은 '감사치 아니하며(아카리스토이, acharistoi) 거룩하지 아니하며(아노시오이, anosioi) 무정하며(아스토르고이, astorgoi) 원통함을 풀지 아니하며(아스폰도이, aspondoi) 참소하며 절제하지 못하며(아크라테이스, akrateis) 사나우며(아네메로이, anēmeroi) 선한 것을 좋아 아니하며(아필라가도이, aphilagathoi)'(딤후 3:2-3).
- 사람들은 "배반하여 팔며(프로도타이, prodotai) 조급하며(프로페테이스, propeteis) 자고하며 쾌락을 사랑하기를(필레도노이, philēdonoi) 하나님 사랑하는 것보다(필로테오이, philotheoi) 더하며"(딤후 3:4).

이 두운법들은 귀와 눈을 즐겁게 해주는 것말고도 듣는 자들과 독자들이 진술을 잘 기억하도록 도와주기도 한다.

유음

유음에서는 이웃하는 단어들이 같은 글자로 시작한다. 유음에서 이웃하는 단어들은 단어 내에서나 단어들 끝에서 유사한 음을 가진다. 이는 바울의 글들에서는 자주 나타나지 않지만 몇 개의 예는 인상적이다. 고린도후서 12장 21절은 '음란함(프로네이나, porneia)과 호색함(아셀게이아, aselgeia)'에 대한 언급을 하고 있다. 데살로니가전서 2장 9절에서 바울은 '수고(코폰, kopon)와 애쓴 것(모크돈, mochthon)'에 대해서 썼고, 2장 10절에서는 그의 행위가 '거룩하고(호시오스, hosiōs), 옳고(디카이오스, dikaiōs), 흠 없는(아멤프토스, amemptōs)' 것이라고 말했다. 다른 예는 데살로니가전서 4장 18절의 마지막 세 단어다. "그러므로 이 여러 말로 서로 위로하라(토이스 로고이스 투토이스, tois logois toutois)".

스스로 해보기

■ 다음 번 수업에서 사용할 수 있는 말의 형태를 한 개 이상 생각해보라. 은유, 직유, Hypocatastasis를 사용하여 진술을 더 묘사적으로 만들 수 있는가?

■ 수업에서 논점을 전달하기 위해 어떻게 과장, 아이러니, 역설적 진술, 언어 유희를 사용할 수 있는가?

■ 다음번 수업에서 유머를 적절히 사용할 부분이 있는가?

■ 말의 형태들 가운데 한 가지를 사용한 후에 학생들이 어떤 반응을 보이는지에 대해 자문해보라.

13 바울의 가르침 속에 사용된 다른 수사학적 방법들

'그 편지들은 중하고 힘이' 있었다

고린도후서 10:10

직유, 은유, 하이포카타스타시스(hypocatastasis), 환유, 제유, 의인화, 신인동형화, 신인감정동형화, 돈호법, 완곡어법, 과장법, 곡언법, 아이러니, 비꼬는 말, 역설, 모순어법, 유머, 언어유희, 두운법, 유음 사용 외에도 바울은 많은 다른 비유법과 수사학적 방법들을 사용했다. 여기에는 격언, 반복, 동의어, 대조, 열거, 숙어, 다양한 구조적 유형들이 포함되어 있다. 이들 역시 탁월한 의사전달자요 교사였던 바울의 특별한 다재다능함을 예증해준다.

격언

격언은 간결하고 재치 있는 방식으로 진술된 짧은 문장이다. 복음서에는 예수님이 말씀하신 수십 가지 격언이나 금언(金言)으로 가득 차 있다.[1] 바울은 오직 몇 가지의 격언만을 사용했지만 그의 격언들은 효과적이었고 인상적이었다.

속담과 격언은 간략하고도 기억에 남을 형태로 어떤 생각을 함축적으로 표현한다는 점에서 시로 유사하다. 그러나 속담은 '집단적 지혜'를 전하고 그 기원

---

1) 로이 주크의 「예수님의 티칭 스타일(도서출판 디모데) 320-328을 참고하라.

상 '대중적'인 반면에[2] 격언은 '개인적 목소리의 산물'이라는 점에서 서로 다르다.[3] 함축적이고 암시가 담겨 있는 말이라고 해서 모두 속담이 되는 것은 아니다.

바울이 사용한 격언의 함축성은 중요한 원리들을 전하는 데 도움을 주었다. 그는 '적은 누룩이 온 덩어리에 퍼지는 것을 알지 못하느냐'(고전 5:6)라는 격언을 사용해서 회중 속의 한 죄인을 다루지 못한 위험을 가리켰다. 만일 그 죄인의 죄가 직접적으로 해결되지 않는다면 다른 사람들이 그의 악한 모습을 따라 할 수도 있다. 바울은 잘못된 가르침이 처음에는 작게 시작되어 몇몇의 신자들에게만 영향을 미치지만 누룩처럼 번져나가 많은 사람들에게 영향을 줄 수 있다는 것을 지적하기 위해 갈라디아 교인들에게 똑같은 격언을 인용했다.

고린도 교인들에게 이스라엘 사람들의 악한 행동을 따르지 말라고 경고하기 위해 바울은 다음과 같이 권고했다. "그런즉 선 줄로 생각하는 자는 넘어질까 조심하라"(고전 10:12). 고린도 교인들에게 베푸는 삶을 살도록 격려하기 위해 사도 바울은 농업에서 유래한 다음과 같은 격언을 사용했다. "이것이 곧 적게 심는 자는 적게 거두고 많이 심는 자는 많이 거둔다 하는 말이로다"(고후 9:6). 농작물의 양이 농부가 뿌린 씨앗의 양에 달려 있듯이, 주는 것을 통해 얻는 영적 축복의 양은 베푼 양과 정비례한다.

그리스도의 재림이 임박했기 때문에 일할 필요가 없다고 느끼고 있던 데살로니가 교인들에게 바울은 다음과 같은 명백한 이치를 상기시켜주었다. '누구든지 일하기 싫어하거든 먹지도 말게 하라'(살후 3:10). 바울이 '깨끗한 자들에게는 모든 것이 깨끗하다'(딛 1:15)라고 쓴 것은 내적으로 깨끗한 사람은 외적으로 깨끗하지 못한 어떤 것으로도 더럽혀질 수 없음을 말했던 것이다.[4] 수 세기 동안

---

2. Leo G. Perdue, "The Wisdom Sayings of Jesus," Foundations and Facets Forum 2(September 1986):6.
3. Marcus J.Borg, "The Teaching of Jesus Christ," in Anchor Bible Dictionary, 3(1992), 807.
4. 고린도전서 6장 12절에서 두 번 언급된 '모든 것이 내게 가하나'라는 말과, '식물은 배를 위하고 배는 식물을 위하나'(6:13)라는 말은 아마도 고린도인들이 그들의 비도덕적인 행동을 정당화하려고 사용한

잘 알려진 바울의 말들 중에는 다음과 같은 것들도 있다. "그런즉 믿음, 소망, 사랑, 이 세 가지는 항상 있을 것인데 그중에 제일은 사랑이라"(고전 13:13). "하나님은 어지러움의 하나님이 아니시요 오직 화평의 하나님이시니라"(고전 14:33). "이는 내게 사는 것이 그리스도니 죽는 것도 유익함이니라"(빌 1:21). '아무것도 염려하지 말라'(빌 4:6). '범사에 감사하라'(살전 5:18). '돈을 사랑함이 일만 악의 뿌리가 되나니'(딤전 6:10). '내가 선한 싸움을 싸우고'(딤후 4:7).

반복

바울은 종종 단어나 어구를 반복적으로 사용해서 독자들의 마음에 그런 개념들을 강화시키고 중요한 내용들을 기억할 수 있도록 만들어주었다.[5] 그가 반복적으로 단어나 어구를 사용했음을 보여주는 다음의 예들은 의심할 여지없이 독자들의 마음에 진리를 굳게 새기는 효과를 냈을 것이다.

표 18 바울의 반복적 단어나 어구 사용

관련 성구	단어나 어구 반복	횟수	관련 성구	단어나 어구 반복	횟수
롬 2:21-23	'~하는 네가'	5	롬 8:32-35	'~하는 이'	4
롬 2:25-29	'할례'	6	롬 8:38-39	'~도 아니고 ~도 아니다'	4
롬 4:9-11	'무할례'	4	고전 3:9	'하나님의'	3
롬 4:13,16,18	'후손'	3	고전 6:12	'모든 것이 내게 가하나'	2
롬 6:13,16,18-20	'악'	5	고전 6:15-16	'너희는 알지 못하느냐?'	2
롬 8:28,32,37	'모든 것'	3	고전 9:22	'약한 자'	3

표어였을 수도 있다. 바울은 그들을 반박하고 교정하기 위해 이런 표어들을 인용했다. 그는 또한 '우리가 다 지식이 있다'(8:1)라는 그들의 표어를 인용하여 그 말의 적합성을 인정했다. 그리고 그는 우상은 어떤 실체를 갖고 있는 것이 아니므로 우상에게 희생 제사로 드린 음식을 먹는 것은 어떤 의미도 없다는 것을 보이기 위해 '우상은 세상에 아무것도 아니며' '하나님은 한 분밖에 없다'(8:4)라는 표어를 천명했다[Archibald Robertson and Alfred Plummer, A Critical and Exegetical Commentary on the First Epistle of St. Paul to the Corinthians, International Critical Commentary, 2d ed. (Edinburgh:Clark, 1914), 121-122, 163-164, and David K.Lowery, "1 Corinthians," in The Bible Knowledge Commentary, New Testament, ed. John F.Walvoord and Roy B.Zuck (Wheaton, Ill.:Victor, 1983), 517, 521].

5) 반복은 바울의 말에 '생동감과 힘'을 부여해준다[P. C. Sands, Literary Genius of the New Testament (Oxford:Clarendon, 1932), 144].

관련 성구	단어나 어구 반복	횟수	관련 성구	단어나 어구 반복	횟수
고전 11:3-7	'머리'	9	고후 3:7-11	'영광'	6[a]
고전 12:4-6	'여러 가지'	3	고후 4:10-11	'우리의 몸'	3
고전 12:4-6	'같으며'	3	고후 9:6	'심다' '거두다'	2번씩
고전 12:8-11	'어떤 이에게는'	8	고후 9:6	'적게' '많이'	2번씩
고전 12:8-9,11	'같은 성령'	3	고후 11:26	'위험'	8
고전 12:12-20, 22,24-25,27	'몸'	17	엡 1:6,12,14	'그의 은혜의 영광을 찬미'	3
			엡 4:4-6	'하나'	7
고전 13:1-3	'만일'	3	엡 4:6	'만유'	4
고전 13:1-3	'사랑이 없으면'	3	엡 5:21-22,24	'복종하라'	4
고전 13:7	'언제나'	4	엡 6:12	'대적하다'	5
고전 13:8	'~가 있는 곳에는'	3	엡 6:18	'모든'	3
고전 13:11	'어렸을 때'	4	빌 4:4	'기뻐하라'	2
고전 15:42-44	'심고'	4	빌 4:8-9	'무엇에든지'	7
고전 15:42-44	'살며'	4	골 1:16-17	'만물'	4

a) NIV는 이 구절에서 '영광' 과 '영광스러움' 이라는 단어를 각각 3번 쓰고 있으나, 희랍어는 doxa(영광)라는 명사를 모두 6번 사용하고 있다.
게다가 고린도후서 10-12장에서 바울은 '자랑하다' 라는 동사와 '자랑' 이라는 명사를(헬라어로) 19번이나 사용했다.

동의어

동의어는 많은 측면을 갖고 있는 다이아몬드와 같다. 다이아몬드 표면의 한 면이 찬란하게 보일지라도 그것이 그 다이아몬드가 갖고 있는 아름다움의 전부는 아니다. 모든 면들을 바라볼 때 우리는 보다 완전한 매력을 감상할 수 있다.

어떤 단어와 개념들을 전하는 것 역시 동일하다. 때때로 한 단어는 전체 그림의 한 부분만을 묘사하기 때문에 전하고자 하는 내용을 완전히 담으려면 유사한 단어들, 즉 동의어들을 사용할 필요가 있다. 바울이 그의 주제를 온전히 전달하기 위해 어떤 방식으로 동의어들을 활용했는지를 주목해보라.[6]

---

6) E. W. Bullinger는 이것과 다른 것들을 많이 나열하고 있다[Figures of Speech Used in the Bible (London: Eyre and Spottiswoode, 1898, reprint, Grand Rapids: Baker, 1968), 332-338].

롬 2:4	하나님의 '인자하심과 용납하심과 길이 참으심'
롬 2:8-9	'노와 분'
롬 2:10	'영광과 존귀와 평강'
롬 2:19-20	'인도하는 자' '빛' '훈도' '선생'
롬 9:33	'돌' '반석'
고후 7:11	'간절' '사모' '열심'
갈 1:12	'받다' '배우다'
엡 1:4,5:27, 딛 2:12	'거룩하고 흠이 없는'
엡 1:20-21	'정사' '권세' '능력' '주관'
엡 3:17	'뿌리가 박히고 터가 굳어져서'
엡 5:19, 골 3:16	'시와 찬미와 신령한 노래들'
빌 1:10,2:15	'진실하여 허물없이' '흠이 없고 순전하여'
골 1:9	'신령한 지혜와 총명'
골 1:11	'견딤과 오래 참음'
골 1:16	'보좌들이나 주관들이나 정사들이나 권세들'
골 2:7	'뿌리를 박으며 세움을 입어'
골 2:10,15	'정사와 권세'
딤전 3:15	'하나님의 집' '살아 계신 하나님의 교회요 진리의 기둥과 터'

바울이 수많은 동의어 짝어구들을 사용한 빌립보서를 보면 흥미로울 것이다.

대조

바울은 반복적인 단어와 어구와 동의어 외에도 많은 대조 개념이나 단어들을 종종 사용했다. 동의어가 관련 단어를 강조해주듯이 반대말이나 대조 단어나 어구 역시 전달하고자 하는 개념을 두드러지게 만들어준다. 바이스(Weiss)는 "대조야말로 바울이 가진 문체 중 가장 독특한 특성이며, 조금 과장되기는 했지만 그의 모든 말과 사고는 대조적 운율을 갖고 있다고 말할 수 있다…"라고 수장했다.[7]

---

7) Johannes Weiss, Earliest Christianity, trans. Frederick C.Grant(New York:Harper and Brothers, 1937), 2:411.

로마서 5장 15-18절에서 바울은 아담의 죄와 예수님의 은총 사이의 몇몇 대조들을 보여주었다.

한 사람(아담)의 범죄로 인하여 많은 사람이 죽음과 정죄와 죄의 다스림을 받게 되었다. 그러나 이와 대조적으로 한 사람(그리스도)을 통한 하나님의 선물이 많은 사람들에게 은총과 칭의와 생명의 다스림을 받도록 만들었다. 믿는 자들이 그리스도의 죽음 앞에서 그리스도와 연합한다는 것은 그들이 그리스도의 부활 안에서 그분과 연합됨을 의미한다(롬 6:5, 8). 비록 그들은 죄에 대해서는 죽지만 대조적으로 하나님에 대해서는 살게 된다(6:11). 죄에서 자유롭게 된 그들은 의와 하나님의 종이 된다(6:18, 22). 죄로부터 기인하는 죽음과는 대조적으로 믿는 자들은 영생을 소유한다(6:23).

로마서 8장 5-6절, 13절은 두 가지 삶의 방식의 대조를 보여준다. 즉 죄된 본질인 육신을 따라 사는 것 아니면 성령에 따라 사는 것, 전자는 죽음을 낳고 후자는 생명과 평강을 낳는다. 바울은 그리스도인들에게 악한 것을 미워하는 대신에 선한 것에 속하며(12:9), 악으로 악을 갚지 말고 대신에 선한 일을 도모하는(12:17) 삶을 살라고 도전했다.

깨달은 마음으로 다섯 마디 말을 하는 것이 해석 없이 일만 마디 방언으로 말하는 것보다 낫다고 바울이 대조한 것은(고전 14:19) 방언은 덕을 세우지 못하기 때문에 가치가 없다는 사실을 강조한 것이다(14:5, 12, 17).

믿는 자의 부활한 몸은 여러 면에서 지금의 육체적인 몸과는 다를 것이다. 고린도전서 15장 42-44절은 다음과 같은 방식으로 도표화할 수 있다.

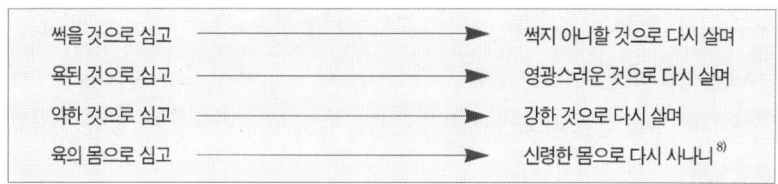

---

8) Ibid., 298.

앞의 네 쌍의 대조적인 표현을 통해 바울은 영적이고 부활한 몸의 여러 측면들을 설명하며 어떻게 그것이 세상의 몸과 다른지를 보여주었다.

바울은 고린도후서 4장 8-9절에서 자신이 당했던 곤경을 네 가지로 묘사한다. 즉 사방으로 우겨쌈을 당하여도, 답답한 일을 당하여도, 핍박을 받아도, 거꾸러뜨림을 당하여도.[9] 그러나 이 모든 일들은 그가 각 표현들의 뒤에 대조적인 자신의 태도를 첨가한 것으로 미루어볼 때 그를 패배시키지 못했다. 즉 싸이지 아니하며, 낙심하지 아니하며,[10] 버린 바 되지 아니하며, 망하지 아니하고.[11] 그는 어려운 상황들 속에서 계속적으로 육체의 죽음에 직면했지만 대조적으로 그것이 오히려 고린도 교인들의 영적인 삶에 진보를 가져다주었다(4:10, 12). 바울은 외적으로, 즉 육체적으로 후패해져갔지만(디아프테이로, diaphtheirō, 썩어 없어진다) 내적, 즉 그의 영혼은 날마다 새롭게 되었다(4:16). 천국에서 받을 믿는 자의 영광은 이 세상에서의 모든 고난보다 훨씬 크다. 왜냐하면 이생에서의 고난은 가볍고 일시적이기 때문이다(4:17). 이생에서 보이는 것은 잠깐이지만 보이지 않는 것은 영원할 것이다(4:18).

바울은 고린도 교인들이 그가 극심한 고통을 당해서 제정신이 아니라고 여길 수도 있다고 말했지만 사실 그의 고난은 하나님에 대한 헌신 때문에 생긴 것이었다. 이와 반대로 그들이 그의 정신이 온전하다고 간주했다면 그것은 그가 그

---

9) '사방으로 우겨쌈을 당한다'는 것은 thlibō('누르거나 고통을 당하거나 곤란을 겪는다')를 번역한 것이고(관련 명사 thlipsis는 압력이나 곤란을 뜻한다), '답답한 일을 당하다'는 aporeō('어떻게 행해야 할지 어쩔줄 몰라하다')를 번역한 것이다(Timothy B.Savage, Power through Weakness:Paul's Understanding of the Christian Ministry in 2 Corinthians(Cambridge:University Press, 1996), 169, n.33]. '핍박을 당하다' (diōkō)는 동물처럼 사냥의 대상이 된다는 개념을 암시하고, '거꾸러뜨림을 당하다'는 kataballō(레슬링에서처럼 'KO시키고 던지는 것')를 번역한 것이다[Fritz Rienecker, A Linguistic Key to the Greek New Testament, ed. Cleon L.Rogers, Jr.(Grand Rapids:Zondervan, 1980), 464].

10) '낙심하지 아니하며'는 exaporeō('완전히 낙심되거나 전적으로 어쩔 줄 몰라하는 것')를 번역한 것이다. 신약에서 오직 한 번 사용되고 있는 이 동사는 '답답한 일을 당하다' (aporeō, '어쩔 줄 몰라하는')를 재밌게 바꾸어 표현한 것이다(12장에서 보았듯이).

11) 고난에 대한 이런 목록들은 Cynic-Stoic 문서들 속에서는, 특히 Plutarch와 Epictetus의 글 속에서는 일상적인 것이었다(Savage, Power through Weakness, 169-170). 바울 자신이 결코 그의 문제들 때문에 패배를 당하지 않았다는 것을 시사하는 부정어 ouk를 사용한 것은 이 대조어 목록에서 주목할 만한 사실이다(ibid., 171).

들에게 이기심 없이 헌신되어 있었기 때문이라고 할 수 있다('너희를 위한 것이니,' 고후 5:13).

고린도후서 6장 8-10절에서 바울은 그 자신의 어려움들을 나열하면서 그의 긍정적인 경험과 부정적인 경험 사이의 아홉 가지 대조들을 사용했다. 첫번째 대조는 긍정적인 요소를 먼저 나열했고('영광과 욕됨으로 말미암으며'), 두번째 대조는 부정적인 것을 먼저 언급했으며('악한 이름과 아름다운 이름으로 말미암으며'), 다음의 두 대조는 긍정적인 것을 먼저 나열한다('참되나 속이는 것으로 간주되고, 유명한 자나 무명한 자로 간주되는,' 개역 성경은 부정적인 것이 먼저 쓰임 - 역주). 그런 뒤 마지막 다섯 쌍은 부정적인 요소를 먼저 소개한다('죽은 자 같으나 보라 우리가 살고, 징계를 받는 자 같으나 죽임을 당하지 아니하고, 근심하는 자 같으나 항상 기뻐하고, 가난한 자 같으나 많은 사람을 부요하게 하고, 아무것도 없는 자 같으나 모든 것을 가진 자로다').

'믿음으로 의롭게 된다'(이신칭의)는 진리는 갈라디아서 2장 16절 상반절에서 부정문('사람이 의롭게 되는 것은 율법의 행위에서 난 것이 아니요')과 긍정문('오직 예수 그리스도를 믿음으로') 모두를 통해 설명된다. 그런 뒤 2장 16절 중반절에서는 위의 두 가지가 역순으로 다시 진술되어 있다('그리스도 예수를 믿나니 이는 우리가 율법의 행위에서 아니고'). 모세의 율법이 이스라엘 백성에게 주어진 것은 구원의 방법으로가 아니라('율법의 행위로서는 의롭다 함을 얻을 육체가 없느니라,' 2:16 하) 구약 시대의 믿는 자들을 위한 삶과 예배의 방법을 가르쳐주기 위해서였다.

죄악된 본성에 이끌리는 그리스도인들은 성적, 종교적, 혹은 사회적인 죄악에 빠질 수 있다(갈 5:19-21). 대조적으로, 성령의 능력으로 사는 사람들은 성령으로 사는 삶의 결과나 증거(5:16, 25)인 '성령의 열매'(5:22-23)로 나열된 아홉 가지 은총을 드러낸다. 이 구절들은 믿는 자들이 살아가는 두 종류의 삶을 명확하게 보여준다. 즉 죄의 영향을 받거나 아니면 하나님의 인도를 따르는 삶이다.

예수를 따르는 사람들은 '더러운(사프로스, sapros, 불결하고 부패한) 말' 보다는 덕을 세우고 다른 사람들에게 덕이 되는 선한 말을 해야 한다(엡 4:29).

바울은 율법의 자기중심적이고 외적인 의를, 예수 그리스도를 믿음으로 얻는 순전한 의와 대조시켰다(빌 3:9). 또한 그는 하나의 대조를 통해 독자들에게 아무것도 '염려하지' (메림나오, merimnaō)말고 '오직 모든 일에' 그들의 구할 것을 하나님께 아뢰라고(그노리조, gnōrizō) 격려했다(4:6).

이런 대조의 예들은 부정적이고 긍정적인 요소들 모두가 어떻게 일정한 문제나 진리를 강조하는 데 도움이 되는지를 보여준다('그러나' 라는 대조 접속사를 사용해 두 요소들 사이의 대조를 강조하는 다른 예들에 대해서는 다음을 보라. 롬 2:7-8, 고전 1:18, 2:4, 6, 8:1 하-3, 고후 2:17, 엡 5:8, 15, 17-18, 빌 2:3-4, 골 1:21-22, 살전 4:7, 5:9, 15, 살후 3:15, 딤전 2:9, 딤후 2:9).

나열 또는 열거

바울은 종종 배양해야 할 덕목이나 피해야 할 악들에 관한 세부 사항들을 언급했다. 동의어와 반의어가 사용되거나 동일한 단어가 반복적으로 쓰인 개념들에 변화를 더해주기도 했고 여러 단어들이 열거된 경우에는 관련된 용어들을 대등하게 제시하고 있다. 이런 열거법은 주로 스토아 철학의 문서들과 헬라주의의 글 속에서 드러난다.

바울과 동시대를 살았던 오노산더(Onosander)는 바울이 디모데전서 3장 2-7절에서 나열한 장로의 요건과 비교되는 장군의 자격 요건에 관해 다음과 같은 세부 사항을 열거했다. "장군은 깨끗한 정신, 자제, 절제, 검소, 강건, 지성을 갖고 있고, 돈을 사랑하지 않으며, 너무 어리거나 나이 들지 않아야 하고, 자녀를 둔 아버지라면 좋은 명성을 얻어야 하며, 말을 잘하는 사람이어야 한다."[12] 이런 유사성 때문에 바울이 세속적인 열거법을 따랐다고 단정할 필요는 없다. 이

---

12) Burton Scott Easton, "New Testament Ethical Lists," Journal of Biblical Literature 51(1932) : 10-11.

런 방식은 단지 1세기의 상투적인 문체일 수도 있기 때문이다. 분명히 바울은 대화의 상대가 되는 회중들의 필요에 따라 열거법을 사용했다. 심지어 디모데전서 3장 2-7절에서 그는 교회와 관련해서 다음과 같이 서술하고 있다. '어찌 하나님의 교회를 돌아보리요'(5절). '새로 입교한 자도 말지니'(6절). '마귀의 올무에 빠질까 염려하라'(7절).[13]

크루세(Kruse)가 바울의 열서 방식을 다섯 가지 범주로 나눈 것은 이와 같은 열거법을 연구하는 데 상당한 도움을 준다.[14] 아래의 표 19를 참고하라.

표 19	덕과 악에 관한 바울의 목록들	
목 적	관련성구	세 부 내 용
불신자들의 타락한 모습을 묘사하기 위해	롬 1:29-31	불의, 추악, 탐욕, 악의, 시기, 살인, 분쟁, 사기, 악독, 수군수군함, 비방, 하나님이 미워하심, 능욕, 교만, 자랑, 악을 도모함, 부모를 거역함, 우매함, 배약함, 무정함, 무자비함
	고전 5:10-11	음행, 탐욕스러움, 토색(속임), 우상 숭배자들, 음행, 탐람, 우상 숭배자, 후욕하는 자들, 술 취한 자, 토색하는(속이는) 자
신자들로 악을 피하고 덕을 실천하도록 권면하기 위해	롬 13:13	악들 : 방탕, 술 취함, 음란, 호색, 쟁투, 시기
	고전 6:9-10	음란한 자, 우상 숭배자들, 간음하는 자, 탐색하는 자, 남색하는(동성연애) 자, 도적들, 탐람하는 자, 술 취한 자들, 후욕하는 자들, 토색하는 자
	고후 12:20	다툼, 시기, 분냄, 당을 지음, 중상모략, 수군수군하는 것, 거만함, 어지러운 것(무질서)
	갈 5:19-21	음행, 더러운 것, 호색, 우상 숭배, 술수, 원수 맺음, 분쟁, 시기, 분냄, 당 짓는 것, 야망, 분리함, 이단, 술 취함, 투기, 방탕함
	엡 4:31	악독, 노함, 분냄, 떠드는 것, 훼방하는 것, 악의
	엡 5:3-4	음행, 온갖 더러운 것, 탐욕, 누추함(외설), 어리석은 말, 희롱의 말

---

13) James L. Bailey and Lyle D. Vander Broek, Literary Forms in the New Testament(Louisville : Westminster/Knox, 1992), 67.
14) Colin G. Kruse, "Virtues and vices," in Dictionary of Paul and His Letters, ed. Gerald F. Hawthorne, Ralph P. Martin, and Daniel G. Reid(Downers Grove, Ill. :InterVarsity, 1963), 962.

목 적	관련성구	세 부 내 용
신자들로 악을 피하고 덕을 실천하도록 권면하기 위해	골 3:5, 8-9	음란, 부정, 사욕, 악한 정욕, 탐심, 우상 숭배, 분노, 악의, 훼방, 부끄러운 말, 거짓말
	딛 3:3	어리석은, 불순종하는, 속은, 각색 정욕과 행락에 종 노릇 하는, 악독과 투기로 지낸, 가증스러운, 피차 미워하는
	갈 5:22-23	**덕목들** : 사랑, 희락, 화평, 오래 참음, 자비, 양선, 충성, 온유, 절제
	빌 4:8	참된, 경건한, 옳은, 정결한, 사랑할 만한, 칭찬할 만한, 덕, 기림
	골 3:12	긍휼, 자비, 겸손, 온유, 오래 참음
	딛 2:2	절제하며, 경건하며, 근신하며, 믿음과 사랑과 인내함에 온전한
	딛 2:5	절제하며, 순전하며, 집안 일을 하며, 선하며, 남편에게 복종하는
	딛 2:7-8	부패치 아니함, 경건함, 책망할 것이 없는 바른 말
	딛 3:1-2	정사와 권세 잡은 자들에게 복종하는, 순종하는, 선한 일 행하기를 예비하는, 아무도 훼방하지 않는, 다투지 않는, 관용, 온유함
거짓된 교사들의 잘못을 폭로하고 또는 배척하기 위해	딤전 1:9-10	불법한 자, 복종치 아니하는 자, 경건치 않은, 죄인, 거룩하지 않은, 망령된, 아비와 어미를 치는, 음행하는, 남색하는, 사람을 탈취하는, 거짓말하는, 바른 교훈을 거스리는
	딤전 6:4-5	교만한, 아무것도 알지 못하는, 변론과 언쟁을 좋아하는, 투기와 분쟁과 훼방과 악한 생각의
교회 지도자들에게 어떤 것들이 요구되는지를 묘사하기 위해	딤전 3:2-7	**장로들** : 책망할 것이 없고, 한 아내의 남편, 절제하는, 근신하는, 아담한, 나그네를 대접하는, 가르치기를 잘하는, 술을 즐기지 아니하는, 구타하지 아니하며, 관용하며, 다투지 않는, 돈을 사랑하지 않는, 그 자신의 가정을 잘 다스리는, 자신에게 순종하는 자녀를 둔, 새로 입교한 자가 아닌, 외인에게서 선한 증거를 얻은
	딛 1:6-9	책망할 것이 없는, 한 아내의 남편, 방탕하다는 비방이나 불순종하는 일이 없는, 믿는 자녀를 둔, 제 고집대로 하지 않는, 급히 분내지 않는, 술을 즐기지 아니하는, 구타하지 않는, 더러운 이를 탐하지 않는, 나그네를 대접하는, 선을 좋아하는, 근신하는, 의로운, 거룩한, 절제하는, 미쁜 말씀의 가르침을 그대로 지키는

목 적	관 련 성 구	세 부 내 용
교회 지도자들에게 어떤 것들이 요구되는지를 묘사하기 위해	딤전 3:8-10,12	**집사들** : 단정한, 일구 이언을 하지 않는, 술에 인박이지 않은, 더러운 이를 탐하지 않는, 깨끗한 양심에 믿음의 비밀을 간직한, 자녀와 자기 집을 잘 다스리는
	딤전 6:11	**디모데** : 의, 경건, 믿음, 사랑, 인내, 온유
	딤후 2:22-25	의, 믿음, 사랑, 화평, 어리석고 무식한 변론을 버리는, 다투지 않는, 온유한, 가르치기를 잘하는, 참는, 거역하는 자를 온유함으로 징계하는
젊은 목회자에게 조언을 주기 위해	딤후 3:2-5	**마지막 날의 불신자들** : 자기를 사랑하는, 돈을 사랑하는, 자긍하며, 교만하며, 훼방하며, 부모를 거역하며, 감사치 않으며, 거룩하지 않으며, 무정하여, 원통함을 풀지 않으며, 참소하며, 절제하지 못하며, 사나우며, 선한 것을 좋아하지 않으며, 배반하여 팔며, 조급하며, 자고하며, 하나님을 사랑하기보다는 쾌락을 사랑하는 자들, 경건의 모양은 있으나 경건의 능력을 부인하는 자
	딤후 3:10	**바울의 덕목들** : 교훈, 행실, 의향, 믿음, 오래 참음, 사랑, 인내

　이상의 덕과 악의 열거는 바울의 서신들 중 10권에서(데살로니가전·후서와 빌레몬서를 제외한 모든 곳에서) 나타난다. 이러한 열거 중 일부는 놀라울 정도로 긴데, 특히 로마서 1장 29-31절과 디모데후서 3장 2-5절이 그렇다. 덕과 악을 열거한 단어가 각각 13개씩이다. 덕에 대해 열거된 단어들이 같은 특성을 담고 있는 것같이 악에 대해 열거된 단어들도 같은 내용을 포함한다. 좀더 깊이 연구하려면 한 번 이상 나열된 어구를 주목하며 덕에 대해 열거된 단어들을 분석해보고, 또한 악에 대해 열거된 단어들을 분석하면서 같은 내용을 확인해보라.[15]

---

15) 몇 가지 핵심적인 죄들을 반복해서 나열하고 있는 바울의 악에 대한 목록은 헬레니즘적인 유대의 문서들과 유사하다(Bailey and Vander Broek, Literary Forms in the New Testament, 67). 바울이 덕과 악에 관해 열거한 내용들의 형태가 헬레니즘 철학이나 구약의 개념들에서 유래한 것인지에 대한 논의를 연구하려면 다음의 자료들을 보라. Hans Dieter Betz, Galatians, Hermenia(Philadelphia: Fortress,1979), 281-283, Burton Scott Easton, "New Testament Ethical Lists," Journal of Biblical Literature 51(1932) : 1-12, Neil

고린도후서에서 열거된 다른 내용들은 사도 바울이 겪었던 많은 곤경을 묘사한다. 4개의 열거된 내용은 4장 8-9절에, 10개는 6장 4-5절에, 9개는 6장 8-10절에, 25개는 11장 23-28절에, 5개는 12장 10절에서 자세히 볼 수 있다.[16] 특히 바울이 겪었던 고난을 열거하고 있는 6장에서 그는 또한 자신의 삶의 9가지 긍정적인 특징을 6-7절에서 포함시키고 있다.

로마서에서 바울은 몇 개의 내용을 열거하는데, 그 중 일부는 꽤 긴 내용을 담고 있다.[17] '사랑엔 거짓이 없어야 한다'는 명령을 한 뒤, 그는 12장 9-21절 사이에 28가지의 구체적인 권면을 통해 그 명령이 어떤 내용을 담고 있는지 자세히 다룬다. 믿는 자들에 대한 10가지 형태의 장애물이 로마서 8장 38-39절에 나열되어 있고, 유대인들이 스스로 우월하다고 주장하는 10가지가 2장 17-20절에 언급되어 있으며, 이스라엘의 8가지 속성이 9장 4-5절에 나온다. 7개의 구약 본문이 3장 10절 하-18절에서 인용되고,[18] 7개의 수사학적 질문이 8장 31-35절에서 제기된다. 35절에 나오는 일곱번째 질문은 7개 형태의 장애물을 포함하고, 12장 6-8절에는 7개의 영적 은사들, 곧 예언과 섬김과 가르침과 권위와 구제와 다스림과 긍휼을 베푸는 것이 상세하게 설명되어 있다.[19]

J. McEleney, "The Vice Lists of the Pastoral Epistles," Catholic Biblical Quarterly 36(1974) : 203-219, David Schroeder, "Lists, Ethical," in Interpreter's Dictionary of the Bible Supplementary Volume, 546-547, and Ralph P. Martin, "Virtue," in New International Dictionary of New Testament Theology, 3:928-932.

Martin은 또한 아내와 남편과 자녀와 부모와 노예와 주인에게 내린 명령에 관한 목록인 가족표들의 유형이 스토아주의에서 기인했는지에 대해 논의하고 있다("Virtue," 3:931).

16) 고린도후서 6장과 11장에서 열거된 내용은 또한 '용어법'(pleonasms)이라고 알려져 있다(George A. Kennedy, New Testament Interpretation through Rhetorical Criticism (Chapel Hill, N. C.: University of North Carolina Press, 1984), 91]. 이 용어는 필요한 것 이상의 세부 목록을 갖고 있는 것 같은 목록에 대해 언급하기 위해 헬라어로 사용되었다.

17) Robert Jewett, "The Rhetorical Function of Numerical Sequences in Romans," in Persuasive Artistry, ed. Duane F. Watson(Sheffield : Sheffield Academic, 1991), 227-245.

18) 구원받지 못한 자들을 비난하는 인용문들에 대해 연쇄적으로 발췌해보면 다음과 같다.
롬 3:10 하(전 7:20), 롬 3:11-12(시 14:1-3), 롬 3:13 상(시 5:9), 롬 3:13 하(시 140:3), 롬 3:14(시 10:7), 롬 3:15-17(사 59:7-8), 롬 3:18(시 36:1)

19) "회중의 섬김과 지도력에 관한 7가지 유형은 상세하게 열거된 것 같지는 않다. 왜냐하면 몇 가지 다른 유형들은 다른 곳에 나열되어 있기 때문이다. 7이라는 신성하고 완전한 수를 선택한 것은 이런 예들이, 모든 회중에게 해당될 수 있는 넓은 범위의 은사들을 대변함을 나타낸다"(ibid., 238).

여섯 가지 내용의 열거로 구성된 내용들은 로마서 3장 27-31절의 여섯 가지 질문들과 10장 15-21절의 여섯 가지 구약의 인용들을 포함하고 있다.

네 개의 질문으로 구성된 일련의 내용들 각각은 '어떻게(어찌)?'라는 의문사로 시작되는데, 메시지를 전하는 자들이 잃어버린 자들에게 복음을 전할 필요가 있음을 언급하고 있다(10:14-15). 로마서 13장 7절은 시민의 책무를 네 가지 형태로 제시하고 있는데, 그 속에서 각각의 헬라어 구문은 토(tō, '누구에게')로 시작된다. 즉 '(마땅히 받아야 하는) 사람에게 공세(세금)를 바치고, (마땅히 받아야 하는) 사람에게 국세를 바치며, (마땅히 받아야 하는) 사람을 두려워하고 (마땅히 받아야 하는) 사람을 존경하라.'[20]

바울은 로마서 전체를 통해 세 가지 관련 단어를 나열하는 많은 예들을 보여주었다.[21]

2:4	하나님의 '인자하심과 용납하심과 길이 참으심'
2:7	선한 자는 '영광과 존귀와 썩지 아니함'을 구한다.
7:12	율법은 '거룩하며 의로우며 선하다'
12:1	하나님이 '기뻐하시는 거룩한 산' 제사
12:2	하나님의 '선하시고 기뻐하시고 온전하신' 뜻
14:17	하나님의 나라는 '의와 평강과 희락' 이다.

즈웨트(Jewett)는 로마서에서 열거된 많은 내용들은 서신의 논지를 수사학적으로 강화하는 것이라고 지적했다. "완전함과 관련된 방대한 열거는 복음을 통한 신적 승리와 관련된 포괄적인 논지를 전달한다."[22]

바울은 데살로니가전서에서 세 가지 관련 단어의 나열을 즐겨 사용했다. 다음과 같은 구절들 각각은 반복되는 형태를 포함하고 있어서, 듣는 사람들에게 심미적 가치를 제공했을 것이다. 1장 3절, 5절, 9-10절, 2장 3절, 5절, 11-12절, 15

---

20) 12장에서 살펴보았듯이 이 곳의 네 구절들 속에서는 두운 현상과 언어유희 현상도 나타난다.
21) Ibid., 240.
22) Ibid., 244-245.

절, 19절, 3장 2-3절, 11-13절, 4장 3-4절, 11절, 16절, 5장 12절, 23절.[23]

덕과 악에 관한 열거와 로마서와 고린도후서와 데살로니가전서에서의 많은 나열들 외에도 바울은 다른 열거법을 사용하고 있다. 다음 구절들을 자세히 살펴보면서 각각 열거된 어구의 수를 세어서 관련 성구 옆에 그 수를 적어보라.

바울의 서신 속에 담긴 이런 많은 열거는 그가 전하고자 했던 핵심 내용을 확대하고 정제하는 데 도움을 주며 또한 강조해준다. 이런 열거에서 비롯되는 복합화되고 축적되는 효과를 느끼지 못할 사람은 없을 것이다.

관련 성구	어구의 수	관련 성구	어구의 수
고전 9:1		엡 4:11	
고전 9:7-9		엡 6:14	
고전 12:4-6		빌 3:5-6	
고전 12:8-10		살전 5:14	
고전 12:28		살전 5:16-22	
고전 12:29-30		딤전 1:2	
고전 13:4-8 상		딤전 1:5	
고전 13:13		딤전 1:17	
고전 14:26		딤전 2:1	
고전 15:39		딤후 1:2	
고후 7:11		딤후 2:11-13	
고후 8:7		딤후 3:16	
엡 4:4-6		딛 3:1-2	

숙어

숙어란 특정한 지리적 위치에 존재하는 언어나 사람들에게 특정하게 나타나는 은유적 표현이다. 조합된 단어들은 각기 개별적 단어의 일반적인 문자적 의미와는 다르다. 영어권에서는 어떤 사람이 낙심하거나 우울할 때 '쓰레기 더미에 빠져버린'(down in the dumps)이라는 식의 어구를 사용한다. '불룩한 가방

---

23) Cf. Stanley B. Marrow, Paul:His Letters and His Theology(New York:Paulist, 1986), and Carol J. Schleuter, Filling Up the Measure:Polemical Hyperbole in 1 Thessalonians 2. 14-16(Sheffield:Sheffield Academic, 1994), 116-120.

을 친다'(hit the sack)는 것은 어떤 가방을 친다는 뜻이 아니라 잠자리에 든다는 것을 의미한다. 만일 우리가 '눈 더미 아래에 짓눌려 있다'(snowed under)고 하면 문자적으로 눈 더미 아래 있다는 의미가 아니라 해야 할 일이 많다는 것을 뜻한다. '손잡이를 벗어나 날아가는'(flies off the hand)이라는 말은 갑작스러운 큰 분노를 뜻한다.

히브리어와 헬라어로 하나의 성품을 표현하는 '~의 아들'이라는 것은 그 사람이 그런 성질이나 운명을 갖고 있음을 시사한다. '불순종의 아들들'(엡 2:2, 5:6, 헬라어)은 불순종하는 개인들을 뜻하는 숙어다. '진노의 자녀'(2:3, 헬라어)는 하나님의 진노를 받게 될 사람들을 언급한다. '파괴의 아들'(살후 2:3, 헬라어/NIV는 '불법의 사람'으로 번역)은 파괴될 운명을 지닌 사람을 뜻한다.

많은 경우 숙어는 동사들로 표현된다. '듣는다는 것'(아코우오, akouō)은 종종 단순히 귀로 경청하는 것 이상을 의미한다. 그것은 '보고된'(고전 5:1), '이해하는'(14:2), '인지하는'(갈 4:21) 것을 뜻한다. 때때로 '본다는 것'은 눈으로 보는 것 이상을 표현한다. 고린도전서 10장 12절과 골로새서 4장 17절에서 그것은 '주의를 기울인다'는 뜻으로 사용되었다. '자신의 입을 연다'는 것은 자유롭게 얘기한다는 것을 숙어식으로 표현한 것이다(고후 6:11).[24] 디모데후서 2장 19절에서 '아는 것'은 지식을 갖는 것 이상을 시사하고, '~에 대해 관심을 갖고 있다'는 것을 암시한다. 그리고 데살로니가전서 5장 12절에서는 심지어 '~에 대해 존경심을 표한다'는 의미를 전달한다.

'걷는다'는 동사는 숙어식으로 자신의 다리와 발로 움직이는 것을 제시하는 것이 아니라, '우리는 믿음으로 걷는다(산다, 개역성경은 '행한다'로 표현, 고후 5:7)와 '성령으로 걷는다(산다)'에서처럼 삶이나 행동 양식을 시사한다. '운영한다'는 것은 어떤 계획을 수행한다(빌 2:16)는 것이며, '누구를 넘어지게 한다(실족하게 하다)'는 것은 그 사람이 그리스도인으로서의 삶에 실수를 저지

---

24) Bullinger, Figures of Speech Used in the Bible, 842.

르게 한다(롬 14:20)는 것을 나타낸다.

불신자들과 '멍에를 진다' 는 것은 협력하는 행동으로 그들과 연합한다는 것을 나타내는 바울의 숙어다(고후 6:14).[25] 죄 안에서 '죽는 것' 은 하나님과의 영적 교제가 없이는 구원받지 못하는 것을 나타낸다(엡 2:1, 골 2:13). 에바브라가 골로새 교인들을 위해 기도로 '씨름했다' 는 것은 그가 대단한 능력과 열심으로 기도했다는 의미이고(골 4:12), 데살로니가 교인들이 주님의 말씀을 '나팔을 불었다' (엑세코마이, exēchomai)는 것은 그들이 마치 나팔 소리가 한 곳에서 넓은 지역들로 퍼져 나가듯이 다른 사람들에게 복음을 전했음을 뜻한다. 후메내오와 알렉산더처럼 '파선했다' 는 것은(딤전 1:19-20) 그들이 들은 것을 배척하는 사람들에게 임할 개인적인 재난을 묘사한 숙어다.

바울이 사용한 숙어들 가운데는 다음과 같은 것들도 포함되어 있다. (a) 그의 마음(그의 새로운 본성, 롬 7:23)에 대항하여 싸우는 바울의 몸(그의 죄된 본성)의 지체들 (b) 시장에서 돈으로 사서 풀어준 노예처럼 죄로부터 자유롭게 된다는 의미에서의 '구속된' 죄인들(롬 3:24, 고전 6:20, 7:23, 갈 3:13-14, 4:5, 엡 1:7, 14, 골 1:14, 딛 2:14) (c) 살아 있는 것을 뜻하는 '몸에 거하는 것' 에 있는 것(고후 5:6, 9) (d) 심는 대로 거둔다는 것(갈 6:7)은 농경사회에서 사용되는 숙어로 어떤 사람이 그의 죄들에 대해서는 피할 수 없는 결과를 경험한다는 것을 말한다. 바울은 고린도후서 4장 17절에서 문자적으로 번역하기 힘든 숙어 하나를 썼다. 즉 그는 그들의 모든 어려움들을 '훨씬 초월하는' (hyperbolēn eis hyperbolōn) 믿는 자들의 영원한 영광에 대해 말했다. 휘페르볼레(hyperbolē) 라는 형용사는 '특별하거나 측량할 수 없는 것' 을 뜻하므로 '특별하고 특별한' 이란 숙어는 우리의 미래의 영광이 측량할 수 없을 정도로 매우 크다는 사실을 능숙하게 표현한다.

---

25) 바울이 '이들 불신자들' 이라고 불렀을 때 염두에 둔 사람들에 대한 논의를 위해서는 다음을 보라. William J. Webb, "Who Are the Unbelievers (ἄπιστοι) in 2 Corinthians 6:14?" Bibliotheca Sacra 149(January-March 1992): 27-44, and idem, "What Is the Unequal Yoke (ἑτεροζυγοῦντε") in 2 Corinthians 6:14?" Bibliotheca Sacra 149(April-June 1992): 162-179.

바울이 즐겨 사용했던 또 하나의 숙어적 형태는 많은 명사와 동사와 부사와 형용사의 접두사로 사용된 최상급 히페르(hyper, '풍부한, 능가하는, 전적으로, 뛰어난, 더욱 간절히')였다. NASB 역본에서 취한 예들에는 다음과 같은 것이 포함되어 있다. '더한'(hyperperisseuō, 롬 5:20), '힘에 지나도록 심한 고생을 받는'(hyperbolē, 고후 1:8), '능력의 심히 큰 것'(hyperbolē, 4:7), '여러 계시를 받은 것이 지극히 크므로'(hyperbolē, 12:7), '기쁨이 넘치는'(hyperperisseuō, 7:4), '지극한 은혜'(hyperballō, 9:14), '지식에 넘치는 그리스도의 사랑'(hyperballō, 엡 3:18), '심히 간구함'(hyperekperissou, 살전 3:10), '사랑 안에서 가장 귀히 여기며'(hyperekperissōs, 5:13), '너희 믿음이 더욱 자라고'(hyperauxanō, 살후 1:3). 아마도 바울이 하이퍼(hyper)라는 접두사를 사용한 예들 중 가장 잘 알려진 것 중 하나는 로마서 8장 37절의 '우리가 넉넉히 이기느니라'(hypernikaō)는 말 속에서 발견된다.

또 하나의 헬라어 숙어의 형태는 불링거(Bullinger)가 안디메레이아(antimereia)라고 부르는 것이다.[26] 이것은 하나의 명사가 그것과 상관되는 형용사 대신에 사용되듯이 하나의 품사가 다른 것 대신에 쓰인 것이다. 바울이 로마서 3장 30절에서 '할례자도 믿음으로 말미암아 의롭다 하실'이라고 썼을 때 그는 '할례'에 해당하는 헬라어 명사를 사용했다. 이 명사를 통해 그는 할례받은 사람들을 나타냈는데 대부분의 영어 역본들은 이 사실을 잘 표현하고 있다(비교 - 15:8). '내 지체'(7:23)는 '이 죽을 수밖에 없는 육체'를 숙어적으로 표현한 방식이다. 헬라어 '우리의 낮은 몸'(빌 3:21)은 '우리의 비천한 몸'을 뜻하는 숙어다.

'그의 사랑의 아들'(골 1:13)은 '그가 사랑하는 독생자'를 뜻한다. '저의 능력의 천사들'(살후 1:7)은 헬라어 '그의 능력을 가진 천사들'을 번역한 것이다. 예수님을 '우리 소망'(딤전 1:1)이라고 기록함으로 바울은 예수님이 우리의 소망의 목표이심을 말했다.[27]

---

26) Bullinger, Figures of Speech Used in the Bible, 491-506.
27) 다른 헬라어 숙어들에 관해서는 다음을 보라. C. F. D. Moule, An Idiom Book of New Testament

구조적 유형들

바울이 사용한 몇몇 구조적 유형들은 그의 서신들을 수사학적으로 빛나게 해주며 글을 강조하는 수단이 되고 있다. 이런 형태들을 능숙하게 사용함으로써 독자들이 본문을 잘 기억할 수 있게 한다.

대구법

바울의 산문에는 이따금씩 화려한 시적인 문구가 터져나온다. 갈라디아서 4장 27절에서 이사야 54장 1절을 인용하는 가운데 그는 비교적 대구가 되는 몇몇 구절들을 사용했다. 첫 줄에 있는 '잉태치 못한 자여' 라는 문구는 '구로치 못한 자여' 라는 구와 짝을 이루고, '즐거워하라' 는 '소리질러 외치라' 는 유사 어구와 짝을 이룬다.

'그의 판단은 측량치 못할 것이며' 라는 감탄문 뒤에는 유사한 의미의 '그의 길은 찾지 못할 것이로다' 라는 언급이 있다(롬 11:33). 다음 구절은 대구적인 질문들을 통해 같은 사항을 전한다. "누가 주의 마음을 알았느뇨 누가 그의 모사가 되었느뇨?"

에베소서 5장 14절의 인용문에 나오는 '깨어라' 는 그에 상응하는 '죽은 자들 가운데서 일어나라' 는 명령과 대구를 이룬다. 대조적 대구를 통해 두번째 줄은 첫번째 줄과 대조를 이룬다. 로마서 6장 23절의 두 부분은 '삯' 과 '은사,' '죄' 와 '하나님,' '사망' 과 '영생' 의 대조이다.

영적 은사들의 다양성은 동일한 성령께서 믿는 자들로 그런 은사들을 행사할 수 있도록 돕는다는 사실과 대조된다(고전 12:4). 다양성과 통일성 간의 같은 대조가 5절과 6절 속에서도 나타난다. 동시에 이런 세 문장 각각은 대조를 통해 서로 형태를 나란히 나열하면서 뇌리에 남는 운율을 형성한다. 고린도전서 13장 1-3절은 세 가지 대조적 문장들의 운율을 구체적으로 보여준다. 즉 각각의 문장은

Greek, 2d ed. (Cambridge : University Press, 1971).

'~일지라도'라고 끝맺는 절과, '사랑이 없으면'이라는 구와, 사랑 없이 사용되는 은사의 효과를 서술하는 구를 포함하는 유사한 구조로 형성되어 있다.[28] 대조를 이루는 많은 구절들('대조들'이라는 소제목의 첫 부분을 참조하라)은 다른 대조적 대구어들을 포함하고 있다.

변화

때때로 바울은 부정적인 주장과 긍정적인 주장 사이, 또는 경고와 권고 사이에서 그의 요점을 번갈아 표현했다. 바울은 '그 자유로 육체의 기회를 삼지 말라'는 부정적인 경고를 내린 뒤에 '사랑으로 서로 종 노릇하라'는 긍정적인 권면을 첨가했다(갈 5:13). 그런 뒤 변화 유형을 계속하면서 같은 장의 14절은 믿는 자들로 서로 사랑하도록 종용하고, 15절은 그것의 반대, 즉 '서로 물고 먹는' 부정적 측면의 위험에 대해 지적한다. 바울은 육체를 위하여 심는다는 주제 뒤에 성령을 위하여 심는다는 변화된 표현을 사용했다(6:8).

로마서 5장 18-19절에서는 똑같은 A, B, A', B' 유형으로의 변화된 표현을 포함하고 있다. 즉 (A)하나의 범죄와 (B)하나의 의로운 행동에 관해 말한 뒤에 (A')한 사람의 불순종과 (B')한 사람의 순종에 관해 말했다. 바울이 고린도전서 15장 42-44절에서 땅의 몸과 하늘의 몸에 관해 말한 진술들은(앞에서 '대조'라는 소제목 하에서 논의한 것에서 본 것 같이 반대 유형뿐만 아니라) 변화된 유형으로 이루어져 있다.

인클루시오(Inclusio)

인클루시오는 어떤 단락의 처음에 사용한 일부 구절을 단락이 끝나는 부분에 다시 반복하는 것을 뜻한다. 이렇게 반복된 단어나 구들은 중간에 있는 구절들을 함께 엮어주는 '끈'과 같은 역할을 한다. 이렇게 하는 목적은 앞에 있는 것

---

28) Bailey and Vander Broek, Literary Forms in the New Testament, 77.

과 뒤에 있는 것으로부터 중간 부분을 분리시켜 그것을 하나의 단위로 구분짓고 그들을 연결하는 '끈'에 강조점을 두기 위함이다.

다음은 바울의 글들 속에 나타나는 인클루시오이다. '사랑엔 거짓이 없나니'라고 일반적인 명령을 내린 뒤에 바울은 '악을 미워하고 선에 속하라'는 말로 일련의 권고를 시작했다(롬 12:9). 그런 뒤 21절에서 그는 '악에게 지지 말고 선으로 악을 이기라'는 악과 선과 관련된 도전으로 마무리했다.

바울은 '내가 스스로 모든 사람에게 종이 된 것은'(고전 9:19)이라고 말한 뒤에 22절에서 '여러 사람에게 내가 여러 모양이 된 것은'이라고 기록했다. 이 구절들 사이의 내용에서 그는 그가 그렇게 한 구체적 방식들을 언급했다. 인클루시오의 진술들은 일반적이고, 그 사이에 있는 구절들은 구체적이다.

고린도전서 12-14장에서 영적 은사들에 대한 바울의 긴 논의는 '내가 너희의 알지 못하기를(아그네인, agnein) 원치 아니하노니'(12:1)라는 바람으로 시작되어 '알지 못하다'는 단어들을 되풀이하며 맺는다. 즉 "만일 누구든지 알지 못하면(agnoei) 그는 알지 못한 자니라(agnoeitai)"(14:38).[29]

고린도전서 12장의 첫 아홉 절로 이루어진 보다 작은 단원은 인간의 몸이 많은 지체를 갖고 있으나 한 몸을 이루고(12:12) 있다는 사실을 언급한다. 그리고 그 단위는 같은 사실, 즉 '지체는 많으나 몸은 하나이다'는 사실을 천명함으로써 결론짓는다(12:20).

그리스도는 '모든 정사와 권세의 머리시라'(골 2:10). 왜냐하면 그는 바로 그 '정사와 권세를' 벗어버리시기 때문이다(2:15).

교착어법(Chiasm)

교착어법이란 한 구절이나 본문에서 첫번째와 네번째 부분들을 대구로 이루

---

29) 다른 역본들은 고린도전서 14장 38절을 다르게 번역한다. "만일 그가 이것을 무시하면 그 자신이 무시를 당할 것이다"(NIV). "그러나 만일 어떤 사람이 이것을 인정하지 못하면 그는 인정받지 못할 것이다"(NASB). "만일 그가 이것을 인식하지 못하면 하나님은 그를 인식하지 않으신다"(NEB).

고, 두번째와 세번째 것은 유사하게 표현한 언어적 유형이다. 혹은 각 단락이 홀수로 이루어져 있다면 첫번째와 마지막 부분은 대구를 이루고, 중간 부분은 가장 중요한 요지가 된다. 이 유형은 AB, B' A', 혹은 AB, C, B' A'로 표현될 수 있다. 말하자면 교착어법적 본문이 일곱 개의 상응하는 요소들을 갖고 있다면 그 유형은 ABC, D, C' B' A'인 것이다. "오직 두 쌍의 요소들만 교착어법적 구문에 존재하면(즉 A B B' A' 형태로) 두 개의 중심적 요소들로 강조가 표현될 가능성은 적으며, 그런 구문에서의 주된 초점은 짝을 이루는 각각의 요소에 있다."[30] 교착어법은 해석상의 초점으로 작용하는 것 외에도, 본문에서 중요한 변화를 나타낼 수 있다.[31]

상응하는 요소들을 역순으로 배치함으로써 교착어법은 특별한 아름다움을 띠고, 독자의 기억에 남게 하며, 강조점에 초점을 맞추어 설명하고, 대조와 반복을 두드러지게 하며, 한 부분을 다른 부분으로부터 구분시킨다.[32] 교착어법은 '그 빈도와 효과면에서 차이를 보이기는 하지만 어쨌든 대부분의 언어와 문서에서 다소간' 나타난다.[33] 고대 문서에서 교착어법은 많은 나타나는데,[34] 수메로 아카디아어(Sumero-Akkadian), 우가리어(Ugaritic), 구약의 히브리어, 아람어, 신약 헬라어, 고대 헬라어와 라틴어 문서들을 포함한 여러 고대 문서 속에 나타나는 교착어법에 관한 웰치(Welch)의 에세이 모음집에서 그 증거를 찾아볼 수 있다.[35]

---

30) Ronald E. Man, "The Value of Chiasm for New Testament Interpretation," Bibliotheca Sacra 141(April-June 1984):148-149.
31) Bailey와 Vander Broek는 로마서 11장 33-35절을 인용하면서 이 점을 설명하고 있다(Literary Forms in the New Testament, 52-53).
32) Man, "The Value of Chiasm for New Testament Interpretation," 146-157, Nils Wilhelm Lund, Chiasmus in the New Testament(1942, reprint, Peabody, Mass.:Hendrickson, 1992), 30-31, H.van Dyke Parunak, "Oral Typesetting:Some Uses of Biblical Structure," Biblica 62(1981):153-168, Ian H.Thomas, Chiasmus in the Pauline Letters(Sheffield : Sheffield Academic, 1995), 34-43, and David Noel Freedman, "Preface," in Chiasmus in Antiquity, ed. John W.Welch(Hildesheim:Gerstenberg, 1981), 12.
33. Freedman, "Preface," 7.
34. Ibid.
35. Welch, ed., Chiasmus in Antiquity.

일부 교착어법은 다음의 예들처럼 간략하다.

    식물은
        배를 위하고
        배는
    식물을 위한다(고전 6:13 상).

    몸은
        주를 위하며
        주는
    몸을 위한다(고전 6:13 하).

    왜냐하면 남자가
        여자에게서 난 것이 아니요
        여자가
    남자에게서 났으며(고전 11:8).

    남자가
        여자를 위하여 지음을 받지 아니하고
        여자가
    남자를 위하여 지음을 받은 것이니(고전 11:9)

    여자가
        남자에게서 난 것 같이
        남자도
    여자로 말미암아 났으나(고전 11:12).

    헬라인이나
        유대인이나
        할례당과
    무할례당이나(골 3:11 상).

로마서 2장 7-10절은 구문상 교착어법을 사용하며, 7절과 10절이 짝을 이루고 8절과 9절이 짝을 이루어 각기 대구를 이룬다. 일부 교착어법적인 구문들은 어떤 영역본들 속에서는 그렇게 명확히 나타나지 않는다. 로마서 10장 19절은 신명기 32장 21절을 인용하고 있는데, NIV와 NKJV에서는 대구처럼 보이나 사실은 하나의 교착어법을 사용하고 있다. NASB는 교착어법을 역순으로 표현한다.

>내가 너희를 시기나게 하리라
>>백성이 아닌 자로서
>>미련한 백성으로서
>내가 너희를 노엽게 하리라

헬라어로는 교착어법을 사용한 빌레몬서 1장 5절은 영어역본의 번역에서는 의미상 바뀔 필요가 있다.

>나는 네 사랑과
>>믿음,
>>>즉 네가 주 예수 그리스도와
>모든 성도들을 향해 가진 사랑을 듣는다. [36]

다른 교착어법의 예들은 다음과 같은 것이 있다.

>그리스도는 하나님의 능력이요
>>하나님의 지혜니라
>>하나님의 미련한 것이 사람보다 지혜 있고,
>하나님의 약한 것이 사람보다 강하니라(고전 1:24-25). [37]

---

36) NIV는 "주 예수와 및 모든 성도에 대한 네 사랑과 믿음이 있음을 들음이니"라고 번역한다.
37) Bullinger, Figures of Speech Used in the Bible, 362.

내가 무할례자(이방인의)에게 복음을 전함을 맡기를
베드로가 할례자에게 맡음과 같이 한 것을 보고
베드로에게 역사하사 그를 할례자의 사도로 삼으신 이가
또한 내게 역사하사 나를 이방인에게 사도로 삼으셨느니라(갈 2:7-8).

육체의 소욕은
성령을 거스리고
성령의 소욕은
육체를 거스르나니(갈 5:17).

더욱 긴 교착어법적 유형은 에베소서 2장 12-19절에서 나타난다. 다음은 각각의 요소의 요지들을 요약하고 있다.

밖에 있었고 … 외인이요(12절)
이제는 … 가까와졌느니라(13절)
둘로 하나를 만드사 중간에 막힌 담을 허시고(14절)
이는 이 둘로 자기의 안에서 한 새 사람을 지어 화평하게 하시고(15절)
한 몸으로 하나님과 화목하게 하려 하심이라(16절)
가까운 데 있는 자들에게 평안을 전하셨으니(17-18절)
이제부터 너희가 외인도 아니요 손도 아니요(19절) [38]

번역자들은 교착어법이 없는 곳에서 교착어법을 발견하고자 하거나, 교착어법이 의도되지 않은 본문들 속에서 교착어법을 슬그머니 써넣고 싶은 유혹

---

[38] Lund는 로마서, 고린도전서, 에베소서, 빌립보서, 골로새서, 빌레몬서에서 있는 다른 교착어법들을 나열한다(Chiasmus in the New Testament, 145-225). 그리고 웰치는 바울 서신들 각각에 나타나는 몇 몇 교착어법을 포함해서 신약의 수많은 교착어법들을 언급한다(John W. Welch, "Chiasmus in the New Testament," in Chiasmus in Antiquity, 211-249). 또한 다음과 같은 글들 속에 나오는 예들을 보라. Nels Wilhelm Lund, "The Presence of Chiasmus in the New Testament," Journal of Religion 10(1930):75-93, idem, "The Literary Structure of Paul's Hymn to Love," Journal of Biblical Literature 50(1931):266-276, idem, "The Significance of Chiasmus for Interpretation," 105-123, and E. Randolph Richards, The Secretary in the Letters of Paul (Tübingin:Mohr, 1991), 207-208.

을 피해야만 한다. 짧은 본문들은 더 쉽게 교착어법 구문들을 드러낸다. 본문이 길면 길수록 교착어법이 성령에 의해 의도되었는지를 확인하기가 더욱 어렵다.[39]

점강법

바울이 사용한 또 하나의 수사학적 고안물은 점강법 혹은 클라이막스다. 이것은 열거된 것 중 마지막 요소를 특별히 강조하는 것이다. 절의 마지막 단어나 구가 다음 절의 첫 부분에 반복되는 경우도 있다. 어거스틴은 이 유형을 인식하고 그것을 클라이막스라고 불렀는데, 라틴 사람들은 그라디오토(gradioto)라고 불렀다.[40] 이 '연쇄' 문구는 헬레니즘 문서에서는 대중적으로 사용되었기 때문에[41] 바울이 그것을 여러 번 강조해서 사용한 것은 놀라운 일이 아니다.[42]

로마서 8장 17절은 '후사'에서 '하나님의 후사'로 그리고 그 뒤 '그리스도와 함께한 후사'로 글이 흐르고 있다. 유사한 형태로 갈라디아서 4장 7절은 종에 대한 언급에서 아들로 그리고 그 뒤 유업을 이을 자로 글이 전개되고 있다. 믿는 자들을 그리스도의 사랑으로부터 떨어뜨릴 수 없음을 보여주기 위해 바울이 나열한 10가지 단어들은 클라이막스적이고 모든 것을 내포하는 구절인 '다른 아무 피조물이라도'(롬 8:38-39)라는 말로 결론을 맺는다.

로마서 8장 19-30절의 연쇄 고리 구문에서 '미리 정하시고' '부르시고' '의롭게 하시고'라는 단어가 각각 두 번 언급되어 믿는 자들이 영화롭게 되는 클라이막스로 끝난다. 로마서 5장 2-5절은 다음과 같은 형태 속에서 나타나듯이 이

---

39) Thomson은 그의 탁월한 논의를 통해 더욱 긴 본문들 속에 담긴 몇몇 교착어법을 제시하고 있는데, 그가 제안한 요소들은 로마서 5장 15-21절과 골로새서 2장 6-19절에서 나타나는 것들과는 모두 일치하고 있는 것 같지는 않다(Thomson, Chiasmus in the Pauline Letters, 236-237).
40) Augustine On Christian Doctrine 4, cited in Frank Witt Hughes, Early Christian Rhetoric and 2 Thessalonians(Sheffield : Sheffield Academic, 1989), 19-20.
41) Raymond Bailey, Paul the Preacher(Nashville: Broadman, 1991), 91.
42) 1세기 로마의 수사학자인 Quintilian은 어떤 사람이 단어들의 힘을 증폭시키거나 높이는 하나의 방법은 단어들 위에 단어들을 쌓아 단계적으로 '가장 높은 정도로 나아가거나 심지어 그 이상까지 나아가는 것'이라고 말했다(On the Education of an Orator 8.4.3).

어지는 구절들 속에 반복된 주요 낱말들을 통해 이루어진 연쇄 고리가 계단식 유형을 나타낸다.[43]

    기뻐하라
    기뻐하라
        고난들
        고난
            인내
            인내
                성품
                성품
                    소망
                    소망

점강법으로 이어지는 이런 계단식 유형은 또한 로마서 10장 13-15절에서 사용되었다.

    부르는 자
    부르리요
        믿지
        믿으리요
            듣지
            들으리요
                전파하는 자
                전파하리요
                    보내심

---

43) Kummel은 이 수사학적 형태는 소리테스(sorites)로 불린다고 지적한다(Werner G. Kummel, Exegetical Method, ed. Otto Kaiser and Werner G. Kummel, trans. E. V. N. Goetchius and M. J. O'Connell, rev. ed. [New York: Seabury, 1981], 61).

고린도전서 15장 12-14절은 다음과 같이 유사한 계단식 클라이막스를 갖고 있다.

> 다시 살아나셨다 전파되었거늘
> 너희 중에서 어떤 이들은 어찌하여 죽은 자 가운데서 부활이 없다 하느냐
> 만일 죽은 자의 부활이 없으면
> 그리스도도 다시 살지 못하였으리라
> 그리스도께서 만일 다시 살지 못하셨으면
> 우리의 전파하는 것도 헛것이요
> 또 너희 믿음도 헛것이며

같은 장의 16-17절들은 유사한 논지 유형을 갖고 있다.

> 만일 죽은 자가 다시 사는 것이 없으면
> 그리스도도 다시 사는 것이 없었을 터이요
> 그리스도께서 다시 사신 것이 없으면
> 너희의 믿음도 헛되고
> 너희가 여전히 죄 가운데 있을 것이요

바울은 대구, 변화, 인클루시오, 교착어법, 점강법과 같은 유형들을 능숙하게 사용함으로써 그의 서신들을 듣고 읽는 사람들에게 그의 말의 영향력을 높일 수 있었을 것이다. 이런 언어적 유형들은 오늘날의 독자들에게도 같은 효과를 줄 수 있다.

 토 의 하 기

■ 당신은 격언들을 활용하여 가르칠 수 있는가? 당신의 학생들이 배운 성경 진리들을 요약해줄 몇몇 격언들을 만들어볼 수 있게 하라.

■ 당신은 동의어나 대조를 어떻게 활용할 수 있는가?

■ 당신이 가르칠 때 수업 내용을 녹음해두고 이를 집에서 들어보면서 어떤 숙어들을 사용했는지 살펴보라.

■ 성경 공부를 하면서 성경에 나오는 숙어들과 여러 구문적 유형들을 주의 깊게 살펴보고 이런 것들이 어떻게 뜻을 명료하게 해주고 강조해주는지 주시하라.

14 바울이 가르침에서 사용한 논리적 추론

'그리스도의 온유와 관용으로 친히 너희를 권하고'
고린도후서 10:1

바울이 매우 역동적인 교사가 될 수 있었던 또 하나의 요인은 논리의 사용에 있다. 그는 독자이자 배우는 사람들이 논리적이고 정확하게 사고하도록 돕고 그들에게 자신의 관점을 설득시키기 위해 많은 논리적 기술들과 여러 논쟁 어법들을 도입했다. 그의 논리적인 설명을 통해 그들은 어떤 가정들을 버림으로 관련된 결론에 도달하게 되고, 거짓된 관념들을 떠나 올바른 개념들을 갖게 되었다.

포르티오리(Fortiori) 논리적 추론

포르티오리로 알려진 논리를 사용하는 사람은 작은 것에서부터 더 큰 것으로,[1] 혹은 큰 것에서부터 더 작은 것으로 논리를 펼쳐간다. 어떤 사람이 어떤 한 전제를 사실로 받아들이면, 거기에서 끌어낸 결론 역시 논리적이고 훨씬 더 사실적이라고 간주된다.

쉽게 수용되는 첫번째 전제에 적법성을 부여할 때 독자는 두번째 전제 역시

---

[1] Rabbi Hillel(B.C. 30 - A.D. 9)은 이런 논리 형태를 qal wahomer('가볍고 무거운')라고 불렀다. Hillel의 일곱 가지 해석 법칙들에 관해서는 다음을 보라. E. Earle Ellis, Paul's Use of the Old Testament(Grand Rapids:Eerdmans, 1957), 41, and Richard N. Longenecker, Biblical Exegesis in the Apostolic Period(Grand Rapids:Eerdmans 1975), 117-118.

적법한 것으로 받아들일 수밖에 없게 된다. 만일 어떤 전제가 확실하다면 다른 것은 훨씬 더 그렇게 된다. 바울은 특히 강렬한 논리적 형태로 배열된 로마서와 고린도전·후서에서 이 강력한 설득이 갖는 장점을 활용했다. 잘 알려진 '얼마나 더 ~하겠는가?'라는 어구는 로마서 5장에서 무려 네 번이나 나온다. 믿는 자들은 의로워지기 때문에 확실히 하나님의 '진노하심에서 구원을 얻을' 것이며(5:9), 그의 죽음으로 화해케 됨으로 '그의 살으심을 인하여 구원을 얻을' 것이다(5:10).[2] 아담의 죄가 인류에게 영적 죽음을 초래했다면, 그리스도를 통해 많은 사람들에게 흘러 넘치게 된 하나님의 은혜는 훨씬 더 중대한 의미를 갖는다(5:15). 한 사람의 죄로 인해 사망이 왕 노릇하였으나 믿는 자들이 예수 그리스도 한 분으로 말미암아 생명 안에서 왕 노릇하게 된 사실은 훨씬 큰 영향력을 갖는 것이다(5:17).

믿는 이방인들이 믿는 유대인들과 하나님의 은혜를 공유한다는 사실을 설명하기 위해 사도 바울은 전자를 참감람나무에 접붙여진 돌감람나무에 비교했다(11:24).[3] 그런 뒤 포르티오리(fortiori) 논지를 사용해서 바울은 믿는 유대인들('원래의 가지들')이 하나님의 축복('그들 자신의 감람나무에 접붙임되는 것')을 즐겨야 함을 나타내주는 질문을 강력히 던졌다.

모세의 법은 사람들의 죄를 정죄하는 역할을 했다. 그러므로 그것이 영광스럽다면 '의를 가져다주는' 새로운 언약의 사역은 '훨씬 더 영광스러운' 것이다(고후 3:9). 영광스러운 모세의 법은 사라졌다. 따라서 '영속되는' 성령의 사역의 영광은 '훨씬 더 큰' 것이다(3:7-8, 11).

이런 포르티오리 논리 속에서 바울은 더 작은 사실에서 더 큰 사실로 나아가고, 받아들여진 진리에서 훨씬 더 심오한 사실로 나아가는 추론을 했다. 그런데

---

[2] 예수님의 죽음과 그의 현재의 삶 사이의 대조는 주목할 만한 비교점을 제시해주는데, 이것은 그가 지금 살고 있는 현재의 부활 승천한 상태의 가치를 강조하는 것이다.

[3] 이것은 실제로는 일반적인 농업 과정과는 반대되는 것이었다. 왜냐하면 일반적으로는 배양된 감람나무가 야생의 감람나무에 접붙임되었기 때문이다. 그러나 바울은 그의 예화의 목적을 달성하기 위해 보통의 과정을 뒤집었던 것이다. 즉 그의 요지는 '본성과는 반대되는 것'이었다(11:24).

이제 다음과 같은 경우들에서는 반대 방향으로 논리를 폈다. 즉 큰 내용을 가진 어떤 것이 적법하다면 더 작은 사실 역시 의심할 바 없이 사실이라는 것이다. 이 두번째 접근법은 여러 구절들에서 나타난다. 로마서 8장 31절에서 바울은 "만일 하나님이 우리를 위하시면(더 큰 사실), 누가 우리를 대적하리요?"(더 작은 사실)라는 수사학적 질문을 던졌다. 하나님께서 믿는 자들을 옹호해주시므로 그들을 대적할 만큼 강한 사람은 전혀 없는 것이다. 그리고 사도 바울은 만일 그리스도께서 자신을 기쁘게 하지 않으셨다면(더 큰 진리), 그리스도인들도 자신을 기쁘게 하기보다는 다른 사람들을 돕는 일에 관심을 쏟아야 한다고(더 작은 사실, 15:2-3) 썼다. 성도들은 세상을 판단할 것이기 때문에,[4] 분명히 그들은 사소한 사건들을 지금 판단할 수 있어야만 할 것이다(고전 6:2). 마찬가지로 믿는 자들은 천사들을 심판할 것이므로,[5] 성도들은 '이생의 것들'(비오티코스, biōtikos, 이 땅의 일상생활과 관련된 문제들, 6:3)을 능숙하게 판단할 수 있어야만 한다.

바울은 '신령한 것을 뿌렸기' 때문에, 즉 일부 고린도 교인들을 그리스도께로 인도했기 때문에 그는 그들로부터 '육신의 것'을 받을 권리, 즉 그들로부터 재정적으로 지원받을 권리를 갖고 있었다(9:11). 또한 다른 사람들이 그런 권리를 갖고 있다면(그 수가 많으므로 중대성이 더 큰), 바울과 소스데네(1:1, 오직 두 사람) 역시 그 권리를 갖고 있는 것이다(9:12).

---

4) 여기에서 사용된 '심판한다'는 것은 다스린다는 의미일 것이며, 동사의 미래 시제는 '성도들이 창조된 우주를 다스리는 그리스도의 통치하심을 나눌' 천년 왕국을 가리킨다(Archibald Robertson and Alfred Plummer, A Critical and Exegetical Commentary on the First Epistle of St. Paul to the Corinthians, 2d ed.,(Edinburgh:Clark, 1914), 111]. 다니엘 7장 22절, 마태복음 19장 28절, 디모데후서 2장 12절, 요한계시록 5장 10절, 20장 4절, 6절, 22장 5절을 비교하라. 그리스도와 함께 다스린다는 것은 그리스도의 대리인들로서 사법적인 결정들을 내리는 것을 포함할 수 있다.

5) 천사들을 심판하는 것은, 성도들이 그리스도와 함께 다스릴 때 권위를 발휘할 최고 높은 피조 계층을 시사한다(ibid., 112). 혹은 이것은 성도들이 그리스도께서 천년 왕국의 말미에 타락한 천사들에게 심판을 내리는(유다의 표현에 따르면 '마지막 큰 날의 심판' 때 타락하고 자기 지위를 지키지 않은 천사들을 심판하는, 유 1:6) 일에 동참하는 것을 가리킬 수 있다. 즉 아마도 적그리스도인 사탄과 사탄의 거짓 선지자를 불 못에 빠뜨리게 되는 때를 나타낼 수 있다(계 20:10).

리덕티오 애드 앱서덤(Reductio ad absurdum)

이 논리 추론은 논리자가 어떤 사람의 견해를 부조리한 논리적 결과로 퇴색시키고자 할 때 사용된다. 어떤 입장이 논리적으로 부조리하다고 판단되면 그 견해는 견지할 수 없는 것이 된다.

만일 어떤 사람이 율법을 지켜야만 구원얻고 영생을 상속받을 수 있다면, 이 전제는 믿음이 아무 가치가 없게 되고 아브라함에게 주신 약속(믿는 자는 믿음으로 의롭게 된다)은 무가치하게 된다는 부조리한 결론에 이르게 된다고 바울은 지적했다(롬 4:14).

고린도 교인들은 일부는 바울을, 일부는 아볼로를, 일부는 게바를, 또 어떤 이들은 '그리스도'를 추종한다고 다투며 서로 분열되었는데, 바울은 만일 그렇다면 그 논리에 따라 그리스도가 분열되었거나 바울 자신이 그들을 위해 십자가에 못 박히고 그들에게 세례를 준 꼴이 된다고 주장했다(고전 1:13-14).

몇몇 그리스도인들은 다른 사람들보다 우월하다고(다른 사람들의 은사는 필요치 않다고) 생각했는데 여기에서 기인한 논리적 부조리는 마치 인간의 몸에는 눈과 같은 한 부분만이 필요하다고 가정하는 것과 같았다(12:14-19). 이 얼마나 부조리한 결론인가! 리덕티오 애드 앱서덤 논리를 보여주는 다른 예들은 고린도전서 15장 14절, 32절, 갈라디아서 3장 3절, 4장 9절, 5장 11절에서 발견할 수 있다.

여러 관념들 속의 이런 부조리한 결론들을 지적함으로써 그런 견해들이 지닌 오류성이 드러나기 때문에 그런 견해에 반대하는 바울의 논지가 강한 일침을 가할 수 있었다.

논 세키터(Non Sequitur)

논 세키터 논리를 사용하는 사람은 반대자가 주장하는 결론이, 제시되고 있는 전제와 논리적으로 맞지 않음을 보여준다.

바울은 로마서 3장 3-4절에서 일부 유대인들이 그리스도를 믿지 않는다는 사실(바울의 전제)이 하나님의 미쁘심을 폐할 수 없다고 말했을 때 이런 방식으로 논리를 전개했다. 또한 3장 5-6절에서 하나님께서 불신자들에게 진노를 내리시는 것은 그분이 불의하시다는 것을 뜻하지 않는다. 하나님께서 구원받지 않은 자를 심판할 수 없으시다면 그분은 세상의 심판관으로서의 역할을 수행할 수 없으시기 때문에 하나님이 불의하다는 말은 논리적으로 맞지 않게 된다.

로마서 3장 9절에서 첫번째 전제, 즉 죄가 하나님의 참되심과 영광을 밝히 드러낸다는 사실이 논리적으로 죄를 지어도 된다는 결론으로 이끌지는 않는다(3:7). 또한 모든 사람들이 '죄 아래에' 있기 때문에 유대인들이 이방인들보다 낫다고 가정하는 것은 잘못된 것이다(3:9).

죄가 증가할 때 하나님의 은혜가 증가하기 때문에(5:20) 사람들은 죄를 더 많이 지어야 한다(6:1)고 주장하는 사람이 있다고 가정해보라. 바울은 그 잘못된 개념을 다음과 같은 논 세키터로 반박했다. 즉 그리스도인들은 죄에 대해서는 '죽었고' '새로운 삶을 살아야만' 하기 때문에 계속 죄를 짓거나 죄 '안에 살아서는' 안 된다는 것이다(6:2, 4). 그리고 믿는 자들이 율법 아래에 있지 않으므로 죄는 허용될 수 있다고 어떤 사람들이 주장한다면, 그것 역시 논 세키터가 될 것이라고 바울은 썼다. 왜냐하면 죄는 영적 노예 상태를 초래하고, 반면에 그리스도인들은 '죄로부터 자유롭게 되어야만 하기' 때문이다(6:15-18). 또한 3장 31절을 보라.

아규멘텀 애드 호미넴(Argumentum ad Hominem)

이 유형의 논리적 추론 기술에 따르면 논리자는 적대자의 주장보다는 적대자를 직접 공격함으로써 반대 견해를 반박하는 주장을 펼친다. 가령 바울은 '~너는 누구뇨?' (롬 14:4)라는 비하하는 질문을 통해 다른 사람들을 잘못 판단하는 로마인들에 맞섰다. 그리고 고린도인들에게는 "깨어 … 죄를 짓지 말라 하나님을 알지 못하는 자가 있기로 내가 너희를 부끄럽게 하기 위하여 말하노라"(고전 15:34)는 글을 썼다. 바울은 이와 같은 논지를 단지 몇 번만 사용했다. 그는 갈라디아 교인들을 '어리석도다'(갈 3:1)라고 한 뒤 '너희가 이같이 어리석으냐?'(3:3)[6]라는 말을 부가시켰다. 할례를 구원의 필수조건으로 내세웠던 유대주의자들이 스스로 베어버리기를 원했다는 것은(갈 5:12) 유대주의자들을 직접 반박하는 신랄한 풍자적 주장, 즉 아규멘텀 애드 호미넴이라고 할 수 있다.

중간 배제 논리(Excluded Middle)

이 논리 형태에 따르면 논리자는 오직 두 개의 서로 상반된 의견만이 있는 상황 속에 존재함을 보여준다. 중간 지점은 존재하지 않으므로 두 개의 양극단의 입장들 중 하나만을 취해야 한다. 이 논지는 종종 어떤 사람이 두 개의 선택에 직면했을 때 올바른 선택을 하도록 유도한다. 바울은 하나님(영적 성장을 가져오시는 분)과는 대조되게 심고 물 주는 자들(하나님의 종들)로 역할을 비하함으로써 바울이나 아볼로를 따르는 분열된 고린도 교인들의 어리석음을 강조했다(고전 3:5-7). 사람은 어리석고 오직 하나님만이 영적 발전을 가져오시기 때문에 선택은 명확해졌다.

바울은 또한 두 가지 태도 가운데 그가 어떤 태도를 가지고 그들에게 나아가야 하는지를 제시했다(4:21). 그리고 그는 '너희가 주의 잔과 귀신의 잔을 겸하여 마시지 못하고'(10:21)라고 말함으로써 어떤 세번째의 '중간' 선택권을 배제시켰다. 이것은 우상 숭배를 통해 사단을 숭배하는 것을 피해야 함을 의미하는 것이었다. 율법을 지킬 때 성령을 받는 것이 아니므로 갈라디아 교인들은 믿음으로 성령을 받아들여야만 했다(갈 3:2, 5). 바울이 이런 양극단의 선택권을 제시한 것은 갈라디아 교인들이 율법을 지킴으로 인해 영적으로 성장하려는 노력을 일관성 있게 하지 못했음을 보여준다. 또한 영생의 '상속'은 모세

---

[6] 두 경우 모두에서 아노이토이(anoētoi)라는 단어가 사용되었다. 이것은 지적 능력이나 지혜가 결여되어 있음을 나타낸다. 신약에서는 이 단어가 오직 바울 서신들 속에서 나타난다(롬 1:14, 갈 3:1, 3, 딤전 6:9, 딛 3:3).

의 법을 지키는 것에 달려 있지 않고 하나님의 약속에 달려 있다(3:18). 이것은 두 가지 모두에 근거를 둘 수 없다. 그리고 영생은 분명히 율법을 지킴으로써 얻을 수 있는 것이 아니라 하나님의 약속을 믿는 믿음 위에 기초한다. 중간 지점을 배제하는 다른 예들은 13장에서 논의한 대구들 속에서 볼 수 있다.

비모순(Noncontradiction)

비모순이란 설명하는 사람이 종종 질문의 형태로 하나의 논지를 제시하는 종류의 추론법이다. 이것을 듣는 사람은 '예' 아니면 '아니오'로 응답해야만 한다. 그 목적은 반대자에게 옹호자의 견해를 인정하고 바람직하지 않은 선택권을 버리도록 촉구하게 만드는 데 있다.

"하나님은 홀로 유대인의 하나님뿐이시뇨?"(롬 3:29)라는 질문은 분명 부정적인 대답을 내포하는데, 이를 통해 하나님께서는 유대인과 이방인 모두를 다스리시는 분이라는 바울의 입장을 확인하는 것이다. 바울은 로마서 4장 9절에서 유사한 논지를 폈다. 아브라함이 할례 전에 의롭게 되었는지 혹은 할례 후에 의롭게 되었는지에 대해 묻는 것은 할례가 이신칭의에 아무런 영향을 미치지 못함을 강조하는 의미 있는 방식이다.

때때로 비모순적인 논리법으로 제기한 질문에 대한 대답은 로마서 11장 1절의 "그러므로 내가 말하노니 하나님이 자기 백성을 버리셨느뇨? 그럴 수 없느니라"와 11절의 "그러므로 내가 말하노니 저희가 넘어지기까지 실족하였느뇨? 그럴 수 없느니라"에서 바울이 보여주었듯이 논지를 전개시켜가는 사람 자신이 제공한다.

논리를 전개하는 사도 바울이 이 기술을 어떻게 종종 사용했는지를 보려면 다음의 각 구절들을 살펴보면서, 각각의 구절 옆에 바울이 긍정적인 대답을 기대했는지 혹은 부성석인 대답을 기대했는지를 적어보라.

롬 6:16	고전 9:1 상	고전 9:24	고후 11:7
롬 7:1	고전 9:1 중	고전 10:16	고후 12:17
롬 9:21	고전 9:1 중하	고전 10:18	고후 12:18 상
롬 10:18	고전 9:1 하	고전 10:19	고후 12:18 하
롬 10:19	고전 9:4	고전 11:13	갈 3:4
롬 11:1	고전 9:5	고전 11:14	갈 4:16
롬 11:11	고전 9:6	고전 11:15	살전 2:19 하
고전 3:3 상	고전 9:9	고전 12:29-30 (일곱 개의 질문들)	살후 2:5
고전 3:3 하	고전 9:10		

유추(Analogies)

바울은 또한 그의 관점을 지지하기 위해 유추들을 사용했다. 유추 속에서는 친숙하지 않는 어떤 것이 친숙하거나 이미 받아들여진 사실과 비교되어서 듣는 사람들에게 유추된 상대 요소를 받아들이듯이 덜 친숙한 것을 기꺼이 받아들이도록 권유하게 된다.[7]

바울이 로마서 5장 19절과 21절에서 "마치 ~하듯이 또한 ~하다"라는 절들을 통해 설명하였듯이 아담과 그리스도 사이에는 유사성이 존재한다. 한 사람의 죄의 결과들을 인정하는 독자들은 그리스도를 통해 소유할 수 있게 된 의와 영생의 진리를 받아들일 수 있게 될 것이다. 제사장들이 성전에서 희생 제물로 드려진 동물들의 고기를 먹을 수 있도록 허락받듯이, '같은 방식으로' 복음을 전하는 사람들은 그들이 섬기는 사람들로부터 재정적 지원을 받게 된다(고전 9:13-14). 유추 양식에 따라 받아들여진 하나의 전제는 다른 것을 수용할 수 있도록 유도한다.

고린도전서 11장 12절의 말씀, 곧 '여자가 남자에게서 난 것같이 남자도 여자로 말미암아 났으나' 속에는 하나의 유사점과 하나의 대조점이 제시되어 있

---

7) 유추는 '~인 것처럼 ~ 하다'와 같은 유형의 구문을 사용한다. 직유는 '~와 같은' '~으로'를 사용하고 (예를 들어, '하나님의 일군으로,' 고후 6:4), 은유는 '~이다' '~되다'와 같은 동사형을 사용한다('너희는 하나님의 밭이요,' 고전 3:9).

다. 남자와 여자의 본성과 기원들은 서로 다를지라도, 그것들은 어떤 면에서 남성과 여성이 서로에게 자신의 근원을 두고 있기 때문에 유추성을 갖고 있다. 즉 하와는 아담으로부터 왔고, 그 이후로 모든 사람은 자기 어머니의 뱃 속에서 태어난다. 바울은 자신의 온전함을 확인하는 가운데, 하나님께서 열매를 맺으시듯이 그 자신의 메시지가 신실하고 믿을 만한 가치가 있다고 진술했다(고후 1:18).

바울은 로마서 6장 4절, 고린도후서 1장 5절, 골로새서 3장 13절에서 그리스도와 믿는 자들 사이에 어떤 유사성을 비교하고 있는가? 인간이 만든 언약과 하나님의 약속들 사이에는 어떤 유사성이 있는가?(갈 3:15) 한 가정의 아들들은 영적 자녀들과 어떤 유사점이 있는가?(갈 4:2-3) 하갈과 사라는 어떤 면에서 유사성을 갖는가?(갈 4:22-31) 아내들과 교회 사이에 핵심적인 유사성은 무엇인가?(엡 5:24) 남편들과 그리스도 사이의 핵심적인 유사성은 무엇인가?(엡 4:29) 모세 시대의 얀네와 얌브레는 바울 시대의 거짓된 교사들과 어떤 유사점이 있는가?(딤후 3:8)

귀납법(Jnductions)

귀납법적 추론은 몇 가지 관찰이나 사례들로부터 일반적인 결론으로 주장을 전개해나간다. 어떤 전제들을 기초로 결론들을 도출해낼 수 있다. 바울은 '따라서' '결과적으로' '그렇다면' 이라는 단어들을 통해 그런 전제에 기초한 결론들을 도입했다.

'따라서' 나 '그렇다면' 에 해당하는 일반적인 헬라어는 운(oun)인데, 바울은 이 단어를 백 번 정도나 사용했다. 사도 바울이 독자들을 설득하려고 수많은 논리적 방법들을 사용했던 로마서에서 그중 절반 정도의 예가 나온다. 잘 알려진 예들은 로마서 5장 1절("그러므로 우리가 믿음으로 의롭다 하심을 얻었은즉 우리 주 예수 그리스도로 말미암아 하나님으로 더불어 화평을 누리자")과 12장 1절("그러므로 형제들아 내가 하나님의 모든 자비하심으로 너희를 권하노니 너희 몸을 하나님이 기뻐하시는 거룩한 산 제사로 드리라 이는 너희의 드릴 영적 예배니라")이다. NIV는 22번이나 이 운(oun)을 '따라서' (therefore)로 번역하고, 35번이나 '그렇다면' (then, 예 - 2:21, 3:1)으로, 11번을 '그래서' (so, 예 - 11:5, 딤후 1:8)로, 2번은 '그렇기 때문에' (so then, 고전 8:4, 골 2:6)로 그리고 1번은 '이제는' (now, 딤전 3:2)으로 번역하고 있다. NIV에서는 운(oun)이 25번이나 번역이 생략되어 있다.[8]

더 강한 헬라어 추론 단어는 아라(ara)인데 이것은 바울 서신에서 27번 나타난다. 이것 역시 다음과 같이 여러 가지로 번역되어 있다. '또' (고전 15:15), '또한' (15:18), '그런즉' (갈 3:7), '그리하였으면' (갈 5:11).[9] 아라(ara)는 논리적 결과나 연속 혹은 이전에 주장되었던 것을 소개하는 것이다.[10]

아라(ara)와 운(oun)을 복합적으로 사용함으로써 12번이나 더욱 강한 논리적 추론이 제시되어 있다. NIV는 세 가지 방식들로 이 복합적 구문을 번역한다. 즉 '그렇다면' (롬 7:3, 25, 14:12, 살전 5:6, 살후 2:15, 개역 성경은 '그러므로' '그런즉' '이러므로' 또는 '그러므로' 라고 번역), '결과적으로' (롬 5:18, 엡 2:19, 개역성경은 '그런즉' '그러므로'), '따라서' (롬 8:12, 9:16, 18, 14:19, 갈 6:10, 개역성경은 '그러므로' '그런즉' '이러므로' '그러므로' 라고 번역).

운(oun)의 또 하나의 변형은 헬라어 토이가로운(toigaroun)인데 이것은 신약에서 오직 2번(살전 4:8, 히 12:1) 사용되었다. 이것은 앞에서 토의한 것에 기초한 강조적 결론을 나타내고 '바로 그 이유로 인해' 라고 번역될 수 있다.[11] 믿는

---

8) 여기에는 다음과 같은 구절들이 있다. 로마서 2장 26절, 4장 9절, 10절, 5장 9절, 10절, 6장 21절, 11장 11절, 13절, 14장 16절, 고린도전서 3장 5절, 6장 7절, 7장 26절, 9장 25절, 11장 20절, 16장 18절, 고린도후서 1장 17절, 7장 1절, 갈라디아서 3장 5절, 4장 15절, 빌립보서 2장 1절, 29절, 3장 15절, 데살로니가전서 4장 1절, 디모데전서 2장 8절, 디모데후서 2장 21절.
9) 이것 역시 NIV에서 번역되어 있지 않은 경우가 여러 번 있다(고전 5:10, 15:14, 고후 1:17, 5:15, 갈 2:21).
10) Walter Bauer, William F. Arndt, and F. Wilbur Gingrich, A Greek-English Lexicon of the New Testament and Other Early Christian Literature, 2d ed., rev. F. Wilbur Gingrich and Frederick W. Danker(Chicago:University of Chicago Press, 1979), 103-104.
11) Ibid., 821, cf. Fritz Rienecker, A Linguistic Key to the Greek New Testament, ed. Cleon L. Rogers, Jr.(Grand Rapids:Zondervan, 1980), 713.

자들로 거룩한 삶을 살도록 부르신 분은 하나님이시라는 사실에 비추어볼 때, 순결함에 대한 그의 교훈들을 배척하는 것은 사람이 아니라 하나님을 배척하는 것임이 분명하다고 바울은 기록했다.

연속적 결과를 보여주는 문장들의 첫 머리에 쓰이는 또 하나의 단어는 디오(dio, '따라서, 그러므로, 이런 이유로')로써 바울은 이 말을 26번 사용했다(예. 롬 1:24, 3:1, 고전 14:3, 고후 5:9, 엡 2:11, 살전 5:11).[12] 디오(dio)의 변형은 디오퍼(dioper, '그러므로')로써 신약에서는 바울이 오직 2번 사용했다(고전 8:13, 10:14). 논리적 귀납을 제시하는 다른 관련 단어들에는 다음과 같은 것이 있다. 디아 투토(dia touto, '이 때문에, 따라서, 이런 이유로'),[13] 호스테(hōste, '그래서, 따라서'),[14] 후토스(houtōs, '그래서, 그리하여' / '그렇기 때문에' (롬 1:15), '같은 방식으로' (6:11)]. 바울은 토이닌(toinyn, '그리하여, 따라서')은 단지 1번 사용했다(고전 9:26).

앞에서 언급한 전제들로부터 추론된 결론들에 관한 이런 많은 예들은 바울이 귀납법적 추론으로 논의할 수 있는 능력이 있었음을 확실히 예증해준다. 의심할 바 없이 그의 서신들은 '복잡하고 열정적인 논지들로 가득 차 있다.'[15]

설명(Explanations)

바울은 수십 가지의 명령과 권고들 중 많은 것에 논리적인 설명을 덧붙였다. 이런 설명들 때문에 독자들은 그의 명령을 따를 수 있는 동기를 부여받았다.

---

12) dio는 보통 자명한 추론을 제시한다(Bauer, Arndt, and Gingrich, A Greek-English Lexicon of the New Testament and Other Early Christian Literature, 198).

13) 21번 나오는 디아 투토(dia touto)는 NIV에서는 '따라서' (롬 4:16, 5:12, 15:9, 고후 4:1, 엡 5:17, 6:13, 살전 3:7, 딤후 3:10), '이런 이유로' (고전 4:17, 11:10, 엡 1:15, 골 1:9, 살전 3:5, 살후 2:11) 그리고 몇몇 유사한 용어들로 번역되어 있다.

14) 바울은 추론적 의미에서 호스테(hōste)라는 단어를 24번이나 사용했는데 고린도전·후서에서 가장 빈번히 사용했다. 호스테(hōste)와 관련되어 더 잘 알려진 용례 중 하나는 고린도전서 15장 58절에 나온다. "그러므로(hōste) 내 사랑하는 형제들아 견고하며 흔들리지 말며 항상 주의 일에 더욱 힘쓰는 자들이 되라…" 이런 권고들은 바울이 15장 12-57절에서 논의한 몸의 부활과 관련된 진리로부터 나오고 있다.

15) Neil Asher Silberman, "The World of Paul," Archaeology 49(November/December 1996):30.

어떤 때는 제시된 진리들에 대해 논리적 이유들이나 설명을 제시했다. 이런 설명적 진술들의 첫머리에는 당연히 '왜냐하면' 혹은 '때문에' 라는 단어가 붙었다.[16]

이 주제에 대해 보다 깊이 연구하려면 바울 서신들을 자세히 읽으면서 그가 진술한 모든 설명이나 이유를 주목하고 그것이 지지하는 진리나 명령을 주의 깊게 살피라. 데살로니가전서나 디모데전서처럼 비교적 짧은 서신부터 시작하는 것이 도움이 될 것이다.[17]

관련 성구	사 실	설 명
롬 8:1-2	그리스도 안에 있는 자들에게는 결코 정죄함이 없다	왜냐하면 성령의 법이 그들을 죄와 사망의 법에서 해방하였기 때문이다
롬 8:6-7	육신의 생각은 사망이다	왜냐하면 육신의 생각은 하나님과 원수가 되기 때문이다
롬 8:12-13 상	우리는 육신에게 져서 육신대로 살아서는 안 된다	
롬 8:13 하 - 14		
롬 8:19-20		
롬 8:23-24		
롬 14:10		
롬 14:16 - 17		
롬 15:2-3		
롬 16:17 하 - 18		
엡 5:6		
엡 5:8 상 - 9		
엡 6:1		

---

16) 헬라어 가르(gar)는 바울 서신에 300번 이상 나오는데, 그중 1/3 이상이 로마서에 나온다. 때때로 바울은 '왜냐하면' 과 '때문에' 라는 단어를 생략하고 단순히 그 이유를 선포했다. 가령, 빌립보 교인들에게 그가 가르칠 것을 실천하도록 촉구한 뒤에 '그리하면 평강의 하나님이 너희와 함께 계시리라' 고 기록했다(빌 4:9).

17) 앞에서 논의한 대로(각주 13번을 보라), 디아 투토(dia touto)라는 구는 하나의 추론점을 시사하기 위해 바울의 글에서 21번 나타난다. 또한 여러 차례 설명의 도입부로 사용되고 있다. 이런 예들 속에서는 NIV는 그것을 '이를 인하여' (this is why, 롬 13:6, 고후 13:10), '이러므로' (that is why, 고전 11:30), '이로 인하여' (by all this, 고후 7:13), '이를 인하여' (because of such, 엡 5:6)로 번역하고 있다.

다이아트라이브(diatribes)

당신이 가르치면서 관점을 제시하거나 교리적 진리를 설명하거나 혹은 어떤 개념을 제안했을 때 한두 명의 학생들이 동의하지 않는 것을 경험했을지도 모른다. 아니면 몇몇 학생들이 반별 토론 시간에 당신이 가르친 내용에서 잘못된 결론을 도출하는 것을 발견한 적도 있을 것이다. 그래서 당신은 그것을 교정해주고 잘못된 가정을 명확하게 해주었을 것이다.

그런데 학급에서 이런 종류의 학생의 반응을 해결할 수 있는 하나의 방법은 그들의 반대나 잘못된 반응을 예상해서 당신 자신이 그런 반응을 미리 제시해보는 것이다. 학생들이 질문해올 것 같은 질문들을 가상의 대화를 통해 제시한 뒤 거기에 답하는 것을 다이아트라이브라고 부른다.[18]

강의 중에 상반된 견해를 지닌 두 사람(당신과 가상의 학생) 사이의 가설적인 대화를 보여줌으로써, 학생들이 결론을 수정하고 당신의 견해를 받아들이도록 설득함과[19] 동시에 학생의 이해를 촉진시켜줄 수 있다.

바울은 그의 서신들 중 특히 로마서에서 다이아트라이브 논리를 많이 사용했다. 이 논리법이 바울 시대뿐만 아니라 바울 이전의 몇 세기 전에도 보편화된 가르침의 형태였음을 감안해보면, 이것은 자연스러운 것이었다. 예를 들어서 여러 철학자들이 흔히 이 교육적 기술을 활용했는데, 그 중에는 비온(Bion), 텔레스(Teles), 키케로(Cicero, B.C. 106-43), 세네카(B.C. 4 - A.D. 65), 유대인 철학자 필로(Philo, 약 B.C. 13 - A.D. 45), 플루타크(Plutarch, A.D. 46 - 110?), 스토아 철학자 무소니우스 루퍼스(Musonius Rufus)와 그의 제자 에픽테토스(Epictetus, 약 A.D. 55 - 135), 디오 크리소스톰(Dio Chrysostom), 2세기의 웅변가 허모게네스(Hermogenes)가 있었다.[20] 그리스·로마 세계를 여행한 사람이라면 누구나

---

18) E. W. Bullinger는 이것을 대화라고 부른다[Figures of Speech Used in the Bible (London: Eyre and Spottiswoode, 1898, reprint, Grand Rapids:Baker, 1968), 898-899].
19) Eduard Lohse, The New Testament Environment, trans. John E. Steely(Nashville: Abingdon, 1976), 247.
20) Stanley K. Stowers, "The Diatribe," in Greco-Roman Literature and the New Testament, ed. David E. Aune(Atlanta:Scholars, 1988), 48-78, Abraham J. Malherbe, "Mē Genoito in the Diatribe and Paul,"

다이아트라이브를 알고 있었을 것이다. 왜냐하면 "학교는 일단의 학생들을 교사가 시장이나 체육관이나 스토아에 불러 모으는 식으로 대중들 앞에서 운영된 적이 많았기 때문이다."[21]

그런데 바울이 서신들 속에서 사용한 다이아트라이브는 논쟁을 불러일으키고 호언장담을 일삼고 배회하는 퀴닉(Cynic)파적인 거리의 재담꾼들의 문체를 따르지 않았다. 대신에 그의 다이아트라이브는 철학자들이 그들의 학교에서 사용했던 교육적 문체를 따랐다.[22] 그의 대화는 '두 부류의 적들이 논쟁을 일삼는 식이 아니라, 교사가 학생들을 진리로 이끌어가는 식의' 유형을 보여준다.[23]

바울은 아무 생각 없이 그리스·로마의 교사들과 저술가들의 다이아트라이브를 그대로 따르기보다는 그의 회중들에게 맞춘 다이아트라이브를 보여준다. 그는 가상의 대화자에게 질문을 던지고 질문자로 여겨지는 사람의 마음에 가설적인 질문이 떠오르도록 만들었다. 그래서 그는 가상의 토의 상대자에게 간결한 대답을 제공하고(종종 메 게노이토, mē genoito, '결코 그렇지 않다'는 말로), 종종 그의 응답에 이유를 달았다. 그리고 때로는 질문자를 경멸조의 별명으로 언급했다.

담화(Discourses)라는 글에서 다이아트라이브를 널리 사용한 에픽테토스

Harvard Theological Review 73(1980):231, and George C. Kustas, Diatribe in Ancient Rhetorical Theory(Berkeley, Calif.: Center for Hermeneutical Studies in Hellenistic and Modern Culture, 1976), 5, 7, 9. diatribe는 또한 헬라의 극작가(ibid., 10,12) Menander(B.C. 343-291)에 의해 사용되었는데, 바울은 고린도전서 15장 33절에서 Menander의 Thais 218을 인용했다. Menander의 글은 바울 시대에 높은 평가를 받았다(Abraham J.Malherbe, "The Beasts at Ephesus," Journal of Biblical Literature 87(1968):73]. 익명의 Rhetorica ad Herennium(약 B.C. 80) 역시 수사학에서 '가설적 대화'를 언급하고 있다(4,52,65). 다이아트라이브에 대한 스토아 철학자의 용례들을 보려면, Stowers, "The Diatribe," 76-80에 있는 Epictetus의 염려에 대한 강의(Discourses 2.13)의 발췌문을 보라. 다른 예들에 관해서는 The Diatribe and Paul's Letter to the Romans, 86-118을 보라.

21) Stowers, "The Diatribe," 81.

22) Ibid., 73, and idem, The Diatribe and Paul's Letters to the Romans(Chicago, Calif.:Scholars, 1981), 175.

23) The Diatribe and Paul's Letter to the Romans, 165, 174-175, 177. "로마서는 그가 일단의 그리스도인들을 가르칠 때 사용한 문체로 쓰여져 있다"(Ibid., 182). "바울의 '학교'라고 가장 잘 묘사될 수 있는 증거는 로마서에서 사용된 대화 문체이다"(Ibid., 183). 로마서에서 그는 유대교에 반대하는 논쟁에 휘말린 것이 아니라 로마의 신자들을 가르치고 있었다(Duane F.Watson, "Diatribe," in Dictionary of Paul and His Letters, ed. Gerald F. Hawthorne, Ralph P. Martin, and Daniel G. Reid(Downers Grove, Ill.:InterVarsity, 1993), 214].

(Epictetus)와 바울은 다이아트라이브를 도입한 점에서는 유사하나 바울은 에픽테토스보다 잘못된 결론을 더 많이 제기해서 거기에 답했다.[24] 가상의 학생의 마음에 떠오르게 되는 이런 거짓된 결론은, 그의 논지가 몇몇 독자들이 잘못된 유추를 이끌어내는 시발점이 되는 중대한 지점에 이르렀을 때 만들어졌다. 그러면 그는 그런 추론들을 반박하면서 그 이유를 제시했다. 이런 식으로 그는 있을 수 있는 오해와 반대를 상쇄시키면서 진리를 명확히 명시하고자 했다. 대부분의 다이아트라이브식 글들 속에 전형적으로 나타나는 그의 다이아트라이브에는 수사학적 질문들,[25] 그의 응답을 지지하기 위해 다른 글들에서 인용한 글들, 아이러니, 의인법 등이 포함된다.

사도 바울이 로마서에서 사용했던 다이아트라이브의 또 하나의 특징은 아포스트로피(apostrophe)로 알려진 비유적 표현이다. 아포스트로피는 한 개인(개인들)이 마치 앞에 있는 것처럼 '너(너희)는'으로 언급하는 것이다. 바울은 아포스트로피를 사용함으로써 편지의 수취인들을 전체적으로 언급하지 않고 마치 한 개인에게 말하는 것처럼 썼다. 그는 스스로 행한 것을 근거로 다른 사람들을 비난했던 가상의 사람에게(롬 2:1-5), 이방인들에 대한 자신의 우월성을 자랑하는 한 유대인 신자에게(2:17-29), 하나님의 절대 주권에 의문을 제기했던 한 사람에게(9:19-21), 유대인들에 대한 자신의 우월성을 자랑하면서 돌감람나무로 묘사된 한 이방인 신자에게(11:17-24), 다른 그리스도인을 비난하는 한 신자에게(14:4, 10) 직접 말하고 있다.[26] 바울은 2장 17-29절, 3장 1-9절, 3장 27절-4장 2절의 자랑하는 유대인에게 대답을 했다.[27] 아포스트로피를 사용함으로써 바울이 지적한 죄는 보다 더 개인적인 것이 되었고, 그로 인해 더욱 직접적인 영향력을 미쳤다.

표 20은 15개의 본문들 속에서 나타나는 바울의 여러 다이아트라이브 사용

---

24) Stowers, The Diatribe and Paul's Letter to the Romans, 148.
25) 바울이 질문들을 어떻게 사용했는지를 보려면 제11장을 참조하라.
26) Stowers, The Diatribe and Paul's Letter to the Romans, 79-81.
27) Stowers, "The Diatribe," 81, and Watson, "Diatribe," 214.

표 20: 바울의 다이아트라이브

관련 성구	전 제	잘못된 추론	1차적 간결한 대응	거부에 대한 이유
로마서 2:1-5	전 인류는 타락했고 유죄 선고받았다 (1:24-31).	네가[a] 하나님의 판단을 피할 줄로 생각하느냐?(2:3) 네가 하나님의 인자하심을 멸시하느뇨?(2:4).	진노를 네게 쌓는도다 (5절).	하나님께서 각사람에게 그 행한대로 보응하시리라(6절).[b]
로마서 3:1-9	단지 할례를 받았다는 이유만으로 유대인이 되는 것이 아니다(2:28-29).	그런즉 유대인의 나음이 무엇이며 할례의 유익이 무엇이뇨?(3:1)	'범사에 많다!' (2절).	유대인들은 하나님의 말씀을 맡았다(2절).
		믿지 아니함이 하나님의 미쁘심을 폐하겠느뇨?(3절).	'그럴 수 없다!' (mē genoito)[c] (4절).	하나님은 참되신 유일한 분이시다(4절).[b]
		우리의 불의함이 하나님의 불의를 뜻하는가? [mgenoito] (5절).	'결코 그렇지 않다!' (mē genoito) (6절).	그렇다면 하나님이 세상을 심판하실 수 없다(6절).[b]
		나의 거짓말이 우리를 정죄하시는 하나님의 불의함을 의미하는가?(7절).	'저희가 정죄받는 것이 옳으니라' (8절).	
		선을 이루기 위하여 악을 행하자 하지 않겠느냐?(8절).		
		유대인은 더 나은가? (9절).	'결코 아니다! (oupantōs) (9절).	다 '죄 아래 있다' (9절).[b]
로마서 3:31	하나님은 율법과는 별도로 믿는 유대인과 이방인 모두를 의롭다 칭하신다(3:28-30).	믿음은 율법을 폐하는가?	'결코 아니다! (mē genoito)'	도리어 율법을 굳게 세운다.
로마서 6:1-3	죄가 더한 곳에 은혜가 더욱 넘쳤나니(5:20-21).	은혜를 더하게 하려고 죄에 거하겠느뇨? (6:1)	'그럴 수 없다! (mē genoito)' (2절 상).	죄에 대하여 죽은 우리가 어찌 그 가운데 더 살리요 우리가 그리스도 예수와 합하여 세례받은 줄을 알지 못하느뇨?(2절 하 - 3절).
로마서 6:15-16	너희가 법 아래 있지 아니하고 은혜 아래 있다(6:14).	우리가 죄를 지으리요? (15절)	'그럴 수 없느니라! (mē genoito)' (15절).	누구에게 순종하든지 그 순종함을 받는 자의 종이 되는 줄을 너희가 알지 못하느냐?(16절).
로마서 7:7	율법이 죄의 정욕을 불러일으켰다(7:5-6).	"율법이 죄인가?"	'분명코 아니다! (mē genoito)'	율법은 죄에 대하여 알게 해준다.

관련 성구	전 제	잘못된 추론	1차적 간결한 대응	거부에 대한 이유
로마서 7:13	율법은 거룩하다 (7:12).	선한 것이 사망으로 이끄는가?	'그럴 수 없다!' (mē genoito)	계명으로 말미암아 죄로 '심히' 죄되게 하려 함이다.
로마서 9:14-15	하나님이 야곱은 사랑하고 에서는 미워하셨다(9:13).	"하나님께 불의가 있느뇨?"(14절)	'그럴 수 없다!' (mē genoito) (14절)	하나님은 긍휼히 여길 자를 긍휼히 여기고 불쌍히 여길 자를 불쌍히 여기신다(15절).[b]
로마서 9:19-21	하나님은 하고자 하시는 자를 긍휼히 여기신다 (9:18).	하나님이 어찌하여 허물하시는가?(19절)	'이 사람아 (ō anthrōpe) 네가 뉘기에 감히 하나님을 힐문하느뇨?' (20절)	지음받은 물건은 지은 자에게 불평할 권리가 없다(20-21절).[b]
로마서 11:1-5	이스라엘은 불순종하고 거스려 말했다(10:21).	"하나님은 자기 백성을 버리셨느뇨?"(11:1)	'그럴 수 없다!' (mē genoito) (1절)	바울 자신의 체험(1절)과 하나님의 백성에 대해 하나님이 미리 아심(2절), 엘리야의 체험 (2절 하-4절), 이제도 남은 자가 있다는 사실로 하나님이 이스라엘을 버리지 않으셨음을 알 수 있다.
로마서 11:11-12	이스라엘은 하나님께 대해 완악해졌다(11:7-10).	저희가 넘어지기까지 실족하였느뇨?(11:11)	'그럴 수 없느니라!' (mē genoito) (11절 상)	구원이 이방인에게 이르렀고 이스라엘은 부요케 될 것이다 (11절 하-12).
로마서 11:19-21	가지인 너희는 뿌리로 인해 보전되는 것이다 (18절).	그러나 꺾이운 가지들 (이스라엘)은 이방인들을 접붙임(구원받음) 받게 해주었다(19절)	'옳도다'(20절). 이스라엘이 그리스도를 거부하는 것이 허락되었다 (20절 상).	이스라엘이 넘어진 이유가 불신앙 때문이므로 이방인 그리스도인인 너희도 지금에서는 안 된다(20절 하-21).
고린도전서 6:15 하 - 16	믿는 자들의 몸은 그리스도의 지체들이다 (6:15 상).	그리스도의 지체를 가지고 창기의 지체를 만들겠느냐?(15절 중)	'결코 그럴 수 없다!'(mē genoito) (15절 하)	창기와 합하는 자는 저와 한 몸이 되는 것이다(16절).
고린도전서 15:35-44	죽은 자들이 다시 살아나리라(15:12-34).	죽은 자들이 어떻게 다시 살아나는가?(35절)	'어리석은 자여!' (36절 상)	뿌려진 것은 그 종자에서 나온 형체와 다르다 (36절 하-44).
갈라디아서 2:17-21	의롭게 되는 것은 율법의 행위에서 난 것이 아니라 믿음에서 난 것이다(2:15-16).	그리스도께서 죄를 짓게 하는 자냐?(17절)	'결코 그럴 수 없다! (mē genoito) (17절)	우리는 율법이 아닌 하나님을 향하여 살아야 한다(18-21).
갈라디아서 3:21-22	구원은 율법이 아닌 하나님의 약속에 달려 있다(3:15-20).	율법이 하나님의 약속들을 거스르느냐?(21절)	'결코 아니다!' (mē genoito) (21절 상)	율법과 하나님의 약속은 다른 목적을 갖고 있다 (21절 하-22).

a) 바울은 갑자기 2인칭 단수로 바꾸면서 다섯 구절 안에 '너' '네 자신' '너의' 라는 말을 14번이나 사용했다. 또한 로마서 2장 1절과 3절은 각각 경멸적 별칭인, ō anthrōpe(문자적으로 'O man')가 들어 있다. 하지만 NIV는 1절에서 그 말을 번역하지 않았고, 3절에서는 'mere man'으로 번역했다.
Ō anthrōpe는 로마서 9장 20절에도 나타난다. 통렬한 비판을 할 때 이와 같은 형태의 연설을 사용했던 다른 저자들로는 플루타크, 디오 크리소스톰, 특별히 에픽테토스 등이 있다(Stowers, The Diatribe and Paul's Letters to the Romans, 93).
b) 'b'라고 쓴 이 부호는 바울이 잘못된 결론을 거부할 때 뒷받침해줄 성경 구절을 인용할 때마다 표 20에서 표시해주고 있는 것이다.
c) 통렬한 비판을 하는 저자들 가운데 오직 에픽테토스만이 메 게노이토를 사용했다(ibid., 130). 그는 그의 저서 Dissertations에서 이 말을 25번이나 사용했다(Malherbe, 'Mē Genoito in the Diatribe and Paul,' 232, n.8). 헬라의 통렬한 비판을 하는 저자들이 그밖에 사용했던 거절의 관용구로는, oudamōs('결코 아니다'), ou Pantōs('전혀'), ou ma dia('그렇지 않다'), 또는 minime('결코 아니다') 등이 있다(ibid., 231).

용례들을 보여주는데, 그중 12개는 로마서에 나와 있다.

표 20에서 보여주듯이, 가상의 응답자들의 입에서 나오는 잘못된 추론들은 중요한 신학적 학술 논문의 발전을 가져오고 있다. 가상의 개인들에게 아포스트로피적으로 물었던 질문들은 사도 바울의 가르침을 듣고 생길 수 있는 오해를 반영해주는 것이다. 그래서 바울은 먼저 벗어난 개념을 부정하는 짧은 감탄사를, 그 다음은 자신의 처음 반응을 뒷받침해줄 부가적인 주장을 함으로 이의나 잘못된 추론에 답했다. 때때로 바울은 구약 성경에서 한 가지나 그 이상을 인용함으로써 자신의 주장을 더욱 확고히 하기도 했다. 이와 같은 학습 방법은 그가 설명하는 교리를 밝히 드러내주는 하나의 정교한 수단이 되었다. 고대의 저자들로부터 바울의 독자들에 이르기까지 친근했던 교육적인 도구로서의 이러한 통렬한 비판은 바울의 초창기 독자들에게 극적인 효과를 주었을 것이다. "가상의 대화자로의 갑작스런 전환, 기소, 수사적 질문, 감탄사, 심한 부정의 말 - 이러한 것들은 강력한 문학적, 수사학적 도구들이다."[28]

인용(Quotations)
세속의 헬라 저자들로부터의 인용

이미 언급한 바와 같이, 바울은 자신이 가르치고 있는 증거나 논지에 구약

---

28) James L. Bailey and Lyle D. Vander Broek, Literary Forms in the New Testament(Louisville: Westminster/Knox, 1992), 40.

성경을 종종 인용했다. 게다가 그는 네 차례나 헬라 작품을 인용하기도 했다. "우리가 그를 힘입어 살며 기동하며 있느니라"(행 17:28 상)는 16세기 그레데(Crete)의 시인 에피메니디스(Epimenides)의 '크레티카(Cretica)'에서 인용한 것이다. 바울은 앞에서 말한 자신의 주안점(17:27), 즉 하나님은 초월적인 창조주(17:24-26)이시라 할지라도 우리에게 임재해 계시기 때문에 '우리 각 사람으로부터 멀리 떨어져 계신 분이 아니다'라는 사실에 이러한 인용을 추가해 자신의 논리를 확고히 했다. 또 '우리가 그의 소생이라'(행 17:28 하)는 말은 시인 아라투스(Aratus, 약 B.C. 315-240년 경)의 '페노메나(Phaenomena)'와 더불어 클렌테스(Cleanthes, B.C. 331-233)의 '제우스를 향한 찬양(Hymn to Zeus)'에서 인용한 것이다. 바울이 이러한 문장을 인용했던 이유는, '하나님은 인간이 고안해낸 형상이 아니시다'라는 그 다음 문장(17:29)의 논리적 결론을 굳히기 위함이었다. 인간이 하나님에게 지음을 받은 것이지 하나님이 인간에게 지음을 받은 것이 아니다. 아덴 사람들에게 잘 알려져 있고 또 감상되었던 이러한 작품들을 인용하면 그들이 그런 작품들에 동의하게 될 것이므로 바울은 마르스의 언덕 위에서 청중들에게 자신의 주장을 더욱 쉽게 받아들이도록 그들을 이끌 수 있었다. 물론 그가 헬라 시인들이 쓴 모든 말들에 동의했던 것은 아니다. 그가 그들 작품에서 이런 문장들을 발췌했던 것은 단지 청중들에게 잘 알려져 있어서 그의 설교에 효과를 더해주리라는 이유에서였다.

"악한 동무들은 선한 행실을 더럽히나니"(고전 15:33)라는 말은 헬라의 극작가 메난더(Menander)의 희극 '타이스(Thais)'에서 인용해온 말이다. 이런 속담식의 말을 인정하고 동의함으로써, 고린도인들은 바울의 설교에 힘입어 부활을 믿지 않는 사람들은 부활의 교리를 믿는 사람들의 '좋은 성품'을 더럽히는 나쁜 동료들임을 인정할 수 있게 되었다. 그레데 섬에 있던 디도에게 편지를 쓸 때도 바울은 에피메니네스가 기록한 "그레데인들은 항상 거짓말쟁이며 악한 짐승이며 배만 위하는 게으름장이라"(딛 1:12)는 말을 인용했다. 이렇게 바울은 그레데인 저자의 말을 인용함으로써 그레데 섬의 거짓 교사들에 대해 따끔한 일침을 가했다.

구약 성경의 인용

바울이 구약 성경을 인용했던 이유는 논지의 뒷받침, 결론으로 인도 그리고 논지를 설명하기 위해서였다. 바울이 구약 성경을 광범위하게 인용했다는 사실은 신약 성경에 나오는 300여 번의 구약 성경의 인용 중 약 3분의 1이 바울에 의해 이루어졌다는 점에서도 확인된다. 정확한 횟수를 가늠하기란 어렵다. 왜냐하면 고대의 작품들은 인용문의 처음과 끝을 표시하는 따옴표를 쓰지 않았고 또 어떤 인용문은 다른 표현으로 대신했으며, 어떤 것은 다른 내용과 연결시켜 나열했기 때문에 얼마만큼을 인용문으로 포함시킬 것인가를 알아내기란 쉽지 않다. 니콜(Nicole)은 신약 성경 중 총 295번의 독립된 구약 성경이 인용되었다고 제안하고 있고,[29] NIV 성경은 구약 성경 인용에 대해 296번의 관련 관주 성구를 담고 있다.[30] 브랫처(Bratcher)는 빌레몬서와 요한 1, 2, 3서를 제외한 신약 성경 중 23권 모두가 구약의 말씀을 인용하고 있다고 주장한다.[31]

바울 서신에서 구약 성경의 인용 횟수를 정하는 것에 있어서는 저자들마다 의견이 다르다.[32] 일부 저자들이 인용문으로 간주했던 몇몇 예문들이 다른 저자들에게는 암시하는 것으로 혹은 간접적 관련 성구들로 다루어지기도 한다. 예

---

29) Roger Nicole, "The Old Testament in the New Testament," in The Expositor's Bible Commentary(Grand Rapids:Zondervan, 1979), 1:617.

30) Ronald J. Youngblood, "Old Testament Quotations in the New Testament," in The NIV:The Making of a Contemporary Translation, ed .Kenneth L.Barker(Grand Rapids: Zondervan, 1986), 113. 그러나 Samuel Davidson은 255번을 총계로 제시했다[Sacred Hermeneutics (Edinburgh: Clark, 1843), 446].

31) Robert G. Bratcher, ed., Old Testament Quotations in the New Testament, 3d ed.(New York:United Bible Societies, 1987), v.

32) Longenecker는 83번, Ellis는 93번, Bonsirven은 95번, Silva는 97번, Turpie는 101번, Archer와 Chirichigno는 106번, Toy는 127번, Bratcher는 132번으로 인용 횟수를 정하고 있다[Longenecker, Biblical Exegesis in the Apostolic Period, 107-111, Ellis, Paul's Use of the Old Testament, 11, 150-152, Joseph Bonsirven, Exègése Rabbinique et Exègése Paulinienne(Paris:Beauchesne, 1934), 277-280, Moisés Silva, "Old Testament in Paul," in Dictionary of Paul and His Letters, 631, David McCalman Turpie, The New Testament View of the Old(London: Hodder and Stoughton, 1872), 4-5, 15-19, Gleason L. Archer and Gregory Chirichigno, Old Testament Quotations in the New Testament (Chicago : Moody, 1983), xx-xxi, Crawford Howell Toy, Quotations in the New Testament (New York: Scribner's Sons, 1884), 289-292, and Bratcher, Old Testament Quotations in the New Testament, 35-36].

컨대, 일부 저자들은 로마서 9장 20절이 이사야 29장 16절과 45장 9절을 인용한 것으로 포함시키는 반면, 다른 저자들은 그것을 암시에 불과하다고 말한다.[33] 만일 실바(Silva)가 정한 횟수, 즉 바울이 구약 성경을 97번 인용했다는 사실이 인정된다면(그가 '강론한'[34] 것으로 분류한 다른 10개를 제외할 때) 열 권의 바울의 책들은 17권의 구약의 책에서 성구들을 인용하고 있다고 말할 수 있다. 바울의 인용문 가운데 절반 이상은 로마서에 기록되었고(97번 중에서 55번), 가장 빈번하게 인용했던 구약 성경은 이사야서(24번)와 시편(20번)이다. 그 다음 성경은 창세기(15번 예로 들음)와 신명기(13번)이다. 바울의 인용에 관한 실바의 표에서도 볼 수 있듯이 바울 사도는 종종(59번) 구약 성경의 헬라어 번역본인 70인역에서 인용했었는데 70인역은 신약 시대에 일반적으로 사용되었기 때문이었다. 바울의 인용문들 가운데 7번의 표현은 70인역보다는 오히려 히브리서와 일치하며 그 밖의 31번의 경우는 이 두 성경과 다른 표현을 사용한다.[35]

여러 곳에서 발견되는 바울의 인용문의 특성은 그가 구약 성경의 여러 부분들을 한덩어리로 묶어 인용한다는 것이다. 론제네커(Longenecker)는 이것을 '진주를 꿰는 것'으로 부르는데 이것은 랍비식 교수법의 특징이기도 하다.[36] 셋이나 둘 이상의 인용구로 된 모든 인용문은 로마서 3장 10-18절, 9장 12-13절,

---

33) 여러 암시의 실례로는 아담의 죄에 관하여 로마서 5장 12-14절, 이스라엘의 불순종에 대한 인용으로 고린도전서 10장 1-15절, 하갈과 사라와 그들의 자손들에 관하여는 갈라디아서 4장 21-31절 등이 있다 (Longenecker, Biblical Exegesis in the Apostolic Period, 111).

34) Silva, "Old Testament in Paul," 631.

35) 신약 성경에서 구약을 인용할 때 나타내는 많은 문법적 변화에 대한 개요를 찾아보려면 로이 주크의 Basic Bible Interpretation(Wheaton, Ill.:Victor, 1991), 254-257과 Bullinger의 Figures of Speech Used in the Bible, 792-797을 보라. 그러나 이러한 문법적 변화에도 불구하고 바울은 성경을 인용하는 데 주저하지 않았다[Silva, "Old Testament in Paul," 640-641, Christopher D. Stanley, Paul and the Language of Scripture (Cambridge: University Press, 1992), 359-360]. Roger Nicole은 신약 성경 저자들의 구약 인용에 관련하여 염두에 두어야 할 몇 가지 원칙들을 다음과 같이 제시하고 있다. 그들은 자신이 인용할 문구들을 번역해야 했다. 그들은 오늘날 과학적인 성향의 작품들에서 시행되는 것과 동일한 인용의 규칙들을 따르지 않았다. 그들은 때로 자신이 인용하는 문구를 의역했다. 그들은 종종 구약 성경 구절들을 인용할 의사 없이 그저 암시만 하기도 했다. 그들은 때로 다른 사람이 했던 인용문을 기록하기도 했다["New Testament Use of the Old" in Revelation and the Bible, ed. Carl F. H. Henry(Grand Rapids:Baker, 1958), 142-147].

36) Longenecker, Biblical Exegesis in the Apostolic period, 115.

25-29절, 10장 18-21절, 11장 8-10절, 15장 9-12절, 고린도후서 6장 16-18절, 갈라디아서 3장 10-13절에서 나타나고 있다. 다른 여섯 군데에서 바울은 번갈아 두 인용문을 조합했다. 로마서 4장 17-18절, 9장 33절, 11장 26-27절, 12장 19-20절, 고린도전서 3장 19-20절, 15장 54-55절이다.

바울은 이러한 많은 인용문을 '기록된 바' '성경에 일렀으되' '기록되었으되' 와 같은 다양한 말로 소개했다.[37] 네 번은 '주께서 말씀하시니라'고 덧붙였다(롬 12:19, 고전 14:21, 고후 16:17-18). 그는 구약 성서의 저자들의 이름을 지명하기도 했는데, 곧 '다윗의 말한바' (롬 4:6, 11:9), '모세가 기록하되' (10:5), '모세가 이르되' (10:19). '이사야가 외치되' (9:27), '이사야가 말한바' (9:29), '이사야가 가로되' (10:16, 20, 15:12) 등이다. 또 바울은 '그(하나님)가 이르기를' (9:15, 25, 고후 6:2), '하나님께서 가라사대' (고후 6:16)와 같은 말을 사용함으로서 구약 성서의 신성을 인정했다. 그는 여러 번 어떤 도입 절차 없이 간단히 구약 성경 구절들을 인용하기도 했다(예 - 롬 10:13, 11:34, 고전 2:16). 분명 바울은 구약 성경을 하나님께로부터 기원된 것으로 바라보고 또한 신령한 권위로 간주했다.

그가 구약 성경을 인용했던 가장 주된 이유는 그가 증거하는 진리의 근거로 제시하기 위함이었다. 이러한 인용은 그가 쓰고 있는 서신이 구약 성경에 의해 입증되었으며 구약 성경과도 완전히 일치되므로 구약 성경처럼 자신이 쓴 글들도 하나님께로부터 말미암은 것으로 인정되어야만 한다는 것을 보여주었다.

바울이 구약 성경으로부터 자신의 주장을 구체화한 많은 경우 가운데 몇몇 예들은 다음과 같다.

---

[37] 'As it is written(기록된바)'는 20번 나타나고 있다(롬 1:17, 2:24, 3:4, 10, 4:17, 8:36, 9:13, 33, 10:15, 11:8, 26, 15:3, 9, 21, 고전 1:31, 2:9, 3:19, 10:7, 고후 8:15, 9:9). 바울은 'it is written(기록되었으되)'을 11번 사용했고(롬 12:19, 14:11, 고전 1:19, 9:9, 14:21, 15:45, 고후 4:13, 갈 3:10,13, 4:22, 27), 'the Scripture says(성경에 일렀으되)'는 7번 사용했다(롬 4:3, 10:11, 11:2, 갈 3:16, 22, 4:30, 딤전 5:18).

신 약	구 약	신 약	구 약
로마서 1:17	하박국 2:4	고린도전서 1:19	이사야 29:14
로마서 2:24	이사야 52:5	고린도전서 3:19	욥기 5:13
로마서 3:4	시편 51:4	갈라디아서 3:6	창세기 15:6
로마서 4:3	창세기 15:6	갈라디아서 3:8	창세기 12:3, 18:18, 22:18
로마서 9:15	출애굽기 33:19	갈라디아서 3:10	신명기 27:26
로마서 9:33	이사야 8:14, 28:16	갈라디아서 3:11	하박국 2:4
로마서 10:11	이사야 28:16	갈라디아서 3:12	레위기 18:5
로마서 10:16	이사야 53:1	갈라디아서 3:13	신명기 21:23
로마서 14:11	이사야 45:23	디모데후서 2:19 상	민수기 16:5
로마서 15:9-12	신명기 32:43 시편 18:49, 117:1 이사야 11:10		

　바울은 자신의 원리를 뒷받침하고, 사용한 인용문 가운데 많은 구절들을 새로운 상황에 관련시키기 위해 수정하여 사용했다. 시편 69편 9절은 다윗에 대한 언급이지만 그것을 로마서 15장 3절 인용할 때 그는 그리스도와 관련시켜 설명했다. 바울 사도는 다윗에게 적용되었던 것은 그리스도께도 적용된다고 주장했다. 이스라엘에 관하여 씌어진 시편 44편 22절은 로마서 8장 36절에서 교회의 신자들에게 적용시켰다. 이사야 10장 22-23절은 이스라엘의 장차 남게 될 자들과 하나님의 심판에 대해 논하고 있는데 바울은 이 구절들을 로마서 9장 27-28절에서 하나님은 '유대인 중에서 뿐 아니라 이방인 중에서도'(9:24) 남은 자를 부르신다는 자신의 논지를 지지하기 위해 인용했다. 신명기 30장 12-14절에서 이스라엘 백성들이 누가 하늘에 올라가서 혹은 바다를 건너가 하나님 말씀을 우리에게 가져올꼬 하고 물었을 때 모세가 그들에게 이용 가능한 하나님의 말씀에 대해 설명해주었던 말을 로마서 10장 6-8절에서는 복음에 적용시켰다. 하나님의 영광을 나타내는 피조물의 '소리'(시 19:4)를 바울은 특별 계시(롬 10:18)에 대한 언급으로 조절하여 썼다. 고린도후서 4장 13절에서 바울은 무명의 시편 기자가 '믿는 고로 또한 말하노라'(시 116:10)고 한 말을 자신에게 적용시켰다.

바울이 구약 성경의 구절(들)을 상황에 따라 수정하여 썼지만 동일한 일반적 원칙을 따랐던 그 밖의 예들은 다음과 같다. 로마서 10장 20-21절, 15장 3절, 21절, 고린도전서 5장 13절, 6장 16절, 10장 26절, 14장 21절, 고린도후서 6장 16-18절, 8장 15절, 9장 9절, 13장 1절이다.

바울이 성경을 인용했던 또 하나의 이유는 그 성경 구절이 진정으로 의도하는 바 혹은 의도하지 않는 바를 설명하기 위함이었다. 이것은 고린도전서 9장 9절에서 소에게 망을 씌우는 것에 대한 모세의 명령(신 25:4)을 인용하고 있고, 고린도전서 15장 27절에서 바울이 시편 8편 6절(그는 '만물을 그 발 아래 두셨으니')을 설명해주었던 것을 보아 분명히 알 수 있다. 이런 목적과 부합되어 분명히 대조시키기 위한 인용이 있었는데, 고린도전서 2장 9절[하나님이 자기를 사랑하는 자들을 위하여 예비하신 것을 아무도 모른다(사 64:4), 그러나 반대로 성령께서는 그것을 보이셨다], 갈라디아서 3장 12절(율법의 기초는 믿음이 아니라 행위이다, 레 18:5)과 같은 인용이 그것이다.

바울이 구약 성경을 인용했던 그 밖의 이유는 단순히 말을 '빌리기' 위함이었다. 고린도전서 15장 32절 하반절에서 바울은 이렇게 말할 수 있었다. "죽은 자가 다시 살지 못할 것이면 내일 죽을 터이니 먹고 마시자 하리라." 그는 이사야 22장 13절의 '내일 죽으리니 먹고 마시자 하도다'라는 말을 그렇게 인용했던 것이다. 이렇게 잘 알려진 말들은 의심의 여지없이 바울의 논지에 더욱 큰 효과를 가져다주었을 것이다.

바울의 인용을 사용하는 또 하나의 목적이 있다면 구약 성경에서의 어떤 원칙을 언급하는 것으로써(하나님은 '각 사람이 행한 대로 갚으심이니이다'라는 시편 62편 12절을 인용한 로마서 2장 6절), 이는 어떤 특정한 사실을 지명해서 그 원리를 자세히 설명하기 위함이었다(예 - 롬 2:7-10).

바울이 의도한 또 한 가지는 그가 제시했던 진리를 뒷받침하기 위해 구약의 역사적 사건을 인용하는 것이었다. 가령, 엘리야에게 주셨던 남은 자에 대한 하나님의 응답은 하나님께서 그의 백성들을 버리지 않으신다는 바울의 논지를

예증해주고 있다.[38]

예수님의 말씀에 대한 관련 성구와 가능한 반향

바울이 좀처럼 예수님의 말씀을 인용하지 않았다는 사실은 이 사도의 가르침과 태도가 예수님의 방식과 너무도 흡사하다는 사실에 비추어볼 때 좀 생소한 느낌이 든다.[39] 그러나 많은 경우, 바울은 비록 직접적 인용은 아니었지만 예수님의 말씀을 실제로 반영했던 것 같다. 바울은 여섯 차례나 주님의 말씀하신다는 것을 언급했다. 곧 고린도전서 7장 10절['내가 명하노니(명하는 자는 내가 아니요 주시라)'], 9장 14절('주께서도 … 명하셨느니라'), 11장 24-25절['(주 예수께서)가라사대 … 잔을 가지시고 가라사대'], 14장 37절('내가 너희에게 편지한 것이 주의 명령인 줄 알라'), 고린도후서 12장 9절['(주께서)내게 이르시기를'], 데살로니가전서 4장 15절('주의 말씀으로 너희에게 이것을 말하노니') 등이 그것이다. 아마도 예수님의 말씀에 대한 단 한 번의 명백한 인용은 사도행전 20장 35절에 기록된 말씀인데, 그곳에서 바울은 에베소 교회의 장로들에게 주님의 말씀, 곧 '주는 것이 받는 것보다 복이 있다' 하심을 기억하라고 말했다.

예수님의 말씀에 관한 부가적 암시들(인용이 아니라), 즉 바울의 말이 예수님의 말에 의존하고 있는 것처럼 보이는 것들은 표 21에 열거된 성경 구절 속에서 명백히 드러난다.

아마도 바울이 의식적으로 언급했을 이런 암시들 외에도, 그는 예수님의 말씀을 여러 번 무의식적으로 반복했던 것 같다. 김세윤은 바울 서신 중 아홉 권에서 나타내는 그런 반복을 31번 나열한다.[40] 그런데 그것들은 예수님의 말씀에

---

38) Bailey와 Vander Broek는 갈라디아서 3장 6-9절에서 바울이 여러 성경 구절들을 언급하고 다른 형태로 해석함으로 하나의 주제를 발전시켜나갔다고 지적한다. 갈라디아서 3장 6절은 창세기 15장 6절을, 갈라디아서 3장 7절은 믿음을 가진 사람들과 연관시켰다. 갈라디아서 3장 8절은 창세기 12장 3절을 인용했고 갈라디아서 3장 9절은 그것을 해석했다. 또한 갈라디아서 3장 10-14절과 15-18절에서는 서로 다른 주제에 동일한 구절을 인용하고 해석한 것을 사용하기도 했다.

39) Seyoon Kim, "Jesus, Saying of," in Dictionary of Paul and His Letters, 474.

40) Ibid., 481.

서 직접 파생시킨 것이 아니며 표 21에서 열거한 암시들보다 더 논쟁을 불러일으킬 여지를 갖고 있다. 학자들은 암시와 반복된 횟수 모두에서 상이한 견해를 보인다.[41] 하지만 바울이 '주님의 마음과 말씀에 푹 빠져 있었음은' 명확하다.[42]

그렇다면 이 모든 것들은 오늘날의 성경 교사들에게 무엇을 시사하는가? 첫째로, 우리는 바울처럼 성경 말씀으로 충만해야만 한다. 우리는 성경 말씀이 쉽게 마음 속에 떠오를 정도로 익히 알고 있어야만 한다. 둘째로, 우리는 바울처럼 우리의 가르침의 내용을 구체화하며 증명하고, 성경 본문이 뜻하거나 뜻하지 않는 것을 설명하며, 구체적인 적용점을 가지고 성경적 원리를 인용하기 위해 성경 말씀을 사용해야만 한다. 물론 이런 목적을 가진 교사들은 성경 66권의 말씀을 바울보다 훨씬 더 많이 인용할 수 있으리라고 본다.

---

41) 이 주제에 관한 논의를 위해서는 다음을 보라. W. D. Davies, Paul and Rabbinic Judaism: Some Rabbinic Elements in Pauline Theology(New York: Harper and Row, 1948), 137-142, Victor Paul Furnish, Theology and Ethics of Paul(Nashville: Abingdon, 1968), 51-65, David L. Dungan, The Saying of Jesus in the Churches of Paul(Philadelphia: Fortress, 1971), F. F. Bruce, Paul: Apostle of the Heart Set Free(Grand Rapids: Eerdmans, 1977), 95-112, idem, Paul and His Converts(Downers Grove, Ill.: InterVarsity, 1985), 34-37, Dale C. Allison, Jr., "The Pauline Epistles and the Synoptic Gospels: The Pattern of the Parallels", New Testament Studies 28(1982): 1-32, David Wenham, The Rediscovery of Jesus' Eschatological Discourse, Gospel Perspectives 4.(Sheffield: JSOT, 1984), idem, Paul: Follower of Jesus or Founder of Christianity?(Grand Rapids : Eerdmans, 1995), 380-408, Frans Neirynck, "Paul and the Saying of Jesus," in L' Apôtre Paul, ed. A. Vanhoye(Leuven: University Press, 1986), 265-321, A. J. M. Wedderburn, "Paul and Jesus: The Problem of Continuity," in Paul and Jesus, ed. A. J. M. Wedderburn and C. Wolff(Sheffield: JSOT, 1989), 99-115, idem, "Paul and Jesus: Similarity and Continuity," in Paul and Jesus, 117-143, and Kim, "Jesus, Saying of," 472-492.

42) Davies, Paul and Rabbinic Judaism, 140.

표 21	예수님의 말씀에 관한 바울의 암시들	
	바울의 말	복음서의 관련 성구
	• "너희를 핍박하는 자를 축복하라 축복하고 저주하지 말라"(롬 12:14).	마 5:44
	• '아무에게도 악으로 악을 갚지 말고'(롬 12:17).	마 5:39-42
	• "할 수 있거든 너희로서는 모든 사람으로 더불어 평화하라"(롬 12:18).	마 5:9
	• "악에게 지지 말고 선으로 악을 이기라"(롬 12:21).	마 5:43-44
	• "모든 자에게 줄 것을 주되 공세를 받을 자에게 공세를 바치고 국세 받을 자에게 국세를 바치고 두려워할 자를 두려워하며 존경할 자를 존경하라"(롬 13:7).	마 22:15-21
	• "피차 사랑의 빚 외에는 아무에게든지 아무 빚도 지지 말라 남을 사랑하는 자는 율법을 다 이루었느니라"(롬 13:8).	마 22:37-40
	• "네가 어찌하여 네 형제를 판단하느뇨 어찌하여 네 형제를 업신여기느뇨 우리가 다 하나님의 심판대 앞에 서리라"(롬 14:10).	마 7:1
	• '무엇이든지 스스로 속된 것이 없으되'(롬 14:14).	마 15:11
	• "후욕을 당한즉 축복하고 핍박을 당한즉 참고 비방을 당한즉 권면하니"(고전 4:12 하 - 13 상).	마 5:11-12
	• "그러므로 땅에 있는 지체를 죽이라 곧 음란과 부정과 사욕과 악한 정욕과 탐심이니 탐심은 우상 숭배니라"(골 3:5).	마 5:29-30, 18:8-9
	• "누가 뉘게 혐의가 있거든 서로 용납하여 피차 용서하되 주께서 너희를 용서하신 것과 같이 너희도 그리하고"(골 3:13).	마 6:12
	• "기도를 항상 힘쓰고 기도에 감사함으로 깨어 있으라"(골 4:2).	마 26:41
	• "너희 말을 항상 은혜 가운데서 소금으로 고루게 함같이 하라 그리하면 각 사람에게 마땅히 대답할 것을 알리라"(골 4:6).	마 5:13
	• "그러므로 저버리는 자는 사람을 저버림이 아니요 너희에게 그의 성령을 주신 하나님을 저버림이니라"(살전 4:8).	눅 10:16
	• "주의 날이 밤에 도적같이 이를 줄을 너희 자신이 자세히 앎이라"(살전 5:2).	마 24:32
	• "저희가 평안하다 안전하다 할 그때에 잉태된 여자에게 해산 고통이 이름과 같이 멸망이 홀연히 저희에게 이르리니 결단코 피하지 못하리라"(살전 5:3).	눅 21:34
	• "그러므로 우리는 다른 이들과 같이 자지 말고 오직 깨어 근신 할지라"(살전 5:6).	마 24:42
	• '너희끼리 화목하라'(살전 5:13).	막 9:50 하
	• "삼가 누가 누구에게든지 악으로 악을 갚지 말게 하고 오직 피차 대하든지 모든 사람을 대하든지 항상 선을 좇으라"(살전 5:15).	마 5:39-44

토 의 하 기

■ 설교나 다른 교사의 강의를 들을 때, 이 장에서 논의된 논리적 추론 형태들이 있는지 경청하라. 그런 뒤 이런 논리 형태들이 당신에게 어떤 영향을 주었는지 자문해보라. 그것들이 청중들에게는 어떤 영향을 미칠 수 있으리라 생각하는가?

■ 이런 논리 형태들에 비추어 당신 자신의 가르침을 분석해보라. 당신은 어떤 논리들을 사용해왔고, 혹은 사용할 수 있는가? 당신이 가르침에서 사용하는 논리 형태들이 그 내용을 이해하는 학생들에게 어떤 영향을 미치는지 살펴보라.

■ 당신은 가르침을 강화하기 위해 다른 성경 본문들을 얼마나 자주 인용하고 있는가? 당신은 가르칠 때 성경의 역사적 사건들을 더욱 많이 인용할 수 있는가?

15 바울이 가르침에서 사용한 수사학적 설득

'우리가 주의 두려우심을 알므로 사람을 권하노니'
고린도후서 5:11

당신은 다음 중 어떤 말에 동의하는가?

"나는 교사들은 설명하는 자들이라 생각한다. 그들은 새로운 개념들을 도입하고 문제와 주제를 분석하며 사상을 설명해줄 책임이 있다."

"아니다. 교사들은 설득자가 되어야 한다고 생각한다. 그들의 임무는 학생들로 하여금 어떤 태도와 행동을 취하거나 피하도록 동기를 부여해주고, 어떤 원인이나 주제에 대한 적절성과 부적절성에 대해서 학습자들에게 확신시켜주는 것이다."

둘 다 맞는 말이다. 유능한 교사들은 가르쳐주고, 설명하며, 분석하고, 해석하며 번역한다. 그래서 학생들이 이해하고 있는 개념에 기초해서, 유능한 교사들은 자신이 행하는 것을 따르도록 학생들을 움직이려 애쓰며, 필요하다면 그들의 행동 과정을 변화시키려 한다.

바울의 서신들은 설명과 권면 양쪽 모두를 충분히 다루고 있다. 그의 신학적 개념들은 매우 인상적이고 그의 설득력 있는 영향력은 압도적이다. 성령으로 고무된 심오한 능력은 그의 글을 통해 다른 이들에게 영향력을 주었고, 그것은 그리스·로마 사회에서 일반적인 수사법적 설득의 형태로 이어졌다. 설득을 위해 효과적으로 말하고 글을 쓰는 학문은 수사학이라 알려져 있다. 오늘날 성경 교사들은 고전적 수사학의 맥락에서 바울의 글들을 검토해봄으로써 좀더 실제적인 설득자가 될 수 있다.

헬라어와 라틴어로 씌여진 몇몇 고전들은 수사학적 연설과 문학 작품을 소개해주는 지침서가 되었다. 아리스토텔레스의 「수사학의 기술(The Art of Rhetoric, B.C. 4세기 중엽)」, 무명의 「Rhetorica ad Alexandrum(B.C. 3세기 초)」, 키케로의 「On Inventions」, 무명의 「Rhetorica ad Herennium(B.C. 1세기)」, 퀸틸리안(Quintillian)의 「연설자의 교육론(On the Education of the Orator, A.D. 92년)」 등이다. 바울 시대 이전에 존재했던 중요한 한 저서는 「문체(On Style, 약 B.C. 1세기)」이다. 수사학적 연설의 표본을 도입할 때 다음의 다섯 가지 측면이 포함된다. 즉 창작력(적절한 주제와 증거를 선택하는 것), 배열(가장 알맞은 순서로 소재를 말하는 것), 표현법(화법의 사조, 적절한 문법, 적당한 말을 활용하는 것), 기억력(연설을 암기하는 것), 구변(목소리와 제스처, 침묵의 사용)[1] 등이다. 물론 처음 세 가지 측면은 문학 작품의 구성 요소로도 적용할 수 있다.

오늘날의 수사법은 종종 발언의 형식으로 부각되고 있다. 그러나 그리스·로마의 수사법은 훨씬 폭넓은 것으로서, 통신의 수단과 특별히 설득하는 기술에 관한 모든 측면을 포함시키고 있다. 아리스토텔레스가 썼던 것처럼, 수사학이란 설득을 위해 가능한 방법을 발굴하는 능력[2]이다. 설득을 위한 도구로서 수사학은 다음의 세 가지 요소를 강조하고 있다. 즉 이토스(Ethos, 기질 : 화자의 도덕적 성향), 파토스(Pathos : 화자가 듣는 자들에게서 연민의 정을 자아내는 힘), 로고스(Logos, 이성 : 논리적 전개)[3]가 그것이다.

지식과 수사법을 사용하는 것은 교양 있는 철학자들만의 전유물이 아니었다. 그것은 그리스·로마의 대중들도 흔히 사용하였는데, 이는 시장이나 연무장,

---

1) Burton L. Mack, Rhetoric and the New Testament(Minneapolis : Fortress, 1990), 31-34, and Philip E. Satterthwaite, "Acts against the Background of Classical Rhetoric," in The Book of Acts in Its Ancient Literary Setting, ed. Bruce W. Winter and Andrew W. Clarke(Grand Rapids : Eerdmans,1993), 343-379.
2) Aristotle The Art of Rhetoric 1.2.1.
3) G. Walter Hansen, "Rhetorical Criticism," in Dictionary of Paul and His Letters, ed. Gerald F. Hawthorne, Ralph P. Martin, and Daniel G. Reid(Downers Grove. Ill: InterVarsity, 1993), 822.

극장 등에서 연설이 허용되었기 때문이었다. 헬레니즘 문화에 빠져든다는 것은 수사학적 연설로 귀가 길들여지는 것을 의미했다.[4]

바울이 고전적 수사학을 배웠을까?

수사학이 공공의 관심사였고, 연설과 서신을 위한 수사학적 기술을 헬라와 로마학교에서 배웠기[5] 때문에 신약 성경에서, 특히 바울의 서신에서 명백한 수사학적 형태의 작문이 발견되는 것은 놀랄 일이 아니다.

하지만 모든 사람이 바울이 수사학적 기술을 배웠거나 혹은 나아가 수사학을 알고 있었다고 믿는 것은 아니다. 예를 들어, 1910년에 루돌프 불트만(Rudolf Bultmann)은 바울이 그의 서신에서 수사학적 원칙들을 의도적으로 따르지 않았다고 썼고,[6] 백 년 전 오렐로 콘(Orello Cone)은, 바울이 "헬라 양식을 바탕으로 문체를 형성한 사람처럼 쓰지 않았으며, 그는 결코 그리스 철학도들의 방식을 모방한 논리를 펼치지도 않았다"고 썼다.[7] 한스 콘젤만(Hans Conzelman)도 바울과 헬라 교육에 관해 이들과 유사한 견해를 갖고 있었다.[8]

그러나 현재의 학자들은 바울이 사실상 의도적으로 많은 수사학적 문구들을 사용했다고 주장한다.[9] 어떤 저술가는 바울이 수사학 수업을 받았을지도 모른

---

4) Mack, Rhetoric and the New Testament, 31. 또한 George A. Kennedy의 다음 네 작품을 보라. The Act of Persuasion in Greece(Princeton, N. J.: Princeton University Press, 1963), The Art of Rhetoric in the Roman World, 300 B.C.-A.D. 300(Princeton, N.J.: Princeton University Press, 1972), Classical Rhetoric and Its Christian and Secular Tradition from Ancient to Modern Times(Chapel Hill, N. C. : University of North Carolina Press, 1980), and New Testament Interpretation through Rhetorical Criticism(Chapel Hill, N. C.:University of North Carolina Press, 1984).

5) Malherbe는 편지를 쓰는 교육은 초기 헬라 제국에서 문법 학교의 교육 과정 중 일부였다는 것을 지적했다[Abraham J.Malherbe, "Ancient Epistolary Theorists," Ohio Journal of Religious Studies 5 (October 1977) : 12-15].

6) William Wuellner이 인용한, "Greek Rhetoric and Pauline Argumentation," in Early Christian Literature and the Classical Intellectual Tradition, ed. William R. Schoedel and Robert L. Wilkin(Paris : Beauchesne, 1979), 178, n.8.

7) Orello Cone, Paul, the Man, the Missionary, and the Teacher(New york : Macmillan, 1898), 5.

8) Hans Conzelmann, An outline of the Theology of the New Testament, Trans. J. Bowden(London : SCM, 1909), 246.

9) 예를 들면, Christopher Forbes, "Comparison, Self-Praise and Irony: Paul's Boasting and the Conventions of Hellenistic Rhetoric," New Testament Studies 32(1986) : 23, Peter Marshall, Enmity in Corinth : Social

다고 말하기도 한다. 바울의 출생지인 다소(Tarsus)에 수사학을 가르치는 다양한 교육 기관들[10]이 있었던 것으로 보아, 헬라 지리학자 스트라보(Strabo, B.C. 64 - A.D.23년)가 기록한 바와 같이 바울은 수사학적인 형태를 따른 정규 교육을 받았을지도 모른다.

그러나 바울이 비록 다소의 수사학 학교에서 공식적으로 배우지는 않았을지라도, 수사학을 도외시할 수는 없었을 것이다. 고전적 수사학의 지침서에 있는 설득적인 표현 양식들은 사도 바울 시대에 널리 알려져 있었기 때문에 수사학을 사용하기 위해서 굳이 정식 교육을 받을 필요가 없었다.[11] 유대인인 사도 바울은 동시대의 이교도들처럼 헬라 수사학자 교육을 받았던 것 같지는 않지만 그의 주변이 모두 헬라 문화권이었기 때문에 수사법과 웅변술의 사용에 영향을 받았을 수도 있다.[12]

순회 전도자들과 시민 지도자들, 극작가들은 전부 수사학적인 문장을 사용했다. 이들의 연설을 들은 것 외에도, 바울은 유대인 학교에서 수사학의 기본 요소들을 배웠을지도 모른다. 헬라 수사학을 포함해서 헬라 문화는 유대인들에게 너무나 많이 흡수되어 있었기 때문에 이 같은 일은 충분히 있었을 법한 사

Conventions in Pauls Relations with the Corinthians(Tübingen : Mohr, 1987), 393, J. Paul Sampley, "Paul, His Opponents in Corinthians 10-13, and the Rhetorical Handbooks," in The Social World of Formative Christianity and Judaism, ed. Jacob Neusner, Peder Borgen, Ernest S. Frerichs, and Richard Horsley(Philadelphia : Fortress, 1988), 162, and Edwin Yamauchi, Harper's World of the New Testament(San Francisco: Harper and Row, 1981), 101. 바울 속에 내재한 헬라 수사적인 특성이 신약의 다른 성경보다 바울 서신서들에서 훨씬 더 풍성하게 드러난다면(일부 특성은 오직 바울에게서만 발견되기도 하기 때문에) 다소의 소년기 시절, 초등 교육을 받을 때 그가 헬라 수사학 수업을 받았다고 결론 지을 수 있지 않을까, 적어도 그 언어의 문법 교육을 받을 때 그 과목에 첨가되어 있었을 수도 있지 않았을까?[F. W. Farrar, The Life and Work of St. Paul (1902, reprint, Minneapolis: Klock & Klock, 1981), 1:630].

10) Strabo Geography 14.5.13-14.

11) Peter O'Brien, "Letters, Letter Forms," in Dictionary of Paul and His Letters, 553. 참조. Jürgen Becker, Paul: Apostle to the Gentiles(Louisville : Westerminster/Knox, 1993), 52, Martin Hengel, The Pre-Christian Paul(Philadelphia : Trinity, 1991), 2-3, C. Joachim Classen, "St. Paul's Epistles and Ancient Graeco-Roman Rhetoric," in Rhetoric and the New Testament, ed. Stanley E. Porter and Thomas H. Olbricht(Sheffield: Sheffield Academic, 1993), 269, and E. A. Judge, "Paul's Boasting in Relation to Contemporary Professional Practice," Australian Biblical Review 16(October 1968): 40-41.

12) E. A. Judge, "St. Paul and Classical Society," Jahrbuch für Antike und Christentum 15(1972) : 19-36, Duane Litfin, St. Paul's Theology of Proclamation: 1 Corinthians 1-4 and Greco-Roman Rhetoric(Cambridge: University Press, 1994), 139, and Carol J. Schlueter, Filling up the Measure: Polemical Hyperbole in 1 Thessalonians 2.14-16(Sheffield: Sheffield Academic, 1994).

레다.[13] 유대인들이 흩어져 간 곳과 나아가 팔레스타인 지역에서도 유대주의 교육은 완전히 헬라 문화의 영향을 깊게 받았다.[14] 잘 알려진 1세기 유대교 랍비 힐렐(Hillel)의 성서 해석의 7대 원칙조차도 헬레니즘의 수사학적 이론[15]에서 기원된 것이다. 또한 바울이 회심 후, 전도 여행[16]을 시작하기 전에 헬라 문화권인 다소와 길리기아와 안디옥에서 십 년 이상을 보냈다는 사실은 그가 그리스·로마 문화에, 특히 연설과 저술[17]에 더욱 밀접히 관계했을 것이라는 점을 시사해 준다.

바울의 서신에는 그가 어느 정도 헬라어 작품들을 읽었을 가능성이 명백히 드러나 있으며, 고대의 문체와 유사한 많은 점들이 내포되어 있다. 1854년 쾨스터(Köster)와 1991년 단커(Danker)는 바울의 서신들 속에서 그리스·로마 사회에서 거의 모든 사람들에게 친숙한 문학 작품을 쓴 아테네의 연설가 데모스테네스(Demosthenes, B.C. 384-322년)의 언어나 표현법과 일치하는 수많은 점들을 지적한 바 있다.[18] 또한 샘플리(Sampley)는 고린도후서 10-13장에서 바울은 특별히 자신의 청중들과 공감대를 형성시키기 위해 로마의 연설가인 키케로(Cicero, B.C. 106-43년)의 「발명(On Inventions)」에서 사용된 수사학적인 관용

---

13) Litfin, St. Paul's Theology of Proclamation, 139. "유대인들은 서신을 쓰는 일에 관하여는 그들만의 전통적인 방법을 갖고 있었지만, 그들이 그리스·로마의 서신에서 일부를 배웠을 것이라고 가정하는 것이 불합리한 것은 아니다"[E. Randolph Richards, The Secretary in the Letters of Paul (Tübingen : Mohr, 1991), 151, 참고 - 153]. 의식적이든 무의식적이든 헬레니즘의 영향력은 정통적인 교육, 즉 랍비 사회에도 침투했다[John T. Townsend, "Ancient Education in the Time of the Early Roman Empire," in the Catacombs and the Colosseum: The Roman Empireas the Setting of Primitive Christianity, ed. Stephen Benko and John J. O'Rourke (Valley Forge, Penn.: Judson, 1971), 154. 또한 Nathan Morris, The Jewish School(New York : Bloch, 1937], 27-30, 37-41, 72-73을 보라].

14) Richard, The Secretary in the Letters of Paul, 150.

15) David Daube, "Rabbinic Methods of Interpretation and Hellenistic Rhetoric," Hebrew Union College Annual 22(1949): 240.

16) 만일 바울이 A.D.35년에 회심했다면, 그가 다소와 길리기아와 안디옥에서 보낸 시간은 A.D. 48년 봄에서부터 A.D. 49년 가을까지, 그가 첫번째 전도 여행을 시작하기 전인 A.D. 37년에서 A.D. 48년까지 연장될 수 있다[Harold W. Hoehner, "Chronology of the Apostolic Age" (Th. D. diss., Dallas Theological Seminary, 1965), 381-382].

17) Richards, The Secretary in the Letters of Paul, 152.

18) Friedrich Köster, "Did Paul Model His Language after That of Demosthenes?" Bibliotheca Sacra 11(July 1854): 514-527, and Frederick W. Danker, "Paul's Debt to the De Corona of Demosthenes : A Study of

적 용법을 많이 활용하고 있다는 사실에 대해 토론하고 있다.[19]

고전적 수사학에서는 어떤 설득적 형태를 사용했나?

아리스토텔레스는 수사학적 연설을 세 가지로 논한 바 있는데 곧, 법정에 관한(forensic) 연설, 토의적인(deliberative) 연설, 에피다익틱(epideictic) 연설[20] 이다. 법정에 관한(forensic, 혹은 judicial) 연설은 설득하거나 말리기 위해 시의회에서 사용되었다. 에피다익틱 수사법은 칭찬하거나 책망할 때 쓰였다. 첫번째는 법정이 공정한가 혹은 불공정한가에 대한 물음에 관한 것이다. 두번째는 문제가 이로운가 혹은 해로운가의 질문에 대한 것이며, 세번째는 문제가 명예로운가 혹은 불명예로운가의 물음에 관한 것이다.[21] 사실과 합법성이 법정적 연설의 초점이 되고, 편의성이 토의적 연설에서의 문제가 되며, 에피다익틱 수사법에서는 명예가 관심사가 된다.[22]

사도행전 24장 1-21절에 기록되어 있는, 유대의 대적자들을 대항해 자신을 변호하기 위해 벨릭스 앞에서 했던 사도 바울의 연설은 그가 법정적 수사법을 사용한 대표적인 예로써, 엑소디엄(exordium, 서론), 나래이시오(narratio, 사실의 진술), 컨포메이시오(confirmatio, 사실의 입증), 레퓨테이시오 혹은 컨퓨테이시오(refutatio 혹은 confutatio, 반대 주장에 대한 평), 퍼로레이시오(peroratio, 결론)[23]라는 고전적 담화의 요소에 따라 구성되어 있다.

Rhetorical Techniques in Second Corinthians," in Persuasive Artistry, ed. Duane F. Watson(Sheffield: Sheffield Academic, 1991), 262-279

19) Sampley, "Paul, His Opponents in 2 Corinthians 10-13 and the Rhetorical Handbooks," 162-177.
20) The Art of Rhetoric, 1.3. 1-3.
21) Ibid., 1.3.5, cf. Frank Witt Hughes, "The Rhetoric of 1 Thessalonians," in The Thessalonian Correspondence, ed. Raymond F. Collins(Leuven: University Press, 1990), 97.
22) Mack, Rhetoric and the New Testament, 34.
23) 이것은 퀸틸리언(Quintilian)에 따른 연설의 다섯 가지 요소이다(On the Education of the Orator 3.9.1-5, 4.3.15). 아리스토텔레스는 연설은 기본적으로 주제의 진술과 주제의 입증이라는 두 가지 요소를 갖는다고 말한 바 있다(The art of Rhetoric 3.13). Rhetoric ad Herennium은 효과적인 연설은 나래이시오 후에 Partitio(주요 포인트에 대한 개요)를 덧붙임으로써 여섯 가지 요소를 갖는다고 말한 바 있다. 키케로는 어느 한 곳에서 네 가지 요소로 제안하고(On Oratory 1.4, 8.27), 다른 곳에서는 여섯 가지 요소로 제안했다(On Inventions 1.14.19, 참고- On Oratory 1.31.143, 219.80, 2.76.307). Insawn Saw, "Paul's

그의 서신 가운데 다수는 이러한 수사법적 전략의 주요 형식을 따라 쓰여졌다는 증거가 나타나고 있다.[24] 과거 20년 사이에 발행된 수많은 논문들과 책의 내용들은 바울이 그의 서신들[25]에서 수사학적 설득을 사용했다는 사실에 대한 인식이 고조되고 있음을 반영해준다.

바울의 서신들 가운데 다수는 설득을 위해 기록된 토의적 수사법에 의해 구

Rhetoric in 1 Corinthians 15"(Lewistown, N. Y.: Mellen Biblical, 1995), 84-85, Donald Lemen Clark, Rhetoric in Greco-Roman Education(New York: Columbia University Press, 1957), 70, and Hughes, Early Christian Rhetoric and 2 Thessalonians, 32-43을 보라.

24) 그러나 저술가들은 그 서신들을 수사학적으로 분류하는 데 일치된 의견을 보이지 않는다. 예를 들어 베츠(Betz)는 갈라디아서를 법정에 관한 수사법으로 분류하고 있는 반면, 어운(Aune)과 스미트(Smit)는 그것을 토의적인 수사법으로 분류하고 있고[David E. Aune, The New Testament in Its Literary Environment (Philadelphia: Westminister, 1987), 206-208, Joop Smit, "The Letter of Paul to the Galations: A Deliberative Speech," New Testament Studies 35 (1989): 1-26], 한셴(Hansen)은 그것을 이 두 가지가 복합된 것으로 보고 있다. 왓슨(Watson)은 빌립보서를 토의적 수사법으로 간주하고 있지만, 다른 이들은 그것을 에피다익틱 혹은 이 두 가지가 복합된 것으로 보고 있다(참고 - Hansen, "Rhetorical Criticism," 823).

25) 다음은 이 주제에 대하여 잠차 그 수가 증가하고 있는 에세이들을 열거해놓은 것인데 성경의 순서대로 분류해놓았다.

로마서

Donald A. Campbell, "The Rhetoric of Righteousness in Romans 3:21- 26" (Sheffield: Sheffield Academic, 1992), Michael R. Cosby, "Paul's Persuasive Language in Romans 5," in Persuasive Artistry, 209-220, David Hillholm, "Amplificiatio in the MacroStructure of Romans," in Rhetoric and the New Testament, 123-151, Robin Scroggs, "Paul as Rhetorician: Two Homilies in Romans 1-11," in Jews, Greeks and Christians: Religious Cultures in Late Antiquity, ed. Robert Hamerton-Kelly and Robin Scroggs(Leiden: Brill, 1976), 271-298, Johannes N. Vorster, "Strategies of Persuasion in Romans 1.16-17," in Rhetoric and the New Testament, 152-170, and Wilhelm Wuellner, "Paul's Rhetoric of Argumentation in Romans," Catholic Biblical Quarterly 38(1976): 330-351.

고린도전서

Benjamin Fiore, " 'Covert Allusion' in 1 Corinthians 1-4," Catholic Biblical Quarterly 47(1985): 85-102, idem, "Passion in Paul and Plutarch: 1 Corinthians 5-6 and the Polemic against Epicureans," in Greeks, Romans, and Christians, ed. David L. Balch, Everett Ferguson, and Wayne A. Meeks(Minneapolis : Fortress, 1990), 135-143, E. Schüssler Fiorenza, "Rhetorical Situation and Historical Reconstruction in 1 Corinthians," New Testament Studies 33(1987): 386-403, Judge, "Paul's Boasting in Relation to Contemporary Professional Practice," 37-50, Mack, Rhetoric and the New Testament, 56-66, M. M. Mitchell, Paul and the Rhetoric of Reconciliation(Tübingen: Mohr, 1991), Saw, Pauls Rhetoric in 1 Corinthians 15, Joop Smit, "The Genre of 1 Corinthians 13 in the Light of Classical Rhetoric," Novum Testamentum 33(1991): 193-216, idem. "Arguament and Genre in 1 Corinthians 12-14," in Rhetoric and the New Testament, 211-230, Duane F. Watson, "1 Corinthians 10:23-11:1 in the Light of Greco-Roman Rhetoric: The Role of Rhetorical Questions," Journal of Biblical Literature 108(1989): 301-318, idem, "Paul's Rhetorical Strategy in 1 Corinthians 15," in Rhetoric and the New Testament, 231-249, Wuellner, "Greek Rhetoric and Pauline Argumentation," 177-188, and idem, "Paul as Pastor: The Function of Rhetorical Questions in First Corinthians," in L' Apôtre Paul : Personnalité, style et conception du ministère, ed. A. Vanhoye(Leuven: University Press, 1986), 49-77.

성된 것이다. 이 토의적 수사법은 고린도전서[26]와 갈라디아서 4장 12절 - 6장

고린도후서

Danker, "Paul's Debt to the De Corona of Demosthenes: A Study of Rhetorical Techniques in Second Corinthians," 262-280, Glenn Hollard, "Speaking Like a Fool: Irony in 2 Corinthians 10-13," in Rhetoric and the New Testament, 250-264, Frank Witt Hughes, "The Rhetoric of Reconciliation: 2 Corinthians 1,1-2,13 and 7,5-8,24," in Persuasive Artistry, 246-261, Kennedy, New Testament Interpretation through Rhetorical Criticism, 86-96, Mack, Rhetoric and the New Testament, 59-60, Marshall, Enmity in Corinth, Sampley, "Paul and His Opponents in 2 Corinthians 10-13 and Rhetorical Handbooks," 162-177.

갈라디아서

H. D. Betz, "The Literary Composition and Function of Paul's Letter to the Galatians," New Testament Studies 21(1975) : 353-379, B. H. Brinsmead, Galatians - Dialogical Response to Opponents(Chico, Calif.: Scholars, 1982), Robert G. Hall, " The Rhetorical Outline for Galatians : A Reconsideration," Journal of Biblical Literature 106(1987) : 271-287, idem, "Historical Inference and Rhetorical Effect : Another Look at Galatians 1 and 2," in Persuasive Artistry, 308-320, G. Walter Hansen, Abraham in Galatians-Epistolary and Rhetorical Contexts(Sheffield : Sheffield Academic, 1989), James D. Hester, "The Rhetorical Structure of Galatians 1:11-2:14," Journal of Biblical Literature 103(1984): 223-233, idem, "Placing the Blame : The Presence of Epideictic in Galatians 1 and 2," in Persuasive Artistry, 281-307, P. E. Koptak, "Rhetorical Identification in Paul's Autobiographical Narrative: Galatians 1:13-2:14," Journal for the Study of the New Testament 40(1990): 97-115, Mack, Rhetoric and the New Testament, 66-73, Smit, "The Letter of Paul to the Galatians: A Deliberative Speech," 1-26.

빌립보서

Loveday Alexander, "Hellenistic Letter-Forms and the Structure of Philippians", Journal for the Study of the New Testament 37(1989): 87-101, Claudio Basevi and Juan Chapa, "Phil. 2:6-11: The Rhetorical Function of a Pauline 'Hymn,'" in Rhetoric and the New Testament, 338-356, L. G. Bloomquist, The Function of Suffering in Philippians(Sheffield: Sheffield Academic, 1993), John W. Marshall, "Paul's Ethical Appeal in Philippians," in Rhetoric and the New Testament, 357-374, Charles Robbins, "Rhetorical Structure of Philippians 2:6-11," Catholic Biblical Quarterly 42(1980) 73-82, A. H. Snyman, "Persuasion in Philippains 4:1-20," in Rhetoric and the New Testament, 325-337, Duane F. Watson, "A Rhetorical Analysis of Philippians and Its Implications for the Unity Question," Novum Testamentum 30(1988): 57-88.

데살로니가전후서

Frank Witt Hughes, Early Christian Rhetoric and 2 Thessalonians(Sheffield : Sheffield Academic, 1989), idem, "The Rhetoric of 1 Thessalonians," in the Thessalonian Correspondence, ed. Raymond F. Collins(Leuven: University Press, 1990), Robert Jewett, The Thessalonian Correspondence(Philadelphia : Fortress, 1986), Abraham J. Malherbe, "Exhortation in First Thessalonians," Novum Testamentum 25(1983): 238-256, idem, Paul and the Thessalonians(Philadelphia: Fortress, 1987), Thomas H. Olbricht, "An Aristotelian Rhetorical Analysis of 1 Thessalonians," in Greeks, Romas and Christians, 216-236, Steve Walton, "What Has Aristotle to Do with Paul? Rhetorical Criticism and 1 Thessalonians," Tyndale Bulletin 46(1995): 229-250, Wilhelm Wuellner, "The Argumentative Structure of 1 Thessalonians as Paradoxical Encomium," in The Thessalonian Correspondeance, 117-136.

디모데전서

Barth Campbell, "Rhetorical Design 1 Timothy 4," Bibliotheca Sacra 154(April-June 1991): 189-204.

빌레몬서

F. Forrester Church, "Rhetorical Structure and Design in Paul's Letter to Philemon," Harvard Theological Review 71(1978): 17-33, Clarence J. Martin, "The Rhetorical Function of Commercial Language in Paul's Letter to Philemon(verse 18)," in Persuasive Artistry, 321-337.

26) Mitchell, Paul and the Rhetoric of Reconciliation.

18절[27], 데살로니가전서,[28] 빌레몬서[29]에 적용되었다.

바울 문학의 다른 부분들은 칭찬과 책망을[30] 위해 작성된 에피다익틱 수사법을 썼다. 예를 들어, 갈라디아서 1장 6절-4장 11절에서 바울은 복음의 메시지를 변질시킨 대적자들을 책망했다. 로마서와 고린도후서는 법정적 수사법을[31] 사용한 것 같다.

바울 서신의 형태는 그리스·로마 문학과 유사한가?

대부분의 고대 그리스·로마 서신은 서두, 본론, 결론의 세 부분으로 이루어져 있다.[32] 바울은 이 형식을 따랐지만 거기에 두 부분을 첨가, 수정해서 다섯 부분,[33] 즉 (a) 서두(발신인, 수신인(들), 인사),[34] (b) 수신인의 신실함에 대한 하나님께 감사(갈라디아서에는 없음), (c) 본문, (d) 권고, (e) 맺는 말(평안을 바람, 문안, 축도)[35]로 이루어진 형식을 취하고 있다. 인사말에서 바울은 그리스·로마 서신에서의 '인사말' (chairein) 대신에 '은혜' (charis)라는 말을 사용했다. 서

---

27) Hansen, "Rhetorical Criticism," 823.
28) Kennedy, New Testament Interpretation through Rhetorical Criticism, 142-144, 그러나 Hughes는 데살로니가전서를 에피다이틱으로 보고 있다("The Rhetoric of 1 Thessalonians").
29) Church, "Rhetorical Structure and Design in Paul's Letter to Philemon."
30) 에피다익틱 문학 작품에 관해서는 Theodore C. Burgess 의 "Epideitic Literature," University of Chicago Studies in Classical Philology 3(1900): 89-261을 보라.
31) Kennedy, New Testament Interpretation through Rhetorical Criticism, 86-96, 152-156.
32) John L. White, "Ancient Greek Letters," in Greco-Roman Literature and the New Testament, ed. David E. Aune(Atlanta: Scholars, 1988), 85-105, and idim., Light from Ancient Letters(Philadelphia: Fortress, 1988, 189-220을 보라).
33) Sidney Greidanus, "Preaching from Paul Today," in Dictionary of Paul and His Letters, 738-739, and John L. White, The Form and Function of the Body of the Greek Letters(Missoula, Mont.: Scholars, 1972), 45.
34) 바울 서신의 서두에 대해서는 여러 연구가 이루어졌다. Aune의 The New Testament in Its Literary Environment, 184-186, Judith M. Lieu의 "Grace to You and Peace: The Apostolic Greeting," Bulletin of the John Rylands University Library 68(1986): 161-178, Terence Y. Mullin의 "Formulas in New Testament Epistles," Journal of Biblical Literature 91(1972) : 380-390, Peter T. O'Brien의 Introductory Thanksgiving in the Letters of Paul(Leiden : Brill, 1977), idem, "Thanksgiving within the Structure of Pauline Theology", in Pauline Studies, ed. Donald A .Hagner and Murray J.Harris(Grand Rapids: Eerdmans, 1980), 50-66, Jeffrey T. Reed의 "Are Paul's Thanksgivings 'Episotlary'?," Journal for the Study of the New Testament 61(1996), 87-99, 그리고 Paul Schubert의 Form and Function of the Pauline Thanksgiving(Berlin: Töpelmann, 1939)을 보라.
35) Sands는 다음에 열거한 바와 같이 바울 서신에서의 요소들을 그리스·로마의 개인적인, 즉 사적인 서신[P. C. Sands, The Literary Genius of the New Testament (Oxford: Clarendon, 1932), 128-132]에서 일

두에서의 감사의 말은 파피루스 서신에서 종종 발견되는 서신의 표현 형식이다.[36]

헬라의 서신들과 유사하게 바울도 그의 서신에서 여섯 종류의 서두 형식을 활용했는데, 곧 폭로의 형식(수신자들이 알기를 바라는 마음으로), 요청의 형식(파피루스 서신에서[37] 공통적임), 기쁨의 표현, 놀라움의 표현, 승락에 대한 언급, 듣거나 배움에 대한 동사의 사용이 그것이다.[38]

이러한 과도적인 형식 외에도, 바울 서신에서의 본문은 또한 다음과 같이 다른 고대의 서신들과 유사한 요소들을 포함하고 있는데, 곧 토포이(topoi)라 불리는 주제 혹은 중심 사상(발신자나 수신자의 건강에 대한 염려, 사업 문제, 수신자들과의 재결합에 대한 바람, 정치권의 문제 등과 같은), 자서전적 진술, 여행 계획, 충고 혹은 권고(paraenesis)[39]로 결론을 맺고 있다.

바울 서신의 결론은 모두 은혜의 축도를 포함하고 있다. 그의 몇몇 서신에서 보여지는 그 외의 끝맺는 말로는 평안하기를 바람(고후 13:11, 갈 6:16, 빌 4:9),

---

반적인 다음과 같은 요소들과 비교하고 있다.
  사랑하는~ (인사말)
  네가 ~ 건강하다니 기쁘다(건강과 그 사람에 대한 관심)
  ~를 축하한다(수신인에게 씀)
  나는 건강이 그다지 좋지 않았다(발신인에 대한 건강 혹은 관심)
  너를 본 이래로 나는 너무나 잘 지내고 있다(발신인에 대한 건강 혹은 관심)
  내가 설명하려 한다(정보나 혹은)
  네가 ~이라고 그들이 내게 말했다(비평)
  내가 해주고 싶은 말은(조언)
  너를 곧 보게 될 것이다(다음의 만남)
  잘 지내고 ~에 최선을 다하고(끝맺는 권고)
  안부 전해주기 바란다(안부를 보냄)
  마지막 인사(서명)

36) Stowers, Letter Writing in Greco-Roman Antiquity, 21.
37) Ibid., 24.
38) John L. White, "Introductory Formulae in the Body of the Pauline Letters," Journal of Biblical Literature 90(1971): 91-97, 참고 - idem, "Ancient Greek Letters," (99, idem, The Form and Function of the Body of the Greek Letter, 95-96, and Terence Y. Mullins, "Formulas in New Testament Epistles," 380-390.
39) Aune, The New Testament in its Literary Environment, 188-191.

자신과 혹은 다른 사람들을 위한 기도의 요청, 자신과 혹은 다른 사람들로부터의 안부(많은 파피루스 서신에서 전형적임), 거룩한 입맞춤으로 서로 인사하도록 권고(롬 16:16, 고전 16:20, 고후 13:11, 살전 5:26), 자필 문안 인사[40] 등이 있다. 때로는 권고가 종결 부분에 포함되기도 한다.[41] 쉬미탈스(Schmithals)는 바울 서한의 종결 부분에 쓰인 다섯 가지 요소를 다음과 같이 나열하고 있다. 개인적 사항, 간구 혹은 찬양, 퍼레니시스(paraenesis), 인사말, 축도.[42]

로마서 16장 22절에서 바울은 자기의 서신을 대신 기록해준 비서 혹은 대필자인 더디오에 대해 언급한다. 다른 네 서신에서도 바울은 자신의 친필 문안을 첨가함으로써 그 서신들을 기록할 때도 대필자를 사용했다는 것을 보여준다(고전 16:21, 갈 6:11, 골 4:18, 살후 3:17). 그가 다른 아홉 서신에서도 대필자를 사용했는지는 알려지지 않았으나 편지를 대필하거나 편집하는 일에 비서를 쓰는 일은 고대 사회에서는 일반적이었다.[43]

수사학의 세 가지 주요 형식(forensic, deliberative, epideictic)에 따라 고대 서신을 분류하는 것 외에도 몇몇 그리스·로마 저자들은 그 서신들을 그 기능에 따라 좀더 다양한 유형으로 분류하기도 한다. 「서신의 유형(Epistolary Types)」이라는 책에서 슈도 디미트리우스(Pseudo-Demetrius)는 21개의 유형으로 기술하고 있고, 「서신의 양식(Epistolary Styles)」이라는 책에서 슈도 리바니우스(Pseudo-Libanius)는 41개의 형식으로 논하고 있으며, 이들 대부분은 에피다익틱(칭찬 혹은 책망)이다. 스토워스(Stowers)는 이것이 여섯 개의 범주로 분류된

---

40) Ibid., 186-187. 많은 파피루스 서신들과 '심지어 문학적 서신들도 이러한 관행을 반영하고 있다' (Cicero, To Atticus 12: 32, 13:28, 14:21, ibid., 187).
41) Jeffrey A. D. Weima, Neglected Endings: The Significance of the Pauline Letter Closings(Sheffield: Sheffield Academic, 1994), 145-148.
42) Walter Schmithals, Paul and the Gnostics(Nashville: Abingdon, 1972), 130.
43) 바울의 서신들에서 비서를 쓴 것에 관하여는 다음을 보라. Richard N. Longenecker, "Ancient Amanuenses and the Pauline Epistles," in New Dimensions in New Testament Study, ed. Richard N. Longenecker and Merrill C. Tenney(Grand Rapids: Zondervan, 1974), 281-297, Michael Prior, Paul the Letter-Writer and the Second Letter to Timothy(Sheffield : Sheffield Academic, 1989), Richards, The Secretary to the Letters of Paul.

다고 제안했다. (a) 우정의 편지, (b) 가족 편지, (c) 칭찬 혹은 책망의 편지, (d) 권장의 편지, (e) 추천 혹은 중재의 편지, (f) 고소, 사과, 해명의 편지이다.[44] 바울의 서신들은 (c), (d), (e)의 범주에 속한다.

물론 바울의 서신들이 그리스·로마 시대의 서신의 형식을 따랐고 또 어느 정도 수정했다고는 하나, 우리는 그가 성령이 주시는 영감(딤후 3:16)으로 썼다는 것을 기억해야만 한다. 그의 서신들은 구약의 성서들(벧후 3:15-16)과 더불어 초대교회에 권위 있게 받아들여졌다. 따라서 바울의 서신들은 그 당대의 서신들과 마찬가지로 형식상으로는 수사학적이고 현실적으로는 설득적이기는 하지만 하나님의 기록된 계시의 일부로서 그것들보다 훨씬 더 높은 위상을 차지하고 있다.

바울은 왜 연설을 배우지 않았다고 말했나?

만일 바울이 수사학에 관해 정식으로 훈련을 어느 정도 받았거나, 교육 기관에서 혹은 공적인 생활 속에서 수사학을 접했었다면, 왜 그는 '내가 비록 말에는 졸하나 지식에는 그렇지 아니하니' (고후 11:6) 라고 썼을까? 또 우리가 보는 바와 같이 수없이 많은 수사학적인 문구들과 형식이 서신에 나타나고 있는데 어떤 이유에서 그는 연설을 배우지 않았노라고 말할 수 있었을까?

'교육받지 않다'에 해당하는 단어는 이디오테스(idiotes)로서 그 뜻은 자기의 일에 자신을 한정시키고, 공식적인 생활에 참여하지 않는 것을 의미한다.[45] 그렇기 때문에 그 단어는 어떤 특정한 기술이나 과학에 관하여 기술적 혹은 전문적인 훈련을 받지 않은 사람, 곧 달인 혹은 전문가와 구별되어 기술이 없는 평

---

44) Letter Writing in Greco-Roman Antiquity, 58-173. Aune은 다른 두 범주, 곧 사적인 또는 기록 서신과 문학적 서신을 첨가하고 있다(The New Testament in Its Literary Environment, 162-169). 또한 Luther Stirewalt, Jr., Studies in Ancient Greek Epistolography(Atlanta: Scholars, 1993), 1-26을 보라.

45) Alfred Plummer, A Critical and Exegetical Commentary on the Second Epistle of St. Paul to the Corinthians, International Critical Commentary(Edinburgh: Clark, 1915), 299. 예를 들어, Sybilline Oracles 847.16은 다섯 이디오타이(idiōtai)를 일반 시민으로 언급하고 있다[James Hope Moulton and George Milligan, The Vocabulary of the Greek Testament (1930, reprint, Grand Rapids: Eerdmans, 1974), 299]. 또한 아테네의 철학자 Isocrates(B.C. 436-338)는 동사 idiōteuō를 '비공개적으로 사는 것'

범한 사람 혹은 아마추어의 의미가 된다.[46] 즉 바울은 이 단어를 사용할 때, 자신이 말하는 기술을 전문적으로 훈련받은 숙련자가 아니라는 점을 말했던 것이다.[47]

헬라인들이 화려한 웅변을 하려고 애쓴 반면, 바울은 인간적으로 고안된 말이나 사람들의 마음을 흔들어놓기 위해 철학적 기교를 부린 주장 등의 사용을 거부했다.[48] 그는 이것을 고린도전서 1장 17절-2장 4절에서 분명히 언급하고 있다. 그는 복음을 전할 때 '말의 지혜로 하지 아니함' (1:17)을, '말과 지혜의 아름다운 것으로 아니하였음' (2:1)[49]을, 또한 '지혜의 권하는 말로 하지 아니함' (2:4)을 분명히 언급했다. 바울은 심지어 어떤 고린도인들이 그의 '말이 시원치 않다' (고후 10:10)고[50] 한 말을 인정하기까지 했다. 바울은 설교할 때 인간적인 노력으로 고안된 말솜씨로 하지 않았고, 거만하지 않았기 때문에 청중들에게 믿음을 갖게 만드신 이는 바울이 아닌 성령의 역사였다.[51]

바울 사도는 자신의 선교 사역을 공적인 연설가들과 비교한 적이 있다. 곧 그들의 목표는 놀라운 효과와 충격적인 주제와 강력한 언변으로 때로 진리를 희

이라는 의미로 사용했다(Antidosis 204).
46) Plummer, A Critical and Exegetical Commentary on the Second Epistle of St. Paul to the Corinthians, 299.
47) C. K. Barrett, A Commentary on the Second Epistle to the Corinthians(New York: Harper and Row, 1973), 279. 그러나 베츠(Betz)는 바울이 자신에 대하여 이 말을 아이러니하게 사용했다고 말한다. "이러한 겸양은 아이러니하게 간주되어야 하며 또 소크라테스까지 거슬러 올라가 철학자들과 궤변론자들 간의 전통적인 논쟁에 속한 것으로 보아야 한다. 소크라테스는 궤변가들과의 토론에서 그 궤변가들이 모든 것을 알 뿐만 아니라 모든 사람을 설득하는 법도 알고 있다고 말한 반면, 소크라테스 자신은 수사학의 기술이 없다고 강조했다. 소크라테스의 전략에서 물론 이러한 겸양은 물론 궤변가들을 패배시키는 유일한 최후 수단이었던 것이다"[Hans Dieter Betz, "Paul's Apology(in) II Cor. 10-13 and the Socratic Tradition," in Protocol of the Second Colloquy (Berkeley, Calif.: Center for Hermeneutical Studies in Hellenistic and Modern Culture, 1970), 11].
48) Philip Edgcumbe Hughes, Paul's Second Epistle to the Corinthians(Grand Rapids: Eerdmans, 1962), 381.
49) Hyperochē가 '탁월'의 뜻을 가지므로 이 구절은, 나는 연설이나 지혜에 있어서 탁월함에 이르지 못했다로 번역될 수 있다. 따라서 바울은 교만이나 자만으로 구분되는 연설을 거부하고 있는 것이다 (Savage, Power through Weakness, 72).
50) '시원치 않다'는 exouthenēmenos의 번역으로 '멸시하다, 아무것도 아닌 것으로 여기다'라는 뜻인 exoutheneō의 완료수동분사이다(참고 - 고전 1:28, 6:4).
51) Litfin, St. Paul's Theology of Proclamation, 247. 수사학적 언변은 '근본적으로 인간적인 성과를 양산한 인간적인 접근이었다' (ibid., 249).

생시키면서 청중들을 즐겁게 하는 것이었고, 속기 쉬운 청중들을 압도해서 그들의 박수갈채와 칭송을[52] 받기 위함이며, 또 그들에게서 돈을 받아내기 위함이었다. 바울이 원했던 것은 명석한 웅변적 기교에 의해서가 아니라 성령의 역사로 말미암아 청중들이 설득되는 것이었다.

그렇다면 왜 바울은 그의 서신에서는 많은 수사적인 관례들을 분명히 활용해 놓고 그의 연설에서는 인간적인 궤변을 따르기를 거절한다고 말했을까? 그 해답은 그의 설교와 글의 차이를 분별하는 데 있다.[53] 리트핀(Litfin)은 바울의 구변과 글로 썼을 때의 이러한 차이를 다음과 같이 지적함으로써 강조했다. 그의 서신들은 믿는 자들에게 쓰는 것이므로 대필이 가능했고, 따라서 수사적인 문구가 들어 있었다. 반면에 그의 설교는 복음의 선포와 관련된 것이었다. 복음을 선포할 때 바울은 성령의 능력으로 할 것을 결심했고(고전 2:4)[54] 현실적인 말로 전해야 하며 또 불신자들에게 설명하는 것이기 때문이었다. 바울을 비평했던 자들조차도 그의 선포(logos)는 하잘것없는 반면에 그의 편지들은 중하고 (bareiai) 강력하다(ischyrai)는 것을 인정함으로써 이러한 의사 전달 형태 사이의 차이를 인식했다(고후 10:10). 바레이아이(bareiai)란 아마도 인상적이거나 나아가 강렬하기까지 한 모습을 의미하는 것이리라.[55]

청중을 현혹시키기 위해 인위적인 수사로 꾸민 설교를 거부했음에도 불구하고 바울은 그의 서신에서는 진정한 수사법을 인용했으며 때로는 상당한 효과

---

52) Savage, Power through Weakness, 31, 71. 바울 시대의 수사학은 대중 연설의 장식적인 요소들 (ornamental aspects)로 거의 완전히 점령되다시피 했다(Donald R. Runukjian, "The Preacher as Persuader," in Walvoord: A Tribute, ed. Donald K. Campbell (Chicago : Moody, 1982), 292].

53) 고대의 문학 작품은 사회적 시민적 생활 속에서의 대중적인 강연인 일류 수사학과 역사적인 설명이나 학술, 논문, 드라마, 시와 같은 문학에서 일류 수사학 기술들을 사용하는 이류 수사학으로 구분되었다 (Kennedy, Classical Rhetoric in Its Christian and Secular Tradition from Ancient to Modern Times, 4-6, 참고 - Satterthwaite, "Acts Against the Background of Classical Rhetoric, 338-343). 또한 리트핀(Litfin)이 관찰한 바로는, 아리스토텔레스(Aristotle)와 플리니(Pliny)를 포함한 고대의 작가들은 문학 작품과 연설이 어떻게 판단되는가로 구분했다는 것이다" (Litfin, St. Paul's Theology of Proclamation, 155, n. 16).

54) Litfin, St. Paul's Theology of Proclamation, 257. 참고 - Duane F. Watson, "Review of Duane Litfin, St. Paul's Theology of Proclamation," Biblica 77(1996): 128-131.

55) Plummer, A Critical and Exegetical Commentary on the Second Epistle of St. Paul to the Corinthians, 282.

도 보았다.[56] 고급스러운 명령어와 풍부한 예화, 다양하고 적절한 인용, 넘치는 아이디어, 한 주제에서 다른 주제로의 빠른 제시 덕분에 서신 왕래가 많이 이루어질 수 있었다.[57] 그의 서신에서 발견되는 이런 점들과 그 밖의 여러 정황들로 볼 때, 글을 쓰는 수사학자로서의 그의 숙련된 솜씨를 엿볼 수 있으며 그런 작문들은 다름 아닌 성령의 능력에 힘입은 정직과 성실의 산물이었던 것이다. 어떠한 속임수도 묵인함이 없이(고후 4:2), 바울은 교리적 진리들(그는 하나님의 방법을 알고 있었다, 11:6)을 전해주었고, 성령의 설득적이고 역동적인 방법으로(고전 2:13) 수신자들을 권고했다. 그의 능력은 그에게서 나온 것이 아니라 바로 하나님께로부터 비롯된 것이었다(고후 3:5).

---

56) Winter, "Rhetoric," 821.
57) Sands, Literary Genius of the New Testament, 135.

토의하기

- 당신이 맡은 학생들 개개인의 영적인 필요에 대해서 생각해보라. 그(그녀)의 삶에서 어떤 행동 과정을 따르도록 설득하고 또 바람직한 태도를 갖도록 설득해야 할 부분이 있는가? 그(그녀)의 삶에서 어떤 잘못된 행동 과정이나 잘못된 태도를 버리도록 설득할 필요가 있는 부분이 있는가? 당신이 설득하거나 말리는 일을 하는 데 도움이 될 수 있는 것은 무엇인가?

- 다음 수업을 준비할 때, 당신이 가르치려는 성경 내용에 관련해서 학생들을 설득하거나 말릴 수 있는 부분이 있는지 생각해보라.

- 학생들이 영적으로 성장했을 때, 학생들을 칭찬해주고 감사를 표현할 방안들을 계획해보라.

- 당신은 단지 남들에게 강한 인상을 주기 위해 고안된 불필요하고 화려한 말을 사용하지 않으며 또한 그와 동시에 적합한 문법을 사용하고 또 다채롭고 생생한 비유로 가르치려고 연구하고 있는가?

- 당신이 가르치는 진리가 학생들을 따르게 하며 그 진리에 적합한 반응을 하도록 편지를 쓰는 일을 고려해보라.

- 매 수업을 준비할 때, 주께서 당신의 가르침을 받는 자들의 삶을 변화시키는 데 당신을 사용해주시도록 기도하라. 수업을 할 때마다 당신을 인도하고 사용해주실 것을 성령님께 의뢰하라.

바울 서신에 나타난 390가지 명령

■ 로마서

"그럴 수 없느니라 사람은 다 거짓되되 오직 하나님은 참되시다 할찌어다" (3:4).
"너희 자신을 죄에 대하여는 죽은 자요 그리스도 예수 안에서 하나님을 대하여는 산 자로 여길찌어다" (6:11).
"너희는 죄로 너희 죽을 몸에 왕 노릇하지 못하게 하여 몸의 사욕을 순종치 말고" (6:12).
"또한 너희 지체를 불의의 병기로 죄에게 드리지 말고" (6:13 상).
"오직 너희 자신을 죽은 자 가운데서 다시 산 자같이 하나님께 드리며" (6:13 중).
"너희가 너희 지체를 부정과 불법에 드려 불법에 이른 것같이 이제는 너희 지체를 의에게 종으로 드려 거룩함에 이르라" (6:19).
"저희 밥상이 올무와 덫과 거치는 것과 보응이 되게 하옵시고" (11:9).
"저희 눈은 흐려 보지 못하고 저희 등은 항상 굽게 하옵소서" (11:10).
"그 가지들을 향하여 자긍하지 말라" (11:18).
"높은 마음을 품지 말고" (11:20 중).
"도리어 두려워하라" (11:20 하).
"그러므로 하나님의 인자와 엄위를 보라" (11:22).
"너희는 이 세대를 본받지 말고" (12:2 상).
"오직 마음을 새롭게 함으로 변화를 받아" (12:2 중).

"너희를 핍박하는 자를 축복하라 축복하고 저주하지 말라"(12:14).
"높은 데 마음을 두지 말고"(12:16).
"친히 원수를 갚지 말고 진노하심에 맡기라"(12:19).
"네 원수가 주리거든"(12:20 상).
"먹이고 목마르거든 마시우라"(12:20 중).
"악에게 지지 말고"(12:21 상).
" 선으로 악을 이기라"(12:21 하).
"각 사람은 위에 있는 권세들에게 굴복하라"(13:1).
"선을 행하라 그리하면 그에게 칭찬을 받으리라"(13:3).
"네가 악을 행하거든 두려워하라"(13:4).
"모든 자에게 줄 것을 주되"(13:7).
"피차 사랑의 빚 외에는 아무에게든지 아무 빚도 지지 말라"(13:8).
"오직 주 예수 그리스도로 옷 입고"(13:14 상).
"정욕을 위하여 육신의 일을 도모하지 말라"(13:14 하).
"믿음이 연약한 자를 너희가 받되 그의 의심하는 바를 비판하지 말라"(14:1).
"먹는 자는 먹지 않는 자를 업신여기지 말고 먹지 못하는 자는 먹는 자를 판단하지 말라 이는 하나님이 저를 받으셨음이니라"(14:3).
"각각 자기 마음에 확정할찌니라"(14:5).
"그런즉 우리가 다시는 서로 판단하지 말고"(14:13).
"그리스도께서 대신하여 죽으신 형제를 네 식물로 망케 하지 말라"(14:15 하).
"그러므로 너희의 선한 것이 비방을 받지 않게 하라"(14:16).
"식물을 인하여 하나님의 사업을 무너지게 말라"(14:20).
"자기의 옳다 하는 바로 자기를 책하지 아니하는 자는 복이 있도다"(14:22).
"우리 각 사람이 이웃을 기쁘게 하되 선을 이루고 덕을 세우도록 할찌니라"(15:2).
"이러므로 그리스도께서 우리를 받아 하나님께 영광을 돌리심과 같이 너희도 서로 받으라"(15:7).
"또 가로되 열방들아 주의 백성과 함께 즐거워하라 하였으며"(15:10).
"나의 동역자들인 브리스가와 아굴라에게 문안하라"(16:3).
"또 저의 교회에게도 문안하라 나의 사랑하는 에배네도에게 문안하라 저는 아시아에서 그리스도께 처음 익은 열매니라"(16:5).
"너희를 위하여 많이 수고한 마리아에게 문안하라"(16:6).

"내 친척이요 나와 함께 갇혔던 안드로니고와 유니아에게 문안하라"(16:7).
"주 안에서 내 사랑하는 암블리아에게 문안하라"(16:8).
"그리스도 안에서 우리의 동역자인 우르바노와 나의 사랑하는 스다구에게 문안하라"(16:9).
"그리스도 안에서 인정함을 받은 아벨레에게 문안하라"(16:10 상).
"아리스도불로의 권속에게 문안하라"(16:10 하).
"내 친척 헤로디온에게 문안하라"(16:11 상).
"나깃수의 권속 중 주 안에 있는 자들에게 문안하라"(16:11 하).
"주 안에서 수고한 드루배나와 드루보사에게 문안하라"(16:12 상).
"주 안에서 많이 수고하고 사랑하는 버시에게 문안하라"(16:12 하).
"주 안에서 택하심을 입은 루포와 그 어머니에게 문안하라"(16:13).
"아순그리도와 블레곤과 허메와 바드로바와 허마와 저희와 함께 있는 형제들에게 문안하라"(16:14).
"빌롤로고와 율리아와 또 네레오와 그 자매와 올름바와 저희와 함께 있는 모든 성도에게 문안하라"(16:15).
"너희가 거룩하게 입맞춤으로 서로 문안하라"(16:16).
"저희에게서 떠나라"(16:17).

■고린도전서

"기록된바 자랑하는 자는 주 안에서 자랑하라 함과 같게 하려 함이니라"(1:31).
"그러나 각각 어떻게 그 위에 세우기를 조심할찌니라"(3:10).
"아무도 자기를 속이지 말라"(3:18 상).
"너희 중에 누구든지 이 세상에서 지혜 있는 줄로 생각하거든 미련한 자가 되어라 그리하여야 지혜로운 자가 되리라"(3:18 하).
"그런즉 누구든지 사람을 자랑하지 말라"(3:21).

"사람이 마땅히 우리를 그리스도의 일꾼이요 하나님의 비밀을 맡은 자로 여길찌어다"(4:1).

"그러므로 때가 이르기 전 곧 주께서 오시기까지 아무것도 판단치 말라"(4:5).

"그러므로 내가 너희에게 권하노니 너희는 나를 본받는 자 되라"(4:16).

"너희는 누룩 없는 자인데 새 덩어리가 되기 위하여 묵은 누룩을 내어 버리라"(5:7).

"외인들은 하나님이 판단하시려니와 이 악한 사람은 너희 중에서 내어 쫓으라"(5:13).

"그런즉 너희가 세상 사건이 있을 때에 교회에서 경히 여김을 받는 자들을 세우느냐"(6:4).

"미혹을 받지 말라"(6:9).

"음행을 피하라"(6:18).

"그런즉 너희 몸으로 하나님께 영광을 돌리라"(6:20).

"음행의 연고로 남자마다 자기 아내를 두고 여자마다 자기 남편을 두라"(7:2).

"서로 분방하지 말라 다만 기도할 틈을 얻기 위하여 합의상 얼마 동안은 하되 다시 합하라"(7:5).

"만일 절제할 수 없거든 혼인하라"(7:9).

"(만일 갈릴찌라도 그냥 지내든지 다시 그 남편과 화합하든지 하라) 남편도 아내를 버리지 말라"(7:11).

"그 남은 사람들에게 내가 말하노니 (이는 주의 명령이 아니라) 만일 어떤 형제에게 믿지 아니하는 아내가 있어 남편과 함께 살기를 좋아하거든 저를 버리지 말며"(7:12).

"어떤 여자에게 믿지 아니하는 남편이 있어 아내와 함께 살기를 좋아하거든 그 남편을 버리지 말라"(7:13).

"혹 믿지 아니하는 자가 갈리거든 갈리게 하라"(7:15).
"하나님이 각 사람을 부르신 그대로 행하라"(7:17).
"할례자로 부르심을 받은 자가 있느냐 무할례자가 되지 말며 무할례자로 부르심을 받은 자가 있느냐 할례를 받지 말라"(7:18).
"각 사람이 부르심을 받은 그 부르심 그대로 지내라"(7:20).
"네가 종으로 있을 때에 부르심을 받았느냐 염려하지 말라"(7:21).
"너희는 값으로 사신 것이니 사람들의 종이 되지 말라"(7:23).
"형제들아 각각 부르심을 받은 그대로 하나님과 함께 거하라"(7:24).
"네가 아내에게 매였느냐 놓이기를 구하지 말며"(7:27 상).
"아내에게서 놓였느냐 아내를 구하지 말라"(7:27 하).
"마음대로 하라 이것은 죄 짓는 것이 아니니"(7:36 중).
"혼인하게 하라"(7:36 하).
"그런즉 너희 자유함이 약한 자들에게 거치는 것이 되지 않도록 조심하라"(8:9).
"오직 상 얻는 자는 하나인 줄을 너희가 알지 못하느냐 너희도 얻도록 이와 같이 달음질하라"(9:24).
"너희는 우상 숭배하는 자가 되지 말라"(10:7).
"너희는 저희와 같이 원망하지 말라"(10:10).
"그런즉 선 줄로 생각하는 자는 넘어질까 조심하라"(10:12).
"그런즉 내 사랑하는 자들아 우상 숭배하는 일을 피하라"(10:14).
"육신을 따라 난 이스라엘을 보라"(10:18).
"누구든지 자기의 유익을 구치 말고 남의 유익을 구하라"(10:24).
"무릇 시장에서 파는 것은 양심을 위하여 묻지 말고 먹으라"(10:25).
"너희 앞에 무엇이든지 차려 놓은 것은 양심을 위하여 묻지 말고 먹으라"(10:27).
"누가 너희에게 이것이 제물이라 말하거든 알게 한 자와 및 양심을 위하여 먹지 말라"(10:28).

"그런즉 너희가 먹든지 마시든지 무엇을 하든지 다 하나님의 영광을 위하여 하라"(10:31).

"유대인에게나 헬라인에게나 하나님의 교회에나 거치는 자가 되지 말고"(10:32).

"내가 그리스도를 본받는 자 된 것같이 너희는 나를 본받는 자 되라"(11:1).

"만일 여자가 머리에 쓰지 않거든 깎을 것이요"(11:6 상).

"만일 깎거나 미는 것이 여자에게 부끄러움이 되거든 쓸찌니라"(11:6 하).

"너희는 스스로 판단하라"(11:13).

"이것을 행하여 나를 기념하라 하시고"(11:24).

"이것을 행하여 마실 때마다 나를 기념하라"(11:25).

"사람이 자기를 살피고"(11:28 상).

"그 후에야 이 떡을 먹고 이 잔을 마실찌니"(11:28 하).

"그런즉 내 형제들아 먹으러 모일 때에 서로 기다리라"(11:33).

"누구든지 시장하거든 집에서 먹을찌니"(11:34).

"너희는 더욱 큰 은사를 사모하라"(12:31).

"사랑을 따라 구하라 신령한 것을 사모하되 특별히 예언을 하려고 하라"(14:1).

"교회의 덕 세우기를 위하여 풍성하기를 구하라"(14:12).

"그러므로 방언을 말하는 자는 통역하기를 기도할찌니"(14:13).

"형제들아 지혜에는 아이가 되지 말고"(14:20 상).

"악에는 어린아이가 되라"(14:20 중).

"지혜에 장성한 사람이 되라"(14:20 하).

"모든 것을 덕을 세우기 위하여 하라"(14:26).

"한 사람이 통역할 것이요"(14:27).

"통역하는 자가 없거든 교회에서는 잠잠하고"(14:28 상).

"자기와 및 하나님께 말할 것이요" (14:28 하).

"예언하는 자는 둘이나 셋이나 말하고 다른 이들은 분변할 것이요" (14:29).

"만일 곁에 앉은 다른 이에게 계시가 있거든 먼저 하던 자는 잠잠할찌니라" (14:30).

"여자는 교회에서 잠잠하라" (14:34 중).

"율법에 이른 것같이 오직 복종할 것이요" (14:34 하).

"무엇을 배우려거든 집에서 자기 남편에게 물을찌니" (14:35).

"만일 누구든지 자기를 선지자나 혹 신령한 자로 생각하거든 내가 너희에게 편지한 것이 주의 명령인 줄 알라" (14:37).

"예언하기를 사모하며" (14:39 중).

"방언 말하기를 금하지 말라" (14:39 하).

"모든 것을 적당하게 하고 질서대로 하라" (14:40).

"속지 말라" (15:33).

"깨어 의를 행하고" (15:34 상).

"죄를 짓지 말라" (15:34 중).

"견고하며 흔들리지 말며 항상 주의 일에 더욱 힘쓰는 자들이 되라" (15:58).

"갈라디아 교회들에게 명한 것같이 너희도 그렇게 하라" (16:1).

"너희 각 사람이 이를 얻은 대로 저축하여 두어서 내가 갈 때에 연보를 하지 않게 하라" (16:2).

"디모데가 이르거든 너희는 조심하여 저로 두려움이 없이 너희 가운데 있게 하라" (16:10).

"저를 멸시하지 말고 평안히 보내어 내게로 오게 하라" (16:11).

"깨어 믿음에 굳게 서서" (16:13 상).

"남자답게 강건하여라" (16:13 하).

"너희 모든 일을 사랑으로 행하라" (16:14).

"너희는 이런 자들을 알아주라" (16:18).

"너희는 거룩하게 입맞춤으로 서로 문안하라"(16:20).
"누구든지 주를 사랑하지 아니하거든 저주를 받을찌어다"(16:22).

■고린도후서

"너희는 하나님과 화목하라"(5:20).
"너희도 마음을 넓히라"(6:13).
"너희는 믿지 않는 자와 멍에를 같이하지 말라"(6:14).
"너희는 저희 중에서 나와서 따로 있고"(6:17 상).
"부정한 것을 만지지 말라"(6:17 중).
"마음으로 우리를 영접하라"(7:2).
"이제는 행하기를 성취할찌니"(8:11).
"너희는 외모만 보는도다 만일 사람이 자기가 그리스도에게 속한 줄을 믿을찐대 자기가 그리스도에게 속한 것같이 우리도 그러한 줄을 자기 속으로 다시 생각할 것이라"(10:7).
"나로 조금 자랑하게 어리석은 자로 받으라"(11:16).
"나의 이 공평치 못한 것을 용서하라"(12:13).
"너희가 믿음에 있는가 너희 자신을 시험하고"(13:5 상).
"너희 자신을 확증하라"(13:5 중).
"기뻐하라 / 온전케 되며 / 위로를 받으며 / 마음을 같이 하며 / 평안할찌어다"(13:11).

■갈라디아서

"다른 복음을 전하면 저주를 받을찌어다"(1:8).
"다른 복음을 전하면 저주를 받을찌어다"(1:9).

"그런즉 믿음으로 말미암은 자들은 아브라함의 아들인줄 알찌어다"(3:7).

"너희도 나와 같이 되기를 구하노라"(4:12).

"내게 말하라"(4:21).

"잉태치 못한 자여 즐거워하라"(4:27 상).

"구로치 못한 자여 소리질러 외치라"(4:27 중).

"성경이 무엇을 말하느뇨 계집 종과 그 아들을 내어 쫓으라"(4:30).

"그러므로 굳세게 서서"(5:1 중).

"다시는 종의 멍에를 메지 말라"(5:1 하).

"오직 사랑으로 서로 종 노릇하라"(5:13).

"만일 서로 물고 먹으면 피차 멸망할까 조심하라"(5:15).

"너희는 성령을 좇아 행하라"(5:16).

"형제들아 사람이 만일 무슨 범죄한 일이 드러나거든 신령한 너희는 온유한 심령으로 그러한 자를 바로잡고 네 자신을 돌아보아 너도 시험을 받을까 두려워하라"(6:1).

"너희가 짐을 서로 지라 그리하여 그리스도의 법을 성취하라"(6:2).

"각각 자기의 일을 살피라"(6:4).

"가르침을 받는 자는 말씀을 가르치는 자와 모든 좋은 것을 함께하라"(6:6).

"스스로 속이지 말라 하나님은 만홀히 여김을 받지 아니하시나니 사람이 무엇으로 심든지 그대로 거두리라"(6:7).

"이후로는 누구든지 나를 괴롭게 말라"(6:17).

■ 에베소서

"그러므로 생각하라 너희는 그때에 육체로 이방인이요 손으로 육체에 행한 할례당이라 칭하는 자들에게 무할례당이라 칭함을 받는 자들이라 … 언약들에 대하여 외인이요 세상에서 소망이 없고 하나님도 없는 자이더니"

(2:11-12).

"거짓을 버리고 각각 그 이웃으로 더불어 참된 것을 말하라"(4:25).

"분을 내어도 죄를 짓지 말며"(4:26 상).

"해가 지도록 분을 품지 말고"(4:26 하).

"마귀로 틈을 타지 못하게 하라"(4:27).

"도적질하는 자는 다시 도적질하지 말고 돌이켜 빈궁한 자에게 구제할 것이 있기 위하여 제 손으로 수고하여 선한 일을 하라"(4:28).

"무릇 더러운 말은 너희 입 밖에도 내지 말고"(4:29).

"하나님의 성령을 근심하게 하지 말라"(4:30).

"너희는 모든 악독과 노함과 분냄과 떠드는 것과 훼방하는 것을 모든 악의와 함께 버리고"(4:31).

"서로 인자하게 하며 불쌍히 여기며 서로 용서하기를 하나님이 그리스도 안에서 너희를 용서하심과 같이 하라"(4:32).

"너희는 하나님을 본받는 자가 되고"(5:1).

"그리스도께서 너희를 사랑하신 것같이 너희도 사랑 가운데서 행하라"(5:2).

"음행과 온갖 더러운 것과 탐욕은 너희 중에서 그 이름이라도 부르지 말라"(5:3).

"너희도 이것을 정녕히 알거니와 음행하는 자나 더러운 자나 탐하는 자 곧 우상 숭배자는 다 그리스도와 하나님 나라에서 기업을 얻지 못하리니"(5:5).

"누구든지 헛된 말로 너희를 속이지 못하게 하라"(5:6).

"그러므로 저희와 함께 참예하는 자 되지 말라"(5:7).

"주 안에서 빛이라 빛의 자녀들처럼 행하라"(5:8).

"너희는 열매 없는 어두움의 일에 참예하지 말고 도리어 책망하라"(5:11).

"그러므로 이르시기를 잠자는 자여 깨어서 죽은 자들 가운데서 일어나라"(5:14).

"그런즉 너희가 어떻게 행할 것을 자세히 주의하여 지혜 없는 자같이 말고 오직 지혜 있는 자같이 하여"(5:15).

"그러므로 어리석은 자가 되지 말고 오직 주의 뜻이 무엇인가 이해하라"(5:17).

"남편들아 아내 사랑하기를 그리스도께서 교회를 사랑하시고 위하여 자신을 주심같이 하라"(5:25).

"그러나 너희도 각각 자기의 아내 사랑하기를 자기같이 하고 아내도 그 남편을 경외하라"(5:33).

"자녀들아 너희 부모를 주 안에서 순종하라"(6:1).

"네 아버지와 어머니를 공경하라"(6:2).

"또 아비들아 너희 자녀를 노엽게 하지 말고 오직 주의 교양과 훈계로 양육하라"(6:4).

"종들아 두려워하고 떨며 성실한 마음으로 육체의 상전에게 순종하기를 그리스도께 하듯 하여"(6:5).

"상전들아 너희도 저희에게 이와 같이 하고 공갈을 그치라"(6:9).

"종말로 너희가 주 안에서와 그 힘의 능력으로 강건하여지고"(6:10).

"마귀의 궤계를 능히 대적하기 위하여 하나님의 전신 갑주를 입으라"(6:11).

"하나님의 전신 갑주를 취하라"(6:13).

"서서 진리로 너희 허리띠를 띠고 의의 흉배를 붙이고"(6:14).

"구원의 투구와 성령의 검 곧 하나님의 말씀을 가지라"(6:17).

■ 빌립보서

"오직 너희는 그리스도 복음에 합당하게 생활하라"(1:27).

"마음을 같이하여 같은 사랑을 가지고 뜻을 합하며 한 마음을 품어"(2:2).

"너희 안에 이 마음을 품으라 곧 그리스도 예수의 마음이니"(2:5).

"그러므로 나의 사랑하는 자들아 너희가 나 있을 때 뿐 아니라 더욱 지금 나

없을 때에도 항상 복종하여 두렵고 떨림으로 너희 구원을 이루라"(2:12).
"모든 일을 원망과 시비가 없이 하라"(2:14).
"이와 같이 너희도 기뻐하고 나와 함께 기뻐하라"(2:18).
"이러므로 너희가 주 안에서 모든 기쁨으로 저를 영접하고 또 이와 같은 자들을 존귀히 여기라"(2:29).
"나의 형제들아 주 안에서 기뻐하라"(3:1).
"개들을 삼가고 행악하는 자들을 삼가고 손할례당을 삼가라"(3:2).
"형제들아 너희는 함께 나를 본받으라 또 우리로 본을 삼은 것같이 그대로 행하는 자들을 보이라"(3:17).
"사랑하는 자들아 이와 같이 주 안에 서라"(4:1).
"복음에 나와 함께 힘쓰던 저 부녀들을 돕고 또한 글레멘드와 그 외에 나의 동역자들을 도우라"(4:3).
"주 안에서 항상 기뻐하라 내가 다시 말하노니 기뻐하라"(4:4).
"너희 관용을 모든 사람에게 알게 하라"(4:5).
"아무것도 염려하지 말고 오직 모든 일에 기도와 간구로, 너희 구할 것을 감사함으로 하나님께 아뢰라"(4:6).
"종말로 형제들아 무엇에든지 참되며 무엇에든지 경건하며 무엇에든지 옳으며 무엇에든지 정결하며 무엇에든지 사랑할 만하며 무엇에든지 칭찬할 만하며 무슨 덕이 있든지 무슨 기림이 있든지 이것들을 생각하라"(4:8).
"너희는 내게 배우고 받고 듣고 본 바를 행하라"(4:9).
"그리스도 예수 안에 있는 성도에게 각각 문안하라"(4:21).

■골로새서

"그러므로 너희가 그리스도 예수를 주로 받았으니 그 안에서 행하되"(2:6).
"누가 철학과 헛된 속임수로 너희를 노략할까 주의하라"(2:8).

"그러므로 먹고 마시는 것과 절기나 월삭이나 안식일을 인하여 누구든지 너희를 폄론하지 못하게 하라"(2:16).

"누구든지 일부러 겸손함과 천사 숭배함을 인하여 너희 상을 빼앗지 못하게 하라"(2:18).

"그러므로 너희가 그리스도와 함께 다시 살리심을 받았으면 위엣 것을 찾으라"(3:1).

"위엣 것을 생각하고 땅엣 것을 생각지 말라"(3:2).

"그러므로 땅에 있는 지체를 죽이라 곧 음란과 부정과 사욕과 악한 정욕과 탐심이니 탐심은 우상 숭배니라"(3:5).

"이제는 너희가 이 모든 것을 벗어 버리라"(3:8).

"너희가 서로 거짓말을 말라"(3:9).

"그러므로 너희는 하나님의 택하신 거룩하고 사랑하신 자처럼 긍휼과 자비와 겸손과 온유와 오래 참음을 옷 입고"(3:12).

"그리스도의 평강이 너희 마음을 주장하게 하라"(3:15 상).

"평강을 위하여 너희가 한 몸으로 부르심을 받았나니 또한 너희는 감사하는 자가 되라"(3:15 하).

"그리스도의 말씀이 너희 속에 풍성히 거하여 모든 지혜로 피차 가르치며"(3:16).

"아내들아 남편에게 복종하라"(3:18).

"남편들아 아내를 사랑하며 괴롭게 하지 말라"(3:19).

"자녀들아 모든 일에 부모에게 순종하라 이는 주 안에서 기쁘게 하는 것이니라"(3:20).

"아비들아 너희 자녀를 격노케 말찌니 낙심할까 함이라"(3:21).

"종들아 모든 일에 육신의 상전들에게 순종하되 사람을 기쁘게 하는 자와 같이 눈가림만 하지 말고 오직 주를 두려워하여 성실한 마음으로 하라"(3:22).

"무슨 일을 하든지 마음을 다하여 주께 하듯 하고 사람에게 하듯 하지 말라"

(3:23).
"상전들아 의와 공평을 종들에게 베풀찌니"(4:1).
"기도를 항상 힘쓰고 기도에 감사함으로 깨어 있으라"(4:2).
"외인을 향하여서는 지혜로 행하여 세월을 아끼라"(4:5).
"(이 마가에 대하여 너희가 명을 받았으매 그가 이르거든 영접하라)"(4:10).
"라오디게아에 있는 형제들과 눔바와 그 여자의 집에 있는 교회에 문안하고"(4:15).
"이 편지를 너희에게서 읽은 후에 라오디게아인의 교회에서도 읽게 하고 또 라오디게아로서 오는 편지를 너희도 읽으라"(4:16).
"아킵보에게 이르기를 주 안에서 받은 직분을 삼가 이루라고 하라"(4:17).
"나의 매인 것을 생각하라"(4:18).

■데살로니가전서

"그러므로 이 여러 말로 서로 위로하라"(4:18).
"그러므로 피차 권면하고 피차 덕을 세우기를 너희가 하는 것같이 하라"(5:11).
"너희끼리 화목하라"(5:13).
"규모 없는 자들을 권계하며 / 마음이 약한 자들을 안위하고 / 힘이 없는 자들을 붙들어 주며 / 모든 사람을 대하여 오래 참으라"(5:14).
"삼가 누가 누구에게든지 악으로 악을 갚지 말게 하고"(5:15 상).
"오직 피차 대하든지 모든 사람을 대하든지 항상 선을 좇으라"(5:15 하).
"항상 기뻐하라"(5:16).
"쉬지 말고 기도하라"(5:17).
"범사에 감사하라"(5:18).
"성령을 소멸치 말며"(5:19).

"예언을 멸시치 말고"(5:20).
"범사에 헤아려"(5:21 상).
"좋은 것을 취하고"(5:21 하).
"악은 모든 모양이라도 버리라"(5:22).
"형제들아 우리를 위하여 기도하라"(5:25).
"거룩하게 입맞춤으로 모든 형제에게 문안하라"(5:26).

■ 데살로니가후서
"굳게 서서"(2:15 중).
"말로나 우리 편지로 가르침을 받은 유전을 지키라"(2:15 하).
"우리를 위하여 기도하기를"(3:1).
"누구든지 일하기 싫어하거든 먹지도 말게 하라"(3:10).
"누가 이 편지에 한 우리 말을 순종치 아니하거든 그 사람을 지목하여 사귀지 말고 저로 하여금 부끄럽게 하라"(3:14).

■ 디모데전서
"여자는 일절 순종함으로 종용히 배우라"(2:11).
"이에 이 사람들을 먼저 시험하여 보고 그 후에 책망할 것이 없으면 집사의
"직분을 하게 할 것이요"(3:10).
"집사들은 한 아내의 남편이 되어"(3:12).
"망령되고 허탄한 신화를 버리고"(4:7 상).
"오직 경건에 이르기를 연습하라"(4:7 하).
"네가 이것들을 명하고"(4:11 상).
"가르치라"(4:11 하).

"누구든지 네 연소함을 업신여기지 못하게 하고"(4:12).

"읽는 것과 권하는 것과 가르치는 것에 착념하라"(4:13).

"안수 받을 때에 예언으로 말미암아 받은 것을 조심 없이 말며"(4:14).

"이 모든 일에 전심 전력하여"(4:15 상).

"너의 진보를 모든 사람에게 나타나게 하라"(4:15 하).

"네 자신과 가르침을 삼가"(4:16 상).

"이 일을 계속하라"(4:16 중).

"늙은이를 꾸짖지 말고 권하되 아비에게 하듯 하며"(5:1).

"참 과부인 과부를 경대하라"(5:3).

"만일 어떤 과부에게 자녀나 손자들이 있거든 저희로 먼저 자기 집에서 효를 행하여 부모에게 보답하기를 배우게 하라"(5:4).

"네가 또한 이것을 명하여"(5:7).

"과부로 명부에 올릴 자는 나이 육십이 덜 되지 아니하고 한 남편의 아내이었던 자로서 (하라)"(5:9).

"젊은 과부는 거절하라"(5:11).

"만일 믿는 여자에게 과부 친척이 있거든 자기가 도와주고"(5:16 상).

"교회로 짐 지지 말게 하라"(5:16 중).

"장로에 대한 송사는 두세 증인이 없으면 받지 말 것이요"(5:19).

"범죄한 자들을 모든 사람 앞에 꾸짖어"(5:20 상).

"나머지 사람으로 두려워하게 하라"(5:20 하).

"아무에게나 경솔히 안수하지 말고"(5:22 상).

"다른 사람의 죄에 간섭지 말고"(5:22 중).

"네 자신을 지켜 정결케 하라"(5:22 하).

"이제부터는 물만 마시지 말고"(5:23 상).

"네 비위와 자주 나는 병을 인하여 포도주를 조금씩 쓰라"(5:23 하).

"무릇 멍에 아래 있는 종들은 자기 상전들을 범사에 마땅히 공경할 자로 알찌니"(6:1).

"믿는 상전이 있는 자들은 그 상전을 형제라고 경히 여기지 말고"(6:2 상).

"더 잘 섬기게 하라"(6:2 중).

"너는 이것들을 가르치고 권하라"(6:2 하).

"오직 너 하나님의 사람아 이것들을 피하고"(6:11 상).

"의와 경건과 믿음과 사랑과 인내와 온유를 좇으며"(6:11 하).

"믿음의 선한 싸움을 싸우라"(6:12 상).

"영생을 취하라"(6:12 중).

"네게 부탁한 것을 지키고 거짓되이 일컫는 지식의 망령되고 허한 말과 변론을 피하라"(6:20).

■디모데후서

"하나님의 능력을 좇아 복음과 함께 고난을 받으라"(1:8).

"너는 그리스도 예수 안에 있는 믿음과 사랑으로써 내게 들은바 바른 말을 본받아 지키고"(1:13).

"네게 부탁한 아름다운 것을 지키라"(1:14).

"그리스도 예수 안에 있는 은혜 속에서 강하고"(2:1).

"또 네가 많은 증인 앞에서 내게 들은 바를 충성된 사람들에게 부탁하라 저희가 또 다른 사람들을 가르칠 수 있으리라"(2:2).

"그리스도 예수의 좋은 군사로 나와 함께 고난을 받을찌니"(2:3).

"내 말하는 것을 생각하라"(2:7).

"예수 그리스도를 기억하라"(2:8).

"하나님 앞에서 엄히 명하라"(2:14).

"네가 진리의 말씀을 옳게 분변하며 부끄러울 것이 없는 일꾼으로 인정된 자로 자신을 하나님 앞에 드리기를 힘쓰라"(2:15).

"망령되고 헛된 말을 버리라"(2:16).
"주의 이름을 부르는 자마다 불의에서 떠날찌어다"(2:19).
"네가 청년의 정욕을 피하고"(2:22 상).
"주를 깨끗한 마음으로 부르는 자들과 함께 의와 믿음과 사랑과 화평을 좇으라"(2:22 하).
"어리석고 무식한 변론을 버리라"(2:23).
"네가 이것을 알라 말세에 고통하는 때가 이르니"(3:1).
"경건의 모양은 있으나 경건의 능력은 부인하는 자니 이같은 자들에게서 네가 돌아서라"(3:5).
"너는 배우고 확신한 일에 거하라"(3:14).
"너는 말씀을 전파하라 / 때를 얻든지 못 얻든지 항상 힘쓰라 / 범사에 오래 참음과 가르침으로 경책하며 / 경계하며 권하라"(4:2).
"그러나 너는 모든 일에 근신하여 / 고난을 받으며 / 전도인의 일을 하며 / 네 직무를 다하라"(4:5).
"너는 어서 속히 내게로 오라"(4:9).
"네가 올 때에 마가를 데리고 오라"(4:11).
"네가 올 때에 내가 드로아 가보의 집에 둔 겉옷을 가지고 오고 또 책은 특별히 가죽 종이에 쓴 것을 가져 오라"(4:13).
"너도 저(알렉산더)를 주의하라"(4:15).
"브리스가와 아굴라와 및 오네시보로의 집에 문안하라"(4:19).
"겨울 전에 너는 어서 오라"(4:21).

■디도서

"저희를 엄히 꾸짖으라"(1:13).
"오직 너는 바른 교훈에 합한 것을 말하여"(2:1).

"너는 이와 같이 젊은 남자들을 권면하여 근신하게 하되"(2:6).
"너는 이것을 말하고 / 권면하며 / 모든 권위로 책망하여 / 누구에게든지 업신여김을 받지 말라"(2:15).
"너는 저희로 하여금 정사와 권세 잡은 자들에게 복종하며"(3:1).
"어리석은 변론과 족보 이야기와 분쟁과 율법에 대한 다툼을 피하라"(3:9).
"이단에 속한 사람을 한두 번 훈계한 후에 멀리하라"(3:10).
"급히 니고볼리로 내게 오라"(3:12).
"교법사 세나와 및 아볼로를 급히 먼저 보내어 저희로 궁핍함이 없게 하고"(3:13).
"믿음 안에서 우리를 사랑하는 자들에게 너도 문안하라"(3:15).

■ 빌레몬

"네가 나를 동무로 알찐대 저를 영접하기를 내게 하듯 하고"(1:17).
"내 마음이 그리스도 안에서 평안하게 하라"(1:20).
"너는 나를 위하여 처소를 예비하라"(1:22).

book

로이 B. 주크 시리즈 ❶

하나님의 눈으로 자녀를 바라보라

성경이 어린이에 관해 말하는 모든 것은 지금의 어린이들에게도 적용 가능하다. 저자는 어린이의 신체적, 정서적, 사회적 그리고 영적 발달에 관련된 성경 속의 수많은 예들과 암시들을 찾아낸다. 이 책은 하나님의 관점으로 본 어린이에 관한 책으로, 이 통찰력 있는 작품에서 얻을 수 있는 원리들은 오늘날의 어린이를 가르치고 양육하는 교육자들과 부모들에게 꼭 필요한 지침서가 될 것이다.

로이 B. 주크 지음 | 최종훈 옮김 | 신국판 | 362 쪽 | 9,500 원

book

로이 B. 주크 시리즈 ②

예수님의 티칭 스타일

당신도 예수님이 가르치신 것처럼 가르칠 수 있다

예수님이 보여주신 교육 원리들은 보편적으로 적용 가능한 것들로서 교회가 세워진 이래로 수많은 교사들이 사용해왔다. 예수님의 교수법을 따랐던 교사들은 성령께서 자신을 통해 학생들을 영적으로 성장시키시는 것을 목격했다. 예수님이 사용하신 방법들은 오늘날에도 효과적이다. 이 책을 통해 예수님의 모범을 따르라.

로이 B.주크 지음 | 송원준 옮김 | 신국판 | 548 쪽 | 13,000 원

book

로이 B. 주크 시리즈 ③

성령 충만한 가르침

Spirit-Filled Teaching 유아부 교사이든, 설교자이든, 그 가르침이 얼마나 영향을 줄 수 있는지는 당신이 하나님의 말씀을 다룰 때에 성령이 당신의 삶에 역사하시는 것과 직결되어 있다. 사람들을 가르침에 있어서 성령은 어떤 역할을 하는가? 당신이 성경에서 말하는 '가르치는 은사'를 가졌는지 어떻게 알 수 있는가? 성령은 어떤 방법으로 성경 말씀을 해석할 수 있도록 도와주는가? 이러한 문제들에 대해 로이 주크 박사는 유용한 통찰을 보여준다.

로이 B.주크 지음 | 서정인 옮김 | 신국판 | 243 쪽 | 7,000 원

바울의 티칭 스타일

1쇄 발행 / 2002년 9월 25일
2쇄 발행 / 2006년 3월 18일

지은이 / 로이 B. 주크
옮긴이 / 김태한
펴낸곳 / 주)도서출판 디모데 〈파이디온선교회 출판 사역 기관〉

등록 / 2005년 6월 16일   제319-2005-24호
주소 / 서울 강남구 개포동 1164-21 파이디온 빌딩 6층
전화 / 영업부 02) 574-2630
팩스 / 영업부 02) 574-2631
홈페이지 / www.timothybook.com

값 12,000원
ISBN 89-388-1048-8
Copyright ⓒ 주)도서출판 디모데 1998 〈Printed in Korea〉